Word & Excel 2007 POUR LES NULS

Word & Excel 2007 POUR LES NULS

Dan Gookin, Greg Harvey

FIRST
Interactive

Word & Excel 2007 pour les Nuls

Cet ouvrage comporte des extraits de Word 2007 pour les Nuls et Excel 2007 pour les Nuls.

Publié par Wiley Publishing, Inc.
111 River Street
Hoboken, NJ 07030-5774
USA

Edition française publiée en accord avec Wiley Publishing, Inc.
© 2007 Éditions First
2 ter rue des Chantiers
75005 Paris - France
Tél. 01 45 49 60 00
Fax 01 45 49 60 01
E-mail : firstinfo@efirst.com
Web : www.efirst.com
ISBN : 978-2-7568-0437-4
Dépôt légal : 3e trimestre 2007

Collection dirigée par Jean-Pierre Cano
Edition : Pierre Chauvot
Maquette et mise en page : Edouard Chauvot
Traduction : Philippe Reboul, Daniel Rougé et Philip Escartin

Imprimé en Italie

Sommaire

Introduction

Bienvenue dans *Word et Excel 2007 Megapoche pour les Nuls*, où vous allez découvrir les folies des deux logiciels bureautiques les plus en vogue !

Word est un programme de grande taille, avec une histoire impressionnante. Il fait bien plus que traiter simplement du texte. Avez-vous besoin de tout savoir de ce qu'il fait ? Non ! Il n'est pas nécessaire de tout savoir de Word pour s'en servir. Il y a une meilleure question : *voulez-vous* tout savoir sur Word ? Sans doute pas. Vous ne voudrez pas connaître toutes les options des commandes, ni toutes les fioritures typographiques, ni même toutes ces fonctions spéciales dont vous connaissez l'existence mais qui vous font peur. Tout ce que vous voulez, c'est la réponse à une question simple. Une fois que vous l'avez, vous pouvez fermer le livre l'esprit tranquille et vous mettre au travail. Si c'est bien ce que vous voulez, vous avez trouvé le livre qu'il vous faut.

Word et Excel 2007 Megapoche pour les Nuls expose aussi toutes les techniques fondamentales que vous devez connaître pour créer, modifier, mettre en forme et imprimer vos propres feuilles de calcul avec Excel 2007. En plus de vous montrer ce qu'est une feuille de calcul, ce livre explique comment créer des graphiques, des bases de données et comment convertir des feuilles de calcul en pages Web. Gardez cependant à l'esprit que ce livre ne fait qu'aborder ces notions de la manière la plus facile ; il n'a pas du tout été question pour moi d'aller au fond des choses. Le livre est essentiellement consacré à la création de feuilles de calcul avec Excel, car c'est bien cela qui intéresse la majorité des gens.

Ce livre est fait pour informer et pour amuser, et il a un sérieux problème avec le sérieux. Dans le fond, je n'ai pas l'intention de vous apprendre à aimer Word et Exel. Attendez-vous plutôt à rencontrer des informations pratiques et utiles (dans une forme compréhensible) sur la manière d'accomplir une tâche.

À propos de ce livre

Je ne vous demande pas de lire ce livre de la première à la dernière page. Ce n'est pas un roman, et ça vaut mieux parce que s'il l'était je tuerais tout le monde à la fin et ce serait sinistre. Ce livre est plutôt une référence. Chaque chapitre traite d'une tâche ou d'un thème particulier, et vous y trouverez des sections autosuffisantes, chacune d'elles expliquant comment accomplir une tâche particulière ou obtenir un résultat. Vous pouvez ainsi rencontrer des sections comme :

- Enregistrer votre travail.
- Couper et coller un bloc.
- Aller rapidement où vous voulez.
- Aligner des paragraphes.

Il n'y a pas de clés à retenir, pas de codes secrets, pas de tours de passe-passe, pas de dioramas. Chaque section donne les explications nécessaires sur un sujet, comme si c'était la première chose que vous lisiez dans le livre. Je ne présuppose rien, et tout ce qui peut faire l'objet d'une référence croisée est indiqué. Les indications techniques sont signalées par une icône dans la marge, ce qui vous permet d'éviter de les lire si elles ne vous intéressent pas. Le principe est que rien ne vous oblige à tout apprendre. Ce livre est fait pour vous permettre de trouver facilement ce qui vous intéresse, comprendre comment ça marche et vous remettre au travail.

Comment utiliser ce livre

Ce livre a pour but de vous aider quand vous ne savez pas quoi faire dans Word ou Excel 2007. Je pense que c'est une chose qui arrive à tout le monde beaucoup trop souvent. Par exemple, si vous appuyez sur Ctrl+F9, Word affiche { } dans votre texte. Je n'ai aucune idée de ce que ça signifie et je ne veux pas le savoir. Ce que je sais, c'est que je peux appuyer sur Ctrl+Z pour le faire disparaître. C'est le genre de connaissances utiles que vous allez trouver dans ce livre.

Pour accomplir quelque chose dans Word ou Excel, on utilise la souris et les menus, c'est-à-dire ce qu'on est en droit d'attendre sous Windows, bien que des *combinaisons de touches*, ou *raccourcis clavier* (plusieurs touches à presser ensemble ou l'une après l'autre), soient parfois nécessaires. Vous trouverez dans ce livre des raccourcis clavier et des commandes de menu.

Voici un raccourci clavier :

Ctrl+Maj+P

Il signifie que vous devez presser et maintenir enfoncées en même temps les touches Ctrl et Maj, appuyer sur la touche P, puis relâcher les trois.

Les commandes de menu sont indiquées de cette façon :

Fichier/Ouvrir

Cette commande signifie que vous devez ouvrir le menu Fichier (avec la souris ou avec le clavier), puis sélectionner la commande Ouvrir. Les lettres que vous voyez soulignées dans les menus sont les "touches d'activation" utilisées par Windows. Vous pouvez utiliser la combinaison de touches Alt+F pour accéder au F de Fichier, puis appuyer sur O (la touche Alt étant maintenue enfoncée) pour accéder au O de Ouvrir.

Notez que sous Windows vous aurez peut-être à appuyer d'abord sur la touche Alt (seule) pour activer les touches de commande des menus, pour utiliser ensuite celles-ci pour accéder aux commandes des menus et des boîtes de dialogue.

Si je décris un message ou un autre élément que vous voyez à l'écran, il pourra ressembler à ceci :

```
Le lecteur sélectionné n'est pas en service.
```

Si pour utiliser votre ordinateur vous avez besoin d'une aide supplémentaire ou d'une bonne référence générale, je me permets de vous conseiller mon livre, *le PC pour les Nuls*, publié par les Éditions First Interactive. Il contient de nombreuses informations utiles en plus de ce que vous trouverez dans ce livre.

Ce que vous n'avez pas forcément besoin de lire

Ce livre est truffé de sections techniques spéciales, encadrées et tramées. Elles contiennent des informations techniques aussi ennuyeuses qu'interminables, des descriptions de méthodes avancées ou de commandes alternatives qu'il n'est vraiment pas indispensable de connaître, bien qu'elles soient parfois utiles. La lecture de tout ce qui est indiqué de cette manière n'est pas indispensable.

Comment ce livre est organisé

Ce livre contient deux livrets principaux, chacun d'eux étant divisé en plusieurs chapitres. Les chapitres eux-mêmes sont divisés en sections modulaires, plus petites. Vous pouvez ouvrir le livre à n'importe quelle section, et la lire sans nécessairement connaître ce qui a déjà été traité dans le reste du livre. Vous pouvez commencer où vous voulez.

Les icônes utilisées dans ce livre

Cette icône signale des conseils ou des raccourcis utiles.

Cette icône est là pour vous rappeler de faire quelque chose.

Cette icône est là pour vous rappeler de ne pas faire quelque chose.

Livret I

Word

Première partie

Bien le bonjour mister Word !

"J'ai écrit mon livre de cuisine dans Word car avec les autres programmes, les recettes ne marchaient pas"

Dans cette partie...

Un jour, le poète Homère raconta *L'Iliade* à des Grecs très attentifs. L'un d'eux fut tellement pris par cette histoire qu'il s'écrira : "Ce récit est génial ! Si seulement nous pouvions le garder en mémoire !"

Irrité par cette interruption, Homère répliqua : "Pourquoi ne pas l'écrire ?"

Les Grecs furent estomaqués.

Homère expliqua : "Je suis aveugle. Je dois donc tout mémoriser. Vous, vous voyez. Vous pouvez donc écrire ce que vous entendez. Bien entendu, ce serait super si je possédais un traitement de texte qui facilite la saisie des mots, leur mise en forme, et l'impression des pages. Mais cela ne sera inventé que dans quelques milliers d'années. Voici mon conseil : commencez par inventer un alphabet. Mieux encore, vous les Grecs, volez-en un."

Et la longue quête commença. De l'alphabet grec aux tables de marbre en passant par le crayon, puis la machine à écrire, nous possédons désormais un outil exceptionnel : le logiciel de traitement de texte que je vous présente dans les chapitres de cette première partie.

Chapitre 1

Vue panoramique

Dans ce chapitre :

- Lancer Word.
- Lire l'écran de Word.
- Obtenir de l'aide.
- Quitter Word (ou pas).

Ce chapitre est une introduction à Word 2007. Je vais entrebâiller la porte pour que vous jetiez un coup d'œil et que vous voyiez où vous mettez les pieds. Il n'y a rien d'effrayant ni de dangereux. En tout cas, rien de très dangereux. Peut-être simplement des choses qui vous sont un peu étrangères. Ce chapitre a pour but de vous les rendre familières.

Comment entrer dans Word ? Laissez-moi vous dévoiler ses portes d'accès

Si vous avez déjà utilisé Word, vous avez peut-être remarqué qu'il y a généralement plus d'une manière de réaliser une opération quelconque. Vous avez également le choix entre plusieurs solutions pour lancer un programme.

Il y a probablement une bonne dizaine de manières différentes d'entrer dans Word. Je ne les présenterai pas toutes, seulement celles qui me semblent les meilleures et les plus évidentes, en terminant par celles que je préfère.

Méthode classique pour lancer Word

La manière la plus fiable de lancer Word est encore d'utiliser le bon vieux bouton Démarrer de Windows. Suivez ces étapes :

1. **Cliquez sur le bouton Démarrer.**

   À l'aide de la souris, cliquez sur ce bouton situé dans le coin inférieur gauche de l'interface de Windows.

2. **Sélectionnez Tous les programmes/Microsoft Office/ Microsoft Word 2007.**

Contemplez avec admiration votre ordinateur réagir à votre demande. Word apparaît enfin sur l'écran. Il a l'air d'un parent éloigné arrivant en retard à un dîner de famille avec une bouteille de champagne à bon marché à la main pour se faire pardonner.

Pour le moment, ne vous préoccupez pas de l'aspect de Word. Je parlerai de ce que vous pouvez voir dans la section Word à l'écran, ultérieurement dans ce chapitre.

La meilleure manière de lancer Word

Ma manière favorite de lancer Word consiste à utiliser une icône de raccourci placée sur le *bureau* (le bureau est le fond de l'écran quand vous utilisez Windows), ou à cliquer sur un bouton dans la palette de lancement rapide. L'une et l'autre méthode sont plus directes que d'utiliser le menu Démarrer, et la palette de lancement rapide est la plus pratique, car elle ne nécessite qu'un simple clic.

Que vous mettiez une icône de raccourci vers Word sur le bureau ou dans la palette de lancement rapide, la première étape est la même : créer l'icône du raccourci. Cette opération peut être un peu technique, suivez avec soin ces étapes :

1. **Localisez l'icône de Word dans Tous les programmes ou le dossier Microsoft Office.**

Ne lancez pas Word maintenant ! Placez simplement le pointeur de la souris sur l'icône de Word.

2. **Cliquez du bouton droit de la souris sur ladite icône.**

   Un sous-menu apparaît.

3. **Cliquez sur Envoyer vers/Bureau (créer un raccourci).**

   Et voilà ! Un raccourci de Word est maintenant sur le bureau.

4. **Cliquez sur le bureau avec la souris.**

   Un clic sur le bureau fait disparaître le menu Démarrer.

5. **Localisez l'icône du raccourci.**

   Elle représente un gros W bleu avec en légende Microsoft Office Word 2007.

Vous pouvez maintenant utiliser cette icône pour lancer Word sans avoir à passer par le menu Démarrer.

Le meilleur moyen de démarrer Word consiste à lancer son icône dans la *barre de lancement rapide*.

Si vous préférez avoir Word dans la barre de lancement rapide, faites glisser avec la souris l'icône Word de raccourci du bureau et déposez-la dans la palette de lancement rapide, puis relâchez le bouton de la souris pour y déposer l'icône, comme représenté sur la Figure 1.1 (il vous faudra peut-être redimensionner la barre de lancement rapide pour que l'icône de Word soit visible). Vous n'êtes plus maintenant qu'à un clic de votre traitement de texte.

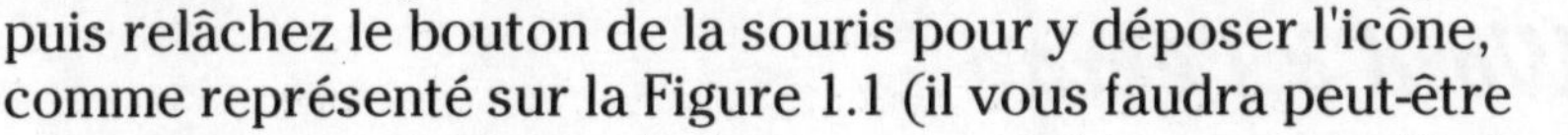

Figure 1.1 : Mettre Word dans la barre de lancement rapide.

Démarrer Word en ouvrant un document

Tout document Word est un fichier stocké sur le disque dur de votre ordinateur. Comme tout fichier, il est identifié par une icône. Chaque fois que vous double-cliquez sur cette icône, le document correspondant s'ouvre directement dans Word. Voici comment procéder :

1. **Double-cliquez sur le dossier Mes documents.**

   Le dossier Mes documents est l'emplacement de stockage par défaut de vos fichiers Word.

2. **Localisez un document Word.**

   Il s'identifie par l'icône d'une feuille cornée sur laquelle est imprimé un W bleu.

3. **Double-cliquez sur l'icône du document Word.**

   Cette action démarre Word dans lequel s'affiche le document. Au travail !

En suivant les précédentes étapes, vous pouvez ouvrir n'importe quel document Word. Ces documents peuvent se situer su le bureau, dans le dossier Mes documents, ou tout autre dossier de vos disques durs.

Word à l'écran

Comme n'importe quel autre programme, Word apparaît à l'écran dans sa propre fenêtre totalement relookée. Regardez la Figure 1.2 : Word a subi un lifting généreux qui révolutionne notre approche ancestrale du traitement de texte.

- Pas de contestation possible. Word 2007 marque une avancée majeure dans le domaine du traitement de texte. Fini les menus et les barres d'outils qui dominent le monde informatique depuis des décennies. Désormais vous voyagez dans des onglets au sein d'une interface

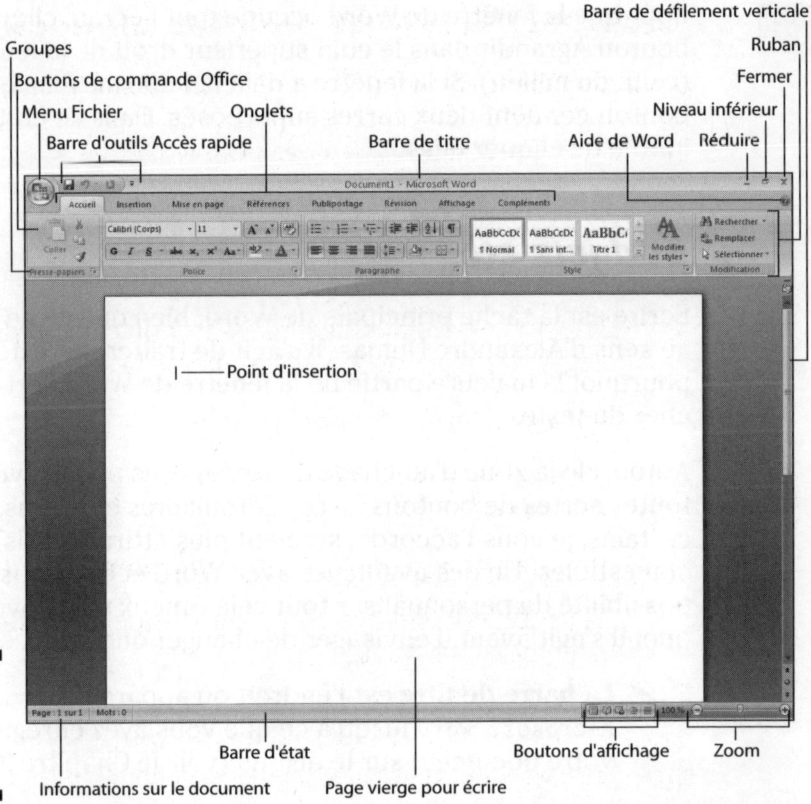

Figure 1.2 : Attaquer Word de front.

évolutive en fonction de vos différents besoins. Intimidante de prime abord, vous aurez tôt fait d'en maîtriser tous les aspects.

- La première fois que vous entrez dans Word, quelques questions peuvent vous être posées : votre nom, vos initiales, la configuration de la sécurité de Word et des options de mise à jour de Microsoft. Je recommande ces fameux *updates*.

Agrandir la fenêtre de Word

Juste après avoir lancé Word, je choisis d'agrandir la fenêtre afin qu'elle occupe tout l'écran.

Pour que la fenêtre de Word occupe tout l'écran, cliquez sur le bouton Agrandir dans le coin supérieur droit de la fenêtre (celui du milieu). Si la fenêtre a déjà la taille maximale, ce bouton contient deux carrés superposés. Dans ce cas, il est inutile de cliquer dessus.

Gadgets etc.

Écrire est la tâche principale de Word, bien que ce ne soit pas au sens d'Alexandre Dumas. Il s'agit de traiter du texte. C'est pourquoi la majeure partie de la fenêtre de Word sert à afficher du texte.

Autour de la zone d'affichage du texte, vous pouvez voir toutes sortes de boutons, listes déroulantes et menus, dont certains, je vous l'accorde, seraient plus attirants s'ils étaient comestibles. Un des avantages avec Word et que vous avez la possibilité de personnaliser tout cela (mieux vaut savoir de quoi il s'agit avant d'envisager de changer quoi que ce soit) :

- **La barre de titre** est l'endroit où apparaît `Document 1 - Microsoft Word` jusqu'à ce que vous ayez enregistré votre document sur le disque (voir le Chapitre 9).
- **Le bouton Office** remplace le traditionnel menu Fichier de la plupart des programmes Windows. Cliquez sur ce bouton pour accéder à une liste de commandes qui gèrent vos documents.
- **Les onglets** regroupent les différentes commandes et fonctions de Word. Ils apparaissent et disparaissent selon le travail effectué dans le programme.
- **Groupes et boutons de commande** aident à conserver l'organisation des commandes des divers onglets. Chaque groupe contient des boutons de commande qui exécutent des tâches spécifiques sur votre texte.
- **La règle** permet de définir les marges et les tabulations. Elle peut être ou non visible.

Au-dessous de la zone d'affichage du texte, figurent trois éléments :

- **Les informations sur le document** répertorient des données spécifiques mais facultatives à propos de votre document.
- **Les boutons d'affichage**, situés à gauche de la barre de défilement horizontal, permettent de contrôler l'affichage de votre document.
- **Le zoom** détermine la taille d'affichage du document à l'écran sans incidence sur sa taille d'impression bien évidemment.

Ne vous inquiétez pas ! Pour le moment, il vous suffit de connaître le nom de chaque chose pour ne pas risquer d'être perdu par la suite.

- Les onglets, les groupes, et les boutons de commande changent en fonction de votre activité dans Word. Bien que cela puisse vous perturber au départ, vous en mesurerez rapidement l'utilité.
- Vous pouvez masquer le *Ruban* pour disposer de plus de place pour écrire et afficher le document. Effectuez un clic droit sur le Ruban. Dans le menu contextuel, choisissez Réduire le ruban. Pour afficher de nouveau le ruban, faites un clic droit sur n'importe quel onglet, et choisissez de nouveau Réduire le ruban pour décocher cette option.
- Une autre section de la fenêtre qui n'est pas illustrée sur la Figure 1.2 est le *volet office*. Il affiche des informations, des commandes, et des options.
- Un volet de récupération du document peut apparaître au démarrage de Word. Il indique que le programme a réalisé l'enregistrement d'un document juste au moment où votre ordinateur s'est bloqué, ou suite à une panne d'électricité.

- La barre des tâches de Windows, en bas de l'écran, fait partie de Windows lui-même et non de Word. Toutefois, si vous ouvrez des documents dans Word, un bouton apparaît pour chacun d'eux dans la barre des tâches de Windows.

La page blanche sur laquelle vous écrivez

Une fois que Word est lancé, vous êtes en face de la version électronique de la page blanche, celle-là même qui a causé de terribles angoisses à d'innombrables générations d'écrivains.

Pour écrire dans Word, le point de départ est le point d'insertion clignotant. C'est ce I clignotant dans votre texte qui montre à quel endroit apparaîtra à l'écran ce que vous allez taper avec le clavier.

- **Page :** cliquez sur ce bouton pour afficher la page tel qu'elle s'imprimera. Les images, les graphiques, et toute autre sorte d'éléments sont visibles. Vous voyez les bords de la page et un espace vide entre chaque page.

- **Brouillon :** cliquez sur ce bouton pour afficher la page dans le mode préféré des rédacteurs. Vous n'êtes embarrassé par rien d'autre que le texte. Dans ce mode, vous voyez le texte mais pas les graphiques fantaisistes, les colonnes, les en-têtes, les pieds de page, c'est-à-dire toutes ces choses qui apparaissent en mode Page.
- Lorsque c'est nécessaire, Word bascule automatiquement en mode Page ou Brouillon. Donc, lorsque vous travaillez en affichage Brouillon et que vous désirez éditer un en-tête ou insérer une image, le mode Page s'active. Vous devez manuellement revenir au mode Brouillon.
- En mode Brouillon, chaque séparation de page est identifiée par une ligne horizontale. Ce n'est pas le cas en mode Page où les pages sont séparées par un espace vide. En mode Brouillon, sous le point d'insertion vous

observez la présence d'un épais trait noir. Il désigne la fin du document.

- Le mode Brouillon se nommait *Normal* dans les précédentes versions de Word.
- Écrire (ou saisir) est traité au Chapitre 2.
- Tous les signes curieux que vous pouvez voir à l'écran (par exemple le signe ¶) sont les symboles secrets de Word. Le Chapitre 2 vous dira pourquoi il peut être utile de les afficher et comment les masquer s'ils vous perturbent.

Le pointeur de la souris dans Word

Le traitement de texte est affaire de clavier. Cependant, dans certaines circonstances, la souris est d'une grande aide. Dans Word, vous utiliserez le pointeur de la souris pour choisir des commandes et vous déplacer dans le texte à modifier.

Le pointeur change d'aspect selon la tâche effectuée dans le programme :

- Pour saisir ou modifier du texte, il prend la forme d'un I majuscule appelé point d'insertion.

- Pour choisir des éléments, le pointeur standard est utilisé.

- Pour sélectionner des lignes de texte, un autre pointeur standard est affiché.

En mode Page, le pointeur peut prendre la forme du *cliquer-taper*. Des lignes apparaissent à gauche et à droite, et sous le curseur.

Il n'est pas essentiel de mémoriser ces aspects du pointeur. Gardez juste à l'esprit que le pointeur peut changer d'aspect pendant l'utilisation de Word.

TRUC

- Vous pouvez utiliser le pointeur de la souris pour connaître la fonction d'un bouton : placez le pointeur sur ce dernier, en quelques secondes une info-bulle apparaît sous le pointeur indiquant la fonction de l'élément désigné.
- Le Chapitre 4 explique comment utiliser le pointeur de la souris pour déplacer le point d'insertion, permettant ainsi de modifier différentes parties de votre texte.

Demandez à Word de vous aider

Il y a de nombreux moyens d'obtenir de l'aide dans Word, dont le plus simple est d'appuyer sur la touche F1. Vous accédez à une aide générale ou à une aide contextuelle, c'est-à-dire en fonction de ce que vous réalisez dans Word.

Dans tous les cas de figure, vous accédez à une fenêtre de programme séparée appelée Word-Aide, (voir la Figure 1.3). Vous tapez un sujet, un nom de commande, ou une question dans le champ Rechercher, ou bien consulter la table des matières de l'aide.

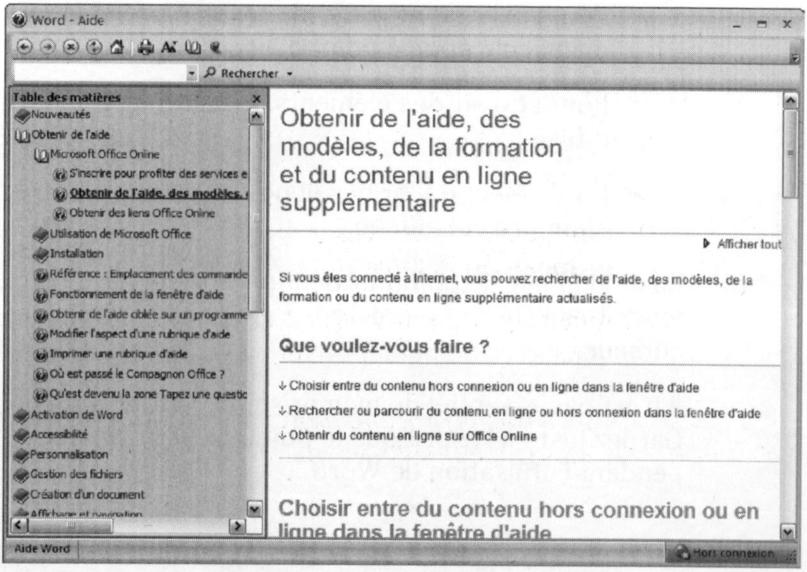

Figure 1.3 : Word cherche à vous aider.

- Vous pouvez également cliquer sur le point d'interrogation situé dans le coin supérieur droit de la fenêtre de Word.
- L'aide de Word est plus efficace si vous êtes connecté à Internet. Il est recommandé de disposer d'une connexion permanente de type ADSL ou câble.
- Si vous disposiez d'une ancienne version de Word, vous constatez la disparition du Compagnon Office.
- Finalement, est-ce que ce livre n'est pas la meilleure aide que vous puissiez obtenir sur Word ? Mais face à un programme aussi complet il est difficile de donner une solution à tout. Nous irons donc à l'essentiel…

Lorsque vous avez fini

L'un des aspects importants du savoir-vivre est de trouver à quel moment prendre congé. Parfois il est même préférable de ne pas se montrer. Mais Word se fiche complètement de ces considérations. Une fois que vous avez saisi ce que vous aviez à écrire, le moment est venu de quitter Word.

Quitter Word

1. **Cliquez sur le bouton Office, et choisissez Quitter Word.**
2. **Enregistrez tout fichier encore ouvert, si Word vous propose de le faire.**

   Avant de se fermer, Word vous prévient toujours : si vous avez un fichier ouvert non enregistré depuis les dernières modifications, il vous propose de l'enregistrer. Vous voyez apparaître un avertissement sur l'écran, semblable à celui de la Figure 1.4.

Figure 1.4 : Il est préférable de cliquer sur Oui.

- Pour enregistrer votre fichier, cliquez sur Oui. Si vous ne l'avez pas déjà fait, il vous sera demandé de lui donner un nom (le Chapitre 3 vous dit comment procéder).
- Si vous ne voulez pas conserver ce que vous venez de taper, cliquez sur Non.
- Si vous changez d'avis, vous pouvez cliquer sur Annuler pour abandonner la commande Quitter, et retourner dans Word.

Si vous choisissez de quitter, Word disparaît de l'écran, et vous revenez au bureau de Windows, dans lequel vous pouvez toujours vous occuper avec l'un de ses jeux.

- Inutile de quitter Word pour modifier un autre document (reportez-vous pour cela à la prochaine section).
- Ne quittez jamais Word en réinitialisant ou en éteignant votre ordinateur ! C'est la pire des choses que vous puissiez faire.

Comment interrompre ce que vous faites sans quitter Word ?

Il n'est pas toujours nécessaire de quitter Word. Par exemple, si vous arrêtez de travailler sur un document pour travailler sur un autre, quitter Word est une perte de temps. Au lieu de cela, vous pouvez fermer un document puis en ouvrir un autre. Mieux encore, ouvrez simplement le nouveau document ! L'ancien reste ouvert et actif. Vous pouvez facilement passer de l'un à l'autre.

Pour fermer un document dans Word, choisissez la commande Fermer du bouton Office. Ainsi, vous restez dans Word mais le document en cours se ferme.

À partir de là, vous pouvez démarrer un nouveau document comme si vous insériez une page blanche dans une machine à écrire. Consultez le Chapitre 3 pour débuter un nouveau document.

Chapitre 2

Le clavier, mon ami

Dans ce chapitre :

- Identifier le clavier d'un PC.
- Conseils pour taper.
- Utiliser la touche Entrée.
- Utiliser la barre d'espace.
- Retour arrière et Suppression.
- Observer la barre d'état.
- Marquer l'espace entre les pages.

Malgré la souris, Word est avant tout un programme qui requiert le clavier. Pour profiter au maximum de Word, vous devez bien le maîtriser. Cela signifie que vous devez non seulement savoir où se trouvent les touches, mais aussi comment les utiliser et/ou les associer pour obtenir l'action désirée. Ce chapitre livre tous ces secrets.

Un coup d'œil à votre clavier

La Figure 2.1 présente le clavier type d'un PC, tel qu'il est utilisé au début du troisième millénaire.

Remarquez que le clavier est divisé en zones distinctes, chacune ayant une fonction particulière. Dans Word, vous pouvez utiliser chaque touche de ces différents groupes, soit seule, soit en combinaison avec d'autres touches :

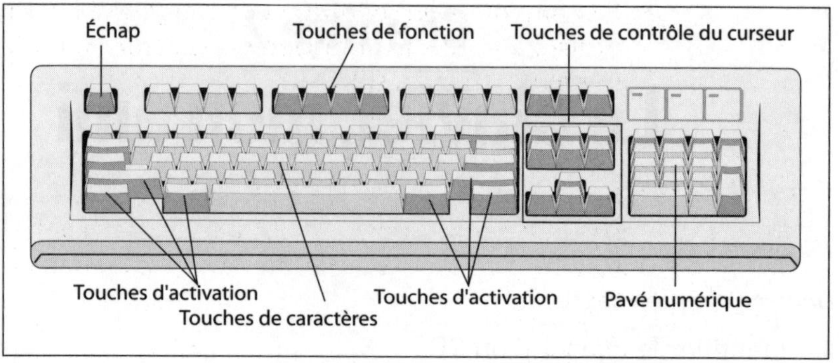

Figure 2.1 : Les célèbres atouts du clavier du PC.

- **Les touches de fonction :** ces touches, de F1 à F12, sont situées dans la rangée supérieure du clavier. Elles peuvent être utilisées seules ou en combinaison avec les touches Ctrl, Alt et Maj.
- **Les touches de machine à écrire :** ce sont les touches alphanumériques standard que l'on trouve sur toutes les machines à écrire. De A à Z et de 0 à 9, plus les symboles et autres caractères "exotiques".
- **Les touches directionnelles :** ces touches permettent de déplacer le curseur en forme de I sur l'écran. On trouve également les touches Début, Fin, PgPr (Page précédente), PgSv (Page suivante), Insertion et Suppression, sans oublier les touches Plus et Moins du pavé numérique.
- **Pavé numérique :** la double fonction de chaque touche est évidente, puisqu'on y voit apparaître un chiffre et un symbole. Ainsi, en fonction du verrouillage ou non du pavé numérique, soit vous saisissez des chiffres, soit vous déplacez le point d'insertion, les touches devenant alors des flèches directionnelles. Le voyant lumineux associé à la touche Verrouillage numérique indique que le pavé numérique est actif (il permet de saisir des chiffres). Si le voyant n'est pas allumé, ce sont les touches directionnelles qui sont actives.

- **Les touches d'activation :** ces touches, Maj, Ctrl et Alt, utilisées seules ne font rien de spécial, il faut les combiner avec d'autres touches.

Voici quelques touches élémentaires :

- **Entrée :** indiquée par le mot Entrée et parfois identifiée par une flèche coudée pointant vers la gauche (↵), cette touche permet d'ajouter un paragraphe dans votre texte.
- **Echap :** la touche "échappe" n'exécute pas vraiment une action dans Word. Toutefois, lorsqu'une boîte de dialogue apparaît, il suffit d'appuyer sur cette touche pour la fermer sans exécuter la moindre commande. Cela revient à cliquer sur le bouton Annuler de ladite boîte.
- **Barre d'espace :** c'est la seule touche sur laquelle n'apparaît aucun symbole. Elle permet d'insérer des espaces dans le texte.
- **Tab :** insère un caractère de tabulation, qui aligne le texte auquel il s'applique sur le repère de tabulation suivant. C'est une touche de mise en forme intéressante et d'usage parfois délicat (mais très précisément décrite au Chapitre 13).
- **Retour arrière :** c'est votre touche de retour en arrière et d'effacement. Très pratique.
- **Suppression :** souvent nommée Suppr, elle efface le caractère qui se trouve juste après le curseur, et ne fait donc pas revenir en arrière celui-ci. Nous en dirons plus à son sujet au Chapitre 5.

Chaque touche que vous pressez génère un caractère à l'écran.

- La touche Maj est utilisée pour créer des majuscules, exactement comme sur une bonne vieille machine à écrire.
- Ctrl se prononce "contrôle".

TRUC

- La touche de verrouillage des majuscules fonctionne aussi comme celle des anciennes machines à écrire. Dès que cette touche est enfoncée, la diode *Caps Lock* du clavier est allumée, et tout ce que vous saisissez apparaît en MAJUSCULE.

Presser les touches

Quand je dis "appuyez sur la touche Entrée", regardez votre clavier, fixez la touche Entrée droit dans les yeux, appuyez dessus, puis relâchez-la. Physiquement, c'est un effort très raisonnable, et comme beaucoup de claviers font entendre un clic quand vous appuyez sur une touche, vous aurez l'impression de taper sur une machine à écrire, et vous pourrez vous prendre pour bon vieil auteur de romans policiers.

Taper sur le clavier

Oubliez tous les gadgets et les trucs amusants. La majeure partie du temps que vous allez passer dans Word va être consacrée à taper.

Faut-il apprendre à taper ?

Il n'est absolument pas nécessaire d'apprendre à taper à la machine pour utiliser un traitement de texte, mais si vous le faites, vous en tirerez un avantage. Il existe des logiciels qui vous l'enseignent et je vous conseille de vous en procurer un.

Savoir taper à la machine rend l'initiation à Word beaucoup plus agréable.

Suivez le curseur qui clignote

La clé d'une bonne saisie dans Word est de ne pas perdre des yeux le point d'insertion. Il a l'aspect d'une barre verticale qui clignote :

|

Le texte que vous tapez vient s'insérer juste avant le curseur clignotant. Vous pouvez par exemple taper ceci :

```
L'agriculture est le plus vieux métier du monde.
```

Pour modifier cette phrase, placez le point d'insertion juste après "le". Tapez une espace, puis le texte suivant :

```
second
```

Le nouveau texte est inséré au fur et à mesure que vous le saisissez, et tout ce qui se trouve après lui est décalé en conséquence vers la droite (et éventuellement sur la ligne suivante) pour faire de la place.

Nous obtenons donc la nouvelle phrase :

```
L'agriculture est le second plus vieux métier du monde.
```

Le Chapitre 4 traite en détail du déplacement du point d'insertion.

Quand appuyer sur la touche Entrée ?

N'appuyez sur la touche Entrée que lorsque vous avez atteint la fin d'un paragraphe.

Contrairement à la saisie totale d'un texte sur une machine à écrire, un programme de traitement de texte concerne les mots et les paragraphes. Il est essentiel d'indiquer à Word la fin d'un paragraphe. Et la ligne de texte ? Pas de problème ! Word la crée automatiquement quand il arrive en fin de ligne. En d'autres termes, saisissez au kilomètre, car Word créera autant de lignes qu'en nécessite votre texte. En revanche, appuyez sur la touche Entrée pour créer un nouveau paragraphe.

À titre d'exemple, tapez le texte suivant (tapez-le d'un bout à l'autre, sans jamais appuyer sur la touche Entrée) :

```
Dans le but de trouver les meilleurs virtuoses du clavier de la galaxie,
la Fédération vient d'embaucher l'instructeur de première classe Maxime
Kornhieser. Dans ses recherches à travers la galaxie, M. Kornhieser a
presque trouvé les candidats parfaits : avec leurs douze doubles doigts
à chaque main, les Doublezons de Plantax 9 sont capables de taper à une
vitesse vertigineuse. Hélas, ils sont dépourvus de toute colonne verté-
brale, et M. Kornhieser les a disqualifiés pour position non
réglementaire.
```

Avez-vous remarqué comment le texte *passe à la ligne suivante* ? Ce qui dépasse la fin d'une ligne passe automatiquement à la ligne. Pas de "ding !", et pas la peine d'appuyer sur Entrée à la fin de chaque ligne. N'appuyez sur Entrée qu'à la fin d'un paragraphe.

- Cette fonction s'appelle *retour à la ligne automatique*.
- Pour marquer la fin d'un paragraphe, certains appuient deux fois sur la touche Entrée, et certains une fois. Si vous voulez un espace plus grand entre les paragraphes, il est préférable d'utiliser les commandes de mise en forme de paragraphe de Word, que je décris au Chapitre 12.
- Les commandes de mise en forme de paragraphe permettent aussi d'obtenir un double interligne dans un paragraphe. Si c'est ce que vous voulez, n'utilisez pas pour ce faire la touche Entrée ! Pour en savoir plus à ce sujet, consultez le Chapitre 12.
- Si vous voulez mettre en retrait le paragraphe suivant, appuyez sur la touche Tab après avoir appuyé sur la touche Entrée.

Quand appuyer sur la barre d'espace ?

La *barre d'espace* sert à insérer des espaces entre les mots ou les phrases. Sanselleletexteseraitdifficileàlire.

La seule chose exaspérante avec la barre d'espace est que beaucoup trop de gens s'en servent pour essayer d'aligner des colonnes ou pour mettre du texte en retrait. Non ! Vous ne devez appuyer sur la barre d'espace qu'une seule fois entre chaque mot !

- Pour insérer des espaces entre les mots et les phrases, utilisez la barre d'espace.
- Il est inutile de mettre plus d'une espace entre deux phrases. Chaque fois que vous pensez avoir besoin de plus d'une espace, par exemple pour disposer du texte dans des colonnes ou pour aligner du texte, utilisez plutôt la touche Tab (voyez le Chapitre 13).

Les touches Retour arrière et Suppression

Si vous faites une faute de frappe ou toute autre erreur typographique, appuyez sur la touche Retour arrière du clavier. Elle permet de supprimer le ou les caractères situés à gauche du point d'insertion. Pour supprimer ceux situés à sa droite, appuyez sur la touche Suppr.

- Pour plus d'informations sur l'effacement du texte avec les touches Retour arrière et Suppr, consultez le Chapitre 5.
- La touche Retour arrière se nomme ainsi car elle agit sur les caractères situés derrière le point d'insertion. Cette touche est bien plus puissante que sur une machine à écrire car elle revient en arrière tout en effaçant les caractères.

Faites correctement vos 1 et vos 0, vos L et vos O

Si vous vous êtes formé à la machine à écrire c'est que vous avez une quarantaine d'années ! Passer au traitement de texte n'est pas un défi, c'est une adaptation très facile à faire. Voici quelques conseils :

- N'utilisez pas le L minuscule ou le I majuscule pour vos chiffres. Appuyez sur le 1.
- N'utilisez pas le O (lettre) pour vos zéros. Appuyez sur la touche 0 (zéro).

Je sais qu'il est difficile de perdre ses habitudes. Cependant, en informatique, l'exactitude est de mise !

Touches rémanentes !

Vos doigts ne suivent pas toujours le mouvement de votre esprit, ou du moins son rythme. Alors que vous appuyez sur la touche Maj, vous voyez surgir le message "touches rémanentes !" En effet, si vous pressez cinq fois de suite Maj, Ctrl, ou Alt, vous activez la fonction Touches rémanentes de Windows XP. C'est un outil qui permet de mieux utiliser le clavier d'un ordinateur. Mais voilà, cette attitude de Windows vous perturbe.

Ne paniquez pas ! Il est très facile de désactiver les touches rémanentes : ouvrez le Panneau de configuration et cliquez sur Options d'accessibilité. Dans la boîte de dialogue, décochez l'option Utiliser les touches rémanentes. Cliquez sur OK. Vous ne serez plus jamais ennuyé.

Choses à remarquer pendant que vous tapez

Il se passe beaucoup de choses intéressantes pendant que vous saisissez du texte, dont certaines peuvent vous intriguer, d'autres vous agacer, et d'autres encore vous consterner.

Le côté gauche de la barre d'état

On l'appelle *barre d'état* car elle donne des informations sur l'état d'avancement de votre document au fur et à mesure que vous tapez, comme représenté sur la Figure 2.2.

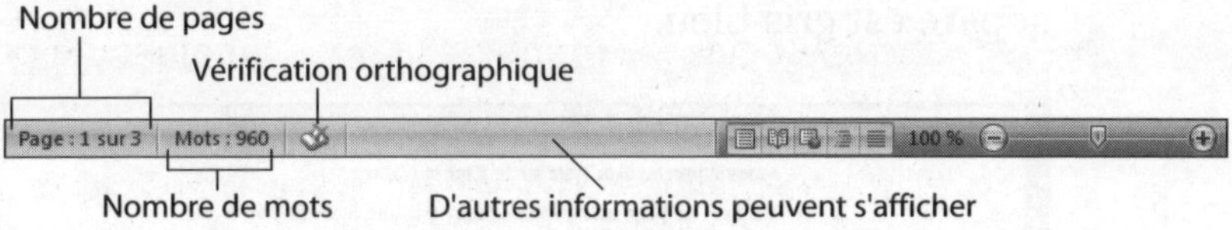

Figure 2.2 : Les éléments de la barre d'état qui évoluent.

Le type d'informations affichées dépend de la configuration de Word.

- La barre d'état affiche des informations lorsque vous ouvrez un document, comme son nom et le nombre de caractères. Cette information disparaît d'ailleurs très rapidement.
- Lorsqu'un document est en cours d'enregistrement, la barre d'état en montre la progression. Souvent, l'enregistrement est si rapide que vous n'avez pas le temps de la voir.

La vie secrète des pages

Word vous signale où se termine une page et où commence la suivante. C'est une chose utile à connaître, car la majeure partie de ce que l'on crée avec un traitement de texte se retrouve sur une feuille de papier (ou peut-être deux alors que vous n'en vouliez qu'une). Vous pouvez toujours regarder la barre d'état pour savoir combien de pages vous avez au total ou dans quelle page vous vous trouvez. Mais Word offre aussi pour cela des méthodes visuelles.

Pour vous permettre de savoir où commence la page suivante, Word vous offre deux indices visuels selon l'*affichage* en cours.

En mode Page (qui montre la présentation véritable de la page telle qu'elle sera imprimée), les contours des pages apparaissent à l'écran. La Figure 2.3 illustre cette séparation entre deux pages. Les pages sont blanches, et l'espace qui les sépare est gris-bleu.

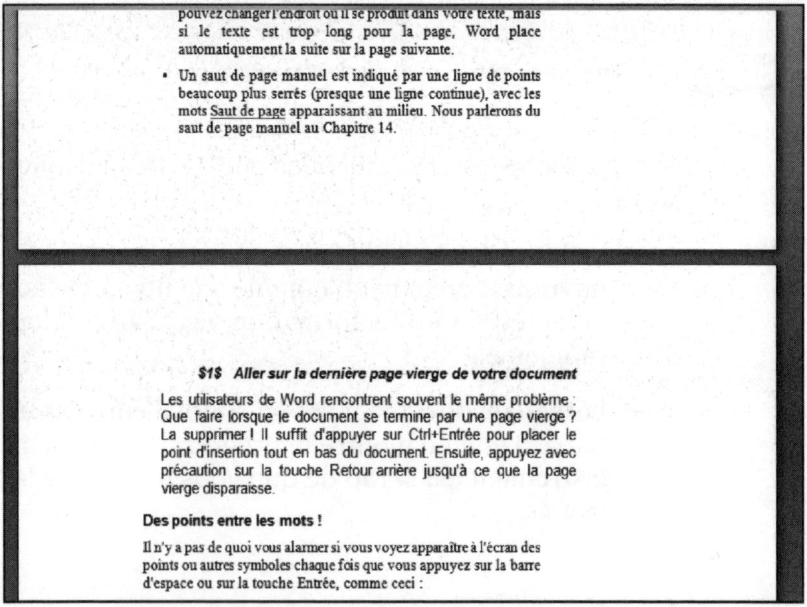

Figure 2.3 : La séparation entre deux pages en mode Page.

En mode Brouillon, que j'utilise volontiers moi-même, chaque saut de page apparaît comme une colonne de fourmis traversant l'écran. *Ne leur faites pas de mal !*

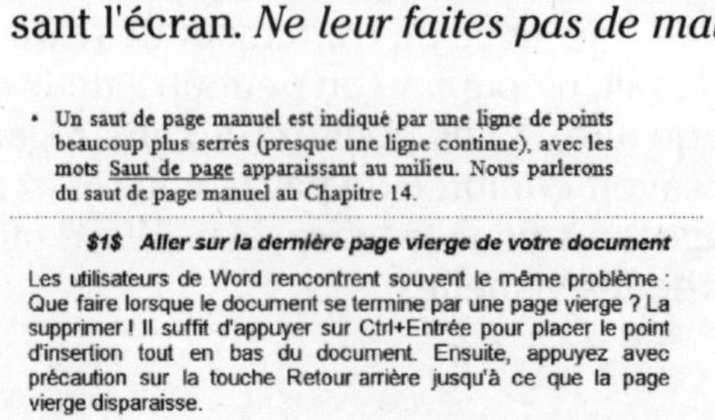

Voilà comment se présente un saut de page en mode Brouillon. Le texte que vous voyez au-dessus des fourmis (les points) est dans la page précédente, et le texte que vous voyez au-dessous est dans la page suivante.

Des points entre les mots !

Il n'y a pas de quoi vous alarmer si vous voyez apparaître à l'écran des points ou autres symboles chaque fois que vous appuyez sur la barre d'espace ou sur la touche Entrée, comme ceci :

```
Ceci✓peut✓être✓très✓agaçant.
```

Ce qui se produit est simplement que Word affiche les caractères *non-imprimables*. Word utilise différents symboles pour représenter les choses que vous ne voyez pas en temps normal : les espaces, les tabulations et la touche Entrée.

À quoi ça sert ? En affichant les caractères non-imprimables, vous pouvez facilement identifier des choses qui perturbent votre mise en forme, mais qui seraient difficiles à voir autrement. Par exemple, deux taquets de tabulation sur une même ligne peuvent désorganiser votre texte. La seule manière de savoir qu'il y a deux tabulations sur une ligne est d'afficher les caractères non-imprimables.

- Pour masquer les caractères non-imprimables, appuyez sur la combinaison de touches Ctrl+Maj+8 (pour les faire réapparaître, effectuez cette même combinaison). Utilisez le 8 du clavier principal et non celui du pavé numérique.

- Vous pouvez aussi cliquer sur le bouton illustré ci-contre pour afficher ou masquer les caractères non-imprimables.
- Ces symboles apparaissent à l'écran mais pas dans le document imprimé.

Soulignements et ondulations

Il est simple comme bonjour de souligner du texte dans Word. Le Chapitre 11 vous dit tout à ce sujet. Il arrive aussi que Word souligne lui-même certaines choses, en rouge, en vert ou en violet, avec des ondulations ou des pointillés. Ces soulignements servent à vous avertir de certaines particularités du texte concerné.

Ondulations rouges : les fautes d'orthographe sont signalées par un soulignement ondulé rouge, quand la vérification d'orthographe au cours de la frappe est en action. Reportez-vous au Chapitre 8.

Ondulations vertes : les fautes de grammaire sont signalées par un soulignement ondulé vert. Ces indications sont parfois intempestives. Consultez le Chapitre 8.

Ondulations bleues : souligne une importante erreur grammaticale. Ici encore voir le Chapitre 8.

Points violets : la fonction balises actives utilise des pointillés violets pour mettre en évidence des informations comme les noms, les dates, les lieux, et des données similaires qui peuvent être partagées par d'autres programmes Microsoft Office.

Soulignements bleus : Word souligne en bleu les adresses de pages Web. Pour accéder à la page, appuyez sur Ctrl et cliquez sur le *lien*.

Textes et soulignements en couleurs : lorsque votre texte s'affiche en couleur et souligné, ou bien barré, je présume que vous n'avez pas configuré les options de mise en forme, ou que vous les avez modifiées sans vous en rendre compte. Je suppose également que, sans le savoir, vous avez activé la fonction de *Suivi des modifications*.

En règle générale, ne vous préoccupez pas de ces soulignements en cours de saisie, puisque vous exécuterez une vérification orthographique et grammaticale de tout le texte une fois le document terminé.

Word propose du texte à votre place !

Parfois, en écrivant, un texte apparaît en surimpression. Il vous invite à appuyer sur la touche Entrée pour terminer la saisie automatiquement comme illustré par la Figure 2.4.

Figure 2.4 : Word suppose que vous voulez saisir ce qu'il affiche au-dessus de vos mots.

Pour accepter la proposition de Word, appuyez sur Entrée. Si la supposition de Word est erronée, ignorez-la en continuant votre saisie.

Chapitre 3

Aperçu de Word (pour les impatients)

Dans ce chapitre :

- Comprendre le concept de traitement de texte.
- Créer un nouveau document dans Word.
- Conseils de saisie.
- Mise en forme.
- Enregistrer votre document sur le disque dur.
- Vérification, aperçu, et impression.
- Fermer votre document.

Il est bien connu que les utilisateurs de logiciels se contentent du minimum vital. De ce fait, ils n'utilisent un programme qu'à environ 10 % de ses capacités. L'objectif de ce chapitre est
de vous montrer rapidement tout ce que peut faire un logiciel de traitement de texte de manière à ce que vous connaissiez son potentiel, et que vous cherchiez à votre tour à mieux l'exploiter.

Vue d'ensemble

En bref, voici comment se décompose une utilisation de base du traitement de texte dans Word :

1. **Ouvrir un nouveau document dans Word.**

2. **Saisir le texte.**
3. **Mettre en forme.**
4. **Enregistrer.**
5. **Afficher l'aperçu (facultatif).**
6. **Imprimer.**
7. **Enregistrer et fermer.**

Commencer un nouveau document

Au démarrage, Word vous présente un document vierge dans lequel vous pouvez commencer à saisir du texte. L'étape suivante est donc, logiquement, de commencer à taper. Ou bien, dans une autre logique, vous pouvez essayer de dicter. Si vous êtes débutant, je vous conseille pour le moment de vous contenter de taper, jusqu'à ce que vous soyez familiarisé avec Word.

Si vous avez besoin de créer un nouveau document, procédez comme suit :

1. **Cliquez sur le bouton Office, et choisissez Nouveau.**

   La fenêtre Nouveau document s'ouvre. Elle propose plusieurs options de création d'un nouveau document, comme vous pouvez le voir à la Figure 3.1.

2. **Cliquez sur le bouton Créer pour commencer un document vierge.**

   L'option Document vierge est sélectionnée par défaut. Donc, cliquez sur Créer ou appuyez sur Entrée. Vous voici prêt à saisir du texte.

Répétez ces étapes aussi souvent que vous avez besoin de créer un nouveau document. Word permet de travailler avec plusieurs documents ouverts simultanément.

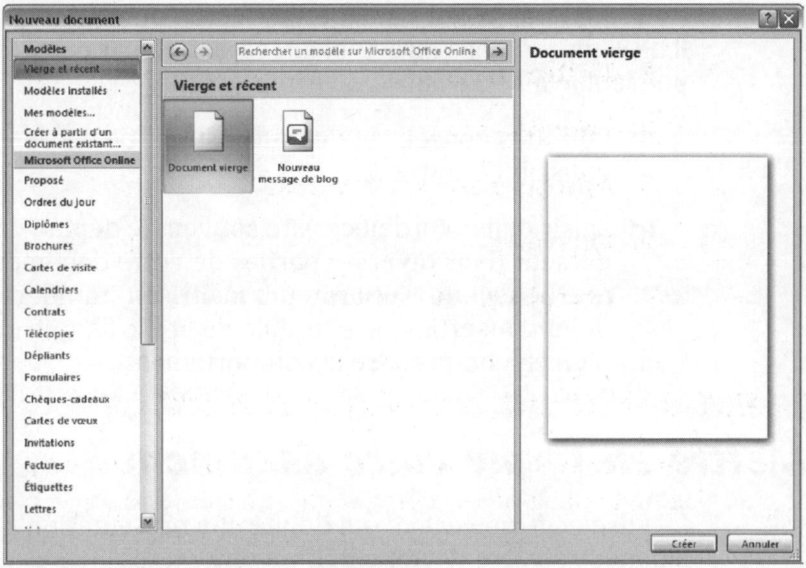

Figure 3.1 : les options de création d'un nouveau document.

TRUC

- Pour créer rapidement un nouveau document vierge, appuyez sur Ctrl+N.
- Une autre manière de commencer à travailler consiste à ouvrir un document stocké sur le disque (voir le Chapitre 9). Pour cela, choisissez Ouvrir dans le bouton Office.
- La boîte de dialogue Nouveau document contient de nombreux *modèles*, soit installés sur votre disque dur, soit disponibles sur le site Microsoft Online. Les modèles sont des documents dont la mise en forme est prédéfinie.

Saisir le texte

De toutes les choses insolites que vous pouvez faire avec un ordinateur, " taper" est sans doute la plus sensée (c'est-à-dire qu'il est très facile de taper sur un ordinateur récalcitrant car l'informatique nous fait très vite perdre notre *self control*). Non, plus sérieusement, rappelez-vous que le texte que vous saisissez dans Word s'affiche sur l'écran de votre ordinateur. Il ne s'imprime pas directement, caractère par caractère sur une feuille insérée dans votre imprimante.

- Pour des conseils et des suggestions de saisie, reportez-vous au Chapitre 2.
- Saisir dans Word nécessite souvent le déplacement du curseur dans diverses parties de votre document. Bien que beaucoup d'utilisateurs maîtrisent rapidement le point d'insertion, je conseille de lire le chapitre 4 pour bien en comprendre le comportement.

Mettre en forme votre document

La mise en forme est ce qui donne une présentation professionnelle à votre document. Il y a différentes choses que l'on peut mettre en forme dans un document :

- les caractères ;
- les paragraphes ;
- les tabulations ;
- les pages ;
- les colonnes ;
- les en-têtes et les pieds de page ;
- tout le document.

Votre premier travail de traitement de texte est la saisie du texte. À partir de là, vous pouvez y revenir pour le mettre en forme, ajuster les marges ou changer le style. Tout cela est décrit dans la deuxième partie.

Enregistrez votre travail !

Un ordinateur est simplet. Il a mauvaise mémoire et il perd toutes sortes de choses. Pour que votre ordinateur se souvienne de ce que vous avez fait, vous devez lui demander de l'enregistrer. Tout ce que vous créez dans Word doit être enregistré sur le disque et stocké en tant que document.

Il existe deux phases d'enregistrement :

- La première fois que vous enregistrez votre document, vous devez lui donner un nom, ou plutôt *un nom de fichier*. C'est ce nom qui va permettre d'identifier le document quand vous verrez son icône dans Windows. Le nom doit vous aider à identifier le contenu du document.
- Après le premier enregistrement d'un document, vous n'allez sans doute pas arrêter de le mettre à jour. Comment ? Eh bien en saisissant du texte supplémentaire. Dans ce cas, vous allez de nouveau enregistrer très régulièrement le document. Comme vous lui avez déjà donné un nom, il est inutile de lui en donner un nouveau. Word va tout simplement "écraser" l'ancienne version de votre fichier par la nouvelle, et ainsi actualiser le contenu de ce fichier à chaque enregistrement.

Pour effectuer un premier enregistrement, cliquez sur le bouton Office, et choisissez Enregistrer. Une boîte de dialogue éponyme apparaît. Elle ressemble à celle de la Figure 3.2 sous Windows Vista et à celle de la Figure 3.3 sous Windows XP. Dans le champ Nom de fichier, saisissez le nom de votre document. Ici j'écris un texte sur les forêts, alors je nomme tout simplement le document La forêt. Dans la liste Enregistrer dans, choisissez le dossier et/ou le disque dur dans lequel vous désirez enregistrer ce document. Enfin cliquez sur le bouton Enregistrer.

Pour enregistrer un document sur lequel vous travaillez, et qui a déjà été enregistré au moins une fois, choisissez Enregistrer dans le bouton Office, ou appuyez sur Ctrl+S. Word actualise alors le contenu du fichier en sauvegardant sa nouvelle version, c'est-à-dire le document en cours avec vos rajouts.

- Le Chapitre 9 vous donne des informations plus détaillées pour enregistrer votre document.

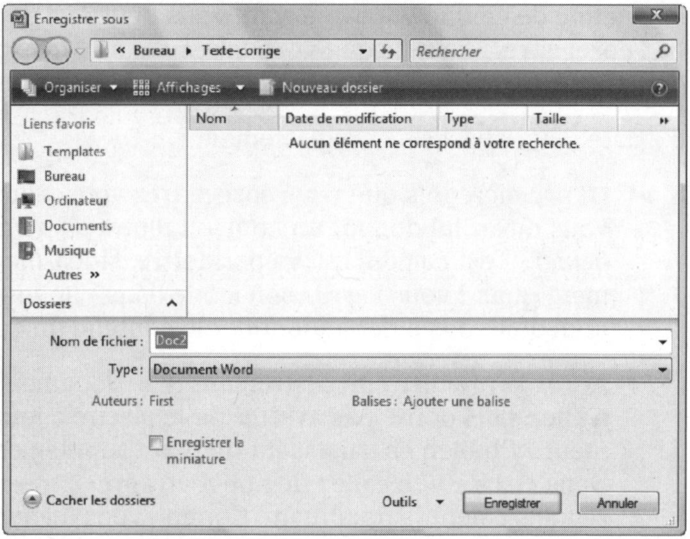

Figure 3.2 : la boîte de dialogue Enregistrer sous proposé par Windows Vista.

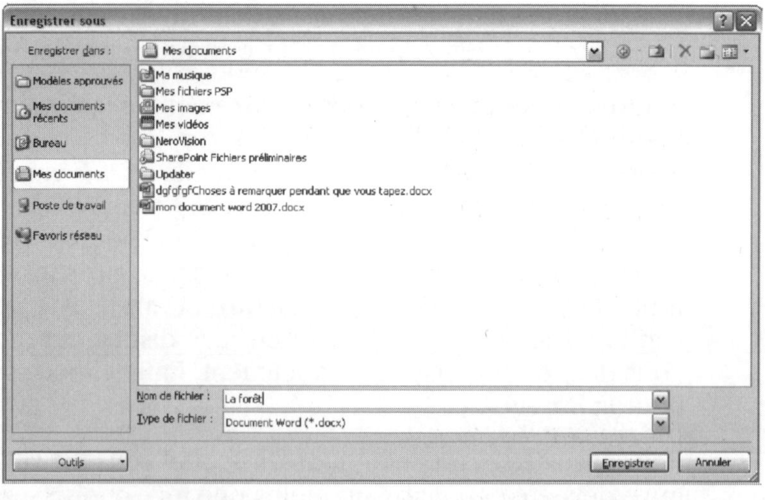

Figure 3.3 : la boîte de dialogue Enregistrer sous proposé par Windows XP.

- Le nom de fichier vous permettra d'identifier votre fichier par la suite, lorsque vous voudrez le modifier ou l'imprimer à nouveau. Il est important de choisir un nom pertinent, qui permette d' identifier aisément le fichier recherché.

- Une fois un fichier enregistré, la manière la plus rapide de l'enregistrer à nouveau consiste à utiliser le clavier. La séquence de touches correspondant à la commande Enregistrer est Ctrl+S. Tout en maintenant enfoncée la touche Ctrl, appuyez sur la touche S (vous pouvez aussi utiliser Maj+F12).
- Lorsque vous enregistrez un document, surveillez la barre d'état : elle affiche temporairement un message vous signalant que Word est en train d'enregistrer votre document.
- Une fois le document enregistré, son nom est affiché dans la barre de titre de la fenêtre de Word, ceci indique que le fichier a été correctement enregistré sur le disque.

Terminer un document

La dernière chose que vous ayez à faire est de terminer votre travail. La phase ultime est souvent l'impression. En effet, aujourd'hui encore les textes rédigés sous traitement de texte sont imprimés. Mais avant d'en arriver là, je conseille le respect de ces trois étapes :

- Vérification.
- Aperçu.
- Impression.

Vérifier le travail

Ce n'est pas parce que vous utilisez un logiciel de traitement de texte qui offre une belle mise en page, et des graphiques soigneusement agencés que votre travail est parfait. Non ! Il faut impérativement vérifier votre document avant de l'imprimer.

Vérifier signifie *relire*. La vérification inclut aussi celle de l'orthographe et de la grammaire que nous abordons au Chapitre 8.

Aperçu avant impression

Pour voir à quoi votre document va ressembler à la sortie de l'imprimante et afin de ne pas gaspiller de papier, utilisez la commande Aperçu avant impression. Dans le bouton Office, cliquez sur Imprimer/Aperçu avant impression (Figure 3.4). Votre document est affiché exactement comme il sera imprimé, y compris les images, les en-têtes et les pieds de page, ou tout autres éléments qui peuvent ne pas être affichés correctement dans les autres modes. Vous pouvez effectuer un zoom avant ou arrière, et même procéder à des modifications, même si cela est déconseillé.

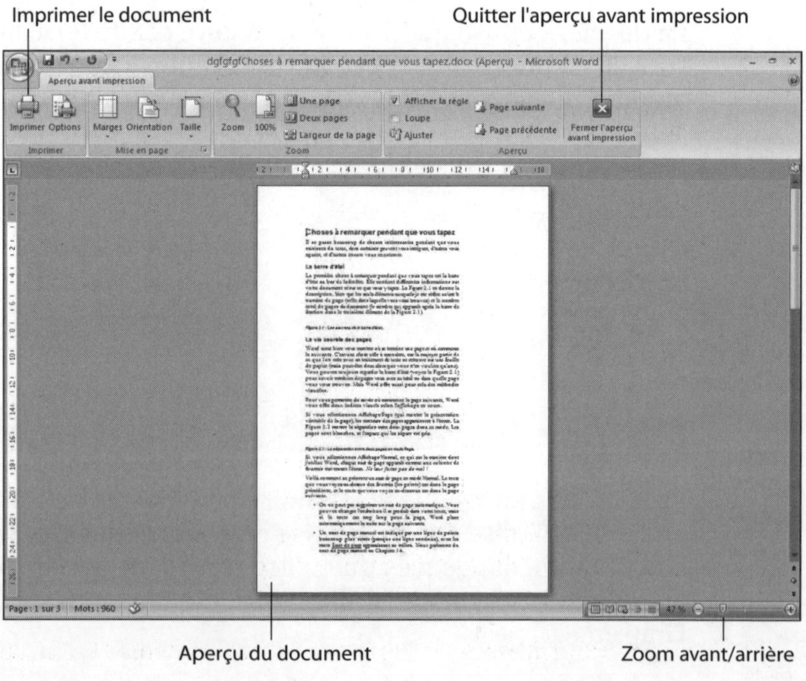

Figure 3.4 : le mode Aperçu avant impression.

Pour quitter l'aperçu, cliquez sur le bouton Fermer l'aperçu avant impression. Vous retournez dans votre document pour y faire quelques ajustements. Si votre document semble parfait, cliquez sur le bouton Imprimer du groupe Imprimer (Figure 3.4).

Imprimer un document

Pour imprimer votre document dans Word :

1. **Assurez-vous que votre imprimante est en marche et prête à imprimer.**

2. **Cliquez sur le bouton Office puis sur Imprimer/Imprimer, ou bien sur le bouton Imprimer de l'aperçu avant impression.**

   La boîte de dialogue Imprimer s'affiche. C'est là qu'apparaissent tous les paramètres qui permettent de contrôler l'impression.

3. **Cliquez sur le bouton OK.**

   Le document sort de l'imprimante.

Bien souvent, les premières impressions déçoivent les utilisateurs car ils ne savent pas que la relation qui s'établit entre un ordinateur et une imprimante est souvent passionnelle. Sachez que dans bien des cas, l'impression est un art en soi. Mais cela aussi s'apprend.

- Consultez le Chapitre 10 pour plus d'informations sur la préparation de votre imprimante.

- Vous pouvez aussi faire apparaître la boîte de dialogue Imprimer en appuyant sur Ctrl+P. Cette méthode est plus pratique si vous avez les doigts assez longs ou si votre souris est en grève.

- Pour imprimer rapidement un document, cliquez sur l'icône Impression rapide de la barre d'outils Accès rapide.

Remarquez qu'il est préférable d'enregistrer avant d'imprimer. C'est une précaution et non une obligation, mais on ne répétera jamais assez qu'il faut enregistrer son document.

Fermez-moi ça !

Pour fermer un document une fois votre travail terminé, cliquez sur le bouton Office, puis sur Fermer, ou bien exécutez le raccourci clavier Ctrl+W.

Si vous n'avez pas enregistré votre document depuis ses dernières modifications, Word vous invite à le faire. Dans la boîte de dialogue qui apparaît, je conseille vivement de cliquer sur Oui pour ne pas perdre tout le bénéfice de votre dur labeur. (Pour plus de détails sur l'enregistrement, consultez le Chapitre 9.)

Lorsque le document est fermé, il n'est plus affiché à l'écran, c'est-à-dire dans l'interface de Word. À partir de cet instant, vous pouvez quitter Word, créer un nouveau document, ouvrir un document existant, ou fermer Word et commencer une partie de solitaire.

Deuxième partie

Les bases du traitement de texte

Dans cette partie...

Dès qu'ils le purent, les ordinateurs furent spécialisés en *traitement de texte*. Leurs fonctions étaient rudimentaires et se limitaient au remplacement du texte, à l'insertion, au copier, au couper, et au coller.

Très rapidement, l'ordinateur fut de mieux en mieux maîtrisé. Tout naturellement, le traitement de texte qui était la seule chose que l'on pouvait faire de vraiment abordable sur un PC donna lieu à une concurrence effrénée entre les éditeurs de logiciels. Une des premières fonctions qui apporta un intérêt significatif au traitement de texte fut la mise en forme des paragraphes, la numérotation des pages, et le vérificateur d'orthographe.

Au début des années 1990, on peut dire que tout ce qu'il y a aujourd'hui (désormais en mieux), dans un logiciel de traitement de texte avait déjà fait son apparition. Ses fonctions purement basiques vous sont détaillées tout au long de cette partie captivante.

Chapitre 4

Les mouvements de base

Dans ce chapitre :

- Utiliser les barres de défilement.
- Déplacer le point d'insertion.
- Se déplacer avec des raccourcis clavier.
- Naviguer avec les boutons de navigation.
- Retrouver son chemin.

Écrire signifie souvent *réécrire*, ce qui veut dire que bien des fois on ne fait que relire son document pour le modifier. S'il vous faut une métaphore, imaginez une machine à écrire dans laquelle ne serait insérée qu'une seule longue feuille de papier. Pour relire votre document, il vous faudrait tourner le rouleau en arrière pour trouver l'endroit précis où commence la partie du texte qui vous intéresse. Cela n'a rien d'enthousiasmant. Heureusement, Word dispose de commandes de base des mouvements du curseur qui vous permettent de faire défiler votre texte, de le relire ou de le modifier, beaucoup plus facilement qu'en faisant tourner un rouleau. Voilà de l'action, du mouvement et du sport !

Faire défiler un document

L'écran d'un ordinateur et la fenêtre de Word ne sont pas assez grands pour exposer la totalité de vos documents. Donc, pour parcourir leur contenu, vous devez utiliser la souris et *la barre de défilement verticale*.

La barre de défilement verticale

Sur le côté droit de votre document vous apercevez la barre de défilement verticale (Figure 4.1). Elle fonctionne comme n'importe quelle autre barre de ce type d'un programme Windows :

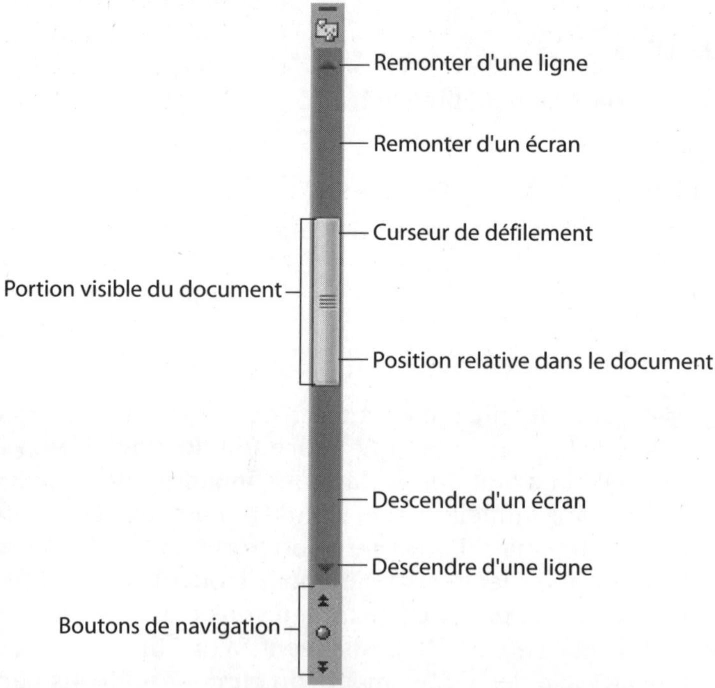

Figure 4.1 : Décrypter la barre de défilement verticale.

- Cliquez sur les deux boutons situés en haut et en bas de la barre de défilement pour faire défiler le contenu de votre document vers le haut ou le bas. Le document défile à la cadence d'une ligne de texte par clic.
- Un *curseur de défilement* apparaît sur la barre. Cliquez dessus et, sans relâcher le bouton de la souris, faites-le monter ou descendre pour parcourir le document.
- Vous pouvez cliquer au-dessus ou en-dessous du curseur de défilement pour parcourir le document à la cadence d'un écran par clic.

La taille du curseur de défilement indique la partie du document que vous pouvez voir à l'écran. Lorsque le curseur est invisible ou désactivé, tout le document est visible. Sinon, sachez que plus ce curseur est petit, plus le document est grand.

La position du curseur de défilement sur sa barre permet de savoir à peu près où vous vous situez dans le document. Quand il est en haut de la barre de défilement, vous savez que vous êtes tout proche du haut de la page. A contrario, lorsque le curseur de défilement se trouve à proximité du bas, vous êtes proche de la fin du document.

Lorsque vous faites glisser le curseur de défilement certaines informations s'affichent. Ainsi, sur la Figure 4.2, le numéro de la page visible ainsi que le titre de la section (qui se situe au niveau du curseur de défilement) s'affichent.

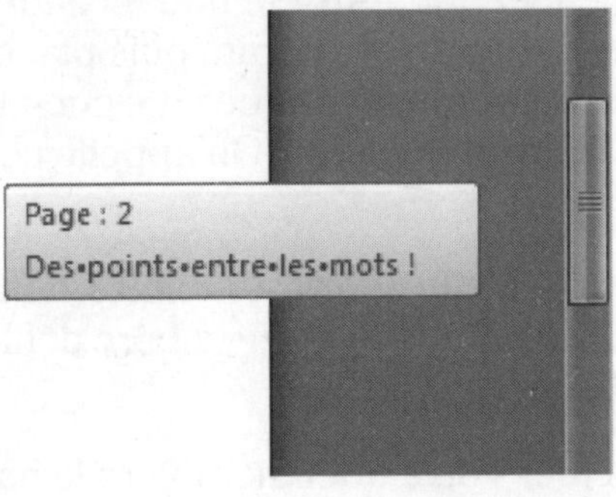

Figure 4.2 : Des informations sur le numéro de la page et le titre en cours.

Parcourir ainsi le document ne déplace pas le point d'insertion. Si vous commencez à taper ne soyez pas surpris d'atteindre instantanément l'emplacement actuel du point d'insertion.

- Faire défiler le contenu d'un document ne déplace pas le point d'insertion.
- Reportez-vous à la section Utiliser les boutons de navigation, plus loin dans ce chapitre, pour obtenir des informations complémentaires sur ces boutons localisés sous la barre de défilement verticale.

La barre de défilement horizontale

La barre de défilement horizontale apparaît juste au-dessus de la barre d'état c'est-à-dire dans la partie inférieure de la fenêtre de Word. Elle ne s'affiche que si le document est trop large pour occuper toute la fenêtre. Grâce à elle, vous naviguez sur la largeur du document.

Lorsque la largeur du document est trop importante, nécessitant de jouer avec la barre de défilement horizontale pour afficher toutes les portions du texte, pensez à utiliser l'outil Zoom.

Utiliser la souris pour vous déplacer

La souris permet de déplacer le curseur facilement et rapidement : pour commencer, identifiez le nouvel endroit où vous souhaitez placer le curseur sur l'écran, puis placez le pointeur de la souris à l'endroit voulu, et cliquez. Le curseur se place instantanément à l'endroit désigné. On appelle cette action *pointer-cliquer.*

Si votre PC est équipé d'une souris à molette, comme la souris IntelliMouse de Microsoft, vous pouvez faire défiler votre document en l'utilisant :

- Pour faire défiler votre document vers le haut ou vers le bas, faites tourner la molette dans l'une ou l'autre direction. La vitesse de défilement (le nombre de lignes par "pas" de la molette) peut être définie dans le Panneau de configuration de Windows en double-cliquant sur l'icône Souris.
- Utilisée comme un bouton, la molette de votre souris vous donne un contrôle du défilement de votre document : si vous cliquez avec la molette comme avec un bouton (il est inutile de la maintenir enfoncée), vous pouvez régler la vitesse de défilement en déplaçant votre souris plus ou moins vers le haut, vers le bas, vers

la gauche ou vers la droite par rapport à l'endroit où vous avez cliqué.

- Pour mettre fin à cet effet, cliquez en un endroit quelconque avec le bouton gauche de la souris.

Déplacer le point d'insertion

Quand vous écrivez sur une feuille de papier, il est difficile de vous perdre. Et au bon vieux temps des machines à écrire, ce sur quoi on écrivait ne pouvait dépasser la taille d'une feuille de papier standard. Mais avec Word, vos documents peuvent devenir véritablement énormes. Malheureusement, ce n'est qu'une petite partie de cet imposant document qui apparaît sur l'écran. Pour aller d'un endroit à un autre, il ne suffit pas d'appuyer sur une touche du curseur. Il vous faut donc en savoir un peu plus sur les touches de navigation et autres commandes spéciales de Word.

Commander le point d'insertion à la souris

Le moyen le plus simple pour placer le point d'insertion exactement où vous le souhaitez et de cliquer sur le texte. Pointez, cliquez, et voilà ! Le point d'insertion est en place.

Petits déplacements (les touches directionnelles)

La manière la plus courante de vous déplacer dans votre document consiste à utiliser les touches du pavé directionnel (celles qui portent une flèche), que l'on appelle aussi *touches de contrôle du curseur* parce qu'elles permettent de contrôler les déplacements de ce dernier sur l'écran.

Les quatre touches de base déplacent le curseur vers le haut, vers le bas, vers la droite et vers la gauche :

Touche	Effet
↑	Déplace le curseur d'une ligne vers le haut.
↓	Déplace le curseur d'une ligne vers le bas.
→	Déplace le curseur d'un caractère vers la droite.
←	Déplace le curseur d'un caractère vers la gauche.

Déplacer le point d'insertion n'efface pas les caractères. Le Chapitre 5 explique comment supprimer des informations.

Si vous maintenez enfoncée la touche Ctrl en appuyant sur une touche du curseur, vous passez en mode accéléré. Le curseur survitaminé bondit à une vitesse folle dans les quatre directions :

Touches	Effet
Ctrl+↑	Place le curseur au début du paragraphe précédent.
Ctrl+↓	Place le curseur au début du paragraphe suivant.
Ctrl+←	Place le curseur au début du mot précédent (juste avant la première lettre).
Ctrl+→	Place le curseur au début du mot suivant (juste avant la première lettre).

Si vous utilisez les touches du curseur du pavé numérique, assurez-vous que le voyant Verr num (ou *Num Lock*) est éteint. S'il est allumé, appuyez sur la touche Verr num pour l'éteindre. Sans cette vérification, vous verrez apparaître des chiffres dans votre texte au lieu de voir se déplacer le curseur, co444mme ceci.

Le début et la fin

Il arrive que l'on ait simplement besoin d'aller directement au début ou à la fin d'une ligne de texte ou de tout un document. Voici les touches qui permettent de le faire :

Touche(s)	Effet
Fin	Envoie le curseur à la fin de la ligne de texte dans laquelle il se trouve.
Début	Envoie le curseur au début de la ligne de texte dans laquelle il se trouve.
Ctrl+Fin	Envoie le curseur tout à fait à la fin de votre document (juste après le dernier caractère).
Ctrl+Début	Envoie le curseur tout à fait au début de votre document (juste avant le premier caractère).

Le cas très particulier des touches PgPr et PgSv

En langage "clavier", PgSv signifie Page suivante et PgPr Page précédente. Un clavier standard de 102 touches dispose de deux emplacements pour ces touches PgSv et PgPr : soit sur le pavé numérique, soit sur la zone du curseur (à gauche du pavé numérique). Certains imaginent que la touche PgSv déplace le document vers le haut de la page suivante et la touche PgPr vers le haut de la page précédente. Eh bien non ! Ces touches vous permettent de vous déplacer dans le document de l'équivalent d'un écran (et non d'une page) vers le bas ou vers le haut, d'où leur appellation (Page précédente et Page suivante).

Touche	Effet
PgPr	La touche PgPr déplace le curseur vers le haut d'un écran (la hauteur du texte affiché dans la fenêtre). Si vous êtes en haut de votre document, cette touche place le curseur tout en haut de l'écran.
PgSv	La touche PgSv déplace le curseur d'un écran vers le bas du document. Si vous êtes en bas du document, elle place le curseur tout en bas de l'écran.
	Si vous voulez seulement placer le curseur en haut ou en bas de l'écran (le texte affiché dans la fenêtre du document), utilisez ces combinaisons de touches :
Ctrl+Alt+PgPr	Place le curseur en haut de la portion de texte affichée dans la fenêtre.

Touche	Effet
Ctrl+Alt+PgSv	Place le curseur en bas de la portion de texte affichée dans la fenêtre.

Ctrl+PgPr et Ctrl+PgSv sont utilisées par Word, mais ne donnent pas du tout l'effet que vous espérez. Lisez la prochaine section pour plus de détails.

Utiliser les boutons de navigation

Regardez en bas de la barre de défilement verticale. Vous voyez trois boutons illustrés dans la marge des paragraphes suivants. Ces boutons facilitent la navigation dans vos documents.

Le bouton du haut, avec deux chevrons, nommé *Page précédente,* équivaut au raccourci clavier Ctrl+PgPr.

Le bouton du bas, avec deux chevrons, nommé *Page suivante,* équivaut au raccourci clavier Ctrl+PgSv.

Le bouton du centre est un peu la réponse à la question : "Mais qu'est-ce que je cherche après tout ?" Son raccourci clavier est Ctrl+Alt+Origine.

Lorsque vous cliquez sur ce bouton central, vous ouvrez la palette représentée à la Figure 4.3. Placez le pointeur de la souris sur n'importe quel élément et vous en verrez la description dans la partie inférieure de la palette.

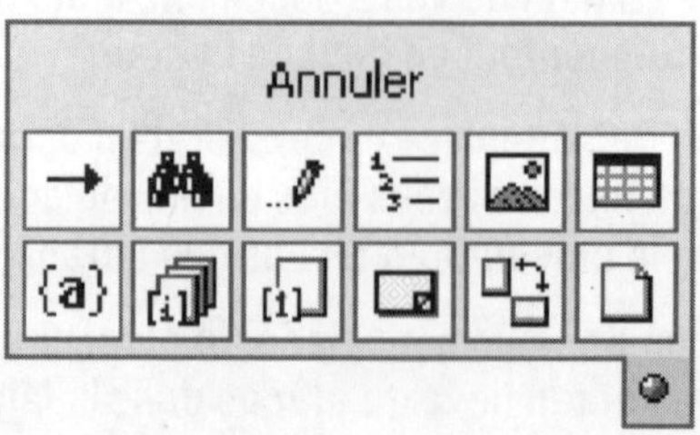

Figure 4.3 : Plusieurs méthodes de navigation.

Chaque fois que vous choisissez une option dans cette palette de navigation, son bouton change de couleur. Quand il est noir, vous effectuez une navigation par page. Quand il est bleu, vous effectuez un autre type de navigation.

Retrouver son chemin

En principe, une fois qu'on est engagé, on ne peut pas revenir en arrière. *En principe*, c'est-à-dire à moins de faire campagne pour une élection ou d'utiliser Word. Si vous vous retrouvez par erreur à un endroit où vous ne vouliez pas aller, appuyez sur Maj+F5 : Word vous ramène aussitôt d'où vous venez.

TRUC

Appuyer sur Maj+F5 vous fait revenir au point où vous étiez juste avant la dernière commande que vous avez appliquée. Appuyer encore une fois sur cette même combinaison vous fait revenir encore une étape en arrière, et ainsi de suite. Ce raccourci clavier peut être répété trois fois.

Le raccourci clavier Maj+F5 ne fonctionne que dans Word. N'essayez pas de l'utiliser ailleurs.

Chapitre 5

Modifier le texte

Dans ce chapitre :

- Effacer du texte avec les touches Retour arrière et Suppression.
- Effacer des lignes, des phrases et des paragraphes.
- Scinder et réunir des paragraphes.
- Annuler vos erreurs.
- Utiliser la commande Répéter (annuler votre annulation !).

Modifier, c'est couper, écraser, supprimer. C'est éliminer le texte en excès, mal écrit ou maladroit, qui n'a pas sa place sur la page imprimée, et le remplacer éventuellement par ce qui convient. Et oui, le traitement de texte, c'est bien plus que taper sur le clavier et promener le curseur un peu partout dans le document. C'est jouer avec le texte. Supprimer, défaire, puis retaper. Ce sont les tâches de base que vous allez trouver dans les sections suivantes (que j'ai tapées et retapées de nombreuses fois).

Effacer du texte

L'avènement des logiciels de traitement de texte a rendu encore plus populaire les possibilités de suppression diverses et variées. Aujourd'hui, l'effacement fait partie du processus de création car il permet de mieux reconstruire. Écrire. Effacer. Réécrire. Réeffacer. Ainsi va la vie de l'utilisateur d'un traitement de texte.

Vos touches d'effacement de base : Retour arrière et Suppression

La création et la destruction du texte passent par l'utilisation des touches du clavier. La grande majorité de ces touches sert à créer, à composer du texte. Seules deux touches servent à le détruire : Retour arrière et Suppr (Suppression). Le fonctionnement de ces touches dépend de la manière dont vous les utilisez (quel scoop !).

Effacer un seul caractère

Pour effacer du texte caractère par caractère, vous pouvez utiliser deux touches de votre clavier :

- **La touche Retour arrière :** Elle efface le caractère situé à gauche du curseur.
- **La touche Suppression :** Elle efface le caractère situé à droite du curseur.

Dans l'exemple ci-après, le curseur "clignote" (je veux dire qu'il clignoterait s'il était sur un écran) entre le *n* et le *i* d'*Annie*. En appuyant sur la touche Retour arrière, vous effacez le *n*. En appuyant sur la touche Suppression, vous effacez le *i*.

```
Le réfrigérateur d'Ann|ie était rempli d'échantillons.
```

- Après l'effacement d'un caractère, tout le texte qui se trouve à droite ou au-dessous de celui-ci se déplace d'un cran pour remplir l'espace laissé libre.
- La touche Retour arrière ne fonctionne pas comme sur une machine à écrire. La différence est que, dans Word, non seulement le curseur revient en arrière, mais il efface les caractères sur lesquels il passe (l'équivalent de la touche Retour arrière d'une machine à écrire est, dans Word, la touche de déplacement vers la gauche du curseur).

Effacer un mot

Pour effacer un mot complet, Word dispose de deux commandes :

Touche(s)	Effet
Ctrl+Retour arrière	Efface le mot qui se trouve juste avant le curseur (à sa gauche).
Ctrl+Suppression	Efface le mot qui se trouve juste après le curseur (à sa droite).

Ces raccourcis clavier fonctionnent très bien quand le point d'insertion se trouve au début ou à la fin d'un mot (Ceci étant dit, quand il est à la fin d'un mot, il n'est pas loin d'être au début d'un autre). Lorsque vous êtes au milieu d'un mot, ces commandes suppriment respectivement les caractères situés à gauche ou à droite du point d'insertion.

Pour effacer un mot en utilisant Ctrl+Retour arrière, placez le curseur juste après la dernière lettre de ce mot. Appuyez sur Ctrl+Retour arrière : le mot disparaît. Le curseur se trouve alors juste après le dernier caractère du mot précédent ou au début de la ligne (dans le cas où vous avez effacé le premier mot d'un paragraphe).

Pour effacer un mot en utilisant Ctrl+Suppression, placez le curseur juste avant la première lettre de ce mot. Appuyez sur Ctrl+Suppression : le mot disparaît. Le curseur se trouve alors juste avant le premier caractère du mot suivant ou à la fin de la ligne (si vous avez effacé le dernier mot d'un paragraphe).

Effacer des lignes, des phrases et des paragraphes

Dans Word, il y a une différence entre une ligne de texte, une phrase et un paragraphe. Ne perdez pas de vue ces définitions :

- Une **ligne de texte** n'est rien d'autre qu'une ligne sur la page (ce n'est pas une entité grammaticale).
- Une **phrase** est de nature grammaticale : elle commence par une majuscule et se termine par un point, un point d'interrogation ou un point d'exclamation. Je suppose que vous avez appris cela à l'école.
- Un **paragraphe** est une portion de texte commençant juste après un *retour chariot* et se terminant par un autre retour chariot. Un paragraphe peut donc être composé d'une simple ligne, d'une phrase ou de plusieurs phrases.
- Une **page** est tout le texte compris entre le début et la fin de la page.

Word sait aussi effacer des *blocs* de texte. Vous en saurez davantage à ce sujet en consultant le Chapitre 7.

Effacer une ligne de texte

La méthode la plus simple pour effacer une ligne de texte consiste à utiliser la souris :

1. **Placez le pointeur de la souris dans la marge gauche de votre document.**

   Le pointeur prend la forme d'une flèche pointant vers le haut et vers la droite.

2. **Placez le pointeur devant la ligne de texte que vous voulez supprimer.**

3. **Cliquez sur le bouton gauche de la souris.**

   La ligne de texte est sélectionnée et apparaît en surbrillance.

4. **Appuyez sur la touche Suppression ou sur la touche Retour arrière pour supprimer la ligne sélectionnée.**

Effacer une phrase

Effacer une phrase est un jeu d'enfant :

1. **Placez le curseur dans la phrase à supprimer.**
2. **Appuyez sur Ctrl et cliquez sur le bouton de la souris.**

   La phrase est sélectionnée.
3. **Appuyez sur la touche Suppression.**

   La phrase disparaît.

Effacer un paragraphe

La méthode la plus rapide pour effacer un paragraphe :

1. **Placez le pointeur de la souris sur le paragraphe.**
2. **Cliquez trois fois sur le bouton gauche de la souris.**

   Le paragraphe est sélectionné.
3. **Appuyez sur la touche Suppression.**

   Le paragraphe disparaît.

Si cliquer trois fois vous pose problème, placez le pointeur de la souris dans la marge gauche du paragraphe à supprimer. Quand le pointeur prend la forme d'une flèche pointant vers le haut et vers la droite, cliquez deux fois. Le paragraphe est sélectionné. Appuyez sur Suppr pour l'effacer.

Effacer une page

La page n'est pas traitée avec désinvolture par Word. En réalité, une page correspond à une feuille imprimée. Virtuelles dans Word, les pages n'en demeurent pas moins des éléments que vous pouvez supprimer :

1. **Placez-vous en haut de la page que vous désirez effacer.**

Pour plus d'informations sur la commande Atteindre, reportez-vous au Chapitre 4. Dans la boîte de dialogue Atteindre, indiquez le numéro de la page à effacer.

2. **Appuyez sur la touche F8.**

   Cette touche est utilisée pour entrer dans un mode de sélection spécial qui est étudié au Chapitre 7.

3. **Appuyez sur Ctrl+PgSv.**

   Le point d'insertion va en bas de la page.

4. **Appuyez sur Suppr.**

   La page disparaît.

Pour effacer l'espace vide laissé en bas de votre document, consultez le Chapitre 10.

Séparer et grouper

L'édition d'un texte conduit à la séparation d'un paragraphe en plusieurs autres, ou au regroupement de plusieurs paragraphes en un seul.

Créer deux paragraphes à partir d'un seul

TRUC

Pour diviser un paragraphe en deux paragraphes distincts, localisez le point où vous désirez créer cette séparation. En générale, il se situe entre deux phrases, c'est-à-dire au début de l'une et à la fin de l'autre. Ensuite, appuyez sur la touche Entrée. Vous disposez ainsi de deux paragraphes.

En fonction de la position du point d'insertion, vous devrez peut-être effacer une espace vide qui apparaît au début du second paragraphe ou à la fin du premier.

Créer un paragraphe à partir de deux

Pour regrouper deux paragraphes, vous devez supprimer la marque de paragraphe qui les sépare. Pour cela, placez le point d'insertion au début du second paragraphe et appuyez sur la touche Retour arrière. Voilà ! Les deux paragraphes n'en forment plus qu'un.

Séparer des lignes avec un retour à la... ligne

Ce retour à la ligne est principalement utilisé pour les titres et les en-têtes. Par exemple, lorsque vous avez un long titre que vous souhaitez présenter sur deux lignes, appuyez sur Maj+Entrée. Par exemple, saisissez cette ligne :

```
Filbert & Hazel
```

Appuyez sur Maj+Entrée. Vous commencez une nouvelle ligne. Saisissez :

```
Un couple d'imbéciles
```

Le retour à la ligne conserve le texte de ce titre regroupé (dans le même paragraphe), mais sur des lignes séparées.

Annuler vos erreurs

Il ne faut jamais avoir peur de faire quelque chose dans Word. Jamais ! Pourquoi ? Parce que Word dispose d'une commande Annulation. Celle-ci se souvient de tout ce que vous venez de faire, d'ajouter ou de supprimer, et peut facilement démêler vos erreurs. De plus, il existe également une commande Répéter, qui permet l'annulation de la dernière annulation.

La magie de la commande Annuler

Si vous venez d'effacer accidentellement du texte, formater un paragraphe de manière hasardeuse, ou saisir des mots que vous regrettez, faites l'une des opérations ci-après pour le faire réapparaître :

- Appuyez sur Ctrl+Z.
- Cliquez sur le bouton Annuler dans la barre d'outils Accès rapide.

Personnellement, je préfère le raccourci Ctrl+Z. Toutefois, le bouton Annuler déroule une liste qui permet de choisir l'annulation simultanée de plusieurs commandes.

Voudriez-vous répéter, s'il vous plaît ?

Si vous annulez quelque chose pour vous apercevoir que ce n'était pas ce que vous vouliez faire, vous devez utiliser la commande Répéter pour remettre tout d'aplomb. Pour faire revenir du texte que vous venez de faire disparaître en utilisant accidentellement la commande Annuler, effectuez l'une des opérations suivantes :

- Appuyez sur Ctrl+Y.
- Cliquez sur le bouton Répéter dans la barre d'outils Accès rapide (s'il est disponible).

Comment ça marche ? Eh bien, imaginez qu'après un bon déjeuner vous reveniez au bureau pour une vigoureuse séance de frappe au clavier. Hélas, vous vous mettez bien vite à somnoler, et votre tête, dans un bruit sourd, tombe sur le clavier, produisant des résultats aléatoires. Puis, vous vous réveillez. Après vous être assuré que personne ne vous a vu dans cette posture peu profitable, vous prenez la décision mûrement réfléchie d'annuler la frappe produite par la chute de votre tête, autrement dit : Ctrl+Z, Ctrl+Z, Ctrl+Z…

Mais, diantre ! Vous avez appuyé sur Ctrl+Z une ou plusieurs fois de trop. Dans ce cas, il ne vous reste plus qu'à sélectionner Édition/Répéter (ou à appuyer sur Ctrl+Y) pour faire revenir ce que vous venez de faire disparaître par mégarde.

Quand répéter change de sens

Et s'il n'y a rien à rétablir (parce que vous ne venez pas d'annuler quelque chose) ? Alors la commande Répéter devient la commande Répéter… ah !

Par exemple, si vous tapez les lignes suivantes :

```
Toc, toc.

Qui est là ?

Knock.

Knock qui ?
```

Maintenant, appuyez sur Ctrl+Y ou cliquez sur le bouton Répéter de la barre Accès rapide. Word répète la dernière chose saisie. Si vous avez effectué une action, comme une suppression, Ctrl+Y la répète.

TRUC

- La commande Répéter peut également appliquer le même formatage. Lorsque vous travaillez dans un document et que vous changez de style sur plusieurs sections de texte, utilisez la touche Répéter pour gagner du temps. (Consultez la troisième partie de ce livre pour plus d'informations sur la mise en forme.)
- Sachez que la touche F4 fonctionne comme Ctrl+Y.

Chapitre 6

Chercher et remplacer

Dans ce chapitre :

- Rechercher du texte dans votre document.
- Utiliser les différentes options de la commande Rechercher.
- Rechercher des caractères spéciaux.
- Rechercher des codes de mise en forme.
- Utiliser la commande Remplacer.

Chercher et remplacer est une fonction basique des traitements de texte. Dans Word, cette fonction permet deux choses : de chercher du texte vers le haut ou le bas du document, et de remplacer ce texte par un autre.

Le plaisir de la recherche

Word peut localiser rapidement toute portion de texte où qu'elle soit dans votre document, du discours le plus grandiloquent au plus petit caractère. La commande utilisée à cette fin s'appelle Rechercher, et vous l'exécutez depuis le ruban de Word 2007 (Figure 6.1).

Mais où te caches-tu ?

Localiser du texte dans un document est une tâche très simple à réaliser :

1. **Dans l'onglet Accueil, cliquez sur le bouton Rechercher.**

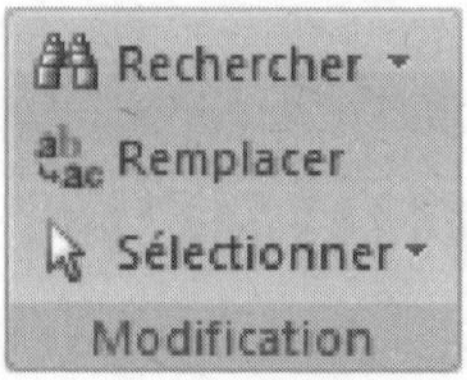

Figure 6.1 : Le groupe de commandes Modification.

Reportez-vous à la Figure 6.1. Parfois vous devrez cliquer sur Modification pour afficher ce bouton. Si vous n'y parvenez pas, appuyez simplement sur Ctrl+F.

Cliquer sur le bouton Rechercher permet d'ouvrir la boîte de dialogue Rechercher et remplacer illustrée par la Figure 6.2.

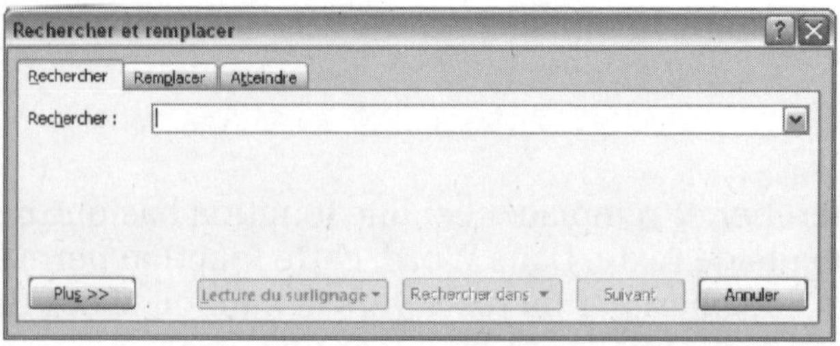

Figure 6.2 : La boîte de dialogue Rechercher et remplacer.

2. **Dans le champ Rechercher, saisissez le texte à rechercher.**

   Par exemple : plomb. Tapez-le exactement sous la forme voulue.

3. **Pour commencer la recherche, cliquez sur le bouton Suivant.**

   Vous pouvez également appuyer simplement sur Entrée.

Si Word trouve du texte correspondant à votre demande, celui-ci apparaît en surbrillance à l'écran, c'est-à-dire sélectionné. La boîte de dialogue Rechercher et remplacer reste affichée à l'écran aussi longtemps que vous ne cliquez pas sur le bouton Annuler ou que vous n'appuyez pas sur la touche Échap (elle reste ouverte afin que vous continuiez à rechercher du texte si vous le souhaitez).

- La boîte de dialogue Rechercher et remplacer affiche toujours le dernier mot ou texte objet de la dernière recherche. Pour l'effacer, appuyez sur la touche Retour arrière.

N'OUBLIEZ PAS

- Ne terminez pas le texte par un point, sauf si vous souhaitez aussi inclure le point dans la recherche.

TRUC

- Si vous ne savez pas si le texte est écrit en majuscules ou en minuscules, saisissez-le en minuscules.
- Si le texte n'est pas trouvé, Word peut vous demander s'il doit continuer cette recherche depuis le début du document. Cliquez sur Oui si vous êtes d'accord.
- Si le texte n'a pas été trouvé mais que vous êtes certain qu'il existe bien dans le document, essayez encore, mais en commençant par vérifier soigneusement l'orthographe du mot que vous avez saisi.
- Si vous travaillez sur plusieurs documents à la fois, sachez que Word ne recherche le texte demandé que dans le document en cours (celui affiché à l'écran). Pour rechercher dans un autre document, cliquer sur le bouton de ce dernier dans la barre des tâches de Windows pour l'afficher, et essayez à nouveau.
- Pour trouver la prochaine occurrence du texte dans le document, cliquez à nouveau sur le bouton Suivant.

TRUC

- Vous pouvez cliquer sur la flèche du champ Rechercher pour afficher les termes objets d'une précédente recherche. Choisissez le terme, puis cliquez sur Suivant.
- Vous pouvez limiter l'étendue de la recherche en sélectionnant du texte. Pour en savoir plus à ce sujet, consultez le Chapitre 7.
- Après avoir utilisé la commande Rechercher, vous pouvez cliquer sur le bouton Suivant/Atteindre de la barre de défilement verticale. À chaque clic, Word surligne le dernier terme objet de votre recherche. C'est comme si vous appuyiez sur Ctrl+PgSv.

- Vous pouvez aussi utiliser pour cela les raccourcis clavier Ctrl+PgPr et Ctrl+PgSv.

Rechercher avec plus de précision

Pour faire apparaître les options supplémentaires de la boîte de dialogue Rechercher et remplacer, commencez par la faire apparaître en appuyant sur Ctrl+F, puis cliquez sur le bouton Plus. La boîte de dialogue s'agrandit vers le bas, faisant apparaître un certain nombre d'options et de boutons supplémentaires (Figure 6.3).

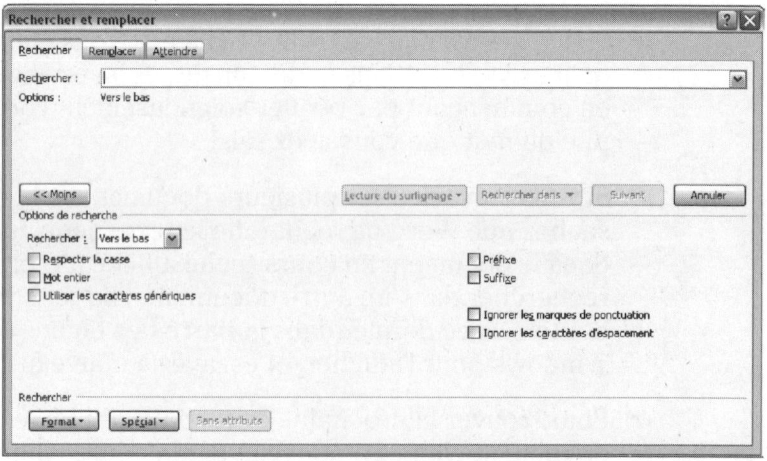

Figure 6.3 : La boîte de dialogue Rechercher et remplacer, avec ses options supplémentaires.

Les sections suivantes détaillent ces options.

Chercher un fragment de texte

Il y a une différence entre *Sylvestre* et *sylvestre*. Le premier est un prénom, le second un adjectif. Pour trouver l'un et pas l'autre en utilisant la commande Rechercher, cochez la case Respecter la casse dans la zone Options de la boîte de dialogue. Ainsi, si vous avez tapé *Sylvestre* dans le champ Rechercher, cette recherche ne trouvera que les occurrences du mot

Sylvestre commençant par une majuscule, le reste du mot étant en minuscules.

Rechercher un mot entier

L'option Mot entier permet de rechercher des mots comme *droit* ou *sur*, en évitant de vous arrêter inutilement sur des mots comme *endroit* ou *surprise*.

Rechercher du texte dont vous ne savez pas tout (avec des caractères génériques)

Les deux caractères génériques de base sont ? et * : le premier représente une lettre quelconque, le second un groupe quelconque de lettres. Ainsi, supposons que vous ayez tapé ceci dans le champ Rechercher :

```
?ur
```

Si vous avez sélectionné l'option Utiliser les caractères génériques, Word va rechercher tout mot de trois lettres commençant par une lettre quelconque et se terminant par *ur : sur*, *mur*, *dur* ou *pur*, par exemple.

Comme l'astérisque représente un groupe de caractères quelconque, le texte suivant dans le champ Rechercher permettra de trouver tous les mots commençant par *a* et se terminant par *n* (il y en a beaucoup) :

```
a*n
```

Rechercher vers le haut, vers le bas ou les deux

Janus était, pour les Romains, le dieu des commencements et des fins. Il était doté de deux visages regardant dans deux directions opposées, ce qui est très pratique pour regarder un match de tennis ou pour retrouver vos clés quand vous ne savez plus ce que vous en avez fait. La commande Rechercher est comme Janus car elle recherche toutes les occurrences d'un élément dans tout le texte, sauf si vous lui indiquez d'effectuer une recherche dans une direction spécifique. Pour cela, cliquez sur le bouton Plus, puis déroulez la liste Sens. Vous accédez aux options suivantes :

- **Tous.** Avec cette option, la recherche s'effectue dans tout le document quelle que soit la position du point d'insertion.
- **Vers le bas.** La recherche part de la position du point d'insertion et s'arrête à la fin du document.
- **Vers le haut.** La recherche part de la position du point d'insertion et s'arrête au début du document.

Vous pouvez utiliser les boutons de navigation pour répéter la commande Rechercher vers le haut ou le bas, selon que vous cliquez sur Précédent/Atteindre ou Suivant/Atteindre.

Rechercher des caractères que vous ne pouvez pas taper

Il y a des caractères que l'on ne peut pas taper avec le clavier dans le champ Rechercher. Ce sont des caractères spéciaux, non imprimables. C'est le cas par exemple du Tab. Essayez d'appuyer sur la touche Tab après avoir cliqué dans le champ Rechercher : il ne se passe rien. Pour rechercher un caractère de tabulation, ainsi que quelques autres, il faut l'indiquer à la fonction Rechercher au moyen d'un code spécial.

Pour insérer le code correspondant à l'un de ces caractères spéciaux, cliquez sur le bouton Plus pour faire apparaître le volet des options supplémentaires de la boîte de dialogue Rechercher et remplacer, puis cliquez sur le bouton Spécial (Figure 6.4).

Voici quelques-uns des caractères spéciaux les plus utiles que vous trouverez dans la liste du bouton Spécial de la boîte de dialogue Rechercher et remplacer :

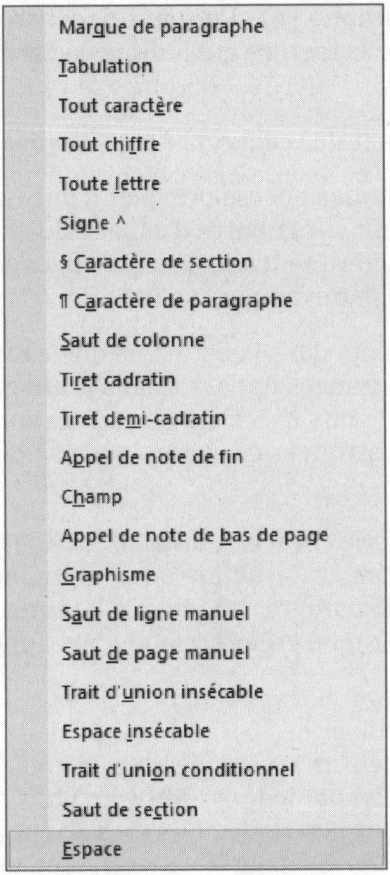

Figure 6.4 : Rechercher des caractères que vous ne pouvez pas taper.

- **Tout caractère, Tout chiffre** et **Toute lettre :** Permettent de représenter à peu près n'importe quoi. Ce sont des caractères génériques qui permettent de trouver toutes sortes de choses.
- **Signe ^ :** Permet de rechercher le symbole (^), autrement dit l'accent circonflexe quand il n'est pas sur une lettre, qui est un caractère spécial. Si vous tapez le signe ^ lui-même dans le champ Rechercher, il sera interprété par Word comme indiquant un autre caractère spécial.

- **Marque de paragraphe (¶) :** Permet de rechercher dans votre document le caractère qui indique la fin de chaque paragraphe.
- **Tabulation :** Permet de rechercher le caractère Tab.
- **Espace :** Il ne s'agit pas nécessairement d'une espace obtenu en appuyant sur la barre d'espace du clavier, mais de tout caractère se traduisant par un espace blanc sur l'écran (par exemple, un Tab).

Choisissez un des éléments dans la liste. Dès que c'est fait, une suite de symboles étranges apparaît dans le champ Rechercher comme ^t si vous cherchez des tabulations. Cliquez sur Suivant pour trouver ce symbole dans votre document.

N'OUBLIEZ PAS

- Si vous recherchez le caractère spécial ¶, cliquez sur Spécial et sélectionnez Caractère de paragraphe, car l'option Marque de paragraphe renvoie à toutes les marques de paragraphe créées quand vous appuyez sur Entrée.
- Vous pouvez combiner ces caractères spéciaux entre eux et avec tous ceux que vous désirez. Si vous voulez trouver un Tab suivi par le mot *Chasseur*, utilisez le bouton Spécial pour insérer le code du Tab (^t), puis tapez Chasseur dans le champ Rechercher en utilisant le clavier. Vous verrez donc :

  ```
  ^tChasseur
  ```

- Si vous avez mémorisé le code du caractère spécial que vous voulez, vous n'avez pas besoin de passer par la liste du bouton Spécial. Vous pouvez utiliser le clavier pour saisir le code dans le champ Rechercher. C'est ce que je fais en général. Comme je sais que ^p est le code correspondant à la touche Entrée (le caractère de fin de paragraphe), je n'ai pas besoin de cliquer sur le bouton Plus et sur le bouton Spécial. Au cas où vous voudriez faire de même, voici la liste des codes des caractères spéciaux les plus utilisés :

Marque de paragraphe	^p
Tab	^t
Tout caractère	^?
Tout chiffre	^#
Toute lettre	^$
Signe ^	^^
Tiret cadratin	^+
Tiret demi-cadratin	^=
Saut de ligne manuel	^1
Saut de page manuel	^m
Espace	^w

Rechercher une mise en forme

Ce que la commande Rechercher peut faire de plus impressionnant pour vous, c'est de rechercher des codes de mise en forme dans votre document. Par exemple, si vous ne recherchez que les instances du mot **baratin** qui sont en gras, Word peut le faire pour vous.

Pour rechercher une mise en forme dans un document, utilisez la zone des options supplémentaires de la boîte de dialogue Rechercher et remplacer. Cliquez sur le bouton Format pour faire apparaître la liste des options de mise en forme que vous pouvez rechercher (Figure 6.5). La sélection de chacun des éléments de cette liste affiche la boîte de dialogue de mise en forme correspondante de Word. Dans cette boîte de dialogue, vous pouvez sélectionner les attributs de mise en forme que vous désirez rechercher.

Revenons à notre **baratin** en gras, vous désirez le trouver dans votre document. Suivez ces étapes :

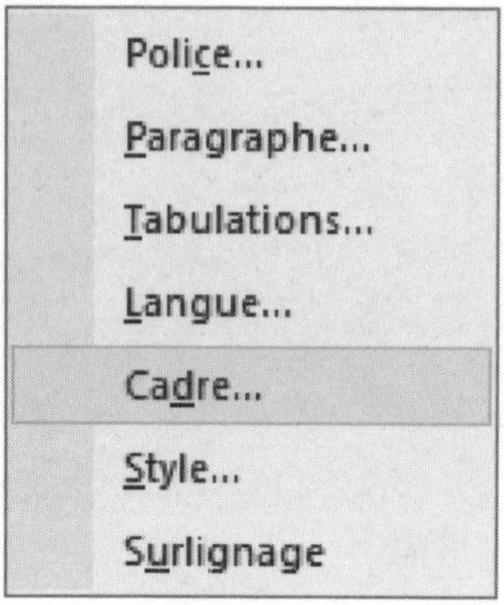

Figure 6.5 : Diverses mises en forme que vous pouvez rechercher.

1. **Faites apparaître la boîte de dialogue Rechercher et remplacer.**

   Appuyer sur Ctrl+F est la manière la plus directe de procéder.

2. **Dans le champ Rechercher, saisissez le mot baratin.**

   Vous souhaitez trouver les occurrences de ce mot écrites en gras. Vous devez préciser cette information à Word.

3. **Cliquez sur le bouton Plus pour afficher la partie inférieure de la boîte de dialogue Rechercher et remplacer.**

4. **Si le bouton Sans attributs est actif, cliquez dessus.**

   Ce bouton permet d'annuler tous les formats d'une recherche antérieure.

5. **Cliquez sur le bouton Format.**

6. **Dans la liste, sélectionnez Police.**

   La boîte de dialogue Police apparaît. Vous y contrôlez les divers aspects de la police des caractères d'un document.

7. **Dans la liste Style de police, sélectionnez Gras.**

8. **Cliquez sur OK.**

   La boîte de dialogue Police se ferme, et vous revenez dans la boîte de dialogue Rechercher et remplacer.

   Vous constatez que sous le champ Rechercher est indiqué `Mise en forme : Police : Gras.`

9. **Cliquez sur le bouton Suivant.**

   Word trouve la prochaine occurrence du texte désigné, avec la mise en forme spécifiée.

Pour ne chercher que le format, c'est-à-dire sans mot particulier, ne remplissez pas le champ Rechercher. Cela permet d'effectuer une recherche sur un texte spécifique auquel sont appliqués des styles particuliers.

Rechercher et remplacer

Imaginons maintenant que vous vouliez remplacer le mot *cochon* par le mot *porc*. Ils ont le même sens, mais selon le contexte on peut préférer utiliser l'un plutôt que l'autre.

1. **Dans l'onglet Accueil, cliquez sur la commande Remplacer du groupe Modification.**

   La boîte de dialogue Rechercher et remplacer apparaît (Figure 6.6). Elle s'ouvre sur l'onglet Remplacer.

2. **Dans le champ Rechercher, saisissez le texte à rechercher.**

   C'est le texte que vous voulez remplacer par autre chose, par exemple *cochon*.

   Après avoir tapé le texte voulu, appuyez sur Tab.

3. **Dans le champ Remplacer par, tapez le texte que vous voulez substituer au texte recherché.**

   Dans notre exemple, tapez le mot *porc*.

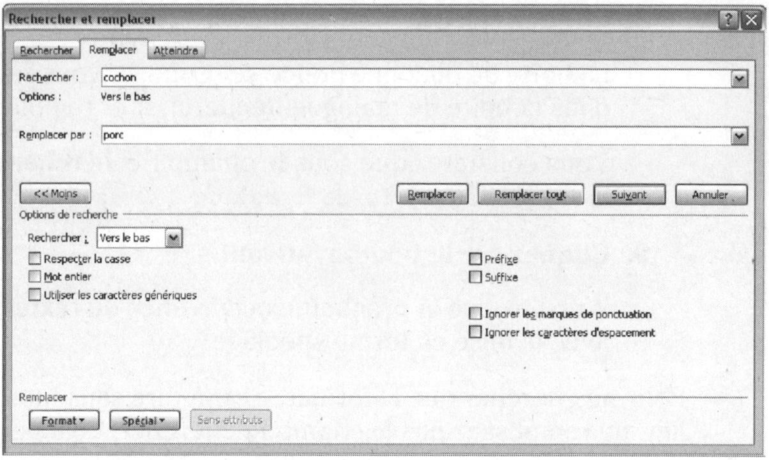

Figure 6.6 : L'onglet Remplacer de la boîte de dialogue Rechercher et remplacer.

4. **Cliquez sur Suivant.**

   Word s'arrête à chaque occurrence du mot *cochon*. Dès que le texte est trouvé, passez à l'étape 5.

5. **Cliquez sur le bouton Remplacer.**

   Word remplace le mot *cochon* par le mot *porc*, et s'arrête à l'occurrence suivante. Répétez cette étape pour remplacer chaque occurrence, ou uniquement certaines d'entre-elles. Dans ce cas, cliquez sur Suivant au lieu de Remplacer.

6. **Lisez le résumé.**

   Une fois les remplacements terminés, Word affiche des statistiques sur son travail indiquant le nombre de mots remplacés par rapport à ceux qui ont été trouvés.

7. **Cliquez sur le bouton de fermeture de la boîte de dialogue (la croix – X).**

Vous avez fini !

Le miraculeux bouton Remplacer tout

Les étapes de la précédente section fonctionnent très bien. Cependant, il peut s'avérer fastidieux de cliquer des dizaines de fois sur le bouton Remplacer. Pour cette raison, la boîte de dialogue Rechercher et remplacer propose le bouton Remplacer tout.

Ce bouton exécute exactement ce que l'on suppose de sa fonction. Il va remplacer toutes les occurrences du texte par le nouveau. Donc, lorsque vous êtes certain de vouloir remplacer un mot par un autre dans tout le document, cliquez sur Remplacer tout au lieu de Remplacer.

Chercher et remplacer une mise en forme

Imaginons que vous vouliez remplacer toutes les occurrences d'un texte souligné par un texte en italique. Le procédé consiste à rechercher le texte souligné, et à indiquer à Word d'annuler le soulignement et d'appliquer le style Italique. Voici comment faire :

1. **Appuyez sur Ctrl+H pour ouvrir la boîte de dialogue Rechercher et remplacer.**
2. **Cliquez sur le bouton Plus (si besoin).**
3. **Cliquez dans le champ Rechercher, et effacez le mot éventuellement présent. Pour cela, appuyez sur la touche Retour arrière.**
4. **Cliquez sur le bouton Format. Dans la liste, choisissez Police.**

   Cette action ouvre la boîte de dialogue Police.

5. **Dans la boîte de dialogue Police, déroulez la liste Soulignement, et choisissez le soulignement simple, c'est-à-dire le trait placé en haut de la liste.**
6. **Cliquez sur OK.**

Revenu dans la boîte de dialogue Rechercher et remplacer, vous notez la présence de l'indication `Mise en forme : Soulignement` juste en dessous du champ Rechercher.

7. **Si nécessaire, sélectionnez le texte du champ Remplacer, et appuyez sur Retour arrière pour l'effacer.**

8. **Dans la liste Format, choisissez Police.**

9. **Dans la liste Style de police de la boîte de dialogue Police, choisissez Italique.**

10. **Cliquez sur OK pour fermer cette boîte de dialogue.**

    Sous le champ Remplacer vous lisez `Mise en forme : Police : Italique.`

11. **Cliquez sur le bouton Remplacer tout.**

    Word remplace tous les soulignements par des italiques !

12. **Quand les remplacements sont terminés, cliquez sur OK.**

Tant que vous agissez avec beaucoup de précautions, la recherche et le remplacement du formatage est la méthode la plus rapide pour améliorer un document sans éclat.

- Pour remplacer une mise en forme par une autre, comme le soulignement par des italiques, ne saisissez aucun texte dans les champs Rechercher et Remplacer par. Ainsi, seule la mise en forme est concernée par le remplacement.

Chapitre 7

Travailler avec des blocs de texte

Dans ce chapitre :

- Comprendre la notion de bloc de texte.
- Sélectionner du texte au clavier.
- Sélectionner du texte avec la souris.
- Sélectionner du texte avec la touche F8.
- Désélectionner un bloc de texte.
- Copier et déplacer des blocs de texte.
- Les différentes manières de coller du texte.
- Travailler avec le Presse-papiers.

Comment pourrait-on écrire sans *blocs* ? Je ne parle pas de blocs de papier, ni du vertige de la page blanche, ni de la crampe de l'écrivain. Je parle de *blocs de texte*. Grâce aux blocs, vous pouvez faire des manipulations de texte incroyables que je vous propose de découvrir tout au long de ce chapitre. Oui, croyez-moi, l'heure est venue de travailler avec des blocs.

Qu'est-ce qu'un bloc de texte ?

Pour Word, un *bloc* est une portion de texte : mots, phrases, paragraphes ou tout le document. Les blocs ont un commencement et une fin et tout ce qui se trouve entre ce début et cette fin constitue ce ledit bloc de texte.

Vous créez des blocs par *sélection* du texte. La sélection est une opération qui se fait au clavier ou à la souris. Les techniques de sélection du texte sont traitées dans ce chapitre.

À l'écran, un bloc de texte sélectionné apparaît en surbrillance (Figure 7.1).

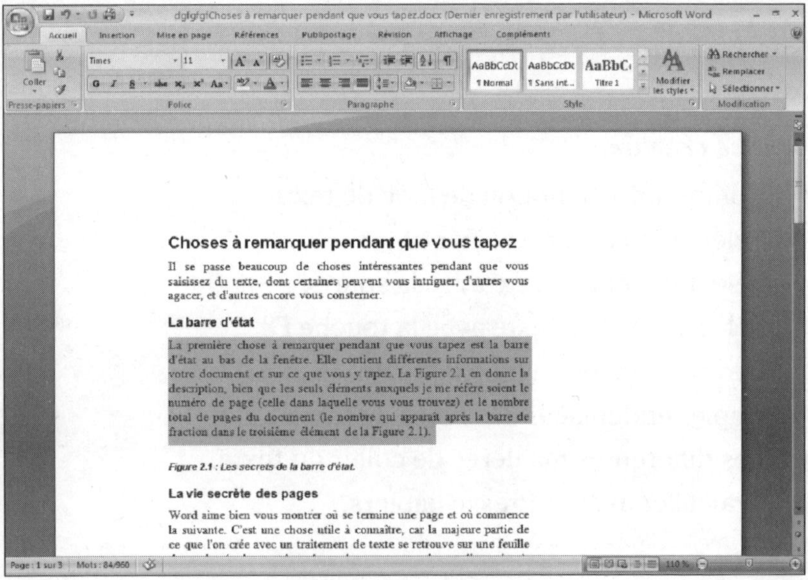

Figure 7.1 : Un bloc de texte sélectionné.

En marquant ainsi du texte en tant que bloc, vous pouvez réaliser certaines actions, ou exécuter diverses commandes de Word qui n'affecteront que le bloc. Vous pouvez également copier ou déplacer les blocs de texte. Toutes ces tâches sont étudiées dans ce chapitre et dans diverses sections de ce livre.

Sélectionner des blocs de texte

Un écrivain très connu m'a un jour conseillé de tout taper en triple interligne sur du papier très épais, et de toujours avoir sous la main des ciseaux et de la colle pour tout recomposer. En définitive, disait-il, couper et coller valent mieux que tout retaper. Sa technique était peut-être judicieuse en 1978, mais aujourd'hui elle est devenue désuète.

Word vous permet de faire toutes sortes de manipulations avec des blocs de texte. Et vous n'avez pas à vous préoccuper de triple interligne, de taper sur du papier très épais, et encore moins de vous ruiner en colle à papier. Il vous faut plutôt savoir comment sélectionner un bloc, et, comme d'habitude, Word vous offre de nombreux moyens de le faire. Je vais en décrire quelques-uns, plus ou moins appropriés selon la taille du bloc.

Sélectionner du texte au clavier

Pour sélectionner rapidement une petite quantité de texte (un mot, une ligne ou un paragraphe), vous pouvez utiliser la touche Maj en combinaison avec l'une ou l'autre des touches du pavé directionnel (les touches de contrôle du curseur). C'est la technique recommandée pour sélectionner une petite portion de texte, entièrement visible à l'écran. Laissez-vous guider par le Tableau 7.1.

Tableau 7.1 : Sélectionner avec la touche Maj.

Touche(s)	Effet
Maj+→	Sélectionne caractère par caractère vers la droite du point d'insertion.
Maj+←	Sélectionne caractère par caractère vers la gauche du point d'insertion.
Maj+Fin	Sélectionne le texte compris entre le point d'insertion et la fin de la ligne.
Maj+Début	Sélectionne le texte compris entre le point d'insertion et le début de la ligne.
Maj+↑	Sélectionne le texte compris entre le point d'insertion et la même position du point d'insertion dans la ligne du dessus .
Maj+↓	Sélectionne le texte compris entre le point d'insertion et la même position du point d'insertion dans la ligne du dessous.

Vous pouvez utiliser n'importe quelle commande de déplacement du point d'insertion (voir le Chapitre 4), mais je conseille la méthode impliquant la touche Maj lorsque vous devez sélectionner peu de texte.

N'importe quelle touche Maj fera l'affaire. Toutefois, je préconise l'emploi de la touche Maj de gauche de manière à manipuler avec la main droite les touches du pavé directionnel.

Marquer un bloc avec la souris

Mickey est peut-être venu au monde pour gouverner un empire, mais votre souris est venue au monde pour sélectionner du texte. Plus sérieusement, en dehors de ses capacités graphiques, la souris est une virtuose de la sélection de texte.

Faire glisser pour sélectionner

Pour sélectionner un bloc de texte avec votre souris, suivez ces étapes :

1. **Placez le pointeur à l'endroit où vous voulez commencer la sélection.**

2. **Tout en maintenant enfoncé le bouton gauche de la souris, faites glisser le pointeur sur votre texte.**

   Au fur et à mesure que vous faites glisser le pointeur, le texte est mis en surbrillance (sélectionné), comme l'illustre la Figure 7.1. Faites glisser le pointeur du début à la fin du bloc de texte que vous désirez sélectionner.

3. **Quand le pointeur est à la fin du bloc à sélectionner, relâchez le bouton de la souris.**

La souris vous permet de sélectionner un bloc de texte de taille quelconque.

- Je vous conseille toutefois de ne vous en servir que pour des blocs assez petits pour être affichés en un seul morceau à l'écran. Si vous essayez de sélectionner du texte au-delà de ce que vous voyez à l'écran, il vous faudra faire défiler pour arriver au bout, ce qui peut être très incommode. La souris fait défiler le texte vers le haut et vers le bas assez vite, et ce dont vous avez besoin peut se retrouver hors de vue en un clin d'œil.

Techniques de sélection rapide par clic

Le Tableau 7.2 explique comment tirer le meilleur parti de votre robot-rongeur pour sélectionner tel ou tel type de bloc de texte.

Tableau 7.2 : Sélection de texte par clic.

Pour	Faites comme ceci
Sélectionner un mot	Placez le pointeur sur le mot et double-cliquez.
Sélectionner une ligne	Placez le pointeur dans la marge gauche, devant la ligne à sélectionner. Le pointeur prend la forme d'une flèche pointant vers le haut et vers la droite. Cliquez pour sélectionner la ligne, ou faites glisser en maintenant enfoncé le bouton gauche de la souris pour sélectionner plusieurs lignes.
Sélectionner une phrase	Placez le pointeur sur la phrase, et faites Ctrl+clic (maintenez enfoncée la touche Ctrl et cliquez). La phrase est sélectionnée.
Sélectionner un paragraphe	Placez le pointeur sur le paragraphe et faites un triple clic.

Sélectionner un bloc par Maj+clic

TRUC

La technique la plus radicale que j'utilise pour sélectionner un bloc de texte est ce que j'appelle le "zyeuter-cliquer" :

1. **Commencez par placer le pointeur au début du bloc de texte à sélectionner.**

2. **Faites défiler votre document en utilisant la barre de défilement.**

   Utilisez bien la barre de défilement et non les touches de contrôle du point d'insertion. Si vous utilisiez celles-ci, le point d'insertion sera déplacé par la même occasion, et ce n'est pas ce que nous voulons.

3. **Pour marquer la fin du bloc, maintenez enfoncée la touche Maj et cliquez avec la souris à l'endroit précis où se termine le bloc à sélectionner.**

   Le bloc de texte compris entre la position initiale du point d'insertion et l'endroit où vous avez cliqué en maintenant enfoncée la touche Maj est sélectionné.

Sélectionner un bloc en utilisant la talentueuse touche F8

Je me demande quel genre de personnage a bien pu avoir l'idée saugrenue d'assigner la touche F8 à la sélection de texte. Probablement la même bande d'énergumènes de Microsoft, ivre de *stock-options*, qui inventa jadis l'utilisation de la touche F12. Vous souvenez-vous de F12 ? C'est la touche affectée à la commande Enregistrer sous, d'où il résulte avec la plus grande logique que la touche F8 doit être affectée à la sélection de texte. Ne cherchez pas plus loin.

Quoi qu'il en soit, si vous trouvez dans votre cerveau assez de place pour vous souvenir de la touche F8, vous pouvez en faire bon usage. F8 sélectionne du texte par blocs de différents types, ce qu'aucune autre commande ne permet d'obtenir. Ce qui suit n'est qu'un modeste échantillon de ce qu'elle peut faire :

1. **Placez le point d'insertion au début du bloc de texte.**

2. **Appuyez sur F8.**

La touche F8 dépose un point d'ancrage et des marques à une extrémité du bloc.

3. **Utilisez les touches du pavé directionnel pour sélectionner le bloc de texte.**

   Ces touches sont étudiées au Chapitre 4.

   Vous pouvez appuyer sur la touche d'une lettre. Par exemple, si vous appuyez sur N, vous sélectionnez tout le texte compris entre le point d'insertion et la première lettre N rencontrée.

   Word place en surbrillance le texte depuis le point d'ancrage défini par la touche F8 jusqu'au nouvel emplacement du point d'insertion.

4. **Manipulez le bloc de texte sélectionné.**

   Word reste en mode de sélection étendue jusqu'à ce que vous utilisiez le bloc sélectionné.

Manipuler un bloc de texte est étudié dans la seconde partie de ce chapitre.

Pour annuler la sélection étendue, appuyez sur la touche Échap. Le bloc de texte reste sélectionné (voir aussi la section Désélectionner un bloc).

- Vous pouvez utiliser la souris et la touche F8. Placez le point d'insertion au début ou à la fin du bloc que vous souhaitez sélectionner, et appuyez sur F8. Ensuite, placez le point d'insertion à l'autre extrémité du bloc, et appuyez sur le bouton gauche de la souris. Tout ce qui est compris entre ces deux points est sélectionné.

- Après avoir appuyé sur la touche F8, vous pouvez invoquer la commande Rechercher pour localiser un morceau spécifique de texte. Word va alors sélectionner tout le texte situé entre le texte où vous avez appuyé sur F8, et celui trouvé par la commande Rechercher.

- Appuyer deux fois de suite sur la touche F8 sélectionne le mot dans lequel se trouve le curseur. C'est l'équivalent avec la souris de double-cliquer sur le mot pour le sélectionner.

- Pour sélectionner la phrase dans laquelle se trouve le point d'insertion, appuyez trois fois de suite sur F8.
- Placez le point d'insertion dans le paragraphe, et appuyez quatre fois de suite sur F8 pour le sélectionner en entier.
- Appuyer cinq fois de suite sur F8 sélectionne tout le document.
- Quel que soit le nombre de fois où vous appuyez sur la touche F8, sachez qu'elle place un point d'ancrage. Donc, appuyer sur F8 une ou cinq fois signifie que vous restez en mode de sélection étendue. Pour sortir de ce mode, manipulez le bloc ou appuyez sur Échap.

Sélectionner tout le document

Pour sélectionner tout votre document, choisissez Édition/Sélectionner tout. Le raccourci clavier correspondant est Ctrl+A. Dans Word, vous pouvez aussi utiliser l'obscur raccourci Ctrl+5 (le 5 du pavé numérique), ou appuyer cinq fois de suite sur la touche F8. Il est également possible de cliquer sur Sélectionner/Sélectionner tout dans le groupe Modification de l'onglet Accueil.

Honnêtement, le plus efficace est d'appuyer sur Ctrl+A.

Désélectionner un bloc

Maintenant que votre bloc est sélectionné, qu' allez-vous en faire ? Et comment allez-vous désélectionner votre bloc pour pouvoir recommencer à taper quelque chose ?

Voici quelques moyens pratiques de désélectionner votre bloc :

- **Appuyer sur la touche ←.** Cette action désélectionne le bloc et ramène le point d'insertion au début de celui-ci, ou au début de votre document si vous l'aviez sélectionné en entier. Cette technique fonctionne si vous avez utilisé la souris ou la touche Maj pour la sélection.

- **Cliquer avec la souris.** Cette action désélectionne le bloc et place le point d'insertion à l'endroit où vous avez cliqué. Cette technique fonctionne si vous avez utilisé la souris ou la touche Maj pour la sélection.

- **Appuyer sur la touche Échap, puis sur la touche ←.** Cette méthode est à utiliser lorsque vous êtes encore en mode de sélection étendue, pour en sortir (vous vous souvenez ? La touche F8 ou le bouton EXT dans la barre d'état).

- **N'oubliez pas la commande Maj+F5 !** Non seulement ce raccourci clavier désélectionne le bloc (que vous l'ayez sélectionné avec la souris, la touche Maj ou la touche F8), mais il vous ramène aussi à l'endroit où vous étiez avant la sélection. Admirable !

Vous avez sélectionné un bloc, et puis après ?

Si vous sélectionnez un bloc c'est pour atteindre un objectif particulier. En règle générale, un bloc de texte est sélectionné pour le copier ou le déplacer. C'est un des atouts majeurs du traitement de texte.

Cette section traite de la copie, du déplacement, et de la duplication des blocs de texte. Si vous savez copier, couper, et coller dans Windows, vous n'aurez aucun mal à le faire dans Word. Voici ce qu'il est possible de faire avec un bloc de texte :

- Le supprimer en appuyant sur Retour arrière ou Suppr.

- Utiliser les commandes Rechercher et Remplacer pour limiter votre action au bloc sélectionné (Chapitre 6).
- Vérifier l'orthographe et la grammaire du bloc (Chapitre 8).
- L'imprimer(Chapitre 10).
- Le mettre en forme. Les diverses commandes de mise en forme sont traitées dans la troisième partie de ce livre.

La commande que vous utilisez affecte uniquement le bloc de texte.

Copier un bloc

Une fois un bloc sélectionné, vous pouvez le copier pour le coller à n'importe quel autre endroit de votre document. Le bloc original n'est pas altéré par cette opération. Suivez ces étapes :

1. **Sélectionnez le bloc.**

   La première partie de ce chapitre contient des instructions détaillées pour accomplir cette tâche.

2. **Dans le groupe Presse-papiers de l'onglet Accueil, cliquez sur l'outil Copier.**

   Il ne se passe rien de visible à l'écran car la copie laisse l'élément à sa place.

3. **Placez le point d'insertion où vous désirez coller le bloc à copier.**

4. **Cliquez sur le bouton Coller du groupe Presse-papiers.**

   Le bloc apparaît au point d'insertion (voir la section Options de collage du texte plus loin dans ce chapitre pour comprendre les diverses commandes du bouton Coller).

- Dans Word (et plus généralement dans Windows), le raccourci clavier de la commande Copier est Ctrl+C.
- Le raccourci clavier de la commande Coller est Ctrl+V.
- Après avoir copier un bloc, vous pouvez le coller dans votre document une seconde fois. Chaque fois qu'un texte est copié ou coupé, Word le garde bien au chaud dans le Presse-papiers. Il est donc réutilisable par simple collage via Ctrl+V ou clic sur le bouton Coller.
- Vous pouvez coller un bloc de texte dans un autre document.
- Pour en savoir plus sur le Presse-Papiers, reportez-vous à la section Le miracle du Presse-papiers à la fin de ce chapitre.

Déplacer un bloc

Pour déplacer un bloc de texte, il faut le couper et le coller. Cette terminologie est celle de Microsoft, pas la mienne. Traditionnellement, un traitement de texte déplace des blocs de texte. Couper et coller, c'est ce que font les enfants à l'école. Mais je m'égare.

Le déplacement d'un bloc de texte est une opération identique à la copie d'un bloc de texte, à ceci près que l'on utilise la commande Ctrl+X (ou Édition/Coller) au lieu de Ctrl+C, et que le bloc de texte disparaît (en fait, il est placé dans le Presse-Papiers). À partir de là, vous pouvez coller ce bloc de texte où vous voulez dans votre document.

- Ne soyez pas alarmé en voyant disparaître le bloc. Souvenez-vous : il s'agit d'une opération de déplacement. Le bloc original est placé ailleurs (ce que nous allons expliquer dans la section suivante).
- La commande Annuler (Ctrl+Z) permet d'annuler le déplacement d'un bloc.

Options de collage du texte

Lorsque vous collez du texte dans Word, l'icône Options de collage (voir ci-contre) apparaît à la fin du texte que vous venez de coller. Elle vous permet de sélectionner la mise en forme que vous souhaitez appliquer au texte collé, car sa mise en forme initiale ne correspond plus forcément à ce que vous désirez pour cet endroit choisi.

L'utilisation de l'icône Options de collage n'est en rien obligatoire. En fait, il vous suffit de continuer à utiliser Word comme si de rien n'était pour qu'elle disparaisse instantanément. Mais si vous voulez modifier la mise en forme du texte collé, suivez ces étapes :

1. **Placez la souris sur l'icône Options de collage.**

   Une flèche pointant vers le bas apparaît à droite de l'icône.

2. **Cliquez sur la flèche pointant vers le bas.**

   Un menu apparaît dans lequel vous pouvez sélectionner différentes options de mise en forme (Figure 7.2).

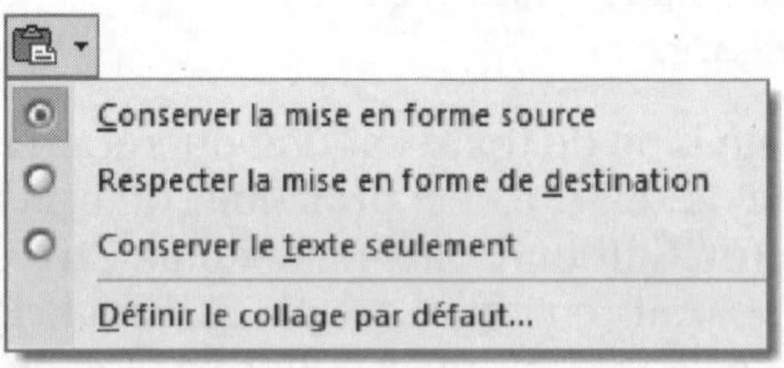

Figure 7.2 : Les options de mise en forme du texte collé.

Voici un bref résumé des options disponibles :

- **Conserver la mise en forme source** : Ne fait rien car la mise en forme vous convient.
- **Respecter la mise en forme de destination** : Applique au bloc la mise en forme du texte dans lequel il a été collé.

- **Conserver le texte seulement** : Ne colle que le texte, en éliminant les mises en forme particulières qu'il pouvait contenir.
- **Définir le collage par défaut** : Ouvre une boîte de dialogue où vous définissez les options de collage de Word.

Sélectionnez l'option qui correspond à ce que vous voulez faire.

Collage spécial !

Lorsque Word colle du texte dans votre document, il le fait en conservant les mises en forme particulières qu'il contient. L'icône Options de collage vous permet de faire un autre choix de mise en forme pour le texte collé. Vous pouvez également indiquer à Word comment coller votre texte avant la manipulation, en utilisant la commande Collage spécial du bouton Coller du groupe Presse-papiers, comme illustré par la Figure 7.3.

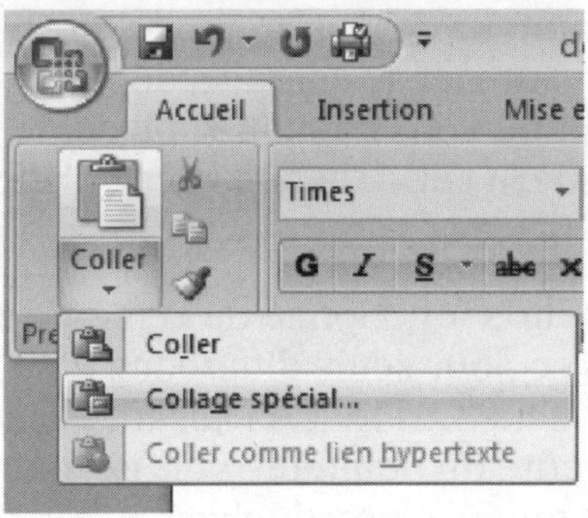

Figure 7.3 : Utiliser la commande Collage spécial.

Si vous sélectionnez Collage spécial, la boîte de dialogue correspondante apparaît, contenant une liste d'options pour coller le texte préalablement copié ou coupé : Document Microsoft Office Word Objet ; Texte mis en forme ; Texte sans mise en forme ; Image ; etc. Chacune de ces options indique à Word la manière de coller l'élément concerné. Pour savoir ce que fait chacune d'elles, cliquez dessus dans la liste et lisez la description qui apparaît dans la zone Résultats de la boîte de dialogue.

Par exemple, lorsque je veux coller du texte provenant d'une page Web, mais sans la mise en forme HTML qui l'accompagne, j'utilise la commande Collage spécial, avec l'option Texte sans mise en forme. Puis je clique sur OK, et le texte est collé dans Word en tant que texte, sans le charabia HTML.

Copier ou déplacer un bloc avec la souris

Si vous voulez déplacer un bloc sur une courte distance, vous pouvez utiliser la souris pour une opération glisser-déplacer ou glisser-copier. Cette fonction est très pratique, mais il vaut mieux ne l'utiliser que pour déplacer ou copier entre deux emplacements assez proches pour être simultanément visibles à l'écran. Dans le cas contraire, si vous essayez de faire défiler votre document avec la souris, vous vous exposez à de lourdes contrariétés.

Pour déplacer avec la souris n'importe quel bloc de texte sélectionné, placez le pointeur dessus, appuyez sur le bouton gauche de la souris et maintenez-le enfoncé, déplacez le pointeur jusqu'à l'endroit où vous souhaitez placer le bloc, puis relâchez le bouton de la souris. Vous venez d'effectuer une opération glisser-déplacer.

Copier un bloc avec la souris fonctionne de la même manière que pour le déplacer, avec pour seule différence qu'il faut maintenir enfoncée la touche Ctrl tout en faisant glisser. Un signe + apparaît alors à côté du pointeur (voir ci-contre). Il indique que le bloc sera copié et non déplacé.

- L'icône Options de collage apparaît une fois que vous avez déposé le bloc de texte. Pour en savoir plus sur cette icône, reportez-vous à la section précédente.
- Lorsque vous faites glisser un bloc de texte avec la souris, celui-ci n'est pas collé dans le Presse-Papiers. Vous ne pouvez pas utiliser la commande Coller (Ctrl+V) pour le coller à nouveau.

Copier et déplacer avec la touche F2

Voici une autre méthode pour déplacer ou copier un bloc de texte :

1. **Sélectionnez un bloc de texte.**
2. **Appuyez sur la touche F2.**

   La barre d'état affiche le message "Déplacer vers où ?".
3. **Placez le point d'insertion à l'endroit où vous souhaitez coller le texte.**

   Utilisez les touches directionnelles ou la souris.
4. **Appuyez sur Entrée.**

   Le bloc est déplacé.

Pour effectuer une copie, appuyez sur Maj+F2 à l'étape 2.

Le miracle du Presse-papiers

L'une des fonctions les plus sympathiques de Word, qui fait défaut dans de nombreuses applications Windows, est la possibilité de stocker plusieurs éléments copiés ou HTML collés dans le Presse-Papiers. Vous pouvez ainsi couper ou copier différentes choses à la suite, puis choisir parmi les objets stockés dans le Presse-Papiers celui que vous voulez coller à tel ou tel endroit. Je peux vraiment affirmer que cette fonction est la bienvenue, mais elle nécessite quelques explications.

Un coup d'œil au Presse-papiers

Vous pouvez à tout moment voir ce que contient le Presse-papiers spécial de Word. Il suffit pour cela de cliquer sur la toute petite flèche située dans le coin inférieur droit du groupe Presse-papiers. Un volet apparaît alors sur la gauche de l'interface de Word, semblable à celui de la Figure 7.4.

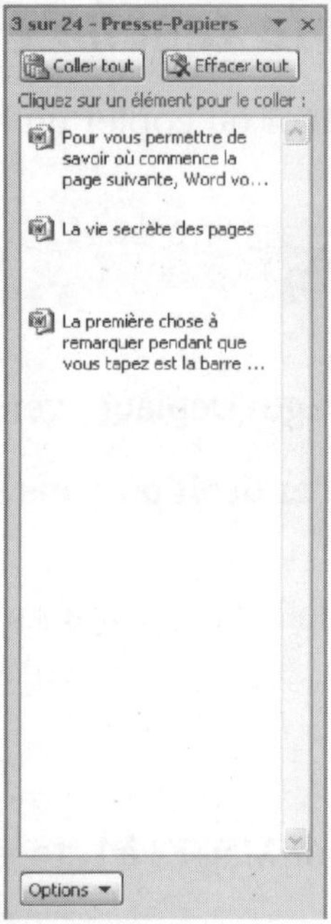

Figure 7.4 : Le volet Presse-papiers.

La liste du volet Presse-papiers est celle des différents éléments que vous avez copiés ou coupés non seulement dans Word, mais dans n'importe quelle autre application.

Nous parlerons dans la section suivante de la manière de coller des éléments du Presse-papiers.

- Le Presse-papiers de Word peut contenir jusqu'à 24 éléments. Si vous copiez ou collez un élément alors qu'il y en a déjà 24 dans le Presse-papiers, le plus ancien de ces éléments est éliminé pour laisser la place au nouveau. C'est la logique "premier entré, premier sorti". Le nombre d'éléments stockés dans le Presse-papiers est affiché en haut du volet Presse-papiers.

- Ce Presse-papiers spécial est également utilisé par d'autres applications d'Office (Excel et PowerPoint, par exemple).

- Une fois que vous n'avez plus besoin du Presse-papiers, vous pouvez fermer le volet Office. Cliquez sur le X dans le coin supérieur droit du volet.

Coller à partir du Presse-papiers

Pour coller un bloc de texte placé dans le Presse-papiers, cliquez dessus dans le volet Presse-papiers. Il est aussitôt inséré à l'endroit où se trouve le point d'insertion dans votre document.

Chaque fois que vous collez un élément, l'icône Options de collage apparaît à la fin du texte que vous venez de coller. Pour savoir ce que vous pouvez en faire, reportez-vous à la section Coller un bloc, plus haut dans ce chapitre.

- Pour coller d'un coup tous les éléments contenus dans le Presse-papiers, cliquez sur le bouton Coller tout.
- Cliquez une seule fois ! Si vous double-cliquez, vous insérez deux copies du texte.

Vider le Presse-Papiers

Le volet Presse-papiers vous donne la possibilité de le vider de tout son contenu. Pour en supprimer un élément particulier, placez le pointeur sur cet élément et cliquez sur la flèche pointant vers le bas. Sélectionnez Supprimer dans le menu local, et l'élément disparaît de la liste.

Pour faire disparaître d'un coup tous les éléments stockés dans le Presse-papiers, cliquez sur le bouton Effacer tout en haut du volet Presse-papiers. C'est ce que je fais quand je veux collecter plusieurs éléments pour les coller ensuite tous ensemble. Par exemple, je commence par cliquer sur Effacer tout, puis je vais copier individuellement tous les éléments souhaités. Je place ensuite le curseur à l'endroit où je veux coller le tout, et je clique enfin sur le bouton Coller tout. Et le tour est joué !

ATTENTION !

Notez que vous ne pouvez pas annuler une opération de suppression de quoi que ce soit dans le Presse-papiers. Soyez prudent.

Chapitre 8

Vérifier votre document : orthographe et grammaire

Dans ce chapitre :

- Comprendre la vérification d'orthographe au cours de la frappe.
- Gérer les erreurs de frappe.
- Ajouter ou ignorer des mots inconnus.
- Laisser Word corriger automatiquement l'orthographe.
- Laisser Word taper pour vous avec la fonction Texte automatique.
- Corriger vos fautes grammaticales.
- Vérifier rapidement votre document.
- Consulter le dictionnaire des synonymes.

Inutile d'expliquer longuement pourquoi : l'orthographe du français n'est pas une mince affaire, même si on ne fait pas de zèle. Ce chapitre traite des incroyables outils de vérification de Word. Il s'agit des vérificateurs orthographiques et grammaticaux, ainsi que d'outils et de fonctions qui aident à trouver le mot juste (et pas juste un mot), à l'utiliser, et à le corriger correctement.

Cachez cette coquille que je ne saurais voir !

C'est bien connu, voilà quelques années que les traitements de texte sont capables de vous signaler les mots mal orthographiés ou simplement suspects. Même votre programme de courrier électronique sait le faire (si ce n'est pas le cas, c'est que vous ne l'avez pas mis à jour depuis un bon moment). Le vérificateur d'orthographe de Word vous fait savoir instantanément s'il reconnaît ou non un mot, mais il ne vous dit pas si ce mot est correctement utilisé. Ce n'est pas parce qu'un document ne contient pas de mots mal orthographiés qu'il ne contient pas de fautes.

Vérifiez votre orthographe

Le correcteur orthographique intégré de Word entre en action dès que vous saisissez des mots.

Vérifier signifie corriger de deux manières. Tout d'abord, Word souligne en ondulations rouges tout mot qu'il ne connaît pas. Ensuite et enfin, Word sait corriger automatiquement les erreurs. Cette fonction de correction automatique est traitée un peu plus loin dans ce chapitre.

La crainte du soulignement ondulé rouge

Word possède une bibliothèque interne composée de dizaine de milliers de mots, tous correctement orthographiés. Dès que vous saisissez un mot qui ne se trouve pas dans cette bibliothèque, Word le suspecte d'être mal orthographié. Par conséquent, il le souligne avec des ondulations rouges, comme à la Figure 8.1.

Mon conseil : continuez à saisir le texte. Ne vous laissez pas perturber par les ondulations rouges. Il est plus important de penser à ce que vous écrivez que de corriger instantanément les inévitables fautes de frappe.

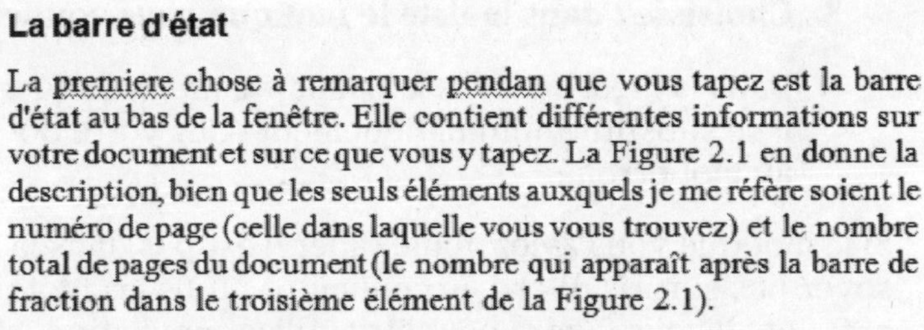

Figure 8.1 : Les mots "premiere" et "pendan" sont indiqués comme des fautes d'orthographe.

Une fois que vous avez l'esprit disponible, vous pouvez revenir en arrière et corriger vos erreurs. Je fais cela en général tous les deux ou trois paragraphes.

1. **Cherchez un mot mal orthographié.**

   Ils sont reconnaissables au soulignement rouge ondulé.

2. **Cliquez du bouton droit de la souris sur le mot mal orthographié.**

   Un menu déroulant apparaît, semblable à celui de la Figure 8.2.

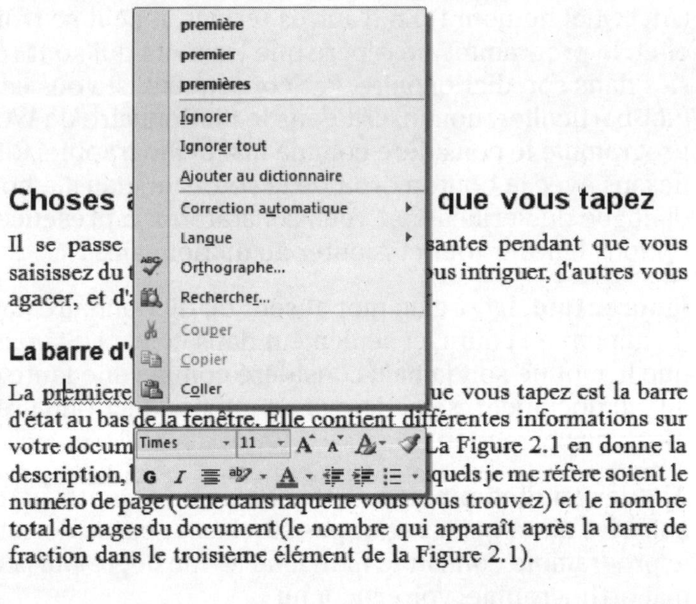

Figure 8.2 : Sélectionnez dans la liste le mot correct.

3. Choisissez dans la liste le mot que vous vouliez écrire.

Dans la Figure 8.2, c'est le mot *première*. Cliquez dessus : il se substitue automatiquement dans votre document au mot erroné.

Si le mot que vous aviez voulu taper n'est pas dans la liste, ne soyez pas surpris. Word ne connaît pas tous les mots de la création. Il vous faudra peut-être utiliser un dictionnaire plus complet pour vérifier ce terme, ou faire une nouvelle tentative avec une autre orthographe pour vous voir proposer d'autres corrections possibles.

- La minibarre d'outils que vous observez au-dessus des propositions de Word sur la Figure 8.2 permet d'appliquer une nouvelle mise en forme au texte. C'est exactement la même que celle rencontrée au Chapitre 7. Elle apparaît à chaque clic droit sur du texte.

Que faire quand le vérificateur se trompe ?

Le vérificateur orthographique ne doit pas être pris au mot. (Ah ! Quel humour !) En d'autres termes, il peut se tromper. En effet, le programme ne repère que les mots qui sont répertoriés dans son dictionnaire. Par conséquent, si vous écrivez un mot particulier, non-inscrit dans le dictionnaire de Word, le programme le considère comme mal orthographié. Cliquez dessus avec le bouton droit de la souris et, dans la boîte de dialogue du vérificateur, vous constaterez la présence des options Ignorer tout et Ajouter au dictionnaire :

Ignorer tout. Ignore un mot absent du dictionnaire dans le document en cours, et seulement dans celui-ci. Si vous voulez que le mot ne soit jamais considéré comme une faute dans aucun document, sélectionnez Ajouter au dictionnaire dans le menu de correction.

Ajouter au dictionnaire. Cette commande ajoute au dictionnaire les mots qui n'y sont pas stockés. À partir de cet ajout, le programme connaît le mot. Il ne le considère plus comme mal orthographié, voire inconnu.

- Si le mot semble correctement orthographié mais est quand même souligné en rouge, c'est peut-être qu'il est répété, car les occurrences sont indiquées de la même manière que les fautes d'orthographe. Vous pouvez supprimer l'un des deux ou l'ignorer si vous estimez que ce n'est pas une faute.

- Word ignore certains types de mots. Il s'agit en général de mots contenant des chiffres ou des termes écrits en majuscules et qui sont souvent des abréviations.

- Vous pouvez paramétrer la vérification orthographique de Word comme expliqué dans la section Personnaliser les options de vérification, plus loin dans ce chapitre.

Annuler la commande Ignorer tout

Lorsque vous choisissez d'exécuter la commande Ignorer tout, vous indiquez à Word que le mot souligné est correct dans tout le document en cours. Pour Word, il s'agit d'une vérité absolue que vous validez en enregistrant le document. Quand vous le rouvrirez, la faute ne sera plus mentionnée. Mais si c'est vous qui vous êtes trompé ! Voici ce que vous devez faire :

1. **Dans le bouton Office, cliquez sur Options Word.**

   La boîte de dialogue éponyme apparaît.

2. **Dans le volet gauche, cliquez sur Vérification.**

3. **Si nécessaire, faites défiler le contenu de cette fenêtre jusqu'à ce que vous voyiez le bouton Revérifier le document. Cliquez dessus.**

   Un message vous signale que la liste des mots ignorés va être détruite.

4. **Cliquez sur Oui.**

5. **Cliquez sur Ok pour revenir au document.**

Ces étapes demandent en fait à Word d'ignorer ce qu'il a ignoré. Ceci concerne également la grammaire. Vous ne pouvez pas annuler une *revérification* de l'orthographe.

N'OUBLIEZ PAS

Ces étapes n'affectent que le document actuel. La commande Ignorer tout ne concerne que le document en cours d'édition.

Retirer des mots du dictionnaire

Avec le temps, vous finirez par ajouter pas mal de mots au dictionnaire. Ce sont des mots dont vous savez qu'ils sont correctement orthographiés mais qui ne figurent pas dans le répertoire de Word. C'est le cas pour beaucoup de noms propres : de personnes, de villes, de rues, etc. Word place les mots ajoutés dans ce qu'il appelle un "dictionnaire personnel".

Si vous ajoutez accidentellement des mots, il vous faut accéder au dictionnaire personnel pour les supprimer. Voici comment faire :

1. **Cliquez sur le bouton Office et choisissez Options Word.**

2. **Dans le volet gauche, choisissez Vérification.**

3. **Cliquez sur le bouton Dictionnaires personnels.**

   La boîte de dialogue Dictionnaires personnels apparaît, contenant la liste de tous vos dictionnaires personnels. Selon toute vraisemblance, vous n'en avez qu'un : PERSO.DIC.

4. **Sélectionnez le fichier PERSO.DIC.**

   C'est probablement le seul élément de la liste.

5. **Cliquez sur le bouton Modifier la liste des mots.**

   Vous voyez une liste de mots que vous avez volontairement ou accidentellement ajoutés à ce dictionnaire.

6. **Localisez le mot à retirer de ce dictionnaire.**

7. **Cliquez sur le bouton Supprimer.**
8. **Répétez les étapes 6 et 7 pour supprimer du dictionnaire tout autre mot indésirable.**
9. **Cliquez sur OK pour terminer la modification du dictionnaire.**

Correction instantanée avec la Correction automatique

La réalité est qu'il est impossible de faire certaines fautes d'orthographe dans Word. En principe, il ne faut jamais écrire *jamias*. Essayez ! Word corrige automatiquement cette faute de frappe aussitôt que vous appuyez sur la barre d'espace ou que vous tapez un signe de ponctuation. C'est tout simplement parce que *jamias* fait partie de la liste des corrections automatiques de Word, qui suppose que lorsque vous tapez *jamias* vous voulez en fait saisir *jamais*. De même pour de nombreuses autres fautes de frappe plus ou moins courantes comme *acalmie* pour *accalmie* ou *lse* pour *les*. C'est l'une des joies de la correction automatique : il est vraisemblablement difficile de faire des fautes d'orthographe courantes en tapant dans Word.

Un autre atout de la correction automatique est que vous pouvez ajouter vos propres corrections automatiques à la liste standard de Word. Par exemple, s'il vous arrive souvent de taper *ecxuse* au lieu d'*excuse*, vous pouvez demander à Word de le remplacer automatiquement pour vous. Les sections suivantes vont vous dire comment procéder.

TRUC

J'ai même un truc pour ceux qui saisissent souvent des expressions ou des termes longs à saisir. Utilisez des abréviations. Par exemple, en tant que traducteur et auteur, il m'arrive de saisir des centaines de fois, "cliquez sur le bouton droit de la souris". L'ensemble de mots *bouton droit de la souris* finit par être très pénible à écrire. J'ai donc créé l'entrée de correction automatique bddls. Dès que j'appuie sur la barre d'espace, Word remplace bddls par *bouton droit de la souris*. Génial ! Et ça marche avec n'importe quel mot ou expression récurrents. Ainsi, je n'écris jamais *c'est-à-dire*, mais cad. Word le remplace systématiquement par *c'est-à-dire* !

Créez vos propres entrées de correction automatique

Pour en arriver à ce qui est expliqué précédemment, vous devez enrichir vous-mêmes la fonction de correction automatique de Word. Par exemple, si vous savez que vous écrivez systématiquement *cauchemard* au lieu de *cauchemar*, voici ce que vous devez faire pour que Word corrige automatiquement cette faute :

1. **Effectuez un clic-droit sur le mot mal orthographié.**
2. **Dans le menu contextuel, choisissez Correction automatique.**
3. **Dans le sous menu, sélectionnez le mot correctement orthographié, comme à la Figure 8.3.**

À partir de cet instant, dès que vous écrirez le mot avec cette même faute, Word le corrigera tout seul comme un grand dès que vous appuierez sur la touche espace.

TRUC

Ajoutez de préférence les mots commençant par une minuscule. Ainsi, Word saura corriger automatiquement ces mots même quand ils commencent par une majuscule.

Annuler une correction automatique

Si Word fait une correction automatique dont vous ne voulez pas, vous pouvez l'annuler. En général, il suffit d'appuyer sur Ctrl+Z (le raccourci de la commande Annuler) juste après le remplacement automatique. Dans certains cas, vous pouvez aussi appuyer sur la touche Retour arrière pour obtenir le même résultat.

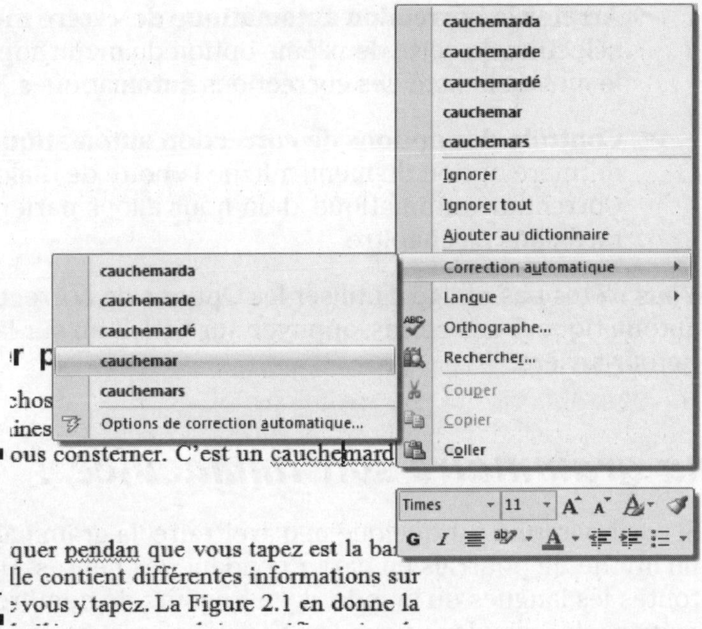

Figure 8.3 : Correction automatique d'une faute systématique.

Lorsque vous placez le curseur dans un mot corrigé automatiquement, vous voyez apparaître au-dessous un petit rectangle bleu. Placez le pointeur sur ce rectangle, et vous verrez surgir l'icône Options de correction automatique. Si vous cliquez sur la flèche pointant vers le bas, un menu vous propose différentes options (Figure 8.4), car Word se demande pourquoi vous voulez modifier la correction automatique.

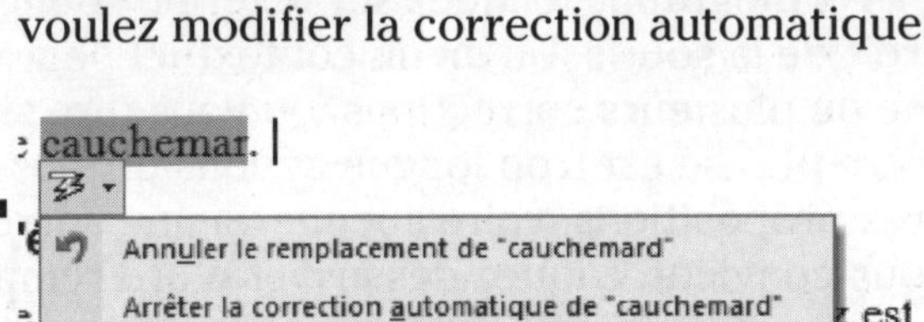

Figure 8.4 : Modifier une correction automatique.

- **Annuler le remplacement de <votre mot> :** Vous pouvez annuler le remplacement automatique en sélectionnant la première option du menu, Annuler le remplacement de [mot].

- **Arrêter la correction automatique de <votre mot> :** La sélection de cette deuxième option du menu supprime le mot de la liste des corrections automatiques.
- **Contrôle des options de correction automatique :** La dernière option du menu affiche la boîte de dialogue Correction automatique, dont nous allons parler plus tard dans ce chapitre.

Vous n'êtes pas obligé d'utiliser les Options de correction automatique. Dans ce cas, appuyez sur Ctrl+Z ou sur la touche Retour arrière.

Que ma grammaire soit immaculée !

Si l'orthographe est quelque peu arbitraire, la grammaire est un mythe. Je pourrais en parler pendant des heures. Dans toutes les langues du monde, il y a toujours de nombreux moyens de formuler ce que l'on veut dire.

Quelle que soit mon opinion à ce sujet, Word dispose d'une fonction de vérification grammaticale, qui identifie par un soulignement vert ondulé ce qui lui paraît douteux dans votre texte. C'est le signe que vous avez offensé la sensibilité grammaticale de Word.

Comme pour l'orthographe, cliquez sur le terme souligné avec le bouton droit de la souris. Un menu contextuel peut vous proposer une ou plusieurs corrections, ou vous dire simplement que votre phrase est trop longue et vous propose d'assez médiocres propositions, voire aucune. Si une correction proposée vous convient, cliquez dessus, et Word remplace la phrase dans votre document. Dans le cas contraire (s'il y a vraiment une faute), il ne vous reste plus qu'à trouver vous-même une correction satisfaisante.

- Le vérificateur grammatical semble parfois détecter des fautes qui n'en sont pas. Ne concluez pas trop vite et examinez soigneusement votre phrase. La faute n'est pas forcément dans le mot souligné.

- Il est possible de personnaliser ou de désactiver la vérification grammaticale comme expliqué à la section Personnaliser les options de vérification, plus loin dans ce chapitre.

Vérifier tout le document en une seule opération

Avant l'instauration de cette fonction de vérification et de correction automatique, la vérification s'effectuait une fois le document entièrement écrit. Word parcourait la totalité du texte et s'arrêtait sur tout ce qui lui semblait incorrect. Vous pouvez toujours procéder de la sorte. Voici comment faire :

1. **Cliquez sur l'onglet Révision.**
2. **Dans le groupe Vérification, cliquez sur le bouton Grammaire & orthographe.**

   La boîte de dialogue éponyme apparaît (Figure 8.5). Elle affiche une section du texte dans laquelle une erreur a été identifiée par Word.

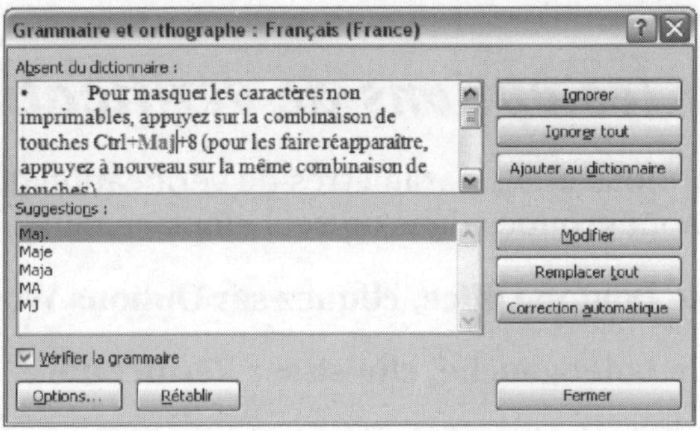

Figure 8.5 : Vérifier un document faute par faute.

Voici ce que vous pouvez faire :

- Pour corriger l'erreur, saisissez le texte directement dans la zone de texte de la boîte de dialogue.

- Cliquez sur le bouton Ignorer pour passer sur cette erreur, ou bien cliquer sur le bouton Phrase suivante (quand il est présent) pour continuer la vérification du document.
- Choisir le mot correctement orthographié dans la liste Suggestions.

3. **Continuez à vérifier le document jusqu'à ce que Word vous en indique la fin.**

Vous trouverez peut-être qu'il est plus simple et moins perturbant de procéder à la vérification entière du document. Dans ce cas, vous voudrez désactiver la vérification automatique de l'orthographe et de la grammaire, comme cela est expliqué dans la prochaine section.

N'OUBLIEZ PAS

- N'oubliez pas le bouton Annuler ! Il permet de revenir en arrière, et de modifier des éléments auxquels vous n'aviez pas fait attention.

- La méthode la plus simple pour vérifier tout le document consiste à cliquer sur l'icône ci-contre de la barre d'état. À chaque clic sur ce bouton, Word s'arrête sur la faute repérée et affiche une liste de propositions.

Personnaliser les options de vérification

Toutes les options et les paramètres de vérification des documents sont groupés dans un seul emplacement :

1. **Dans le bouton Office, cliquez sur Options Word.**
2. **Dans le volet gauche, choisissez Vérification.**

   Le volet de droite affiche les options et les paramètres de vérification du document.

Diverses options sont activées ou désactivées. L'activation s'identifie par une case cochée. Par exemple :

- Pour désactiver la vérification en cours de frappe, décochez la case Vérifier l'orthographe au cours de la frappe.
- Pour éviter la vérification de la grammaire, décochez Vérifier la grammaire au cours de la frappe.
- Cliquez sur le bouton Paramètres à droite de la liste Règle de style pour définir des exceptions grammaticales que Word ne devra pas prendre en compte.

Voici d'autres choses que vous pouvez effectuer :

- Cliquez sur le bouton Options de correction automatique pour accéder à la boîte de dialogue éponyme. Là, vous paramétrez la correction automatique, ajoutez de nouvelles entrées, en supprimez, ou en modifiez.

Cliquez sur OK pour quitter la fenêtre des options de Word.

Chapitre 9

Documents et fichiers

Dans ce chapitre :

- Comprendre la notion de fichiers.
- Créer un document.
- Utiliser des modèles.
- Enregistrer votre document sur le disque dur.
- Utiliser un nom de fichier pertinent.
- Enregistrer un document sous un nouveau nom.
- Ouvrir un document enregistré sur le disque dur.
- Insérer un document dans un autre.

Dès que vous avez commencé à saisir du texte, vous devez enregistrer votre document. Là, sur le disque, votre document devient un *fichier*, c'est-à-dire un enregistrement permanent que vous pouvez ouvrir à nouveau pour le modifier, l'imprimer ou tout simplement le relire. Ce chapitre explique dans un premier temps comment enregistrer un document, puis comment ouvrir un document déjà enregistré sur le disque. Je vais également vous apprendre à insérer un document dans un autre.

Tous sur les fichiers

Pour comprendre ce qu'est un document, vous devez connaître et reconnaître l'importance des *fichiers*. C'est un concept vital en informatique. Le maîtriser apporte un soulagement comparable à celui de passer une nuit paisible une fois le nouveau-né repu.

Votre ordinateur stocke toutes sortes d'informations. Il est capable de conserver des documents créés avec votre traitement de texte, des images, de la musique, des vidéos, et des programmes. Comprenez bien que ces éléments, c'est-à-dire ces données, sont physiquement enregistrés sur le disque dur de votre PC. On parle d'informations ou de données numériques encodées dans un langage que seul l'ordinateur sait interpréter. Ces informations numériques sont organisées de manière logique exactement comme lorsque vous rangez vos ustensiles de cuisine dans des tiroirs et des placards. L'objectif de cette organisation est de retrouver rapidement ce dont vous avez besoin.

Sur le disque dur de votre ordinateur, les informations existent sous forme de fichiers. Chaque fichier contient donc lesdites informations. Elles sont de nature électronique. De facto, un fichier peut être une image, une chanson, une vidéo, etc.

Pour plus d'informations sur les fichiers et les disques durs, je vous recommande de lire *Le PC pour les nuls* paru aux éditions First Interactive.

Créer un document

Un document est une sorte de feuille blanche. La grande différence avec celles qui sortent de votre imprimante est que celle-ci est virtuelle. Sa nature est électronique, impalpable. Elle est créée dans Word. Avant d'en arriver là, vous devez savoir quelques petites choses sur les documents Word :

- Les documents Word ne sont pas limités en taille. Cependant, le texte est l'élément informatique qui occupe le moins de place sur un disque dur. À titre d'exemple, si l'on réunissait toutes les œuvres de William Shakespeare dans un seul document Word, il ne pèserait pas plus de 5 Mo. Cela vous laisse une sacré marge de création par document !

- La moyenne pour un document Word est de 50 Ko. La moyenne d'une photo numérique est de 2 Mo, et celle d'un fichier musical MP3 de 4 Mo.
- Ko ? Mo ? Go ? Ok ! Lisez *Le PC pour les nuls !*
- Pour une question évidente de rapidité, je conseille de créer de petits documents. Ainsi, lorsque vous écrivez un livre, enregistrez chaque chapitre sous la forme d'un seul document.
- Lorsque vous écrivez de longs documents, c'est-à-dire de plus de 100 pages, Word a la fâcheuse tendance à désactiver la fonction de vérification automatique de l'orthographe et de la grammaire, l'aperçu des images, et d'autres choses dont je vous laisse la surprise car elles peuvent être complètement aléatoires.

Vite ! Une feuille blanche !

L'avantage d'un logiciel de traitement de texte est que vous n'avez pas besoin de courir acheter des feuilles chez votre libraire pour commencer à travailler :

1. **Dans le bouton Office, cliquez sur Nouveau.**

   La boîte de dialogue Nouveau document apparaît. Elle est débordante de possibilités.

2. **Dans le volet central, vérifiez que Document vierge est bien sélectionné.**

3. **Cliquez sur Créer.**

Et voilà ! Une feuille blanche s'affiche dans Word.

- Une méthode plus rapide pour créer un document ? Appuyez sur Ctrl+N.
- Lorsque vous désirez créer un document, inutile de quitter Word. Cliquez sur Nouveau, ou appuyez sur Ctrl+N.

Utiliser un modèle

Un modèle est un type de document spécial. Il contient des informations prédéfinies et surtout des styles, c'est-à-dire une mise en forme des caractères et des paragraphes. Par exemple, un modèle peut inclure l'en-tête de votre société.

Utiliser un modèle pour créer un document est certainement la méthode la plus simple pour obtenir un texte parfaitement bien mis en page. Vous trouverez des modèles dans la boîte de dialogue Nouveau document. Voici ce qu'elle permet :

- Pour réutiliser un modèle récemment employé, cliquez dessus dans la section Modèles récemment utilisés. Ensuite, cliquez sur le bouton Créer. Le document est alors reproduit à partir de ce modèle.
- Pour afficher tous les modèles que vous avez créés, cliquez sur Mes modèles dans le volet gauche de la boîte de dialogue. Ensuite, dans la boîte de dialogue Nouveau, choisissez le modèle qui vous intéresse, et cliquez sur OK.
- Vous pouvez sélectionner un modèle sur le site Microsoft Online. Il suffit de cliquer sur une catégorie affichée sous Microsoft Office Online. Ensuite, dans la section centrale, choisissez le modèle qui vous intéresse, et cliquez sur Télécharger.

Enregistrer un document

La chose la plus importante pour un document est de l'enregistrer. Vous créez une copie permanente de ce que vous avez sous les yeux. Sinon, à la fermeture de Word ou à l'extinction de votre ordinateur, tout ce qui aura été écrit sera à tout jamais perdu. Tout document enregistré sur un disque dur peut être réutilisé. Vous en ferez aussi des copies sur CD-R, l'enverrez par e-mail, ou le garderez pour de pures raisons sentimentales. Dans tous les cas, le mot d'ordre est : Enregistrer !

Premier enregistrement d'un document

Ne croyez pas qu'il faille attendre d'avoir terminé un document pour l'enregistrer sur le disque. En fait, le mieux est de l'enregistrer aussitôt que vous le créez. N'attendez pas, c'est une question de sécurité.

Pour enregistrer sur le disque un document qui ne l'a pas encore été, suivez ces étapes :

1. **Dans le bouton Office, cliquez sur Enregistrer.**

   La boîte de dialogue Enregistrer sous de Windows XP apparaît (Figure 9.1). Sous Vista, cette boîte de dialogue a une autre allure.

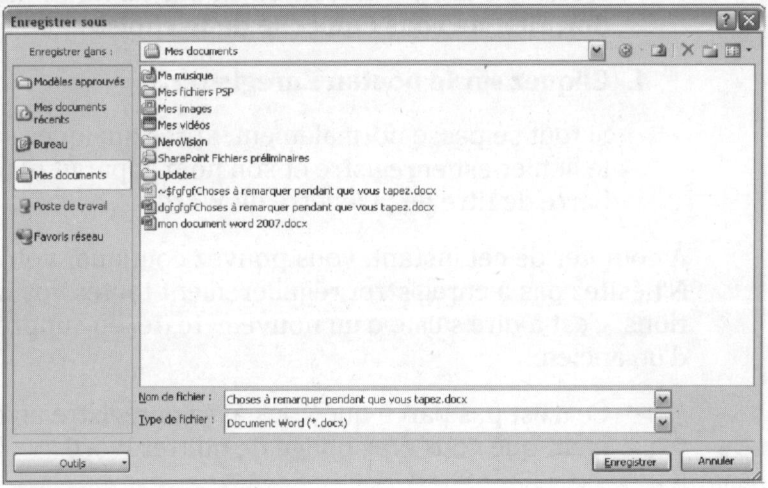

Figure 9.1 : La boîte de dialogue Enregistrer sous.

   Si elle ne s'affiche pas, c'est que votre document a déjà été enregistré. Cette fois, vous n'avez fait que l'enregistrer à nouveau. C'est très bien.

2. **Dans le champ Nom de fichier, saisissez un nom pour votre document.**

   Word utilise automatiquement les premiers mots de votre document comme nom de fichier par défaut. Si ce nom vous convient, vous pouvez passer directement à l'étape 3. Si vous voulez donner à votre document un autre nom que le nom par défaut, saisissez-le dans le champ Nom du fichier. Vous pouvez utiliser des lettres, des chiffres et divers symboles. Bien qu'un nom de fichier puisse être très long, je vous conseille de vous en tenir à un nom relativement court, simple et évocateur.

3. **Vous pouvez, mais rien ne vous y oblige, sélectionner un disque dur et un dossier dans la liste Enregistrer dans.**

   Par défaut, Word suppose que vous centralisez tous vos fichiers Word dans le dossier Mes documents. Si vous vous êtes organisé autrement, par exemple en créant un dossier Bureautique sur un autre disque dur, rien ne vous empêche de le choisir.

4. **Cliquez sur le bouton Enregistrer.**

   Si tout se passe normalement, après quelques secondes, le fichier est enregistré et son nom apparaît dans la barre de titre de la fenêtre de Word.

À compter de cet instant, vous pouvez continuer votre travail. N'hésitez pas à enregistrer régulièrement toutes vos modifications, c'est-à-dire saisie d'un nouveau texte, ou suppression d'un ancien.

N'OUBLIEZ PAS

- Ce n'est pas parce que vous avez enregistré un document que vous êtes obligé de quitter Word.
- La seule fois où la boîte de dialogue Enregistrer sous apparaît est lorsque vous sauvegardez un document pour la première fois. Par la suite, la commande Enregistrer suffit.
- Vous savez que le document a été correctement enregistré quand le nom de son fichier apparaît dans la barre de titre de Word.
- Enregistrez toujours votre document le plus tôt possible, dès que vous avez tapé ne serait-ce que quelques

lignes de texte, ou même avant d'avoir commencé à taper.

- Vous pouvez enregistrer un document sous plusieurs noms différents et à plusieurs emplacements. Dans ce cas, vous invoquerez la commande Enregistrer sous.

Problèmes avec l'enregistrement d'un document sur disque

Bien enregistrer un document impose une parfaite connaissance de Word et de Windows. Voici les situations auxquelles vous devrez parfois faire face :

```
Le fichier existe déjà
```

Trois choix se présentent à vous :

- **Remplacer le fichier existant :** Non !
- **Enregistrer les modifications sous un autre nom :** Oui !
- **Fusionner les modifications dans le fichier existant :** Non !

Dès que vous avez activé la deuxième option, saisissez un nom de fichier différent dans la boîte de dialogue Enregistrer sous.

Un autre problème communément rencontré est celui du message :

```
Le nom du fichier, son type ou son emplacement <nom du fichier> n'est
pas valide...
```

Cela signifie que vous avez assigné un nom farfelu aux caractères refusés par Word. Cliquez sur OK, et attribuez un nouveau nom.

Enregistrer un document qui a déjà été enregistré

Pour enregistrer un document qui a déjà été enregistré (ce que nous avons décrit dans la section précédente), cliquez sur le bouton Office, puis sur Enregistrer. Pendant un court instant, la barre d'état prend une allure différente, indiquant que le document est en cours d'enregistrement. Cette fois, la boîte de dialogue Enregistrer sous n'apparaît pas.

- La méthode la plus rapide pour enregistrer un document est d'appuyer sur Ctrl+S.

- Vous pouvez cliquer sur l'icône Enregistrer de la barre d'outils Accès rapide.
- La commande d'enregistrement la plus étrange est Maj+F12.

Enregistrer quand vous avez terminé

Votre travail s'achève. Vos doigts se crispent sur le clavier, vos yeux sont fatigués, vous avez bien mérité un peu de repos. Vous quittez Word, mais un message surgit (Figure 9.2) :

Figure 9.2 : Dernière chance de sauvegarde.

Oui : Enregistre le document. Toutes les modifications apportées depuis votre dernière sauvegarde sont enregistrées.

Non : Le document n'est pas enregistré. Toute modification apportée depuis la dernière sauvegarde est perdue.

Annuler : Vous décidez de ne pas quitter Word. Vous revenez à votre document.

Choisissez, mais choisissez en toute connaissance de cause. Je conseille l'option *Oui*.

- Pour fermer le document sans quitter Word, appuyez sur Ctrl+W, ou cliquez sur le bouton Office, puis sur Fermer.
- Il n'y a aucune raison de quitter Word et de le relancer pour commencer à travailler dans un nouveau fichier ou dans un fichier existant.

N'OUBLIEZ PAS

- Prenez soin de toujours quitter Word correctement. N'éteignez pas votre PC ou ne le faites pas redémarrer alors que Word ou Windows est toujours à l'écran. N'éteignez votre PC que lorsque Windows vous dit que vous pouvez le faire en toute sécurité. Faute de cette précaution, votre ordinateur deviendra plus lent, et Windows pourra "planter" plus souvent.

Ouvrir un document

Enregistrer un document sur le disque signifie stocker un fichier Word facile à retrouver afin d'y poursuivre son travail. Il existe plusieurs manières d'ouvrir un document. Cette section les présente.

Utiliser la commande Ouvrir traditionnel

Pour ouvrir un document enregistré sur le disque, on utilise la commande Ouvrir. Celle-ci ouvre le document dans une fenêtre qui vous permet de travailler avec toutes les commandes de Word.

Suivez ces étapes :

1. **Cliquez sur le bouton Office, puis sur Ouvrir.**

   La boîte de dialogue Ouvrir apparaît (Figure 9.3). Ici vous voyez l'aspect qu'elle revêt sous Windows XP.

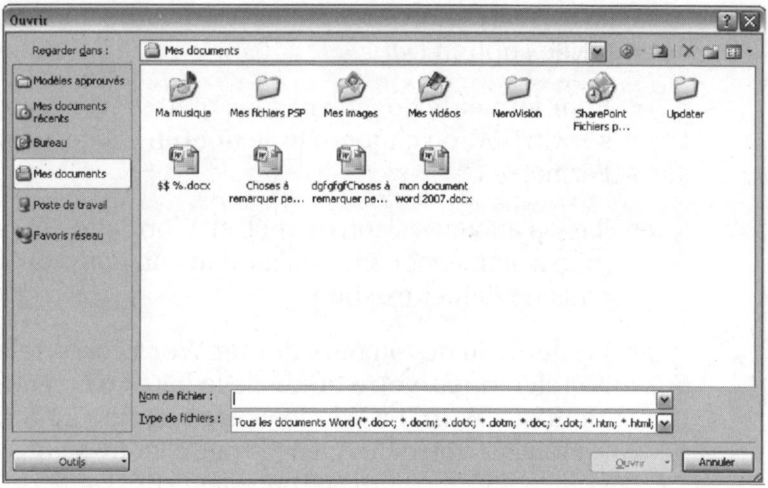

Figure 9.3 : La boîte de dialogue Ouvrir.

2. **Cliquez sur le nom du document.**

   La boîte de dialogue Ouvrir affiche une liste de documents déjà enregistrés sur le disque, comme le montre la Figure 9.3. Vous devez y trouver celui que vous désirez ouvrir.

   Si vous avez créé un dossier pour y classer vos documents, il vous faudra peut-être naviguer jusqu'à lui pour y accéder. L'utilisation de la boîte de dialogue Ouvrir varie entre Windows XP et Windows Vista. Reportez-vous à la documentation de votre système d'exploitation pour savoir comment procéder.

3. **Cliquez sur le bouton Ouvrir.**

Une fois qu'un document est ouvert, vous pouvez le modifier, le lire, l'imprimer ou même méditer à son sujet.

Une manière pratique d'ouvrir un fichier récent

Word se souvient des derniers fichiers sur lesquels vous avez travaillé. Il en affiche même la liste dans le bouton Office.

Comme il y a de fortes chances que celui que vous voulez ouvrir soit l'un d'entre eux, le sélectionner dans ce bouton est un moyen pratique pour l'ouvrir rapidement.

Vous notez la présence d'épingles à droite du nom du fichier. Si vous cliquez dessus elles deviennent vertes. Cela indique que le fichier restera en permanence dans le bouton Office. Pour annuler cet affichage permanent, cliquez de nouveau sur l'épingle.

Ouvrir un document dans un autre

Imaginez que vous êtes en train d'écrire un rapport et que vous avez besoin de combiner plusieurs documents créés par d'autres personnes pour en faire un seul document complet. Ou alors, vous avez un texte d'usage général que vous avez enregistré sur le disque, et que vous avez besoin d'insérer dans d'autres documents. Naturellement, vous pouvez ouvrir ces différents documents, puis copier celui que vous voulez insérer pour le coller dans le document de destination. Mais Word a une meilleure méthode.

Pour insérer le contenu d'un document dans un autre, suivez ces étapes :

1. **Placez le curseur à l'endroit où vous voulez insérer le document.**

   Cette étape fonctionne de la même manière que pour coller à l'emplacement du curseur un bloc précédemment copié. Le texte inséré va apparaître à l'endroit où vous voyez clignoter le curseur.

2. **Cliquez sur l'onglet Insertion.**

3. **Dans le groupe Texte, cliquez sur Objet/Texte d'un fichier.**

   Une boîte de dialogue semblable à la boîte de dialogue Ouvrir apparaît (voir la Figure 9.3).

4. **Sélectionnez l'icône du document à insérer.**

5. Cliquez sur le bouton Insérer.

Le document ainsi inséré devient partie intégrante du document de destination, comme si vous aviez tapé le texte au clavier.

- Les deux documents combinés portent alors le même nom, c'est-à-dire celui du document de destination.
- Vous pouvez sélectionner plusieurs documents à insérer en une seule opération.
- Vous pouvez ainsi préparer, sous forme de documents, des bribes de texte que vous insérez régulièrement dans vos fichiers.

Une manière pratique d'ouvrir un fichier récent

Word se souvient des derniers fichiers sur lesquels vous avez travaillé. Il en affiche même la liste dans le bouton Office. Comme il y a de bonnes chances que celui que vous voulez ouvrir soit l'un d'entre eux, le sélectionner dans ce bouton est un moyen pratique de l'ouvrir rapidement.

Vous notez la présence d'épingles à droite du nom du fichier. Si vous cliquez dessus elles deviennent vertes. Cela indique que le fichier restera en permanence dans le bouton Office. Pour annuler cet affichage permanent, cliquez de nouveau sur l'épingle.

Chapitre 10

Imprimer vos documents sur papier

Dans ce chapitre :

- Que l'imprimante soit prête à imprimer !
- Voir l'aperçu avant impression.
- Utiliser une autre imprimante.

Ah, oui ! Imprimer. Ça a l'air facile. Il suffit d'appuyer sur un bouton, l'imprimante se met en route, et tout est pour le mieux dans le meilleur des mondes. Cependant, quelques problèmes peuvent survenir, ce chapitre vous aidera à les résoudre. Les imprimantes sont des créatures délicates, à traiter avec le plus grand des égards.

Préparer l'imprimante

Avant d'imprimer, vous devez vous assurer que votre imprimante est prête à fonctionner. Vérifiez les quelques points suivants :

1. **Assurez-vous que votre imprimante est branchée sur le secteur et correctement connectée à votre ordinateur.**

   L'imprimante est reliée à l'ordinateur par un câble. Celui-ci doit être correctement connecté aux deux extrémités (il n'est nécessaire de le vérifier que si vous rencontrez des problèmes d'impression). Si vous avez des doutes, lisez l'ouvrage *Le PC pour les nuls*.

2. **Assurez-vous que votre imprimante dispose de suffisamment de toner ou d'encre, ou d'un ruban en bon état.**

   Une imprimante laser doit contenir une cartouche de toner. Si l'imprimante dispose d'un indicateur de quantité et que celui-ci signale qu'il ne reste plus assez de toner, changez la cartouche.

3. **Vérifiez que l'imprimante contient du papier.**

   L'alimentation en papier peut se faire par l'arrière, par un bac à papier, ou manuellement une feuille à la fois. Quel que soit le mode d'alimentation de votre imprimante, assurez-vous qu'elle dispose d'assez de papier avant de lancer l'impression.

4. **Avant d'imprimer quoi que ce soit, votre imprimante doit être *en ligne* (*online*) ou *sélectionnée*.**

   Curieusement, certaines imprimantes peuvent être en marche, mais pas pour autant prêtes à imprimer. L'imprimante est sous tension et allumée, mais à moins qu'elle ne soit en ligne ou sélectionnée, elle ignore l'ordinateur. Pour qu'elle consente à l'écouter, vous devez appuyer sur un bouton qui s'appelle généralement Online, Select ou quelque chose de semblable.

Dès que vous êtes certain que l'imprimante est prête, vous pouvez lancer la procédure d'impression depuis Word.

Voir l'aperçu avant impression

Word reproduit à l'écran l'aspect exacte de votre document. Si vous affichez l'aperçu avant impression, vous voyez votre document exactement comme il sera imprimé : en-têtes, pieds de page, images, sauts de page, etc. Grâce à cet aperçu, vous gagnez beaucoup de temps car il évite d'imprimer un contenu qui, au final, ne rend pas l'effet souhaité sur papier.

Pour afficher l'aperçu avant impression de votre document, cliquez sur le bouton Office, puis sur Imprimer/Aperçu avant impression. Votre document apparaît dans une présentation un peu différente, comme l'illustre la Figure 10.1.

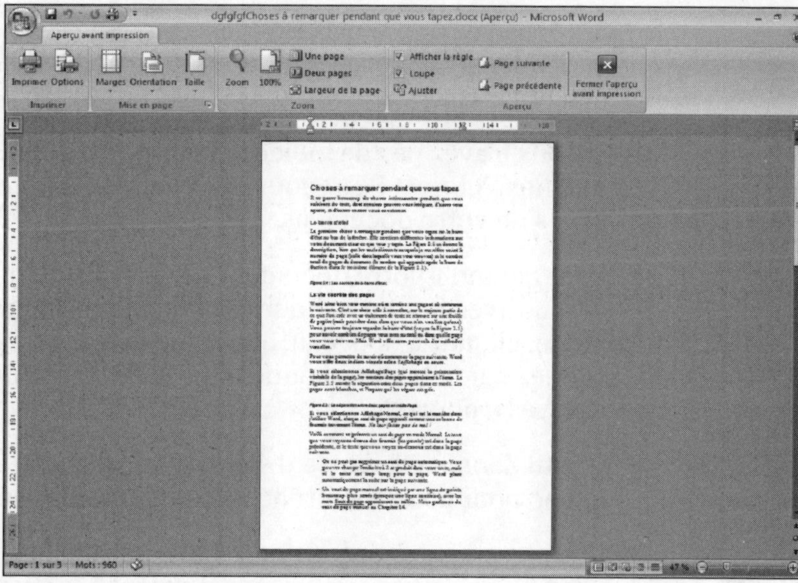

Figure 10.1 : Un document en mode Aperçu avant impression.

Examinez la manière dont se présente le texte sur la page. Regardez les marges. Si vous utilisez des en-têtes, des pieds de page ou des notes de bas de page, voyez comment ils se présentent. Le principe est ici d'identifier ce qui ne va pas, pour y remédier *avant* d'imprimer.

Une fois votre inspection terminée, cliquez sur le bouton Fermer pour revenir à l'affichage précédent.

Ou alors, si tout vous paraît parfait, cliquez sur le bouton Imprimer pour imprimer aussitôt votre document.

- Voyez comment le groupe Mise en page est visible en mode Aperçu avant impression. Il permet d'accéder aux outils qui vont corriger les problèmes les plus simples : les marges, l'espacement des paragraphes, l'orientation du document, etc. (reportez-vous au Chapitre 14 de ce livre).

- Pour voir d'autres pages de votre document, utilisez les barres de défilement.
- Si vous avez une souris à molette, comme la souris IntelliMouse de Microsoft, tournez la molette pour faire défiler votre document vers le haut ou vers le bas.
- Si vous n'avez pas de molette, vous pouvez utiliser les touches PgPr est PgSv pour examiner les différentes pages de votre document.
- Pour agrandir votre document sur l'écran, cliquez dessus avec la souris. Pour revenir à la taille précédente, cliquez à nouveau. Si cela ne fonctionne pas, cliquez sur le bouton Loupe dans la barre d'outils, et essayez à nouveau.
- L'outil Zoom de la barre d'état peut également être utilisé pour grossir ou réduire l'affichage de l'aperçu.
- L'impression des encadrés, la taille des feuilles, et d'autres éléments relatifs au document sont paramétrés lors de la mise en page du texte. Il s'agit de fonctions de Word qui n'ont rien à voir avec les options d'impression. Consultez le Chapitre 14.

Imprimer la totalité d'un document

L'auteur d'une peinture rupestre n'avait pas droit à plusieurs brouillons. Nous autres, hommes et femmes du XXIe siècle, disposons du luxe d'écrire, de réécrire et de mettre en forme autant de fois que nous le désirons sur l'écran. Une fois que vous êtes prêt à peindre sur la pierre (à imprimer), suivez ces étapes :

1. **Assurez-vous que l'imprimante est en ligne et prête à imprimer.**

Voyez la première section Préparer l'imprimante de ce chapitre, (commencez par là !).

2. **Enregistrez votre document.**

Vous êtes peut-être surpris. Il est toujours préférable d'enregistrer votre document avant d'imprimer. Cliquez simplement sur le bouton Enregistrer dans la barre d'outils Accès rapide, et si vous avez besoin d'une aide supplémentaire, reportez-vous au Chapitre 9 pour en savoir plus sur l'enregistrement des documents.

3. **Dans le bouton Office, cliquez sur Imprimer.**

Vous accédez à la boîte de dialogue Imprimer (Figure 10.2) dont les sections principales sont étudiées plus loin dans ce chapitre.

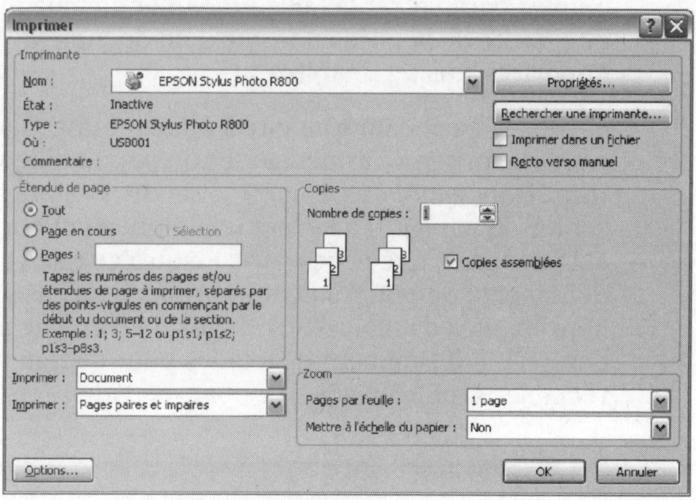

Figure 10.2 : La boîte de dialogue Imprimer.

4. **Cliquez sur le bouton OK.**

Le document commence à sortir page par page de votre imprimante.

- La méthode la plus rapide pour afficher la boîte de dialogue Imprimer est d'appuyer sur Ctrl+P.

- Si rien ne s'imprime, ne répétez pas la commande Imprimer ! Il n'y a sans doute aucun problème. L'ordinateur est probablement encore en train de préparer l'impression ou d'envoyer (de télécharger) du texte vers l'imprimante. Si vous ne voyez pas apparaître de message d'erreur, il est vraisemblable que l'impression ne tarde pas à commencer.

- La manière la plus rapide de procéder est de cliquer sur le bouton Imprimer de la barre d'outils Accès rapide. L'impression de votre document commence aussitôt. C'est facile et rapide, mais vous ne pouvez changer aucun paramètre.

- Lorsque votre document est mis en forme pour une taille de papier spécifique, l'imprimante peut vous demander de charger cette taille particulière. Vous pouvez paramétrer la taille du papier comme partie intégrante de la mise en forme d'un document Word. Reportez-vous au Chapitre 14.

- Si vous avez une imprimante à alimentation manuelle, c'est elle qui va vous demander du papier. Elle vous dit : "*Bip !* Donne-moi du papier !" Vous devez alors lui présenter du papier, d'un geste techniquement correct, autant de fois que nécessaire, jusqu'à ce que votre document soit entièrement imprimé. Heureusement, les imprimantes d'aujourd'hui disposent d'un bac pouvant contenir suffisamment de feuilles pour ne rien vous réclamer sauf, bien sûr, si ce bac est vide.

Supprimer la page blanche à la fin du document

Parfois, vous pouvez être surpris de voir sortir une page blanche à la fin de l'impression.

Pour éviter ce désagrément, appuyez sur Ctrl+Fin. Le point d'insertion apparaît en toute fin de votre document. Maintenez la touche d'espacement enfoncée jusqu'à ce que la page vierge disparaisse. Comment être certain de sa disparition ? Regardez le total des pages dans la barre d'état, il devrait être réduit d'une unité.

Imprimer en ordre inverse

Imprimer les pages dans l'ordre où elles se présentent, c'est-à-dire de la première à la dernière, vous oblige à les réorganiser. En effet, la première page se retrouve tout en bas de la pile des pages imprimées. Pour éviter ce travail fastidieux, procédez comme suit :

1. **Ouvrez la boîte de dialogue Imprimer.**

   Il suffit de cliquer sur la commande du même nom dans le bouton Office.

2. **Cliquez sur le bouton Propriétés.**

   Vous accédez à la boîte de dialogue éponyme de votre imprimante, ce que l'on appelle le *pilote d'impression*.

3. **Cochez l'option Ordre inverse.**

4. **Cliquez sur OK.**

5. **Cliquez de nouveau sur OK pour imprimer le document.**

   L'impression se fait de la dernière à la première page, c'est-à-dire dans l'ordre inverse de lecture du document, mais qui organise vos pages dans le bon ordre.

Imprimer rapidement un document

Pour imprimer un document sans passer par la boîte de dialogue Imprimer, cliquez sur le bouton Office, puis sur Imprimer/Impression rapide.

Rapide est très relatif. L'appellation Impression rapide ne veut pas dire que la vitesse d'impression augmente. Non ! Cela signifie simplement que la procédure amenant à l'impression est plus rapide.

Sélectionner une autre imprimante

Plusieurs imprimantes peuvent être connectées à votre ordinateur. Dans certaines entreprises, même modestes, les ordinateurs sont en réseau et partagent la même imprimante. Vous devez passer par la boîte de dialogue Imprimer pour choisir l'imprimante à utiliser, c'est-à-dire une imprimante qui n'est pas définie comme imprimante par défaut.

Dans la boîte de dialogue Imprimer, déroulez la liste Nom de la section Imprimante, et sélectionnez celle que vous désirez utiliser pour imprimer votre document (Figure 10.3).

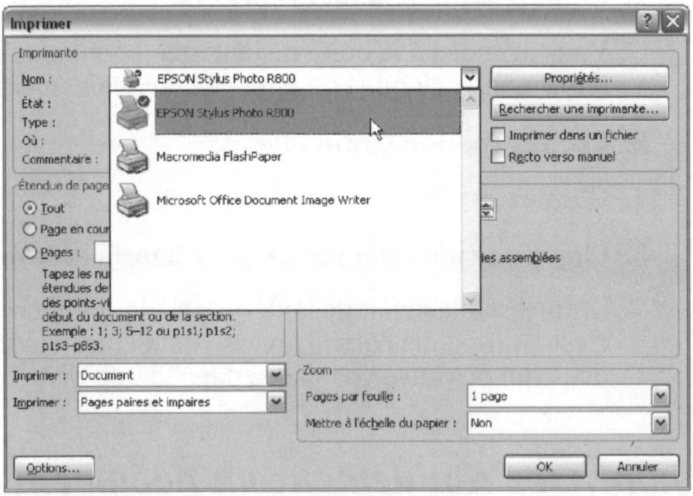

Figure 10.3 : Choisir une autre imprimante.

Choisissez une imprimante dans la liste. Cliquez sur le bouton OK.

N'OUBLIEZ PAS

- Vous devez vérifier que l'imprimante choisie est allumée, alimentée en papier, et prête pour l'impression.
- L'installation et la configuration d'une imprimante s'effectue sous Windows et non dans Word.
- La télécopie fonctionne comme l'impression. La différence majeure est qu'au lieu d'envoyer le document vers l'imprimante, Word l'envoi vers son application de

télécopie. Donc, si vous avez un programme de télécopie installé sur votre ordinateur, son icône apparaît dans la liste des imprimantes.

- Pour plus d'informations sur l'impression et la télécopie, je recommande la lecture du *PC pour les nuls* publié aux éditions First Interactive.

Imprimer des parties du document de tailles diverses

Rien ne vous oblige à imprimer la totalité de votre document chaque fois que vous voulez en imprimer une partie. Word vous permet d'imprimer une page, une plage de pages ou un bloc de texte sélectionné. Tout cela se définit dans la zone curieusement nommée Plusieurs pages de la boîte de dialogue Imprimer (à gauche, à mi-hauteur).

Les sections suivantes supposent que votre imprimante est allumée et prête à imprimer.

Imprimer une page spécifiée

Pour imprimer seulement une page de votre document, suivez ces étapes :

1. **Placez le curseur à un endroit quelconque dans la page que vous voulez imprimer.**

   TRUC

   Vérifiez le numéro de page dans le coin inférieur gauche de la fenêtre du document (dans la barre d'état) pour vous assurer que vous êtes bien dans la page souhaité.

2. **Cliquez sur le commande Imprimer du bouton Office, ou appuyez sur Ctrl+P.**

3. **Dans la zone Étendue de page de la boîte de dialogue Imprimer, sélectionnez Page en cours.**

4. **Cliquez sur OK.**

La boîte de dialogue Imprimer se ferme, et la page est imprimée (il peut falloir un peu de temps à Word pour en venir à bout).

Que vous imprimiez une seule page ou plusieurs, celles-ci sont imprimées avec toutes les mises en forme que vous leur avez données. Par exemple, si votre document comporte des en-têtes, des pieds de page et l'insertion du numéro de page, tout cela apparaît sur la page imprimée.

TRUC

Il est très pratique de n'imprimer qu'une seule page de cette façon, si vous (ou l'imprimante) avez raté une page dans un document et n'avez besoin que de réimprimer cette dernière.

Imprimer une plage de pages

Word vous permet d'imprimer une seule page, une plage de pages, ou même une liste quelconque de pages de votre document, sans qu'elles aient besoin de se suivre. Pour imprimer une plage ou un groupe de pages, suivez ces étapes :

1. **Ouvrez la boîte de dialogue Imprimer.**
2. **Dans la zone Étendue de page activez l'option Pages.**
3. **Dans le champ qui suit, tapez les numéros et les plages de numéros de pages à imprimer.**

   Pour imprimer les pages 3 à 5, tapez **3-5**.

   Pour imprimer les pages 1 à 7, tapez **1-7**.

   Pour imprimer les pages 2 et 6, tapez **2;6**.

4. **Cliquez sur OK.**

   Les pages que vous avez spécifiées – et seulement celles-ci – sont imprimées.

Pour imprimer toutes les pages impaires et toutes les pages paires, déroulez la seconde liste Imprimer située dans le coin inférieur gauche de la boîte de dialogue. Là, optez pour Pages impaires ou Pages paires. J'utilise généralement cette option pour imprimer les pages recto-verso. Ainsi, j'imprime d'abord les pages impaires, puis je retourne mon paquet de feuilles que j'insère dans le bac de l'imprimante, et j'imprime les pages paires.

Imprimer un bloc

Après avoir sélectionné un bloc de texte à l'écran, vous pouvez demander à Word d'imprimer ce bloc et lui seul. Voici comment :

1. **Sélectionnez le bloc de texte à imprimer.**

   Pour tout savoir sur la sélection d'un bloc de texte, reportez-vous au Chapitre 7.

2. **Sélectionnez Fichier/Imprimer.**

3. **Dans la zone Étendue de page, activez l'option Sélection.**

   L'option Sélection n'est disponible que quand un bloc de texte est sélectionné. Vous indiquez ainsi à Word que vous ne voulez imprimer que ce bloc.

4. **Cliquez sur le bouton OK.**

   Après quelques instants (parfois un peu longs), le résultat sort de votre imprimante.

Le bloc sélectionné est imprimé à la même position sur la page, accompagné du même en-tête et du même pied de page que si vous aviez imprimé tout le document.

Troisième partie

La mise en forme

"Si seulement je savais aussi bien mettre les formes à ma demande d'augmentation que Word le fait avec les paragraphes !"

Dans cette partie...

La mise en forme est l'aspect le plus artistique du traitement de texte. Elle donne à votre document un caractère résolument professionnel. En appliquant une mise en forme soignée à votre texte, vos phrases, vos paragraphes, et vos pages, vous placez votre document à un niveau supérieur de qualité que vous n'imaginiez même pas.

La mise en forme est la tâche qui consiste à rendre un document plus présentable qu'il ne l'est à l'état brut. Vous y procédez après avoir saisi votre texte au kilomètre. En revanche, si vous maîtrisez les concepts de *styles* et de *modèles*, vous pouvez *formater* lors de la saisie. Les chapitres de cette partie démontrent que la mise en forme permet de faire pratiquement tout ce que vous désirez dans Word.

Chapitre 11

Mettre en forme texte, caractères et polices

Dans ce chapitre :

- Comprendre la notion de mise en forme.
- Choisir la police.
- Appliquer des mises en forme élémentaires.
- Changer la taille du texte.
- Ajouter de la couleur.
- Supprimer une mise en forme.
- Explorer la boîte de dialogue Police.
- Modifier la casse du texte.

Un *caractère* est le plus petit élément que l'on puisse mettre en forme dans un document. Ce peut être une lettre, un chiffre ou un symbole.

Un caractère peut être mis en gras ou en italique. Vous pouvez le souligner, en changer la taille, la police ou la couleur. Word vous offre un grand contrôle sur la présentation de votre texte. Ce chapitre explore en détails toutes ces possibilités.

Comment mettre en forme votre texte

Vous avez deux manières de changer la mise en forme de votre texte :

- Sélectionner une commande de mise en forme, puis taper le texte. Tout le texte que vous tapez apparaît avec la mise en forme préalablement sélectionnée.
- Saisir le texte, puis sélectionner le bloc et lui appliquer la mise en forme voulue. Cette technique est plus indiquée lorsque vous êtes concentré sur une idée. Vous pouvez mettre en forme votre texte après l'avoir saisi.

Vous pouvez utiliser ces deux méthodes pour composer votre texte dans votre document. Il est vrai qu'il est parfois pratique de choisir une commande de mise en forme et de taper le texte dans ce format. Par exemple :

1. **Saisissez le texte suivant :**

```
Nous perdons tous un temps
```

2. **Appuyez sur Ctrl+I pour activer la mise en *italiques*.**

3. **Saisissez :**

```
Horrible.
```

La phrase finale ressemble à ceci :

Nous perdons tous un temps *horrible*.

Pour des mises en forme plus complexes, écrivez d'abord le texte, et appliquez les modifications après.

Mise en forme élémentaire

Word regroupe les commandes de mises en forme standard dans le groupe Police (rien à voir avec Sting !), comme vous le voyez à la Figure 11.1.

- Le texte peut aussi être formaté à l'aide de la minibarre d'outils qui apparaît chaque fois que vous sélectionnez du texte (voir le Chapitre 7).

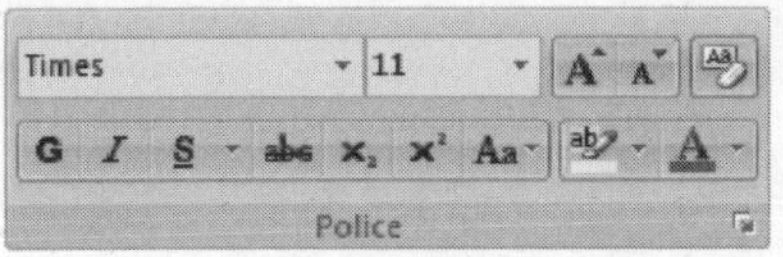

Figure 11.1 : Mises en forme standard via le groupe Police.

- Le groupe Police accélère la mise en forme appliquée au texte. Par exemple, vous voyez que le texte où se trouve actuellement le point d'insertion utilise la police Times. Le chiffre 11 en identifie la taille exprimée en points. Si le bouton G était actif, cela signifierait que le texte est en gras (toutes ces mises en forme sont expliquées ci-après).

Changer la police

L'un des côtés amusants de Word est sa capacité à utiliser un grand nombre de polices différentes. Bien sûr, vous pouvez mettre du texte en gras ou en italique, le souligner, en changer la taille, etc., mais la possibilité de choisir la police au gré de votre fantaisie porte votre liberté d'expression à un tout autre niveau. Pour choisir une police, suivez ces étapes :

1. **Dans le groupe Police, cliquez sur la flèche pour afficher toutes les polices disponibles.**

   Une liste apparaît (Figure 11.2).

   La partie supérieure présente les polices associées au document sous l'appellation *Polices de thème*. La section suivante affiche les dernières polices utilisées. Enfin, tout le reste concerne des polices installées sur votre système d'exploitation Windows.

2. **Faites défiler la liste jusqu'à la police que vous souhaitez.**

Figure 11.2 : La liste déroulante Police.

Les polices apparaissent par nom, affiché dans le style de la police correspondante, et elles sont triées par ordre alphabétique.

3. **Cliquez sur une police pour la sélectionner.**

TRUC

Vous pouvez utiliser le menu Police pour prévisualiser l'aspect que pourrait revêtir le texte si vous choisissiez telle ou telle police. Par exemple, sélectionnez un paragraphe. Déroulez la liste des polices. Passez le pointeur de la souris sur les polices qui vous plaisent. Instantanément le texte s'affiche dans le style de la police sur laquelle se trouve le pointeur de la souris.

- Si la liste des polices n'affiche pas de nom cela signifie que plusieurs polices sont utilisées dans le bloc de texte sélectionné.

- Les concepteurs graphiques utilisent deux polices dans un document, une pour le texte et une autre pour les titres. Word reprend cette philosophie. La police dont le nom est suivi par `Corps` correspond à la police de caractères du texte normal, c'est-à-dire du *corps* du texte. Celle dont le nom est suivi par `En-têtes` est utilisée pour les en-têtes. Ces deux polices font partie du thème du document.

Mise en forme élémentaire des caractères

Une fois que vous avez choisi une police, les mises en forme les plus élémentaires que vous pouvez appliquer à votre texte sont **Gras**, *Italique* et Souligné. Elles sont rendues particulièrement faciles à utiliser par des boutons dans la barre d'outils et des raccourcis clavier.

G

Pour mettre du texte en **gras**, appuyez sur Ctrl+G ou utilisez le bouton Gras.

Utilisez le **gras** pour le texte que vous voulez faire ressortir sur la page (par exemple pour les titres et les légendes) ou pour mettre en évidence ce qui a une importance particulière.

I

Pour mettre du texte en *italique*, appuyez sur Ctrl+I ou utilisez le bouton Italique.

L'*italique* est un autre moyen de mettre du texte en évidence, aujourd'hui préféré au soulignement. L'italique est léger, il a quelque chose de poétique et d'aérien.

S

Pour souligner du texte, appuyez sur Ctrl+U ou utilisez le bouton Souligné. Le texte souligné est un héritage de l'époque des machines à écrire. Dans la plupart des cas, le soulignement peut être avantageusement remplacé par l'italique. On dira ce qu'on voudra, *Crime et Châtiment* c'est mieux que Crime et Châtiment.

abc

Barrer un texte se fait par un clic sur le bouton Barré. Ici, il n'y a pas de raccourci clavier.

Mettez le texte en indice en appuyant sur Ctrl+=, ou en cliquant sur le bouton Indice.

L'indice apparaît sous la ligne comme dans H_2O.

Mettez le texte en exposant en appuyant sur Ctrl+Maj++, ou en cliquant sur le bouton Exposant.

L'exposant apparaît au-dessus de la ligne comme dans 10^2.

La plupart des mises en forme de Word, comme les petites majuscules, le contour, et l'ombre sont accessibles via la boîte de dialogue Police. Pour en connaître le fonctionnement, reportez-vous à la section Utiliser la boîte de dialogue Police, plus loin dans ce chapitre.

- Pour désactiver un attribut de texte, utilisez à nouveau la même commande. Par exemple, pour taper un élément en italique, appuyez sur Ctrl+I. Pour revenir au texte normal, appuyez à nouveau sur Ctrl+I.
- Vous pouvez cliquer sur la flèche du bouton Souligné pour afficher divers types et options de traits. Dès qu'un style de soulignement est sélectionné, il s'applique chaque fois que vous utilisez la commande de soulignement soit par Ctrl+U, soit par un clic sur le bouton approprié.
- Une mise en forme de caractères n'affecte que le texte sélectionné ou celui que vous tapez.
- Il est possible de combiner différentes mises en forme de caractères. Le texte peut être à la fois en gras et souligné, ou en gras et en italique. Vous pouvez avoir à sélectionner plusieurs commandes de mise en forme de caractères avant de taper votre texte, par exemple Ctrl+B, Ctrl+I et Ctrl+U si vous voulez du texte à la fois en gras, en italique et en souligné. Pour revenir à du texte normal, il vous faudra sélectionner à nouveau toutes ces commandes.

TRUC

- La meilleure méthode pour utiliser l'indice et l'exposant consiste à écrire le texte normalement. Ensuite, sélectionnez le ou les caractères devant apparaître en indice ou en exposant, puis cliquez sur les boutons adéquats ou utilisez les raccourcis clavier correspondants.

Grandes lettres, petites lettres : la taille du texte

Les attributs (gras, italique, soulignement, et ainsi de suite) ne représentent que la moitié des mises en forme de caractères disponibles. L'autre moitié concerne la taille du texte. En utilisant ces mises en forme, vous pouvez rendre votre texte minuscule aussi bien que gigantesque, comme ça vous chante.

Avant d'entrer dans le vif du sujet, vous devez connaître l'unité de mesure typographique officielle pour la taille du texte : c'est le *point*. C'est l'unité qu'utilise Word. Un point vaut 1/72 pouce, soit 0,3528 mm, sachant qu'un pouce vaut 25,4 mm.

- Plus la taille exprimée en points est grande, plus le texte est grand.
- Le texte d'usage courant a généralement une taille de 10 à 12 points.
- Les titres ont généralement une taille de 14 à 24 points.
- La majeure partie des polices peut recevoir une taille allant de 1 à 1 638 points. Les caractères de taille inférieure à 6 points sont généralement trop petits pour qu'une personne d'acuité visuelle normale puisse les lire.
- Une taille de 72 points correspond à des caractères de un pouce de haut (25,4 mm).

Spécifier la taille de votre texte

La taille du texte se définit dans le champ Taille de la police du groupe Police (onglet Accueil). Cliquez sur la flèche pointant vers le bas dans ce champ : une liste de tailles apparaît (Figure 11.3).

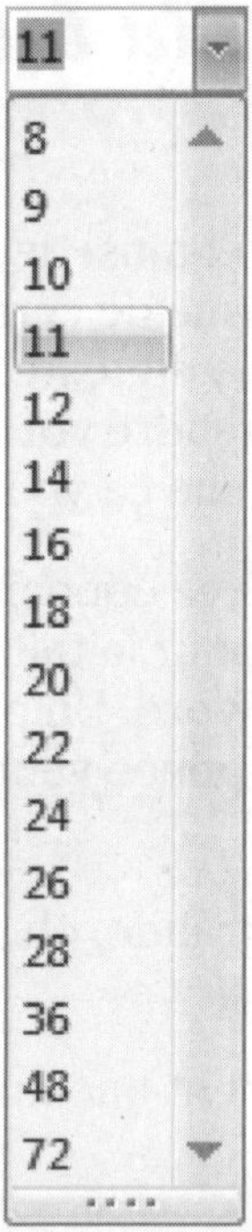

Figure 11.3 : Sélectionnez une taille de police dans cette liste.

Vous pouvez prévisualiser une taille en plaçant le pointeur de la souris sur un chiffre et en observant l'effet obtenu directement sur le mot ou le bloc de texte sélectionné. Dès qu'une taille vous convient, cliquez pour l'appliquer. Sinon, appuyez sur Échap.

Si la taille que vous désirez appliquer n'est pas dans la liste, tapez-la ! Si vous avez besoin d'une taille de 11.5, saisissez 11.5 dans la liste et validez en appuyant sur Entrée.

Rendre le texte plus grand ou plus petit

La taille du texte peut varier au sein d'un même bloc. Pour vous aider à travailler plus vite, Word met à votre disposition des outils dont deux se situent dans le groupe Police.

Pour augmenter la taille du texte, appuyez sur Ctrl+ Maj+>, ou cliquez sur le bouton Agrandir la police.

Pour réduire la taille du texte, appuyez sur Ctrl+ <, ou cliquez sur le bouton Réduire la police.

La commande Réduire la police passe directement à la taille inférieure à celle utilisée actuellement par le texte. Ainsi, si votre texte a une taille de 14, le réduire le fera passer à 12.

Le monde merveilleux de la couleur

Désormais les imprimantes couleur sont bon marché, profitez pleinement de la couleur dans Word. Elle peut donner un caractère personnel à votre correspondance, donner du dynamisme à votre courrier commercial, ou rendre un document important extrêmement difficile à lire. Donc, choisissez la couleur du texte de manière avisée.

Vous appliquez une couleur au texte en cliquant sur le bouton Couleur de police. Le trait placé sous la lettre A informe de la couleur qui sera utilisée.

Vous pouvez choisir une autre couleur en cliquant sur la flèche associée au bouton A. Vous accédez à un nuancier représenté à la Figure 11.4. Lorsque vous placez le pointeur de la souris sur un carré de couleur, le texte sélectionné s'affiche temporairement dans cette teinte pour vous donner un aperçu de ce que sera le texte. Si elle vous convient, cliquez sur le carré pour appliquer la teinte.

Bien entendu, le texte ne s'imprime en couleur que si vous disposez d'assez d'encre dans l'imprimante. Pour en savoir plus à ce sujet, reportez-vous au Chapitre 10.

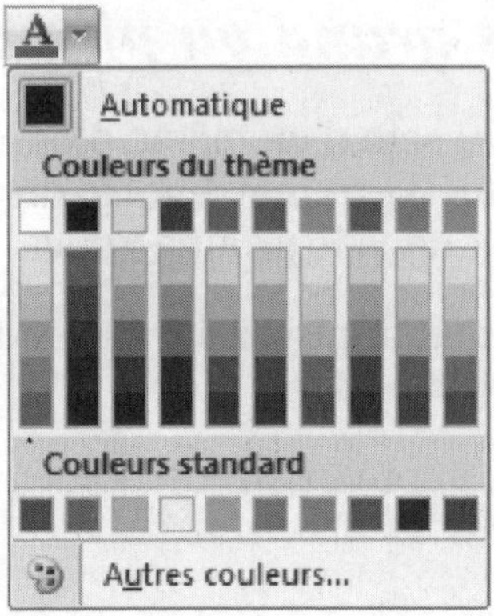

Figure 11.4 : Sélectionner une couleur pour le texte.

- Cliquez sur Autres couleurs pour ouvrir la boîte de dialogue Couleurs où vous définissez de nouvelles teintes.
- Le terme Automatique se réfère à la couleur définie pour le style que vous utilisez. Pour plus d'informations sur les styles, lisez le Chapitre 16.

Annuler un ensemble de mises en forme

Il pourra vous arriver d'alourdir votre texte avec tant de commandes de mise en forme que l'annulation de toutes ces commandes l'une après l'autre serait un exercice remarquablement fastidieux. Plutôt que d'effacer votre texte et de tout recommencer, vous pouvez utiliser une commande d'annulation de mise en forme simple et globale. Cette commande s'appelle Effacer la mise en forme, et son raccourci clavier est Ctrl+Barre d'espace.

Ainsi, si une mise en forme vous paraît trop lourde, sélectionnez le texte correspondant et appuyez sur Ctrl+Barre d'espace, ou cliquez sur le bouton Effacer la mise en forme du groupe Police. Toute la mise en forme disparaît d'un coup, et le texte se retrouve dans le style de paragraphe appliqué au départ.

- Il y a pour cette commande un autre raccourci clavier facile à retenir : Ctrl+Maj+Z. Vous vous souvenez sans doute que Ctrl+Z est le raccourci de la commande Annuler. Il ne reste qu'à vous souvenir d'ajouter la touche Maj pour annuler toutes les mises en forme du texte sélectionné.

Utiliser la boîte de dialogue Police

Il existe un endroit dans Word où toutes vos mises en forme sont tenues à jour de façon claire et nette. C'est la boîte de dialogue Police (Figure 11.5).

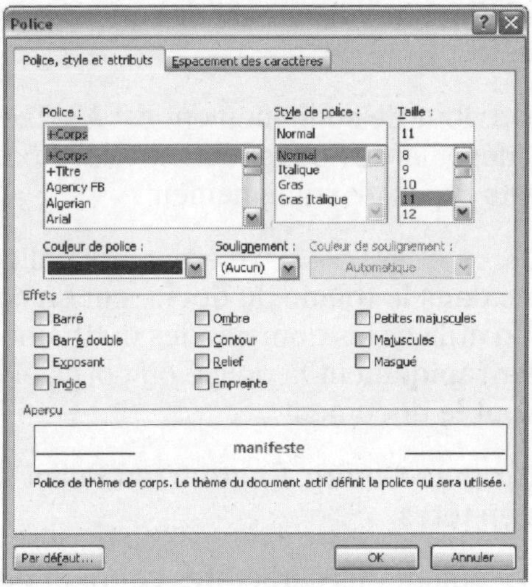

Figure 11.5 : La remarquable organisation de la boîte de dialogue Police.

Pour la faire apparaître, cliquez sur le bouton d'affichage de la boîte de dialogue Police du groupe éponyme, ou bien appuyez sur Ctrl+D.

Sachez-le, cette boîte de dialogue n'est pas faite pour les timides. On peut y faire toutes sortes de choses excitantes et exotiques, dont la majeure partie peut être réalisée autrement, comme vous le détaille ce chapitre. Mais lorsque vous voulez tout faire en même temps, c'est l'endroit où se rendre ! Vous pouvez y modifier en même temps la police, la taille, les attributs de texte, en bref, tout ce que vous voulez.

Veuillez noter la très jolie fenêtre d'aperçu en bas de la boîte de dialogue. Elle vous permet de visualiser l'effet sur votre texte de ce que vous sélectionnez. L'un de mes passe-temps est de sélectionner successivement toutes les polices de la liste pour voir dans la fenêtre d'aperçu à quoi elles ressemblent dans la taille sélectionnée.

Une fois défini ce que vous désiriez, cliquez sur OK. Si vous ne faisiez que jeter un coup d'œil, cliquez sur Annuler.

TRUC

- Le plus gros avantage de la boîte de dialogue Police est la fenêtre d'aperçu qu'elle contient. Elle vous montre exactement l'effet sur votre texte des attributs que vous sélectionnez.
- Notez que l'attribut de soulignement est à sélectionner dans la liste déroulante Soulignement. Word peut appliquer différents types de soulignement.
- Les noms `+Corps` et `+Titre` se réfèrent aux polices sélectionnées dans le thème du document en cours. Ceci permet d'utiliser les commandes du thème Word pour modifier rapidement la police du corps et des titres dans tout le document.
- Testez les attributs Ombre, Contour, ou Relief sur vos titres et vos en-têtes.
- L'onglet Espacement des caractères contient des options avancées qui permettent de modifier la taille et la position du texte sur une ligne. Ces options peuvent être les bienvenues pour un texte particulier, comme un titre, mais, là aussi, n'en abusez pas.

N'OUBLIEZ PAS

- Les modifications que vous effectuez dans la boîte de dialogue Police s'appliquent aux blocs de texte sélectionnés à l'écran ou à partir de la position du curseur, dès que vous cliquez sur OK.

Tour d'horizon des attributs de texte

Le gras, l'italique et le soulignement, sont les mises en forme les plus courantes que l'on puisse donner à un caractère. Word dispose toutefois d'un jeu d'attributs bien plus vaste que vous pouvez appliquer à votre texte.

Mise en forme	Raccourci clavier
Tout annuler	Ctrl+barre d'espace
MAJUSCULES	Ctrl+Maj+A
Gras	Ctrl+G
Soulignement double	Ctrl+Alt+U
Texte masqué (il ne s'affiche pas)	Ctrl+Maj+H
Italique	Ctrl+I
PETITES MAJUSCULES	Ctrl+Maj+K
Soulignement continu	Ctrl+U
Soulignement par mot	Ctrl+Maj+W
~~Barré~~	
indice	Ctrl+=
exposant	Ctrl+Maj+=

À quoi sert le texte masqué ? C'est à vous, l'auteur, que c'est utile, pour mettre dans le texte certaines indications qui ne sont destinées qu'à vous-même et qui n'apparaîtront pas dans le document imprimé. Pour faire apparaître un texte masqué, affichez le contenu de l'onglet Accueil. Dans le groupe Paragraphe, cliquez sur l'icône de la marque de paragraphe appelée Afficher tout. Le texte masqué apparaît souligné avec des pointillés.

Word

- Vous pouvez accéder à la boîte de dialogue Police depuis les boîtes de dialogue Rechercher et Rechercher et remplacer. Ceci vous aide à effectuer des recherches et/ou des remplacements de texte à la mise en forme particulière.
- Vous pouvez sélectionner des textes de mise en forme similaire. Il suffit d'effectuer un clic droit sur un texte, et de choisir Styles/Sélectionner le texte ayant une mise en

forme semblable. Ainsi, dans un document, vous changez rapidement tous les blocs de texte affichant la même mise en forme.

Modifier la casse du texte

En langage typographique, on parle de "haut de casse" pour les majuscules et de "bas de casse" pour les minuscules (en anglais *upper case* et *lower case*). Pour mettre en majuscules du texte en minuscules, ou l'inverse, on parle donc de "changer la casse". Bien que ces effets ne soient normalement pas considérés comme faisant partie de la mise en forme, les petits génies de Word chez Microsoft ont trouvé de la place dans leur sac à malices pour un raccourci clavier qui vous permet de changer rapidement la casse de votre texte : Maj+F3

Cette commande s'applique à tout bloc de texte sélectionné ou à partir de la position du curseur.

Bien que je préfère utiliser Maj+F3, il y a aussi le bouton Modifier la casse du groupe police. Cette commande fait apparaître un menu qui vous permet de choisir la combinaison exacte que vous voulez pour votre texte.

Chapitre 12

Mettre en forme des paragraphes

Dans ce chapitre :

- Comprendre la notion de mise en forme des paragraphes.
- Trouver les commandes de formatage des paragraphes.
- Justifier des paragraphes.
- Changer l'interlignage.
- Espacer les paragraphes.
- Mettre un paragraphe en retrait.
- Appliquer un retrait négatif.
- Mettre un paragraphe en retrait à droite et à gauche.

Est-ce que vous voulez être vraiment cool ? Alors, au lieu de dire "paragraphe", dites "graphe". On raconte que c'est ce que font les typographes branchés. Apparemment, ils n'ont pas le temps de prononcer les deux premières syllabes du mot. Pensez au temps que ça leur fait gagner ! La mise en forme des caractères est plus élaborée que la mise en forme des paragraphes. Il n'y a pas grand-chose à faire avec un paragraphe : l'aligner à droite ou à gauche, le centrer, ou lui ajuster le retrait et l'interlignage. C'est à peu près tout. Word fait de son mieux pour vous aider à travailler avec les paragraphes aussi facilement que possible. Ce chapitre va vous dévoiler toutes les astuces.

Techniques de mise en forme de paragraphe

Il existe plusieurs manières de mettre en forme un paragraphe dans Word :

- Utiliser une commande de mise en forme de paragraphe, puis taper un nouveau paragraphe dans cette mise en forme.
- Utiliser une commande de mise en forme pour mettre en forme un paragraphe existant (en plaçant le curseur dans le paragraphe avant d'exécuter la commande).
- Utiliser une commande de mise en forme sur un ensemble de paragraphes sélectionnés pour leur appliquer à tous la même mise en forme.

Voici un exemple :

1. **Saisissez le texte suivant :**

   Ce n'est pas de ritournelles infernales dont il s'agit, mais bel et bien de faire entrer dans la tête de tout un chacun que l'utilisation de Word est aussi simple que celle d'une machine à écrire. Oui, mais voilà, qu'ai-je vraiment à écrire moi qui suis si nul ? Nul au point d'acheter tous les livres de cette collection. Mon père me fixe dans les yeux. Une idée lui vient : "Tu n'as qu'à écrire : *Les mémoires d'un âne* !"

   N'oubliez pas d'appuyer sur la touche Entrée pour terminer le paragraphe.

2. **Placez le point d'insertion au milieu du paragraphe.**

3. **Appuyez sur Ctrl+E.**

   Avec ce raccourci, vous venez de centrer le paragraphe par rapport aux bords gauche et droit de la page.

4. **Appuyez sur Ctrl+Maj+G.**

   Cette fois, le paragraphe est aligné sur la gauche.

5. **Appuyez sur Ctrl+T.**

Toutes les lignes à l'exception de la première sont mises en retrait.

6. **Appuyez sur Maj+Ctrl+T.**

   Cette fois seule la première ligne est en retrait.

Cette petite démonstration vous permet d'apprécier les mises en forme standard et rapides d'un paragraphe. Les commandes utilisées seront étudiées plus en détail dans ce chapitre.

Localisation des commandes de mise en forme

Les commandes essentielles de mise en forme des paragraphes se situent dans le groupe Paragraphe illustré (Figure 12.1). L'organisation des boutons de commandes dépend de la résolution d'affichage de votre écran.

Figure 12.1 : Les commandes de mise en forme des paragraphes de l'onglet Accueil.

D'autres commandes sont localisées dans le groupe Paragraphe de l'onglet Mise en page, représenté à la Figure 12.2.

Dans la mesure où de nombreuses commandes de mise en forme exigent d'entrer des valeurs, il existe une boîte de dialogue Paragraphe illustrée (Figure 12.3). Vous y trouverez des contrôles bien plus précis que les boutons des différents onglets de Word.

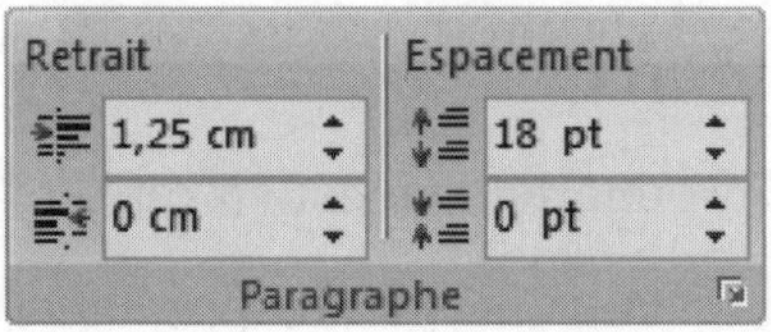

Figure 12.2 : Les commandes de mise en forme des paragraphes de l'onglet Mise en page.

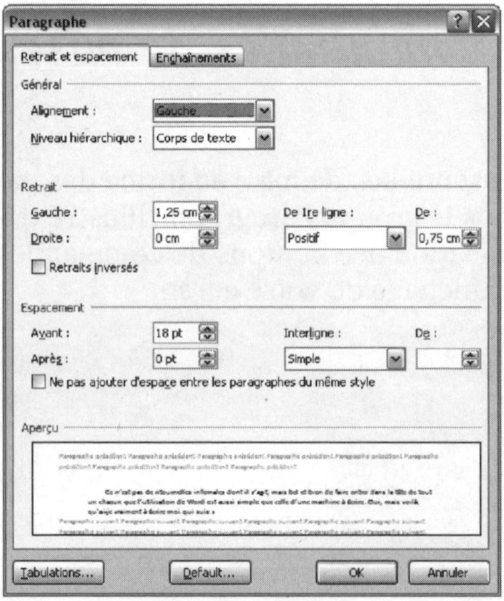

Figure 12.3 : La boîte de dialogue Paragraphe.

Pour afficher cette boîte de dialogue, vous devez cliquer sur le bouton situé à droite du nom du groupe Paragraphe, ou bien appuyer sur Alt+P, C, 2.

Les options et paramètres de la boîte de dialogue Paragraphe sont traités dans ce chapitre.

Cliquez sur le bouton Annuler ou appuyez sur Échap pour quitter cette boîte de dialogue sans appliquer de modification.

La minibarre d'outils qui apparaît au niveau du pointeur de la souris lorsque vous sélectionnez un paragraphe contient également quelques options de mise en forme. Pour plus de détails sur la minibarre d'outils, consultez le Chapitre 7.

Justification et alignement des paragraphes

L'alignement d'un paragraphe n'a rien de politique, et la justification ne consiste pas à justifier de la mise en forme spécifique d'un paragraphe. Ces deux termes envisagent l'aspect d'un paragraphe sur une page. Il y a quatre possibilités : Aligner à gauche, Aligner à droite, Centrer et Justifier.

Aligner à gauche

Dans l'univers de Word, l'alignement à gauche est la nature même d'un texte. C'est une notion qui découle des machines à écrire traditionnelles avec lesquelles les textes étaient systématiquement alignés à gauche.

Pour aligner à gauche un paragraphe, placez le curseur dedans et cliquez sur le bouton Aligner le texte à gauche du groupe Paragraphe (onglet Accueil), ou appuyez sur Ctrl+Maj+G.

TRUC

C'est également le seul moyen d'annuler d'autres alignements.

Tout centrer

Un texte centré apparaît au centre de la page.

Pour centrer un paragraphe, placez le curseur dedans et cliquez sur le bouton Centrer du groupe Paragraphe (onglet Accueil), ou appuyez sur Ctrl+E.

TRUC

Vous pouvez saisir directement un mot au milieu d'une ligne en insérant une tabulation centrale. Reportez-vous au Chapitre 13.

Aligner à droite

Dans un paragraphe aligné à droite, tout le côté droit du paragraphe est proprement aligné sur la marge droite de la page. Le côté gauche du paragraphe est irrégulier. Cette mise en forme peut s'utiliser pour des légendes d'illustrations, pour des citations, parfois pour des titres, ou, d'une façon générale, pour un court paragraphe que l'on veut distinguer du texte courant pour une raison quelconque.

Pour aligner à droite un paragraphe, placez le curseur dedans et cliquez sur le bouton Aligner le texte à droite du groupe Paragraphe (onglet Accueil), ou appuyez sur Ctrl+R.

- Lorsque vous alignez un texte à droite, les caractères s'inscrivent de droite à gauche.
- Vous pouvez justifier à droite un texte sur une seule ligne en plaçant une tabulation droite. Consultez le Chapitre 13 pour de plus amples informations.

Justification totale !

Enfin, il y a la justification, avec laquelle les côtés gauche et droit du paragraphe sont proprement alignés, à une distance constante des marges. C'est la mise en forme habituelle des livres, des journaux et des magazines, qui rend le texte plus agréable à lire. L'alignement de chaque côté est obtenu par l'ajustement dans chaque ligne de la longueur des espaces entre les mots, ce qui permet d'obtenir des lignes de longueur égale.

Pour justifier un paragraphe, placez le pointeur dedans et cliquez sur le bouton Justifier du groupe Paragraphe (onglet Accueil), ou appuyez sur Ctrl+J.

Aérer verticalement votre texte

Vous disposez de deux moyens d'ajouter de l'espace verticalement dans votre texte. Le premier consiste à augmenter l'interlignage dans les paragraphes ; le second à ajouter de l'espace avant ou après chaque paragraphe. Comme pour toute mise en forme de paragraphe, la modification de l'interlignage s'applique au paragraphe en cours (celui dans lequel se trouve le curseur) ou à tous les paragraphes d'un bloc de texte sélectionné.

Modifier l'interlignage

Modifier l'espacement entre les lignes consiste à insérer un espace vierge entre toutes les lignes de texte d'un paragraphe (ou tous les paragraphes d'un bloc).

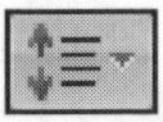

La commande Interligne affiche une liste de valeurs d'espacement traditionnelles, représentée à la Figure 12.4. Choisissez une valeur qui va modifier l'interligne du paragraphe où se situe actuellement le point d'insertion, ou de tous les paragraphes sélectionnés.

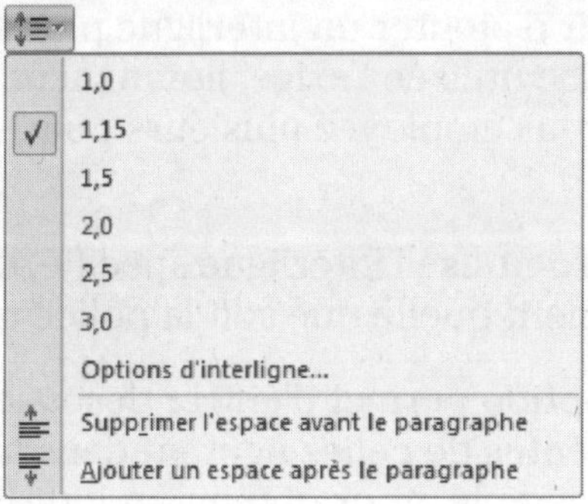

Figure 12.4 : Dans ce menu, choisissez une valeur d'interligne.

Dans les versions antérieures à Word 2007, l'espacement prédéfini de Word était de 1. Vous constatez sur la Figure 12.4 qu'il est désormais de 1,15. Cette valeur facilite la lisibilité du texte imprimé.

- Un double interligne, c'est-à-dire une valeur d'espacement de 2, signifie qu'une pleine ligne blanche apparaît entre deux lignes d'un paragraphe. Un triple interligne aura tout logiquement une valeur de 3 ce qui équivaut à deux lignes vides.

- Pour mettre un paragraphe (où tous les paragraphes d'un bloc) en interligne simple, appuyez sur Ctrl+1.
- Pour obtenir un interlignage de 1,5, appuyez sur Ctrl+5, mais le chiffre 5 du clavier et non pas du pavé numérique.

Définir un interlignage spécifique

Pour définir un interligne spécifique, vous devez utiliser la boîte de dialogue Paragraphe de la Figure 12.3.

Dans la section Espacement de cette boîte de dialogue, utilisez la liste Interligne pour choisir : Simple, 1,5, et Double, comme vous le faites avec le bouton Interligne.

Des options supplémentaires permettent de spécifier une valeur dans le champ De :

- **Au moins :** L'espacement est défini sur la valeur spécifiée. Word la considère comme une valeur minimale. Il s'arroge le pouvoir d'ajouter un interligne plus important quand la police utilisée l'exige, notamment dans les paragraphes où vous employez plusieurs polices de caractère.
- **Exactement :** Word utilise l'interligne spécifié. Il n'effectue aucun ajustement quelle que soit la police utilisée.
- **Multiple :** Cette option permet d'entrer des valeurs d'interligne différentes de celles figurant dans la liste déroulante. Par exemple, pour obtenir un interligne de 4, choisissez Multiple dans la liste Interligne, puis saisissez 4 dans le champ De.

Dans le champ De, vous pouvez spécifier des valeurs par incrémentation de 0,1. Donc, lorsque vous désirez réduire l'interligne, sélectionnez tout le paragraphe, et choisissez Multiple dans la liste Interligne. Saisissez 0,9 dans le champ De. Pour augmenter l'interligne, tapez 1,2.

Cliquez sur OK pour confirmer vos réglages, puis fermez la boîte de dialogue Paragraphe.

Aérer les paragraphes

Il y a des personnes (c'est mon cas) qui ont l'habitude de faire un double retour chariot, c'est-à-dire d'appuyer deux fois de suite sur la touche Entrée à la fin de chaque paragraphe, alors qu'il suffit d'appuyer une fois. À l'ère du traitement de texte, c'est une mauvaise habitude héritée de l'époque des machines à écrire.

Si vous voulez un peu d'espace entre vos paragraphes, il vous suffit de le demander à Word. Voici comment faire :

1. **Placez le point d'insertion dans le paragraphe concerné, ou sélectionnez un ensemble de paragraphes.**

2. **Vérifiez la taille (en points) du texte.**

   Vous la trouverez dans le groupe Police de l'onglet Accueil.

3. **Cliquez sur l'onglet Mise en page.**

4. **Utilisez le champ Espace après pour ajouter un espace après le paragraphe.**

   Au fur et à mesure que vous ajustez la valeur, vous constatez un éloignement des deux paragraphes qui se suivent.

Par exemple, si votre texte a une taille de 12 points, cliquez sur la flèche Espace après jusqu'à ce que la valeur 12 apparaisse dans le champ. Ceci ajoute une ligne blanche (espace) d'une *épaisseur* de 12 points.

L'espace que vous ajoutez devient un attribut du style du paragraphe, exactement comme l'interligne. La seule différence est que l'espace après apparaît uniquement au moment où vous créez un nouveau paragraphe en appuyant sur la touche Entrée.

La plupart du temps, l'espace est ajouté après le paragraphe. Cependant, Word permet aussi d'ajouter un espace avant. Vous l'appliquerez par exemple pour séparer davantage un paragraphe d'un titre, d'un en-tête, ou d'une image. Pour ajouter l'espace avant, répétez les précédentes étapes et saisissez une valeur dans le champ Espace avant.

- L'espacement est idéal pour augmenter l'intervalle entre les différentes lignes d'une liste à puces, sans altérer l'interligne au sein de chaque puce.
- Ajouter un espace avant et après un paragraphe ne revient pas à insérer un double interligne dans le paragraphe. L'espacement ne modifie aucunement l'interlignage.
- Pour plus d'informations sur la taille du texte exprimée en points, consultez le Chapitre 11.

Modifier le retrait d'un paragraphe

Word vous donne toute liberté pour mettre en retrait vos paragraphes. Peut-être en êtes-vous encore à utiliser la touche Tab pour effectuer ce retrait ? Je ne veux pas vous snober, mais il y a un meilleur moyen : le faire faire automatiquement par Word.

Mettre en retrait automatiquement la première ligne d'un paragraphe

Il n'est pas nécessaire d'appuyer sur la touche Tab au début de chaque paragraphe. Word se charge d'obtenir le même résultat pour vous.

1. **Ouvrez la boîte de dialogue Paragraphe.**

   La méthode est expliquée un peu plus haut dans ce chapitre.

2. **Ouvrez la liste déroulante De 1 re ligne, et choisissez positif.**

3. **Dans le champ De, entrez la valeur du retrait voulu.**

La valeur de mise en retrait de la première ligne du paragraphe par défaut est de 1,25 cm. Si vous voulez augmenter ou réduire ce retrait, entrez une autre valeur (constatez que l'unité de mesure est ici le centimètre et non le point).

5. **Cliquez sur OK.**

   La première ligne du paragraphe dans lequel se trouve le curseur (ou de tous les paragraphes du bloc de texte sélectionné) est automatiquement mise en retrait de la valeur spécifiée.

Pour supprimer la mise en retrait automatique de la première ligne d'un paragraphe, répétez ces étapes, mais en sélectionnant (Aucun) dans la liste déroulante à l'étape 2, puis cliquez sur le bouton OK.

Définir un retrait négatif

Un retrait négatif est tout simplement l'inverse du retrait positif que nous venons de présenter. C'est un paragraphe dans lequel le début de la première ligne reste à sa place initiale alors que ce sont les lignes suivantes qui sont mises en retrait, comme ceci :

Les Martiens auraient débarqué. Selon M. Duflon, de Vert-le-Grand, informaticien indépendant spécialiste de Word, une vaste flotte d'objets volants présentant toutes les caractéristiques bien connues des soucoupes volantes aurait débarqué hier soir dans le champ qui se trouve derrière sa maison. Les voisins de M. Duflon assurent que son gagne-pain lui donne des hallucinations, mais l'intéressé persiste et signe.

Pour créer un tel animal, quelles que soient les raisons qui vous poussent, appuyez sur Ctrl+T.

Comme vous oublierez très vite ce raccourci clavier, sachez que vous pouvez créer un retrait négatif depuis la boîte de dialogue Paragraphe. Suivez pour ce type de retrait les mêmes étapes que celles de la section précédente.

Mettre en retrait tout le paragraphe

Mettre en retrait un paragraphe, c'est décaler le début de toutes les premières lignes en alignant le bord gauche sur une tabulation.

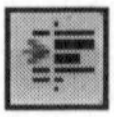

Pour mettre en retrait la totalité d'un paragraphe, placez-y le point d'insertion, et appuyez sur Ctrl+R. Une autre technique consiste à cliquer sur le bouton Augmenter le retrait du groupe Paragraphe de l'onglet Accueil.

Pour réduire le retrait, appuyez sur Ctrl+Maj+M. Vous pouvez aussi cliquer sur le bouton Diminuer le retrait du groupe Paragraphe de l'onglet Accueil.

Chaque fois que vous augmentez le retrait d'un paragraphe, le bord gauche se décale de l'équivalent d'une valeur de tabulation. Pour annuler cela, il suffit de cliquer sur le bouton Diminuer le retrait.

Voici comment procéder :

1. **Placez le curseur à un endroit quelconque dans le paragraphe.**

   Vous pouvez faire cela dans un paragraphe existant ou au début d'un nouveau paragraphe. Vous pouvez également utiliser cette commande sur un bloc de texte sélectionné.

2. **Appuyez sur Ctrl+R.**

   Le paragraphe est mis en retrait. Vous pouvez aussi cliquer sur le bouton Augmenter le retrait dans la barre d'outils.

3. Saisissez le texte de votre paragraphe si vous ne l'avez pas déjà fait.

Le bord gauche du paragraphe est calé sur la première tabulation.

- Pour augmenter le retrait jusqu'à la tabulation suivante, appuyez à nouveau sur Ctrl+R.

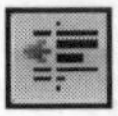

- Pour réduire le retrait, appuyez sur Ctrl+Maj+M. Vous pouvez aussi cliquer sur le bouton Diminuer le retrait dans la barre d'outils.
- Pour définir ou annuler un retrait, vous pouvez utiliser la boîte de dialogue Paragraphe (Figure 12.2). Dans la zone Retrait, le champ Gauche permet de définir le décalage du bord gauche du paragraphe.

Définir les marges d'un paragraphe

Un paragraphe de texte est contenu entre la marge droite et la marge gauche du document. Ces marges peuvent être réduites ou augmentées uniquement pour le paragraphe en question. Le secret de leur manipulation se trouve dans l'onglet Mise en page, groupe Paragraphe.

1. **Choisissez le paragraphe en y plaçant le point d'insertion.**
2. **Cliquez sur l'onglet Mise en page.**
3. Dans le champ Retrait à gauche du groupe Paragraphe, saisissez `,8`.

   Vous pouvez taper `,8` ou cliquer sur la flèche du bas continuellement jusqu'à ce que cette valeur de 0,8 s'affiche.

4. **Dans le champ Retrait à droite saisissez la même valeur.**

Pour un retrait plus important, entrez une valeur plus élevée. Pour annuler les retraits à gauche et à droite, saisissez 0.

- Pour plus d'informations sur les marges, consultez le Chapitre 14.
- Lorsque vous travaillez sur des pages qui se font face, et qui ont des marges intérieures et extérieures, utilisez la boîte de dialogue Paragraphe. Cochez-y l'option Retraits inversés pour fixer logiquement les marges internes (vers la pliure ou le collage si vous préférez), et externes (vers les bords). Ainsi, Word définit les marges en fonction de la position gauche ou droite de la feuille dans votre document.

Chapitre 13

Définir des tabulations

Dans ce chapitre :

- Le principe des tabulations.
- Définir une tabulation gauche.
- Utiliser les différents types de tabulations.
- Utiliser la boîte de dialogue Tabulations.
- Supprimer des tabulations.

L'échelle des valeurs de Word place les tabulations au niveau de la mise en forme des paragraphes. Toutefois, ces éléments spécifiques peuvent être une source de complexité et de frustration telle que je leur dédie nécessairement un chapitre. Loin de nécessiter l'intervention d'un exorciste, les tabulations n'en exigent pas moins beaucoup d'attention, comme le démontrent les sections à venir.

Histoire des tabulations

Les *tabulations* sont des espaces de longueur inhabituelle. Lorsque vous appuyez sur la touche Tab, Word fait passer le point d'insertion au prochain *taquet de tabulation*. Vous pouvez utiliser les tabulations pour aligner des colonnes, ou pour mettre en retrait des paragraphes ou des lignes de texte. La première chose à retenir est qu'elles sont très pratiques. Ce chapitre vous explique le reste en détail.

Lorsque vous appuyez sur la touche Tab, vous insérez dans votre document un caractère de tabulation. Celui-ci a pour effet de déplacer le curseur jusqu'au prochain taquet de tabulation, à partir duquel le texte que vous taperez apparaîtra.

Les taquets de tabulation

Que cela ne vous embrouille pas : il y a dans Word deux endroits où vous pouvez définir les taquets de tabulation. Le premier est la règle (Figure 13.1) ; le second la boîte de dialogue Tabulations. La plupart des gens utilisent la règle, mais pour certaines choses il vous faudra utiliser la boîte de dialogue Tabulations.

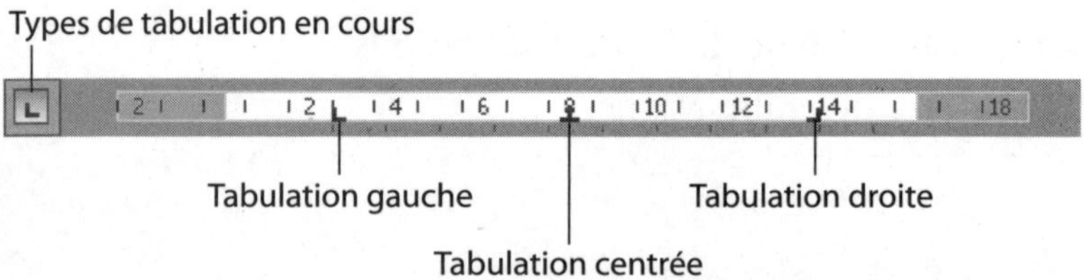

Figure 13.1 : Des taquets de tabulation sur la règle.

Voici les cinq types de tabulations qui existent :

- La plus courante est la tabulation gauche. Le bouton Tabulation ressemble à un L.
- La tabulation centrée a pour effet de centrer le texte sur le taquet de tabulation.
- La tabulation droite place le texte correspondant à gauche du taquet de tabulation.
- La tabulation décimale permet d'aligner les nombres sur la virgule décimale.
- Le rejeton le plus inattendu de la famille est la tabulation barre. Elle ne sert pas souvent, ni à grand-chose.

La création d'une tabulation se déroule en deux étapes. En cliquant sur le bouton Tabulation, vous passez d'un type de tabulation à un autre. Il suffit donc de cliquer autant de fois que nécessaire pour arriver à celui que vous voulez. Ensuite, placez le pointeur de la souris sur la règle à l'endroit précis où vous souhaitez insérer une tabulation dans votre document. Cliquez ! Voilà, le type de tabulation sélectionné apparaît sur la règle. Dès que vous appuierez sur la touche Tab, le point d'insertion se positionnera au niveau de ce taquet, et le texte saisi s'affichera en respectant les contraintes imposées par votre taquet de tabulation.

- Tous les types de tabulations présentés succinctement ici sont étudiés en détail dans la suite de ce chapitre.
- Les tabulations agissent au niveau du paragraphe dans lequel se situe le point d'insertion. Donc, pour définir des taquets de tabulation qui s'appliqueront sur plusieurs paragraphes, vous devez préalablement sélectionner ces paragraphes. Pour plus d'informations sur les blocs de texte, consultez le Chapitre 7.
- La Figure 13.1 présente trois taquets différents. Une tabulation gauche située à 1,25 cm de la marge gauche. Une tabulation centrée située à 7,62 cm de la marge gauche. Une tabulation droite située à 14 cm de la marge gauche.
- Lorsque vous sélectionnez plusieurs paragraphes, vous pouvez voir une tabulation gris clair (ou grisée) sur la règle. Elle indique que le taquet en question n'a été défini que pour un seul paragraphe. Pour l'appliquer à tous les paragraphes sélectionnés, cliquez une fois sur le taquet grisé. Il est également possible de supprimer ce taquet en appliquant la procédure expliquée à la section Supprimer un taquet de tabulation.

Définir une tabulation gauche

La *tabulation gauche* est le type de tabulation le plus courant, que tout le monde utilise. Mais de quoi s'agit-il exactement ? La tabulation gauche est ainsi nommée parce que le texte que vous tapez après avoir appuyé sur la touche Tab voit son extrémité gauche alignée sur la position définie par les taquets de tabulation (Figure 13.2). Vous n'arriverez jamais à cela avec la barre d'espace. Voilà pourquoi les tabulations sont si utiles.

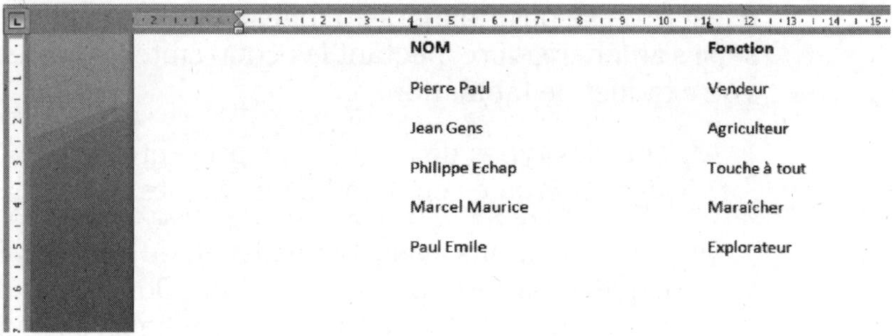

Figure 13.2 : Aligner du texte sur un taquet de tabulation.

Pour créer une liste, suivez ces étapes :

1. **Sur une nouvelle ligne, appuyez sur la touche Tab.**
2. **Tapez le nom de la première colonne.**

   Il est préférable de saisir un nom très court.

3. **Appuyez sur la touche Tab.**
4. **Tapez le nom de la seconde colonne.**

   Il est également préférable de saisir un nom très bref.

5. Appuyez sur la touche Entrée pour débuter une nouvelle ligne.

   Oui, la liste est horrible ! Ne vous inquiétez pas. Commencez par saisir les données, vous appliquerez la mise en forme par la suite.

6. **Répétez les étapes 1 à 5 pour chaque élément de la liste.**

   Une fois la liste créée, vous définissez visuellement les taquets de tabulation sur la règle.

7. **Si besoin, affichez la règle.**

Cliquez si nécessaire sur le bouton Règle au-dessus de la barre de défilement vertical.

8. **Sélectionnez toutes les lignes de texte que vous souhaitez répartir sur deux colonnes.**

   Consultez le Chapitre 7 pour plus d'informations sur la sélection des blocs.

9. **Cliquez sur l'icône de sélection du type de tabulation jusqu'à ce que vous affichiez celle de la tabulation gauche.**

   Normalement, vous n'avez pas à le faire car c'est la tabulation proposée par défaut.

10. **Placez le pointeur de la souris là où vous désirez placer la première tabulation, par exemple à 4 cm comme à la Figure 13.2.**

11. **Placez un second taquet à 11 cm.**

12. **Si besoin ajustez la position des taquets pour que les deux listes soient bien séparées.**

    Faites glisser les taquets vers la droite ou la gauche pour obtenir une liste très propre. Lorsque vous déplacez un taquet, une barre verticale pointillée permet de bien visualiser le nouvel alignement du texte.

Création de colonnes avec des tabulations

Il est possible d'utiliser les tabulations pour créer des listes et pour placer un paragraphe de description au niveau de la tabulation la plus à droite. La Figure 13.3 illustre cette procédure. Elle combine l'expérience de la mise en forme des documents à celle des tabulations.

Pour obtenir un résultat similaire, procédez ainsi :

1. **Sur une nouvelle ligne, tapez l'élément de la première colonne.**

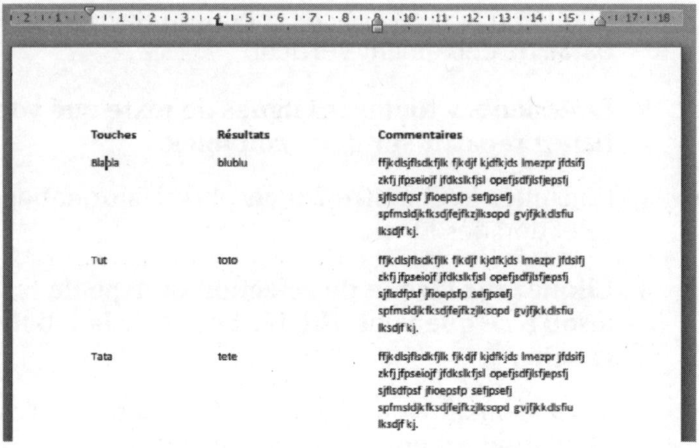

Figure 13.3 : Formatage d'un texte avec les tabulations.

Plus il est court, mieux c'est.

2. **Appuyez sur la touche Tab.**

3. **Tapez l'élément de la deuxième colonne, et appuyez sur Tab.**

4. **Tapez le texte du paragraphe.**

   Libre à vous de saisir autant de lignes que vous le souhaitez.

5. **Appuyez sur Entrée pour commencer une nouvelle ligne.**

   Le texte sera bien plus beau quand les taquets de tabulation seront définis.

6. **Répétez les étapes 1 à 5 pour tous les éléments de la liste.**

   Une fois les éléments saisis, vous devrez afficher la règle pour y placer vos taquets.

7. **Si la règle n'est pas visible, affichez-la !**

   Cliquez sur le bouton Règle pour l'afficher.

8. **Sélectionnez toutes les lignes de texte à organiser sous forme de liste.**

9. **Faites glisser le triangle de mise en retrait à la position 9.**

   Le paragraphe apparaît.

10. **Vérifiez que le type de tabulation sélectionné est Gauche.**

11. **Placez un taquet à environ 4 cm.**

    La seconde colonne se met en place.

12. **Si besoin, ajustez le taquet et le triangle de mise en retrait.**

    Le texte étant encore sélectionné, vous pouvez faire glisser le taquet de tabulation et le triangle de mise en retrait vers la gauche ou la droite pour ajuster vos colonnes.

Plus vous ajoutez de tabulations, plus les colonnes et leurs paragraphes sont étriqués. Donc, méfiance !

La tabulation centrée

La *tabulation centrée* est un cas un peu spécial. Elle n'est généralement utilisée que pour un mot isolé ou pour un petit groupe de mots qu'elle vous permet de centrer sur une ligne, sans avoir à centrer tout le paragraphe.

La Figure 13.4 représente l'utilisation d'une tabulation centrée. Le texte situé à gauche est au début du paragraphe, c'est-à-dire justifié à gauche, tandis que le suivant est centré sur la ligne.

1. **Choisissez ou créez un paragraphe contenant le texte que vous voulez centrer.**

2. **Créez une tabulation centrée.**

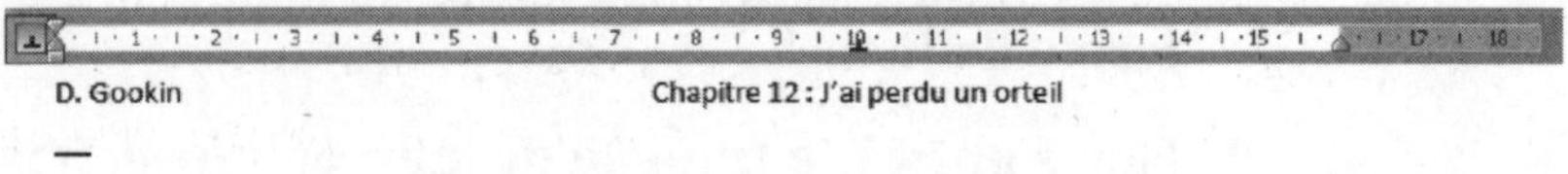

Figure 13.4 : La tabulation centrée en action.

⊥ Le symbole de tabulation centrée (voir ci-contre) se présente comme un T à l'envers.

3. **Saisissez le texte qui restera à gauche (ce n'est pas obligatoire).**

4. **Appuyez sur la touche Tab.**

   Le point d'insertion passe à la tabulation centrée.

5. **Saisissez le texte.**

   Miracle! Le texte se centre au fur et à mesure de votre saisie.

6. **Appuyez sur Entrée pour terminer la ligne de texte.**

7. **Cliquez dans la règle à l'endroit où vous désirez placer la tabulation.**

La tabulation droite

La *tabulation droite* aligne le bord droit du texte (et non le bord gauche) sur le taquet de tabulation. Elle permet donc d'obtenir un document avec du texte justifié à gauche et à droite, comme le montrent les Figures 13.5 et 13.6.

Pour définir une tabulation droite, sélectionnez le symbole Tabulation droite dans le bouton Tabulation de la règle. Puis cliquez dans la règle à l'endroit où vous voulez placer la tabulation.

Tabulation droite et tabulation gauche

Voici comment créer deux colonnes centrées avec un taquet de tabulation droite et gauche (Figure 13.5).

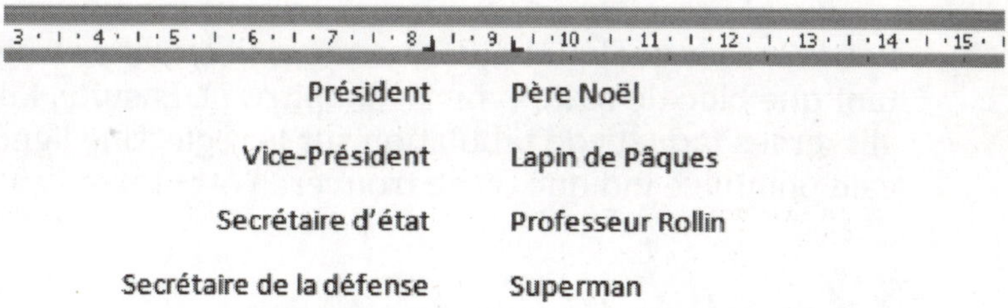

Figure 13.5 : Les taquets de tabulation sont utilisés pour centrer cette liste.

1. **Commencez une ligne vierge, c'est-à-dire la ligne que vous allez mettre en forme avec les tabulations.**
2. **Sélectionnez le type de tabulation droite.**

   Cliquez sur le bouton des tabulations de la règle jusqu'à ce que vous voyiez l'icône ci-contre.
3. **Avec le pointeur de la souris, cliquez à environ 8,5 cm.**
4. **Dans le sélecteur de tabulation de la règle, activez la tabulation gauche.**
5. **Cliquez à environ 9,5 cm.**
6. **Le point d'insertion étant au début de la ligne, appuyez sur Tab pour le placer au niveau de la tabulation droite.**
7. **Saisissez votre texte.**

   Il s'écrit de droite à gauche, le bord droit étant bien aligné sur la tabulation droite.
8. **Appuyez sur la touche Tab.**
9. **Saisissez le texte.**

Word

Cette fois, le texte est standard. Son bord gauche s'aligne tout naturellement sur la tabulation gauche.

10. **Appuyez sur Entrée pour terminer la ligne de texte.**
11. **Répétez les étapes 6 à 10 pour chaque ligne de texte.**

Pour réaliser quelques ajustements, sélectionnez la liste en tant que bloc de texte (voir le Chapitre 7). Ensuite, faites glisser les taquets de tabulation sur la règle. Une ligne verticale pointillée indique où se trouvera votre texte.

Liste alignée sur la droite

Vous pouvez utiliser la tabulation droite pour créer une liste justifiée sur la droite (Figure 13.6).

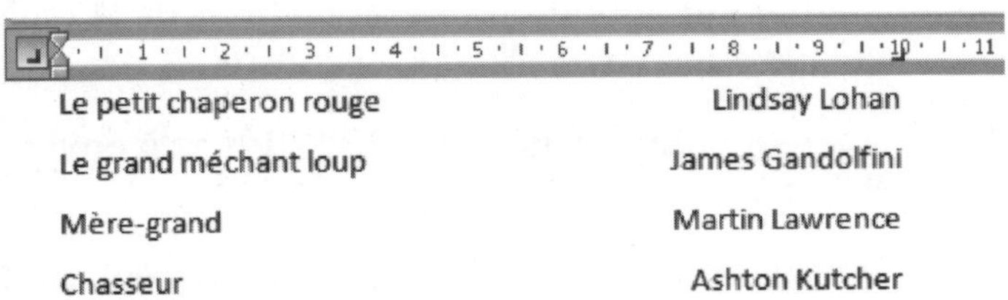

Figure 13.6 : Ici, la tabulation droite crée une liste alignée sur la droite.

Voici comment arriver à ce résultat :

1. **Commencez sur une ligne de texte vide.**
2. **Dans le sélecteur de tabulation, vérifiez que la tabulation droite est bien sélectionnée.**
3. **Sur la règle, cliquez à environ 10 cm.**
4. **Saisissez le texte de la colonne de gauche.**

   Ce texte se situe en réalité au début du document car il s'agit d'un texte normal.

5. **Appuyez sur la touche Tab.**

Le point d'insertion se positionne au niveau du taquet de tabulation droite.

6. **Saisissez le texte de cette colonne.**
7. **Appuyez sur Entrée pour créer une nouvelle ligne.**
8. **Répétez les étapes 4 à 7 pour chaque ligne de ces deux listes.**

Une fois l'ensemble des listes saisi, vous pouvez sélectionner le texte en tant que bloc, et ajuster la position du taquet à votre guise pour obtenir une belle présentation de vos listes.

- Vous pouvez déplacer le retrait gauche vers la droite pour réduire l'écart entre la première et la seconde liste.

Word

L'étonnante tabulation décimale

Je suis fou de la *tabulation décimale* ! Sans elle, on ne parviendrait jamais à aligner une colonne de chiffres. C'est une véritable bénédiction pour tous les gens qui ont besoin d'écrire des rapports financiers (entre autres), comme présenté à la Figure 13.7.

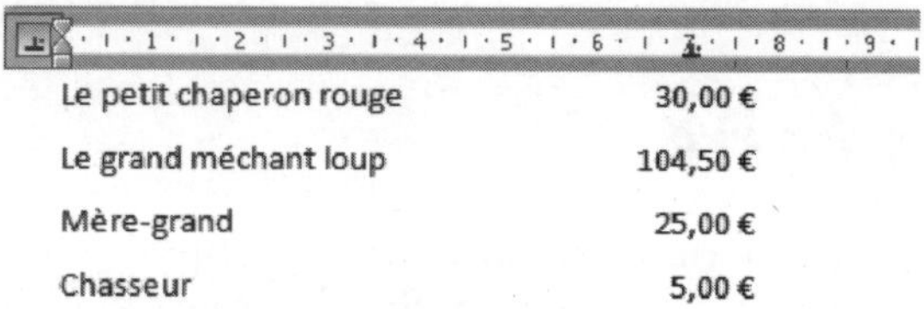

Figure 13.7 : Aligner des chiffres avec la tabulation décimale.

Voici comment opérer :

1. **Commencez une nouvelle ligne de texte vide.**
2. **Dans le sélecteur des tabulations de la règle, choisissez la tabulation Décimal comme à la Figure 13.7.**
3. **Sur la règle, placez la tabulation à 7 cm.**

4. **Tapez le texte de la première colonne.**

   Ce texte va de gauche à droite puisqu'il est standard.

5. **Appuyez sur la touche Tab.**

6. **Tapez vos chiffres.**

   Une tabulation décimale s'utilise comme n'importe quel autre type de tabulation. La différence est que les caractères qui précèdent la virgule viennent se placer à gauche du taquet de tabulation, alors que les caractères qui suivent la virgule viennent se placer à droite de celui-ci (Figure 13.7).

7. **Terminez la ligne en appuyant sur Entrée.**

8. **Répétez les étapes 4 à 7 pour chaque ligne de texte.**

Lorsque vous tapez quelque chose sans point, le texte s'aligne à droite.

Si vous avez besoin de réorganiser votre texte (par exemple si les colonnes sont trop proches les unes des autres), sélectionnez toutes les lignes qui contiennent des chiffres. Utilisez votre souris pour faire glisser la tabulation décimale vers la droite ou vers la gauche dans la règle. Vous pouvez ainsi réaligner en même temps tous les chiffres du bloc sélectionné.

La tabulation barre

Une *tabulation barre* place dans votre document une barre verticale, à l'endroit où vous la définissez dans la règle (Figure 13.8). En réalité, la tabulation barre ne définit pas un taquet de tabulation. C'est une chose importante à noter. Il s'agit en fait d'un élément de décoration du texte, d'un trait vertical, mais dont vous pouvez définir la position comme pour un taquet de tabulation.

Ce type de tabulation se met en place comme n'importe quelle autre. La ligne verticale s'affiche même quand aucun texte ou

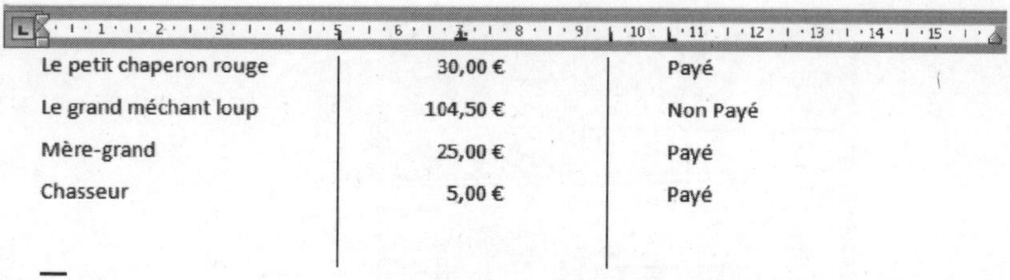

Figure 13.8 : Le mystère de la barre verticale.

aucune tabulation n'est placé sur la ligne, comme vous pouvez le voir sous le texte Chasseur de la Figure 13.8.

Vous observez aussi sur cette figure la présence d'une tabulation gauche qui aligne la dernière colonne sur la gauche du taquet, le texte s'écrivant normalement de gauche à droite. Cette disposition ressemble à un tableau.

Utiliser la boîte de dialogue Tabulations

La plupart des utilisateurs trouvent la règle très pratique pour définir les tabulations. Personnellement, je partage ce point de vue, parce que l'on peut visualiser directement l'effet d'une tabulation sur le texte, et le faire glisser pour ajuster le résultat. Les puristes, toutefois, lui préfèrent la boîte de dialogue Tabulations. Pour l'afficher, double-cliquez sur une tabulation, ou cliquez sur le bouton situé dans le coin inférieur droit de l'onglet Paragraphe. Dans la boîte de dialogue qui s'ouvre, cliquez sur le bouton Tabulations. La boîte de dialogue Tabulations apparaît (Figure 13.9).

Créer des tabulations via la boîte de dialogue

Pour définir une tabulation dans la boîte de dialogue Tabulations, suivez ces étapes :

1. **Dans le champ Position, entrez la position exacte d'une tabulation que vous voulez créer.**

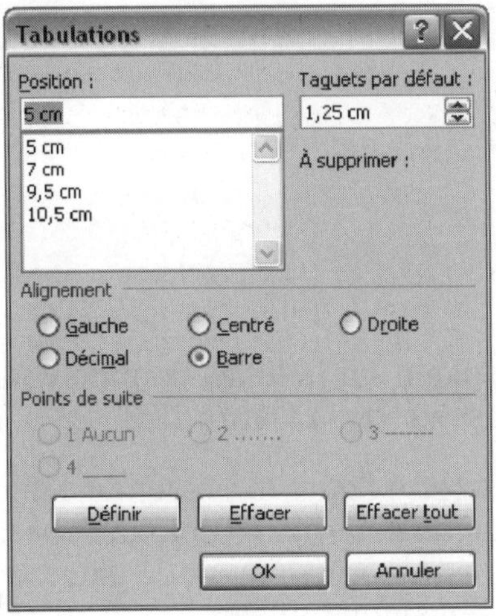

Figure 13.9 : La boîte de dialogue Tabulations.

Par exemple, tapez 1,1875 pour définir une tabulation exactement à ce point.

2. **Dans la zone Alignement, sélectionnez le type de tabulation que vous désirez créer.**

   Nous avons décrit les différents types de tabulations plus haut dans ce chapitre.

3. **Cliquez sur le bouton Définir.**

   C'est le bouton Définir – et non le bouton OK – qui crée la tabulation. Dès que vous avez cliqué sur le bouton Définir, votre tabulation est placée dans la liste qui se trouve au-dessous du champ Position. Remarquez que Word arrondit à la deuxième décimale la valeur que vous saisissez. 1,1875 est donc interprété comme 1,19.

4. **Définissez les autres tabulations dont vous avez besoin.**

   Pour chaque tabulation, répétez les étapes 1 à 3.

5. **Cliquez sur OK.**

   Vous êtes de retour dans votre document, et les nouvelles tabulations sont visibles dans la règle.

N'OUBLIEZ PAS

- Pour définir une tabulation dont vous venez d'entrer la position, cliquez sur le bouton Définir. Si vous cliquez directement sur OK, c'est comme si vous n'aviez rien fait.

N'OUBLIEZ PAS

- Dans la majorité des cas, je recommande l'utilisation de la règle. La boîte de dialogue Tabulations s'impose quand plusieurs taquets sont placés les uns très près des autres, ou quand vous définissez des points de suite comme expliqué dans la prochaine section.

Supprimer un taquet de tabulation

Pour supprimer un taquet de tabulation, il suffit de cliquer dessus avec la souris et, sans relâcher le bouton, de glisser-déposer le taquet à l'extérieur de la règle.

Vous pouvez également supprimer des taquets via la boîte de dialogue Tabulations. Ouvrez cette boîte de dialogue. Dans la liste Position, sélectionnez la tabulation à supprimer, puis cliquez sur le bouton Effacer. Pour supprimer toutes les tabulations de la règle, cliquez sur Effacer tout. Pour supprimer un caractère de tabulation, utilisez la touche Retour arrière.

Chapitre 14

La mise en page du document

Dans ce chapitre :

- Définir la taille de la page et du papier.
- Sélectionner l'orientation Portrait ou Paysage.
- Définir les marges de votre document.
- Numéroter automatiquement les pages.
- Changer la numérotation des pages.
- Créer une nouvelle page.

La dernière grande étape de notre voyage, qui a commencé par l'exploration de la mise en forme d'un document, est *la mise en page*. Une fois imprimé, un document est fait de pages, qui ont une certaine taille et une certaine orientation, des marges et un numéro. Voilà ce que je m'en vais vous expliquer, clairement et allégrement.

Description d'une feuille de papier

La plupart des documents sont imprimés sur du papier au format standard A4 (21 x 29,7 cm). C'est ce que Word appelle une *page*, pour laquelle vous pouvez définir des marges et autres attributs de mise en page. Mais Word est loin d'être limité à ce seul format. Il vous permet d'utiliser tous les formats que vous voulez, de la plus petite enveloppe aux plus grandes feuilles de papier.

Quelle est la taille de ma page ?

Word est capable d'imprimer sur des feuilles de n'importe quelle taille. Bien entendu, votre imprimante limite la dimension du papier que vous pouvez utiliser. En matière de taille de page, voici quelques considérations à ne jamais oublier :

- Vous devez vous procurer des feuilles dont la taille correspond au document défini dans Word.
- Votre imprimante doit être capable de prendre en charge ce papier.
- Vous devez indiquer à Word le type de papier que vous utilisez.

Dans Word 2007, les différentes tailles de papier sont répertoriées dans le groupe Mise en page de l'onglet Mise en page. Cliquez sur le bouton Taille pour afficher une liste des dimensions de page disponibles (Figure 14.1). Choisissez la taille appropriée à vos feuilles.

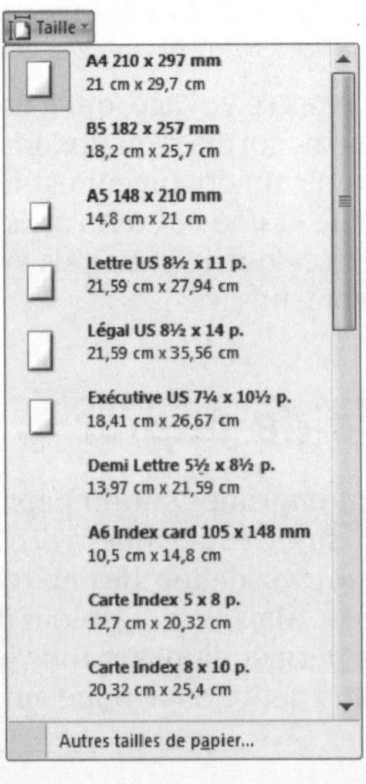

Figure 14.1 : Le menu Taille.

Par exemple, si vous désirez imprimer sur du papier au format A4, cliquez sur A4 210 x 297 mm. Votre document est immédiatement actualisé pour s'adapter à ce type de page.

- Pour sélectionner une taille qui n'est pas présente dans le menu, cliquez sur Autres tailles de papier. Dans la boîte de dialogue Mise en page, effectuez les réglages expliqués à la section La boîte de dialogue Mise en page, plus loin dans ce chapitre.
- La taille de la page affecte la totalité du document, sauf si vous l'avez divisé en sections. Chaque section peut avoir sa propre taille de page comme expliqué au Chapitre 15.

ATTENTION !

- La majorité des imprimantes PC savent imprimer sur plusieurs tailles de papier. Vérifiez bien celles compatibles avec votre matériel d'impression.
- En France, le format standard est A4, c'est-à-dire une dimension de 21 x 29,7 cm.

N'OUBLIEZ PAS

Si vous avez sélectionné un format inhabituel, n'oubliez pas de mettre le papier correspondant dans votre imprimante. Certaines imprimantes sont assez astucieuses et vous indiquent la taille du papier sur lequel elles s'apprêtent à imprimer. La mienne passe son temps à me réclamer du papier de la "bonne" taille.

Portrait ou paysage ?

L'orientation *Portrait* correspond à la manière habituelle d'utiliser le papier : la hauteur est supérieure à la largeur. L'orientation *Paysage* est ce que l'on obtient en faisant pivoter la feuille de 90 degrés : la largeur est supérieure à la hauteur. Vous choisissez cette orientation dans le groupe Mise en page de l'onglet Mise en page (Figure 14.2).

Pour changer l'orientation de la page, cliquez sur le bouton Orientation, puis sur Portrait.

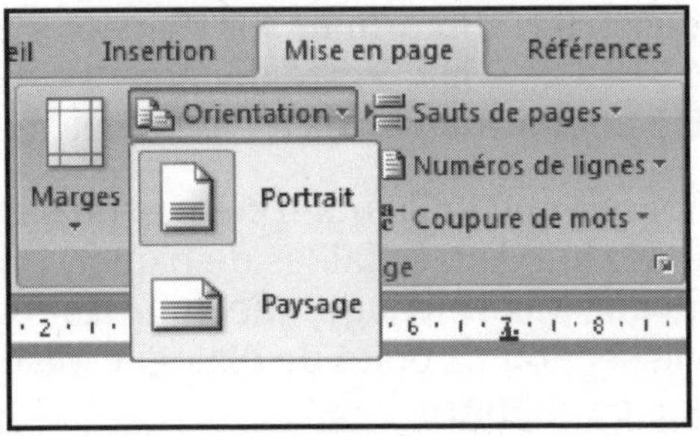

Figure 14.2 : Orientation de la page.

Attention à vos marges !

Dans Word, la valeur par défaut de ces quatre marges est de 2,5 cm, mais vous pouvez l'ajuster à votre guise, pour chacune d'entre elles.

Pour changer la largeur des marges, passez par le bouton Marges du groupe Mise en page de l'onglet Mise en page (Figure 14.3).

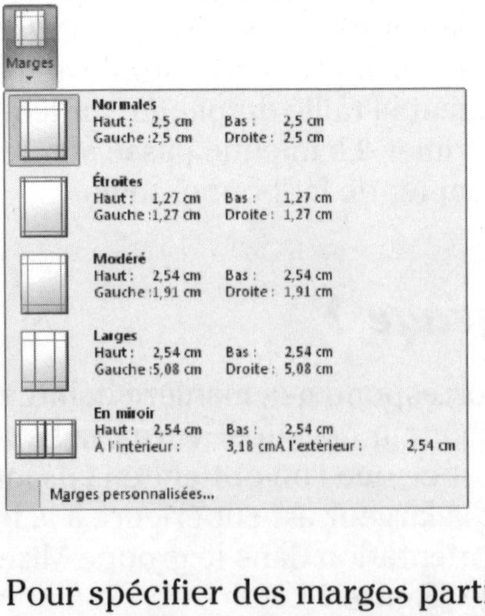

Figure 14.3 : Le menu local Marges.

Pour spécifier des marges particulières, cliquez sur Marges personnalisées. Vous accédez à l'onglet Marges de la boîte de dialogue Mise en page. Vous pouvez y saisir des valeurs précises pour bien définir vos différentes marges. La section suivante vous en dit davantage à ce sujet.

- Pour définir des retraits pour un paragraphe, ce sont les commandes de mise en forme de paragraphe que vous devez utiliser. Reportez-vous au Chapitre 12.
- Les marges prédéfinies du menu local Marges correspondent aux plus utilisées par les documents, ou aux plus souvent utilisées par vous-mêmes.

  Ne perdez pas de vue que la plupart des imprimantes laser ne peuvent pas imprimer trop près du bord du papier (en général, 1,25 cm). Cet espace constitue une marge absolue dans laquelle vous ne pouvez rien imprimer, bien que Word vous permette de définir des marges de largeur nulle. Si vous le faites, le texte correspondant sera coupé par l'imprimante. Il vous faut donc définir des marges au moins égales à cette largeur. Reportez-vous à la documentation de votre imprimante pour la connaître.

La boîte de dialogue Mise en page

Comme pour beaucoup d'autres fonctions dans Word, lorsque vous voulez contrôler la mise en page, le ruban ne suffit plus. Vous devez reprendre les bonnes vieilles habitudes consistant à ouvrir une boîte de dialogue, en l'occurrence Mise en page illustrée à la Figure 14.4.

Pour accéder à cette boîte de dialogue, cliquez sur le bouton situé dans le coin inférieur droit de l'onglet Mise en page, ou appuyez sur Alt+P, F.

La boîte de dialogue en question contient trois onglets : Marges pour paramétrer les marges, Papier pour définir la taille du papier utilisé, et Disposition pour gérer d'autres aspects de la mise en page.

Cliquez sur le bouton OK pour valider vos modifications.

TRUC

- Pour imprimer sur du papier affichant trois trous de reliure dans la marge, utilisez l'onglet Marges de la boîte de dialogue Mise en page. Fixez une valeur de reliure

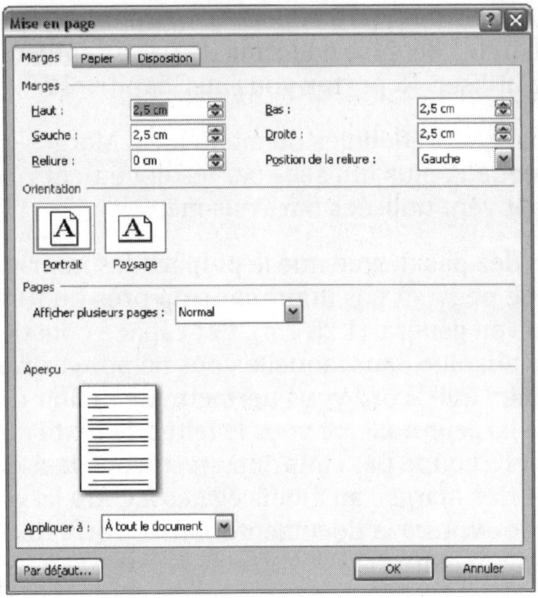

Figure 14.4 : L'onglet Marges de la boîte de dialogue Mise en page.

d'environ 1,25 cm par rapport à la position des trous. Ainsi, dans le champ Position de la reliure, choisissez Gauche. Si les trous de reliure sont en haut de la feuille, choisissez Haut.

- Les modifications apportées au format de la page – sa taille, son orientation, et ses marges – affectent normalement l'intégralité du document. En choisissant une option dans la liste Appliquer à, vous pouvez sélectionner :

  - **À tout le document,** ce qui applique les valeurs spécifiées à tout votre document.
  - **À partir de ce point,** ce qui signifie que les valeurs spécifiées s'appliquent à partir de la page dans laquelle se trouve le curseur.
  - **À cette section,** ce qui signifie que les valeurs spécifiées ne s'appliquent qu'à la section dans laquelle se trouve le curseur (pour en savoir plus sur les sections, reportez-vous au Chapitre 15).

Numéroter les pages

Word peut numéroter pour vous les pages de votre document. Inutile de le faire à la main. Vous pouvez avoir autant de pages que vous le voulez, et en ajouter ou en supprimer à volonté, Word s'y retrouve toujours. Vous n'avez à vous occuper de rien, il vous suffit d'avoir indiqué à Word à quel endroit insérer le numéro sur les pages. Inutile de chercher à numéroter manuellement dans un traitement de texte.

Où mettre le numéro de page ?

La question n'est pas : "Word *peut-il* mettre le numéro sur la page ?" mais : "*Où* faut-il mettre le numéro ?" Si vous suivez ces étapes, vous pouvez demander à Word de mettre le numéro à l'endroit précis où vous désirez le faire apparaître :

1. **Dans l'onglet Insertion, repérez le groupe En-tête et pied de page, et cliquez sur la commande Numéro de page.**

   Une liste apparaît. Elle permet de choisir divers emplacements de numéros de page. Les trois premiers choix sont : Haut de page, Bas de page, et Marges de la page.

2. **Sélectionnez une position pour le numéro de page.**

   En règle générale, nous faisons apparaître le numéro en bas de la page.

3. **Dans la liste déroulante, choisissez un style de numérotation.**

En mode Page, vous pouvez voir les numéros des pages. En mode Brouillon, ils sont masqués. Word numérote chaque page en commençant par le chiffre 1, et en l'incrémentant d'une unité pour chaque nouvelle page.

Vous supprimez une page ? Word actualise la numérotation.

Vous insérez une page ? Word la numérote pour vous.

Chaque fois que vous insérez un numéro de page en suivant les étapes précédentes, Word prend entièrement en charge la numérotation.

- Les en-têtes et les pieds de page peuvent être mis en forme avec toutes sortes de caractéristiques intéressantes, y compris vos propres styles de numéros, ou même en affichant ces numéros aussi bien en haut qu'en bas de la page. Pour cela, consultez le Chapitre 15.
- Pour modifier le format des numéros, choisissez-en un dans le menu local Numéro de page.

Commencer la numérotation à partir d'une valeur spécifiée

Pour faire commencer la numérotation de vos pages à partir d'une valeur spécifiée, suivez les instructions de la section précédente pour afficher les numéros de page, puis suivez ces étapes :

1. **Cliquez sur l'onglet Insertion.**
2. **Dans le groupe En-tête et pied de page, choisissez Numéro de page/Format numéro de page.**

   La boîte de dialogue Format des numéros de page apparaît (Figure 14.5).

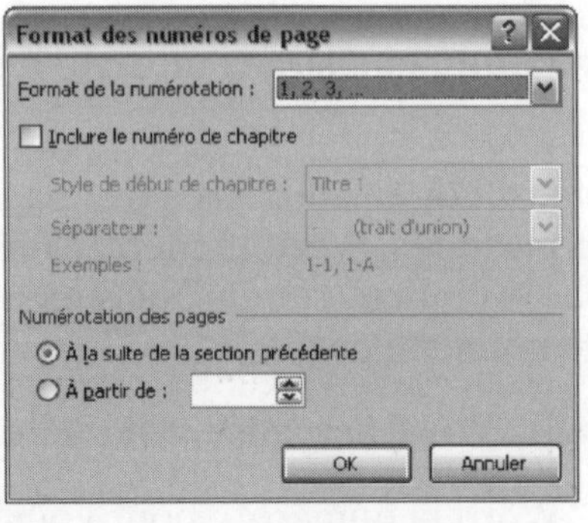

Figure 14.5 : Encore plus de contrôle avec la boîte de dialogue Format des numéros de page.

3. **Dans la zone Numéros de page, sélectionnez À partir de, et saisissez le numéro qui sera attribué à la première page du document.**

4. **Cliquez sur OK pour fermer la boîte de dialogue Format des numéros de page.**

Word commence la numérotation avec le numéro de page spécifié. Si vous saisissez 47 à l'étape 3, la première page du document portera le numéro 47, la suivante le 48, et ainsi de suite.

Lorsque vous désirez que la numérotation change en plein milieu d'un document, par exemple passer de la page 5 à la page 16, ou bien d'une numérotation IV à la page 1, vous devez diviser le document en sections. Chaque section aura alors sa propre numérotation. Vous en saurez davantage à ce sujet au Chapitre 15.

Numéroter avec des chiffres romains

Lorsque vous devez afficher une numérotation en chiffres romains, Word est heureux de pouvoir vous aider. Ouvrez la boîte de dialogue Mise en page (Figure 14.5). Dans la liste Format de la numérotation, choisissez le style de chiffres romains à utiliser.

Supprimer des numéros de page

Pour ôter des numéros insérés dans vos pages, accédez au groupe En-tête et pied de page. Cliquez sur le bouton Numéro de page, puis sur Supprimer les numéros de page.

Seuls les numéros insérés via le menu local Numéro de page sont effacés. De facto, si vous avez inséré manuellement des numéros dans un en-tête ou un pied de page, vous devez les supprimer manuellement (voir le Chapitre 15).

Commencer une nouvelle page

Lorsque vous saisissez un document, Word crée automatiquement une nouvelle page quand vous arrivez à la fin de celle sur laquelle vous étiez en train de saisir votre texte. Ce procédé est classique. Cependant, vous aurez parfois besoin de créer une page avant d'arriver à la fin de la page dans laquelle vous travaillez.

Il y a deux manières de commencer une nouvelle page dans Word. Cette section en explique les tenants et les aboutissants.

Commencer une nouvelle page vierge

Le raccourci Alt+N, B ou Ctrl+Enter (pas Entrée) insère un *saut de page manuel* dans votre document, demandant à Word de commencer une nouvelle page à cet endroit précis. C'est la seule bonne manière de commencer une nouvelle page.

Dans l'affichage Normal (Chapitre 2), un saut de page manuel se présente comme un saut de page ordinaire (automatique), mais avec les mots `Saut de page` qui apparaissent au milieu :

Vous pouvez aussi insérer un saut de page par un clic sur le bouton éponyme du groupe Pages localisé sous l'onglet Insertion.

En mode Page, un saut de page est identifié par la création d'une nouvelle page séparée de la précédente par un espace vide. En mode Brouillon, il est identifié par une ligne pointillée, avec, au centre, l'indication Saut de page.

En utilisant des sauts de page manuels, gardez à l'esprit les points suivants :

- Ne commencez jamais, je dis bien jamais, une nouvelle page en appuyant répétitivement sur la touche Entrée (ou Enter) jusqu'à ce que Word crée la nouvelle page une fois arrivé en bas de la page en cours.

- Ctrl+Enter insère un caractère de saut de page manuel dans votre document. Ce caractère reste là où vous l'avez inséré, faisant apparaître un saut de page, quelles que soient les modifications que vous pouvez apporter au texte des pages précédentes.

- Pour supprimer un saut de page manuel, vous pouvez utiliser les touches Retour arrière ou Suppr. Si vous le faites accidentellement, appuyez à nouveau sur Ctrl+Enter, ou sur Ctrl+Z pour annuler la suppression.

- Si vous insérez des sauts de page manuels, pensez à utiliser l'aperçu avant impression pour vérifier votre document avant de l'imprimer. Il arrive que les modifications apportées au texte depuis l'insertion d'un saut de page manuel rendent ce dernier superflu. Pour en savoir plus sur l'aperçu avant impression, reportez-vous au Chapitre 10.

- Le raccourci de la commande Afficher/Masquer est Ctrl+Maj+8. Vous pouvez aussi cliquer sur le bouton Afficher tout, du groupe Paragraphe de l'onglet Accueil.

- Ne tombez pas dans le piège qui consiste à utiliser des sauts de page manuels pour ajuster la numérotation des pages. Vous avez à votre disposition toute la puissance de votre traitement de texte pour ajuster cette numérotation sans avoir à bricoler la mise en page pour y parvenir. Voyez la section Où mettre le numéro de page ? plus haut dans ce chapitre.

Insérer une page vierge

Pour placer une page vide au beau milieu d'un document, vous pouvez activer le bouton Page vierge du groupe Page localisé dans l'onglet Insertion. Avec cette commande, vous insérez deux sauts de page manuels créant ainsi une vraie page vide.

Chapitre 15

Mettre en forme des documents

Dans ce chapitre :

- Diviser votre document en sections.
- Tirer le meilleur parti des sections.
- Insérer une page de couverture dans votre document.
- Ajouter un en-tête ou un pied de page.
- Créer des en-têtes.

Du point de vue de la mise en forme, un document n'est pas une page. La mise en forme d'un document n'est pas une chose compliquée. En fait, la plupart des informations que contient ce chapitre ne seront d'aucune utilité pour la majeure partie des documents que vous allez créer (votre courrier personnel, par exemple). Mais si un jour vous avez la lubie soudaine d'éblouir votre entourage par votre connaissance de Word, ce chapitre sera votre plus fidèle allié.

Tout savoir sur les sections

S'il arrive que vous ayez besoin de changer le format d'un document rien que pour une page ou un groupe de pages, il faut diviser votre document en sections, chacune d'elles possédant sa propre mise en page. Si par exemple vous avez besoin que seule une page soit imprimée en format Paysage, vous devez créer une section pour cette page. Il en va de même si votre document nécessite une numérotation particulière. Par exemple, vous ne souhaitez pas que votre document soit logiquement numéroté de la page 1 à la page 50, mais que chacune des cinq sections qui le compose soit numérotée de 1 à 10.

La notion de sections

Il est facile de créer une section, et les sections peuvent simplifier la plupart des tâches de mise en forme du document.

Ainsi, la Figure 15.1 présente un document bâti en deux sections. La première contient quatre pages numérotées en chiffres romains, et la seconde six pages numérotées en chiffres arabes.

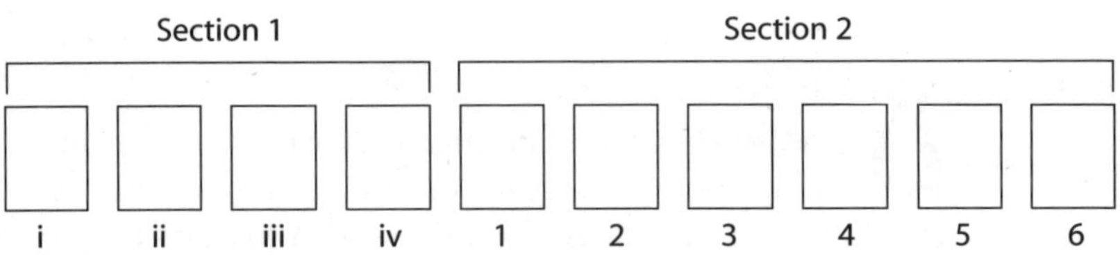

Figure 15.1 : Un document structuré autour de deux sections.

Le document illustré à la Figure 15.2 est constitué de quatre sections. La première se limite à la page de couverture, suivie d'une section de quatre pages numérotées de 1 à 4. La troisième section se compose d'une seule page mais au format Paysage ; enfin, la quatrième section reprend un mode d'affichage tout à fait normal.

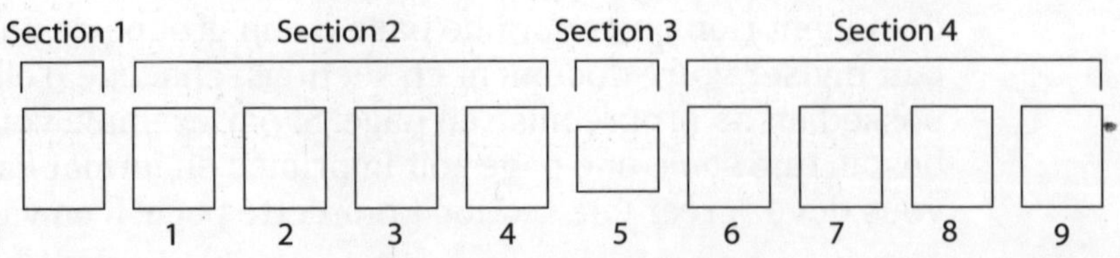

Figure 15.2 : Un document composé de quatre sections.

Créer une section

Diviser un document n'est pas une tâche difficile. Toutes les commandes d'insertion de sauts de Word sont rassemblées sous l'onglet Mise en page. La Figure 15.3 présente le contenu du menu local Saut de page. Vous constatez que le second groupe de commandes contient les sauts de section.

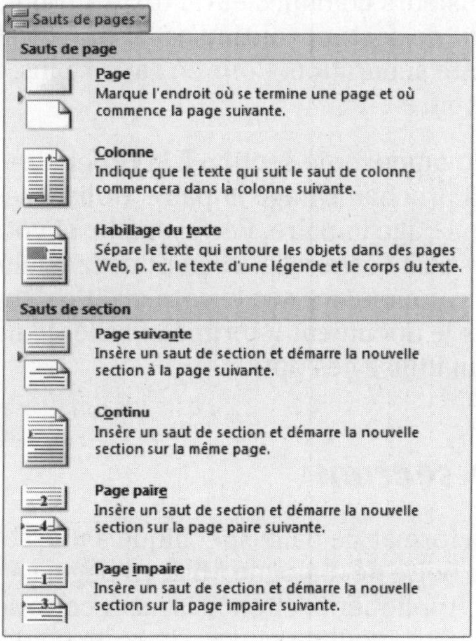

Figure 15.3 : Les sauts de section sont groupés avec les sauts de page.

La méthode la plus simple pour créer une nouvelle section consiste à choisir Page suivante dans le menu local Saut de page. Cette action crée un saut de page et génère une nouvelle page considérée comme une nouvelle section du document.

¶

En mode Page, le saut de section s'affiche comme n'importe quel autre saut de page. Pour mieux en apprécier les conséquences, il est préférable de basculer en mode Brouillon. Ensuite, appuyez sur Ctrl+Maj+8 ou bien cliquez sur le bouton Afficher tout de l'onglet Accueil pour bien voir la position du saut de section.

L'étape suivante du processus consiste à placer le curseur en haut de la première page (la page de titre dont nous avons parlé dans la section précédente), et à mettre en forme cette page selon vos besoins.

- Pour combiner des mises en forme différentes dans une même page, vous pouvez sélectionner l'option Continu. Par exemple, si vous voulez partager une page entre du texte sur plusieurs colonnes et du texte sur une colonne, le saut de section continu est le moyen idéal pour effectuer cette séparation. Pour en savoir plus, reportez-vous au Chapitre 21.

- Pour faire commencer la section à la prochaine page paire ou à la prochaine page impaire, utilisez les options Page paire ou Page impaire. Par exemple, si votre document est destiné à être relié, vous pouvez vouloir que votre section commence sur le côté droit ou sur le côté gauche dans le document imprimé et relié (je ne connais personne qui utilise ces options).

Utiliser une section

Pour appliquer un format de page spécifique à une seule section, utilisez la boîte de dialogue Mise en page. Là, intéressez-vous à la liste Appliquer à, et choisissez À cette section. Ainsi, tout ce que vous modifierez dans la boîte de dialogue Mise en page se limitera à la section en cours.

TRUC

Pour déterminer dans quelle section vous vous trouvez, effectuez un clic droit sur la barre d'état. Vous ouvrez le menu contextuel Personnaliser la barre d'état. En haut de ce menu, vous notez la présence du terme Section avec un chiffre à sa droite. Il identifie le numéro de la section dans laquelle se situe actuellement le point d'insertion. Pour afficher en permanence cette information dans la barre d'état, cliquez sur Section. Sinon, fermez ce menu contextuel en appuyant sur la touche Échap.

Supprimer un saut de section

Pour supprimer un saut de section, vous pouvez utiliser la touche Retour arrière ou la touche Suppr. Sachez qu'il est plus facile de supprimer une section en mode Brouillon que dans tout autre mode d'affichage du document.

- L'équivalent clavier de la commande Afficher tout est Ctrl+Maj+8.
- Supprimer une section efface toute mise en forme, y compris les en-têtes et les pieds de page qui, je le rappelle, sont propres à cette section.
- Si vous supprimez accidentellement une section, vous perdez toutes les informations de mise en forme que vous lui aviez appliquées. Si cela vous arrive, annulez votre action en appuyant sur Ctrl+Z avant de faire quoi que ce soit d'autre.

Ajouter une page de couverture

L'utilisation la plus courante des sections concerne la création d'une page de couverture pour votre document. En règle générale, cette page ne contient aucun numéro de page, en-tête, pied de page, etc. Elle est faite pour présenter le titre du document et le nom de son auteur. Il est donc nécessaire de créer une seule section pour une seule page, celle de la couverture. Longtemps difficile à maîtriser, Word 2007 introduit enfin la commande Page de garde. En voici le fonctionnement :

1. **Cliquez sur l'onglet Insertion.**
2. **Dans le groupe Pages, cliquez sur Page de garde.**

   Un menu affiche quelques modèles de pages de garde.
3. **Choisissez la mise en page de la page de garde qui vous convient.**

La page de garde ou page de couverture est immédiatement insérée en tant que première page du document.

4. **Sur cette page sélectionnez le texte entre crochets.**
5. **Remplacez ce texte par le vôtre.**

   Ainsi, dans la zone de réserve qui attend l'intitulé du document, tapez votre titre !

6. **Répétez les étapes 4 et 5 jusqu'à ce que la page de garde ait l'aspect désiré.**

Vous pouvez changer cette page de couverture à n'importe quel moment. Si vous décidez de vous passer de cette page de garde, cliquez sur le bouton éponyme. Dans son menu local, choisissez Supprimer la page de garde actuelle.

- Le menu Page de garde ne crée pas une nouvelle section dans votre document. Si vous utilisez des en-têtes et des pieds de page, ils apparaissent sur la page de garde ainsi insérée. Pour éviter cela, placez le point d'insertion en haut de la page 2 (c'est-à-dire après la page de garde), et dans l'onglet Mise en page, choisissez Saut de page/Continu. Vous pouvez alors modifier l'en-tête et le pied de page comme expliqué dans ce chapitre.

- Ne laissez pas en place les textes entre crochets ! Saisissez toujours vos informations personnelles à la place de ces informations génériques.

Les joies des en-têtes et des pieds de page

Dans une lettre, l'en-tête n'apparaît que sur la première page. Dans un document, il apparaît sur toutes les pages, sauf en général sur la première. Son équivalent en bas de la page est le pied de page. On peut très bien utiliser les deux à la fois.

- Un en-tête contient généralement différentes informations, par exemple votre nom, le nom du document, la date, le numéro de la page, éventuellement un titre ou encore un numéro de téléphone.

- Un en-tête est un style de texte utilisé pour diviser un long document, pour introduire de nouveaux concepts, et pour vous aider à conserver le texte bien organisé. Pour plus d'informations, consultez le Chapitre 16.
- Le pied de page apparaît en bas de la page. Comme l'en-tête, le pied de page possède sa zone d'insertion et contient un texte spécial.
- Les pieds de page peuvent contenir des numéros de page, un titre de chapitre ou de document, ou tout autre chose que vous jugez utile.
- Une note de bas de page est un petit morceau de texte qui apparaît en bas de la page. Il sert de référence à des éléments textuels de la page.

Ajouter un en-tête ou un pied de page

Les en-têtes et les pieds de page peuvent faire beaucoup pour embellir un document. Vous n'êtes pas obligé d'utiliser les deux à la fois. De plus, que vous préfériez utiliser l'un ou l'autre (ou les deux), on les définit de la même manière.

Pour ajouter un en-tête ou un pied de page, suivez ces étapes :

1. **Cliquez sur l'onglet Insertion.**
2. **Dans le groupe En-tête et pied de page, cliquez sur le bouton En-tête.**

   Une liste d'en-têtes préformatés s'affiche.

3. **Choisissez le format que vous désirez.**

   L'en-tête est ajouté à votre document, et sauvegardé comme partie intégrante de la mise en forme de la page.

   Si vous êtes en mode Brouillon, vous basculez instantanément en mode Page pour éditer l'en-tête (les en-têtes et les pieds de page n'apparaissent pas en mode Brouillon).

Lorsque vous modifiez un en-tête, le point d'insertion apparaît dans la zone d'en-tête qui, dans Word 2007, prend la forme d'un onglet directement sur le document.

4. **Sélectionnez tout le texte contenu entre crochets.**

   Sélectionnez aussi les crochets.

5. **Tapez le texte de remplacement.**

   Saisissez, par exemple, le titre de votre document.

6. **Répétez les étapes 4 et 5 pour tous les textes contenus entre crochets.**

7. **Une fois que vous avez terminé, cliquez sur le bouton Fermer l'en-tête et le pied de page du groupe Fermer sous l'onglet Insertion.**

En mode Page, vous voyez les en-têtes et les pieds de page dans une zone de texte grisée. En mode Brouillon, vous ne voyez rien. Pour voir ces deux éléments, vous pouvez également utiliser la commande Aperçu avant impression étudiée au Chapitre 10.

- Vous pouvez quitter la modification d'un en-tête par un double-clic sur l'onglet En-tête.

- Il n'est pas nécessaire de vous placer dans la première page de votre document pour insérer le numéro de page dans l'en-tête. Word est assez astucieux pour mettre le numéro qui convient sur chaque page, quelles que soient les modifications que vous apportez à votre document comme à l'en-tête.

- Les en-têtes et les pieds de page sont idéaux pour diviser votre document en sections. Donc, tant que vous restez dans la même section, vous pouvez en modifier l'en-tête ou le pied de page.

- Les boutons de commande des en-têtes et des pieds de page se situent sous l'onglet Insertion, et non sous l'onglet Mise en page.

Modifier un en-tête

Regardons les choses en face : les en-têtes prédéfinis de Word ne sont pas terribles. Ils ne contiennent pas toutes les informations que vous désirez faire apparaître dans un en-tête. Ce n'est pas problématique. Vous pouvez modifier l'en-tête de la manière suivante :

1. **Cliquez sur l'onglet Insertion.**

2. **Dans le groupe En-tête et pied de page, choisissez En-tête/Modifier l'en-tête.**

   Lorsque vous modifiez l'en-tête, Word bascule dans un mode opératoire particulier. L'en-tête apparaît à l'écran comme élément du document affiché en mode Page. À cela s'ajoute un nouvel onglet Outils des en-têtes et pieds de page illustré à la Figure 15.4.

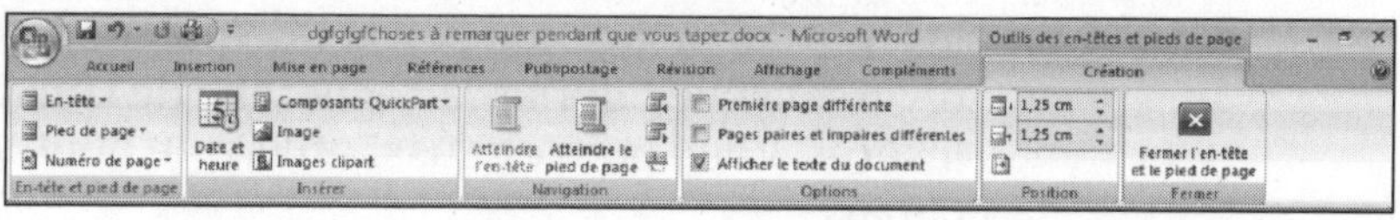

Figure 15.4 : Les outils de modification des en-têtes et des pieds de page.

3. Utilisez les boutons Atteindre l'en-tête et Atteindre le pied de page pour passer de l'en-tête au pied de page et réciproquement.

4. Appliquez des modifications à l'en-tête.

   L'édition du texte des en-têtes se fait comme celle de n'importe quel texte Word. Vous pouvez ajouter ou modifier du texte, le mettre en forme avec les commandes de formatage des paragraphes, et même ajouter des tabulations.

TRUC

Word applique automatiquement les tabulations gauche, centrée, et droite. Il vous suffit d'appuyer sur la touche Tab pour positionner comme il se doit le point d'insertion.

5. **Utilisez les boutons de commande du groupe Insérer de l'onglet Outils des en-têtes et pieds de page pour ajouter des éléments spéciaux.**

   Voici quelques éléments spéciaux utiles que vous pouvez insérer dans un en-tête :

   - **Numéro de page :** Cliquez sur Composants QuickPart et choisissez Numéros de page. Le numéro de la page en cours s'affiche dans l'en-tête. Pour le centrer, appuyez sur Tab.

   - **Date & heure :** Cliquez sur le bouton éponyme pour accéder à la boîte de dialogue Date et heure. Sélectionnez le format dans lequel vous désirez faire apparaître ces deux éléments dans l'en-tête. Validez et appliquez par un clic sur OK.

   - **Image :** Le bouton Image ouvre la boîte de dialogue Insérer une image qui permet de parcourir vos divers disques durs à la recherche de l'image à insérer. Vous pouvez aussi utiliser le bouton Images clipart.

   - **Champs :** L'élément le plus polyvalent que vous puissiez insérer dans un en-tête ou un pied de page est un *champ*. Vous sélectionnez cette option par un clic sur le bouton Composants QuickPart.

6. **Une fois vos modifications terminées, cliquez sur le bouton Fermer l'en-tête et le pied de page.**

   Vous revenez au document.

L'en-tête est le même pour chaque page du document. Cependant, Word permet d'appliquer un en-tête particulier à la première page ou à des pages alternatives, ainsi qu'aux différentes sections du document. Ceci vous est expliqué en détail à la fin de ce chapitre.

- L'onglet Création (Figure 15.4) diffère selon l'affichage des ordinateurs.
- En mode Page, vous pouvez très facilement modifier un en-tête ou un pied de page en double-cliquant sur la partie grisée qui affiche son contenu.

TRUC

- Si le seul en-tête dont vous avez besoin est un numéro de page, je conseille l'utilisation de la technique décrite au Chapitre 14. Elle est bien plus simple à mettre en œuvre.

En-têtes pairs pour les pages paires, impairs pour les pages impaires

Si vous le désirez, Word vous permet de définir deux jeux d'en-têtes et de pieds de page pour votre document : un pour les pages paires et un pour les pages impaires. Par exemple, c'est de cette façon que ce livre a été mis en forme. L'en-tête des pages paires contient le numéro de page et le titre de partie ; l'en-tête des pages impaires le numéro du chapitre suivi du titre du chapitre et du numéro de page. Vous pouvez en faire autant !

Pour demander à Word de créer deux jeux d'en-têtes et de pieds de page, suivez ces étapes :

1. **Cliquez sur l'onglet Insertion.**
2. **Dans le groupe En-tête et pied page, cliquez sur En-tête/Modifier.**

   Cette commande affiche l'onglet Outils des en-têtes et pieds de page (Figure 15.4).

3. **Cochez la case Paires et impaires différentes.**

   Cette étape indique à Word de créer deux jeux d'en-têtes : un pour les pages paires, et l'autre pour les pages impaires. L'onglet de l'en-tête permet de les identifier clairement.

Cet onglet montre que l'on est en présence de l'en-tête des pages impaires.

4. **Créez l'en-tête des pages impaires.**

   Pour savoir comment créer le contenu d'un en-tête ou d'un pied de page, reportez-vous à la section précédente.

5. **Cliquez sur le bouton Section suivante.**

   Word affiche le contenu de l'en-tête de la page paire.

   Pour revenir à l'en-tête des pages impaires, cliquez sur le bouton Section précédente.

6. **Pour afficher et modifier les pieds de page paires et impaires, cliquez sur le bouton Atteindre le pied de page.**

   Pour passer d'un pied de page à un autre cliquez sur les boutons Section suivante et Section précédente.

7. **Une fois vos modifications terminées, cliquez sur Fermer l'en-tête et le pied de page.**

Pour supprimer les en-têtes et les pieds de page paires et impaires, il suffit de décocher la case Pages paires et impaires différentes.

Mais je ne veux pas d'en-tête sur la première page !

Pour éviter que l'en-tête ou le pied de page apparaisse sur la première page d'un document :

1. **Cliquez sur l'onglet Insertion.**
2. **Dans le groupe En-tête et pied de page, cliquez sur En-tête/Modifier l'en-tête.**
3. **Dans le groupe Options, cochez la case Première page différente.**

   L'onglet En-tête page impaire devient Premier en-tête, et le pied de page de cette même page devient Premier pied de page.

Rien ne vous empêche de changer le contenu de ce premier en-tête et pied de page. Il n'affecte que cette première page du document.

Supprimer un en-tête

La méthode la plus simple pour supprimer un en-tête dans un document consiste à utiliser la commande En-tête/Supprimer l'en-tête. Voici comment :

1. **Affichez la page où se situe l'en-tête.**

   Utilisez pour cela le mode Page de manière à bien voir la section grisée de la page où est localisé l'en-tête.

2. **Cliquez sur l'onglet Insertion.**
3. **Dans le groupe En-tête et pied de page, cliquez sur En-tête/Supprimer l'en-tête.**

   Il disparaît.

Cette technique ne supprime que l'en-tête de la section en cours. Pour supprimer celui des autres sections, vous devez réitérer ces étapes.

Pour supprimer un pied de page, suivez la procédure ci-dessus, mais choisissez Pied de page/Supprimer le pied de page à l'étape 3.

Une autre méthode de suppression des en-têtes consiste à effacer leur texte : Appuyez sur Ctrl+A pour sélectionner tous les éléments de l'en-tête, puis pressez la touche Suppr.

Je recommande de supprimer l'en-tête sur chaque page du document changeant d'orientation. En effet, l'en-tête va s'imprimer sur le mauvais sens de la page. Pour éviter cela, supprimez l'en-tête de cette section et appliquer de nouveau un en-tête une fois la page réorientée.

Chapitre 16

Utiliser les styles

Dans ce chapitre :

- Trouver votre style.
- Utiliser les styles rapides.
- Découvrir la cachette des styles.
- Passer d'un style à un autre.
- Supprimer des styles.
- Créer un style.
- Modifier un style.
- Assigner un raccourci clavier à un style.
- Organiser les styles.

Lorsque vous créez un document, vous pouvez décider de ne rien mettre en forme, ou de tout mettre en forme. La mise en forme peut devenir une véritable obsession.

Sachant cela, Microsoft a développé les styles. Il s'agit de mises en forme prédéfinies qui permettent de donner du cachet à votre document au fur et à mesure que vous le saisissez. En d'autres termes, une fois que vous avez créé des styles, leur application peut devenir automatique en fonction des paragraphes qui se succèdent.

Qu'est-ce qu'un style ?

Un *style* n'est rien d'autre qu'un ensemble de commandes de mise en forme de Word. Par exemple, si vous voulez mettre un paragraphe en police Courier 10 points et en retrait, il vous suffit de lui *appliquer* le style correspondant. Facile !

Types de styles

Word gère cinq types différents de styles :

- **Paragraphe :** Ce style contient tout type de mise en forme : paragraphes, retraits, tabulations, polices, taille du texte, attributs. Le style Paragraphe peut mettre en forme tous les paragraphes et caractères standard, le corps du texte, ou simplement un seul de ces aspects.
- **Caractère :** Ce style limite sa mise en forme aux caractères. Il n'a aucune incidence sur les paragraphes. Tout ce qui est mentionné au Chapitre 11 peut être appliqué à un style de caractère.
- **Lié :** Le style Lié est une combinaison de styles que vous pouvez appliquer à la fois aux paragraphes et aux caractères. Tout dépend du texte que vous avez sélectionné avant l'application du style.
- **Tableau :** S'applique aux tableaux. Il ajoute des lignes et des couleurs au contenu des cellules.
- **Liste :** Ce style personnalise le contenu des listes. Il peut inclure des puces, des chiffres, des niveaux, et d'autres formats propres aux listes.

Styles rapides et personnalisés

Word est livré avec de nombreux styles conçus par des designers professionnels. Sous cette version 2007, ils répondent au nom de *styles rapides*.

Lorsque vous êtes lassé d'un style, rien ne vous empêche de créer le vôtre. Nous verrons cela dans les sections à venir.

Utiliser des styles

Appliquer un style au texte revient à le mettre en forme. La grande différence avec une mise en forme ponctuelle est que le style va multiplier les formats de paragraphes et de caractères dans votre document.

La méthode la plus simple d'application d'un style consiste à sélectionner le texte que vous désirez formater. Ensuite, choisissez le style. Il s'applique à tout le texte sélectionné.

Vous pouvez également commencer par sélectionner le nouveau style. Ensuite, vous saisissez votre texte. Ce texte est formaté avec le style choisi.

Le style Paragraphe peut être appliqué en sélectionnant le paragraphe dans sa totalité (ou plusieurs paragraphes), ou en plaçant le point d'insertion dans un paragraphe.

- Le style utilisé est affiché en surbrillance dans le groupe Style de l'onglet Accueil. Le volet Styles est bien plus efficace dans ce domaine, car vous y voyez un par un tous les styles utilisés dans le document, et pouvez les appliquer en un clic de souris. Nous verrons cela plus loin dans ce chapitre.
- Lorsque vous sélectionnez une partie d'un paragraphe, un style Caractère (ou une combinaison de styles) s'applique uniquement au texte sélectionné. En revanche, un style Paragraphe s'applique à la totalité du paragraphe, quelle que soit la partie sélectionnée.

Mise en forme sans effort avec les styles rapides

La fonction *styles rapides* met à votre disposition une grande variété de styles que vous appliquez en un clic de souris. Cette section présente ses nombreuses possibilités.

Lorsque vous utilisez un style rapide, vous ne vous souciez pas de la mise en forme du texte et des paragraphes. Tout est automatique ! Word applique pour vous une police de caractère, une taille, des propriétés, et une mise en forme des paragraphes.

Appliquer un style rapide

La méthode la plus simple pour utiliser un style rapide consiste à passer par la galerie localisée dans le groupe Style de l'onglet Accueil (Figure 16.1). Cliquez sur les flèches pour en parcourir le contenu. Pour détailler ses options, cliquez sur Autres.

Figure 16.1 : Le groupe Style de l'onglet Accueil.

La procédure suivante explique comment appliquer un style au texte que vous avez déjà saisi :

1. **Sélectionnez le texte à formater.**
2. **Dans la galerie des styles rapides, cliquez sur un style.**

   Vous pouvez faire défiler le contenu de la galerie pour y trouver le style qui vous intéresse.

   Lorsque vous passez le pointeur de la souris sur un style, Word modifie temporairement le texte sélectionné pour que vous ayez un aperçu du paragraphe dans ce style particulier.

Chaque style a un nom qui tente d'indiquer dans quel contexte et pour quel résultat l'utiliser. Le Tableau 16.1 liste les noms des styles rapides les plus communs, et explique comment les utiliser.

Tableau 16.1 : Quelques styles rapides.

Nom	Style	Domaine d'utilisation
Titre du livre	Caractère	Mise en forme du titre d'un livre, comme *Guerre et paix*.
Emphase	Caractère	S'applique à un ou deux mots d'un paragraphe pour attirer l'attention du lecteur.
Titre 1	Paragraphe	Créer les titres des sections d'un document.
Titre 2	Paragraphe/Caractère	Créer les sous-titres des sections d'un document.
Emphase intense	Caractère	Degré supérieur de mise en évidence du style Emphase.
Citation intense	Paragraphe/Caractère	Augmenter l'importance d'une citation dans un paragraphe, ou définir la mise en forme de tout un paragraphe.
Référence intense	Caractère	Placer une référence dans un paragraphe à un degré supérieur d'importance.
Paragraphe de liste	Paragraphe	Définir une série de paragraphe sous forme d'éléments d'une liste.
Sans interligne	Paragraphe	Définir des paragraphes qui ne sont pas espacés verticalement.
Normal	Paragraphe	Créer un texte sans mise en forme spécifique.
Citation	Paragraphe/Caractère	Mettre en forme des citations dans un paragraphe ou qui forment elles-mêmes un paragraphe entier.
Élevé	Caractère	Placer le texte en gras.
Sous-titre	Paragraphe/Caractère	Créer une ligne de texte sous un titre.
Titre	Paragraphe/Caractère	Créer des titres de document gros et attrayants, ou transformer radicalement la grosseur d'un texte.

- Les styles de titre sont spéciaux. Votre document peut être organisé à partir du style Titre 1 qui formate les titres principaux. Ensuite, les titres des sections du document pourront être mis en forme avec le style Titre 2, puis avec Titre 3, Titre 4, et ainsi de suite. L'organisation d'un document avec hiérarchisation des titres permet de profiter de toutes les fonctions de Word expliquées dans ce livre.
- Les titres ne doivent occuper qu'une seule ligne.
- Vous pouvez scinder un titre en deux en appuyant sur Maj+Entrée, créant ainsi un retour à la ligne.
- Lorsque vous avez fini de saisir un titre mis en forme avec le style Titre 1 ou tout autre style de titre numéroté, appuyez sur Entrée. Vous créez automatiquement un nouveau paragraphe qui utilise le style Normal. Ce style est un style de saisie du texte à la chaîne (voir l'encadré consacré à ce type de saisie plus loin dans ce chapitre).
- Le style Titre n'est pas un style de titre.
- Le style Normal s'applique automatiquement au corps du texte lorsqu'aucun autre style n'a été sélectionné.
- Les styles rapides fonctionnent uniquement avec les documents créés sous Word 2007. Pour les appliquer dans les anciens documents Word, vous devez préalablement convertir ces documents au format Word 2007.

Utiliser le volet Styles

La galerie des styles rapides se trouve dans le ruban. Elle n'affiche que les styles dernièrement utilisés. Cela s'avère bien souvent insuffisant. Heureusement, vous pouvez afficher bien plus de styles via le volet Styles illustré à la Figure 16.2.

Pour afficher ce volet, cliquez sur le bouton situé dans le coin inférieur droit du groupe Style, ou bien appuyez sur Alt+Ctrl+Maj+S (pas facile).

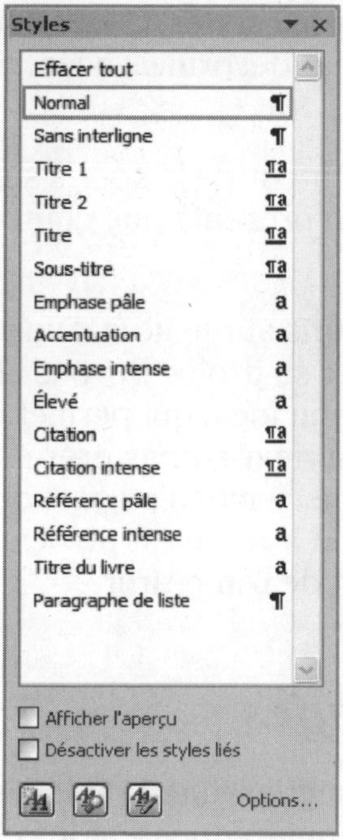

Figure 16.2 : Le volet Styles.

Le volet Styles fonctionne en fait comme le groupe Style du ruban. Pour sélectionner un style, choisissez-le dans la liste. Contrairement au ruban, vous ne profitez pas d'un aperçu de l'effet du style sur le texte lorsque vous y placez le pointeur de la souris. Vous devez cliquer sur ce dernier pour apprécier son effet sur le texte sélectionné, ou le paragraphe dans lequel se trouve le point d'insertion.

Pour fermer le volet Styles, cliquez sur son bouton X.

Voici quelques petites choses à mémoriser au sujet des styles :

- Pour que le nom du style donne un aperçu de la police qu'il utilise et de sa taille, cochez la case Afficher l'aperçu.

- Le volet Styles n'affiche que les styles "recommandés". Pour accéder à tous les styles de Word, cliquez sur le lien Options. Dans la boîte de dialogue Options du volet Styles, cliquez sur la liste Sélectionnez les styles à afficher, et choisissez Tous les styles. Cliquez sur OK. Tous les styles de Word sont désormais accessibles dans le volet Styles.

- Lorsque vous laissez le pointeur de la souris sur le nom d'un style, une info-bulle en présente une courte description.

- Placer le pointeur de la souris sur le nom d'un style affiche une petite flèche sur sa droite. Si vous cliquez dessus, vous ouvrez un menu local qui permet de contrôler le style. Lorsque le style n'est pas présent dans le ruban, la dernière option de ce menu permet de l'y ajouter. En revanche, quand le style est présent dans le ruban, cette option permet de l'en retirer.

Les styles du volet Styles

Le volet Styles peut subir un amaigrissement rapide et spectaculaire qui ferait pâlir tous ceux qui fréquentent les clubs minceurs de notre beau pays. Il prend la forme du volet Appliquer les styles (Figure 16.3).

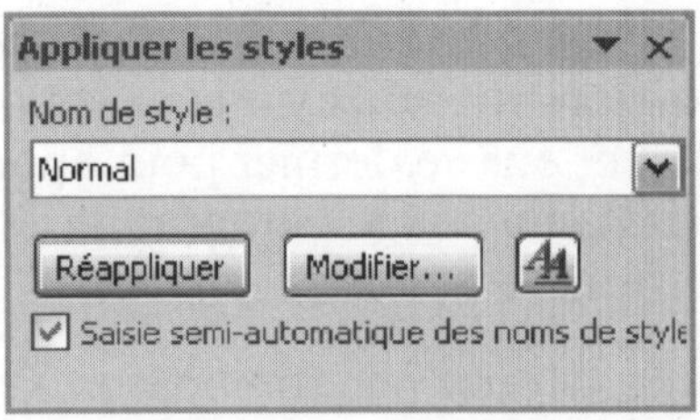

Figure 16.3 : Le volet Appliquer les styles.

Pour l'afficher, il suffit de cliquer sur le bouton Autres du groupe Style, ou d'appuyer sur Ctrl+Maj+S.

Identifier le style utilisé

Il est difficile d'identifier le style d'un texte. Parfois, il est placé en surbrillance dans le groupe Style. Vous pouvez aussi avoir une idée du style des caractères dans le groupe Police de l'onglet Accueil. Mais ces indications sont insuffisantes.

Pour déterminer le style utilisé, affichez l'Inspecteur de style par un clic sur le bouton éponyme du volet Styles (et représenté ci-contre). La boîte de dialogue Inspecteur de style apparaît comme à la Figure 16.4.

Figure 16.4 : L'Inspecteur de style.

Pour fermer l'Inspecteur de style, cliquez sur son bouton X.

Pour connaître en détails la mise en forme du texte, cliquez sur le bouton Révéler la mise en forme du volet Inspecteur de style. Le volet Révéler la mise en forme apparaît sur le côté droit de l'interface de Word. Il explique précisément la mise en forme de la police, du paragraphe, des sections etc. Pour le fermer, cliquez sur son bouton X.

Le raccourci clavier pour ouvrir le volet Révéler la mise en forme est Maj+F1.

Basculez vers un autre jeu de styles

Une raison qui vous fera préférer le style Emphase plutôt que l'application directe des italiques à votre texte via le bouton éponyme du groupe Police, ou le raccourci Ctrl+I, est qu'un style contient bien plus qu'un enrichissement de caractère. Vous pouvez ainsi changer radicalement l'aspect de votre document en choisissant un nouveau jeu de styles.

Pour sélectionner un thème, partez de l'onglet Accueil. Dans le groupe Style, cliquez sur le bouton Modifier les styles. À partir de là, vous pouvez parcourir les jeux, les couleurs, et les polices. Choisissez un style qui vous plait.

- Le jeu de style Par défaut est celui que vous utilisez depuis que vous êtes entré dans Word 2007.

Remplacer un style

Choisir un nouveau style remplace l'ancien. Si vous changez de style de paragraphe, vous ne modifiez pas le style des caractères. Tout ceci prend un sens dès que vous le pratiquez. Cependant, la plupart du temps vous chercherez à changer totalement de style. Pour y parvenir, vous devez utiliser la fonction Effacer la mise en forme.

Sélectionnez le texte dont vous souhaitez effacer la mise en forme, et cliquez sur le bouton éponyme du groupe Police (onglet Accueil).

- Le raccourci clavier de la commande Effacer la mise en forme est Ctrl+Barre d'espace, ou Alt+D, E.
- L'Inspecteur de style est un volet tout à fait adapté à la suppression d'une mise en forme. Il suffit de cliquer sur le bouton Effacer la mise en forme correspondant au style à réinitialiser.
- La commande Effacer la mise en forme supprime tout le formatage du texte, qu'il ait été appliqué via les styles rapides ou manuellement et fait revenir au style Normal.

Créer votre style

Je déteste le style Normal. Je suis profondément révolté par sa banalité, et je ne doute pas un instant que vous le soyez aussi. Dans les sections suivantes, nous verrons comment créer de nouveaux styles pour votre document, ne serait-ce que pour faire un pied-de-nez au triste style Normal.

Créer un style à partir d'un paragraphe que vous avez déjà mis en forme

La manière la plus facile de créer un nouveau style dans un document consiste à utiliser tout ce que vous savez de la mise en forme pour donner à un paragraphe exactement l'aspect que vous désirez. Vous pourrez ensuite créer le nouveau style sur la base de la mise en forme de ce paragraphe. Voici comment :

1. **Tapez et mettez en forme un paragraphe de texte.**

   Sélectionnez les différents attributs de mise en forme des caractères. Choisissez une police et une taille.

2. **Sélectionnez votre paragraphe.**

   Sélectionnez la mise en forme du paragraphe : l'alignement (gauche, droit, centré ou justifié), les retraits, etc. Pour savoir tout ce que vous pouvez faire, voyez le Chapitre 7.

3. **Appuyez sur Alt+Ctrl+Maj+S pour ouvrir le volet Styles.**

   Il se peut que le volet affiche votre style de paragraphe, mais sans le nommer.

4. **Cliquez sur le bouton Nouveau style.**

   Vous accédez à la boîte de dialogue Créer un style à partir de la mise en forme illustrée à la Figure 16.5.

5. **Dans le champ Nom, donnez un nom évocateur à votre style.**

   Optez pour un nom bref mais suffisamment descriptif.

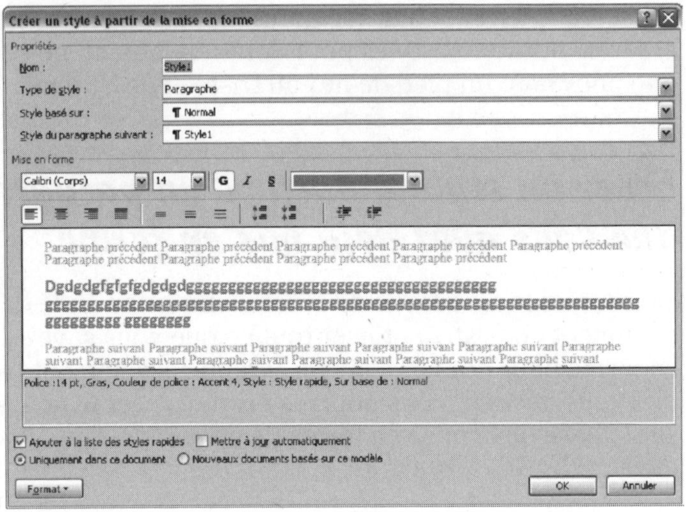

Figure 16.5 : La boîte de dialogue Créer un style à partir de la mise en forme.

6. **Dans la liste Type de style, vérifiez que Paragraphe est sélectionné.**

7. **Si nécessaire, effectuez d'autres modifications.**

   Toutes les options de la boîte de dialogue servent à créer des styles. Notez la présence du bouton Format dans le coin inférieur gauche de la boîte de dialogue. Ce bouton contient une liste d'éléments dont vous pouvez définir la mise en forme.

8. **Cochez l'option Ajouter à la liste des styles rapides si vous désirez placer votre style personnalisé dans cette catégorie.**

9. **Cliquez sur OK pour créer votre style.**

   Le nouveau style est ajouté à la liste des styles de votre document.

Le nouveau style est maintenant associé au paragraphe que vous avez utilisé pour le créer. Si vous tapez à la suite de celui-ci un nouveau paragraphe, il adoptera automatiquement ce style. De même, vous pouvez appliquer votre nouveau style à tout autre paragraphe de votre document.

La méthode la plus rapide pour créer un style de paragraphe basé sur le texte saisi et mis en forme aux étapes 1 et 2, consiste à cliquer sur le bouton Autres du groupe Style, et à exécuter la commande Enregistrer la sélection en tant que nouveau style rapide. Dans la boîte de dialogue qui apparaît, nommez le style, et cliquez sur OK.

Sachez que les styles les plus complets et les plus performants sont créés via la boîte de dialogue Créer un style à partir de la mise en forme. Ne l'écartez pas de vos possibilités.

Créer un style de caractère, de liste, et d'autres types de styles

La boîte de dialogue Créer un nouveau style à partir de la mise en forme permet de créer un des cinq styles de Word. Il suffit de choisir celui désiré dans la liste Type de style.

Par exemple, lorsque vous choisissez Caractère, vous n'avez accès qu'aux commandes de mise en forme de ce style.

- Reportez-vous à la section Type de styles plus haut dans ce chapitre.
- L'application d'un style de caractère à une portion de texte sélectionnée n'affecte pas la mise en forme du paragraphe dans lequel elle se trouve.

Modifier un style

Il vous arrivera plus d'une fois d'avoir besoin de modifier un style.

Voici comment procéder pour modifier un style :

1. **Ouvrez le volet Styles.**

   Cliquez sur le bouton situé dans le coin inférieur droit du groupe Style, ou appuyez sur Ctrl+Maj+Alt+S.

2. **Placez le pointeur sur le style que vous voulez modifier.**

3. **Cliquez sur la flèche pointant vers le bas qui apparaît à droite du nom du style.**

   Le menu du style s'affiche.

4. **Sélectionnez Modifier.**

   La boîte de dialogue Modifier le style apparaît. C'est en fait la boîte de dialogue Nouveau style qui s'appelle ici Modifier le style, puisqu'il s'agit de transformer un style qui existe déjà.

5. **Effectuez les modifications que vous voulez.**

   Pour modifier votre style, vous êtes libre d'utiliser tous les attributs de mise en forme disponibles. Vous pouvez aussi ajouter les attributs supplémentaires ou attribuer un raccourci clavier à votre style (nous vous dirons comment procéder dans la section suivante).

6. **Une fois terminé, cliquez sur OK.**

Si vous n'en avez plus besoin, vous pouvez fermer le volet.

Attribuer un raccourci clavier à un style

Pour attribuer un raccourci clavier à votre style, suivez ces étapes :

1. **Répétez les étapes 1 à 4 de la précédente section.**

   L'objectif ici est d'afficher la boîte de dialogue Modifier le style.

2. **Ouvrez le menu du style auquel vous voulez attribuer un raccourci.**

3. **Cliquez sur le bouton Format.**

4. **Dans le menu, sélectionnez Touche de raccourci.**

   La boîte de dialogue Personnaliser le clavier apparaît.

5. **Appuyez sur le raccourci clavier que vous voulez attribuer au style.**

   Le mieux est d'utiliser une combinaison comme Ctrl+Maj+*lettre* ou Alt+Maj+*lettre* ou Ctrl+Alt+*lettre*, (*lettre* est une lettre quelconque sur le clavier). Par exemple, Ctrl+Alt+C pour le style Corps.

6. **Vérifiez que votre raccourci n'est pas déjà utilisé.**

   Par exemple, Word utilise Ctrl+G pour la commande de mise en gras des caractères. Si vous tapez cette combinaison de touches dans le champ Nouvelle touche de raccourci, vous voyez apparaître au-dessous "`Affectées à : Gras`". Surveillez cette indication ! Si vous ne voulez pas que votre raccourci se substitue à celui d'une commande que vous pouvez utiliser par ailleurs, appuyez sur la touche Retour arrière pour en choisir un autre.

   Si le raccourci que vous tapez ne correspond à aucune commande existante, vous voyez apparaître `[Non attribuée]` à la place du nom de la commande.

7. **Cliquez sur Attribuer.**

8. **Cliquez sur Fermer.**

   La boîte de dialogue Personnaliser le clavier disparaît.

9. **Cliquez sur le bouton OK.**

   La boîte de dialogue Modifier le style disparaît.

Vous disposez maintenant d'un raccourci clavier pour votre style. Félicitations !

Supprimer un style

Vous pouvez supprimer tout style que vous avez créé. Affichez le volet Styles, ouvrez le menu du style que vous voulez supprimer, et sélectionnez Supprimer <nom du style>.

Une boîte de dialogue vous demande si vous êtes sûr de vouloir supprimer le style. Cliquez sur Oui et le style est supprimé.

Vous ne pouvez pas supprimer le style Normal, les styles Titre 1, Titre 2, et ainsi de suite, ni tout autre style standard de Word.

Chapitre 17

Travailler avec des modèles

Dans ce chapitre :

- Comprendre la notion de thèmes.
- Formater un document avec un thème.
- Créer vos thèmes.
- Intégrer le principe des modèles.
- Utiliser un modèle.
- Créer un modèle de document.
- Modifier un modèle de document.

Word intègre une série de commandes et de techniques qui permettent de structurer, de modéliser, un document entier en un coup de baguette magique. Cette baguette magique prend la forme de deux outils exceptionnels : les thèmes et les modèles.

Bien entendu, la boîte de Word 2007 ne contient pas la baguette magique en question. Inutile de perdre du temps à la chercher. Contentez-vous de la remplacer par votre souris. Donc, un clic, et voilà votre document qui prend une allure résolument professionnelle. Ce chapitre explique comment utiliser ces outils en toute simplicité pour transformer l'utilisateur le plus nul en petit génie du traitement de texte.

Mise en forme rapide et sophistiquée avec un thème

Les thèmes sont utilisés pour apporter une touche décorative à vos documents. Ils prennent alors un aspect stylisé.

Un thème consiste en trois éléments principaux :

- **La couleur :** Un jeu de couleurs défini la couleur du texte et celle de son arrière-plan. Elle s'applique également aux éléments graphiques et aux liens hypertextes du thème sélectionné.
- **Les polices :** Un thème contient deux polices de caractère. La première s'applique aux titres, et la seconde au corps du texte.
- **Les effets graphiques :** Ces effets s'appliquent à n'importe quels graphiques ou éléments de conception du document. Ils peuvent inclure des éléments 3D, un ombrage, des dégradés, des ombres portées, et bien d'autres subtilités esthétiques.

Chacun de ces éléments est organisé dans un thème, nommé, et placé dans le menu Thèmes pour en faciliter l'application au document.

Pour plus d'informations sur l'application des thèmes, consultez la prochaine section.

- Les polices, les couleurs, et les effets des thèmes sont l'œuvre de graphistes professionnels qui cherchent l'harmonie entre les différents éléments qui entrent dans la composition d'un thème.
- Les effets graphiques d'un thème ne s'appliquent qu'aux graphiques du document. Le thème n'insère pas d'image dans le texte. Reportez-vous au Chapitre 23 pour plus d'informations sur les graphiques exploités dans Word.
- Vous pouvez utiliser diverses commandes du menu local Thèmes pour trouver et découvrir encore plus de possibilités de mise en forme d'un document.

N'OUBLIEZ PAS

- Choisir un thème affecte la totalité du document en une seule opération. Pour affecter des paragraphes ou des morceaux de texte spécifiques, appliquez un style ou formatez-les manuellement comme expliqué au Chapitre 16.
- Un thème n'écrase pas les styles du document. Son objectif est d'accentuer ces derniers ou de les mettre en valeur. Le thème peut contenir des informations de couleurs, appliquer une autre police, ou présenter divers éléments graphiques. En revanche, et j'insiste sur ce point, il ne change pas les styles en place.
- Les thèmes ne fonctionnent qu'avec les documents Word 2007. Pour appliquer un thème à un document créé avec une ancienne version de Word, vous devez préalablement le convertir (voir le Chapitre 25).

Appliquer un thème

Le choix d'un thème s'effectue dans l'onglet Mise en page, groupe Thèmes. Pour afficher les thèmes prédéfinis, cliquez sur le bouton Thèmes. La Figure 17.1 montre le contenu de ce menu local.

- Chaque thème prédéfini contrôle trois éléments essentiels, modifiant le document en conséquence.
- Placez le pointeur de la souris sur un thème pour obtenir un aperçu direct de son effet sur votre document.
- Cliquez sur le thème que vous souhaitez appliquer.
- Comme un document ne peut être formaté que par un seul thème à la fois, si vous en choisissez un nouveau, il remplace totalement celui qui était en cours d'utilisation.
- Pour annuler l'application d'un thème, choisissez le thème Bureau, ou exécutez la commande Restaurer le thème à partir du modèle (voir la Figure 17.1).

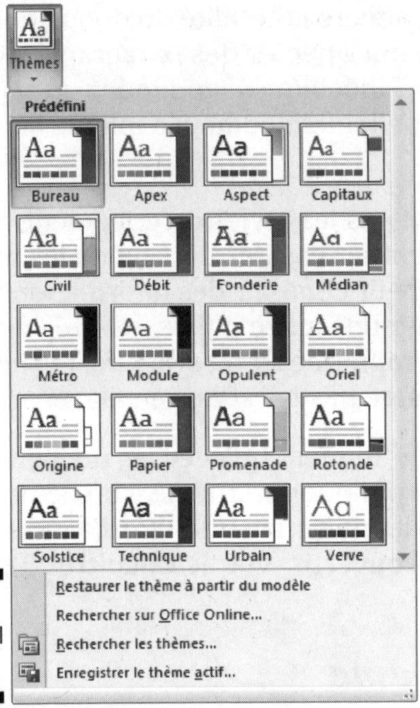

Figure 17.1 : Le menu local Thèmes.

TRUC

- Si vous souhaitez modifier une partie du thème, comme ses polices, utilisez les boutons de commande Couleurs du thème, Polices du thème, et Effets du thème, tous contenus dans le groupe Thèmes.

Modifier ou créer un thème

Vous ne pouvez pas créer un thème sans partir d'un thème existant. Donc, sa création, dans un certain sens, passe par la modification d'un autre thème prédéfini. Pour cela, jouez avec le contenu des boutons Couleurs du thème, Polices du thème, et Effets du thème.

Dès que vous avez transformé les éléments d'un thème existant, exécutez la commande Enregistrer le thème actif. Dans la boîte de dialogue éponyme, nommez votre nouveau thème, et enregistrez-le sur votre disque dur. Ce thème apparaît ensuite dans la zone Personnalisé (créée suite à l'enregistrement d'un thème personnalisé) du menu local Thèmes.

Les modifications réalisables sont relativement nombreuses. Il est possible de créer des couleurs ou des polices personnalisées que vous utiliserez dans des thèmes. Pour cela, cliquez sur le bouton Couleurs du thème ou Polices du thème :

- **Pour créer une couleur de thème personnalisée,** cliquez sur Couleurs du thème/Nouvelles couleurs du thème. Dans la boîte de dialogue Créer de nouvelles couleurs de thème, définissez les couleurs à appliquer au texte et aux divers éléments graphiques de votre document.
- **Pour créer une police de thème personnalisée,** cliquez sur Polices du thème/Nouvelles polices de thème. Dans la boîte de dialogue Créer de nouvelles polices de thème définissez les polices qui s'appliqueront aux titres et au corps du texte.

Dans chacune de ces hypothèses de personnalisation, vous devez attribuer un nom et effectuer un enregistrement sur disque. Ensuite, vous sélectionnerez vos couleurs et polices personnalisées dans la partie éponyme des menus locaux respectifs.

- Pour supprimer un thème personnalisé, effectuez un clic droit sur le thème, et exécutez la commande Supprimer.
- Idem pour les couleurs et les polices. Dans leur menu correspondant, cliquez du bouton droit de la souris sur le thème personnalisé, et choisissez Supprimer dans le menu contextuel. Dans la boîte de dialogue demandant confirmation de la suppression, cliquez sur Oui.

Similarité des documents grâce aux modèles

Un *modèle* n'est rien d'autre que la description de la forme d'un document. C'est un peu comme un moule dont on sort une forme que l'on peut reproduire autant de fois que l'on veut, et que l'on peut peindre ensuite de différentes couleurs.

Un modèle de document Word permet de donner une allure similaire à plusieurs documents. C'est essentiellement un squelette de document sur lequel vous pouvez ajouter votre texte (ou peindre la forme qui sort du moule, si l'on suit notre exemple). Un modèle contient principalement des styles, mais il peut aussi contenir du texte, des images et même sa propre barre d'outils. C'est ce que nous allons décrire dans ce chapitre (excepté pour la barre d'outils).

Qu'est-ce qu'un modèle ?

Les modèles de document sont extrêmement pratiques. J'en ai un pour écrire des fax, un pour écrire des lettres, et un pour chaque type de livre que j'écris. La collection *Pour les Nuls* a donc son propre modèle qui contient tous les styles utilisés dans ce livre. C'est ce modèle que j'utilise chaque fois que je commence un nouveau chapitre, afin que tous les paragraphes, titres, légendes et autres correspondent à ce que souhaite mon éditeur. Voilà pourquoi j'ai un éditeur heureux (en tout cas, je l'espère).

Utiliser un modèle de document

Word est fourni avec une assez abondante collection de modèles de document, qui peuvent vous aider à vous faire une idée de la manière dont on peut utiliser un modèle, mais que vous pouvez aussi tout simplement utiliser pour créer des documents d'usage courant. Pour utiliser un modèle de document, suivez ces étapes :

1. **Cliquez sur Fichier/Nouveau.**

   Vous affichez le volet Nouveau document.

2. **Recherchez le modèle à utiliser.**

Dans Word, vous accédez aux modèles par deux supports différents. D'abord, il y a le site Web de Microsoft. Vous y trouvez des modèles sur tous les sujets. Ensuite, il y a Sur mon ordinateur qui centralise tous les modèles livrés avec Word et ceux que vous avez créés.

3. **Sélectionnez un modèle récemment utilisé.**

4. **Cliquez sur le lien Sur mon ordinateur.**

   La boîte de dialogue Modèles apparaît. Elle contient de nombreux onglets qui organisent les modèles par catégorie.

5. **Sélectionnez un modèle.**

   Les modèles sont organisés en catégories, représentées par les onglets dans la boîte de dialogue.

   Les *assistants* sont des programmes qui vous guident à travers les étapes de la création d'un nouveau document.

   Les modèles sont des documents Word d'un type spécial qui contiennent différents styles, ainsi que, éventuellement, du texte et des images, c'est-à-dire de quoi commencer un nouveau document d'un type donné. Par exemple, le modèle Lettre professionnelle de l'onglet Lettres & Télécopies contient différentes zones prédéfinies à remplir, aux endroits correspondant à ceux d'une lettre commerciale habituelle.

   Le modèle Document vide de l'onglet Général (que nous appelons le plus souvent modèle Normal) correspond au fichier NORMAL.DOT. C'est le modèle utilisé par Word lorsque vous créez un nouveau document en cliquant sur le bouton Nouveau dans la barre d'outils.

6. **Cliquez sur OK.**

   Word ouvre le nouveau document, sur la base du modèle sélectionné, avec les styles, mises en forme et autres, tout cela prêt à l'emploi. Vous pouvez donc utiliser aussitôt tous les styles contenus dans le modèle, de même que tout texte ou tout autre élément qui s'y trouve.

Créer un nouveau document sur la base d'un modèle ne modifie pas ce dernier. Le nouveau document ne fait qu'utiliser les styles ou autres éléments que contient le modèle. Nous parlerons de la modification d'un modèle plus loin dans ce chapitre.

Certains des modèles de Word peuvent aussi être utilisés pour créer une page Web. Honnêtement, Word n'est pas un très bon éditeur de page Web. S'il l'était, pourquoi Microsoft aurait-il besoin de développer des logiciels tel que FrontPage ?

Créer un modèle à partir d'un document existant

Pour créer un modèle, suivez ces étapes :

1. **Choisissez le document sur lequel vous voulez baser le modèle.**

   Bien que Word vous permette de créer un modèle à partir de zéro, je trouve par expérience qu'il est plus pratique de partir d'un document existant. Vous pouvez donc partir d'un document que vous avez déjà créé ou en créer un nouveau pour les besoins de la cause.

   Si vous choisissez de créer un nouveau document, il vous suffit d'y mettre tous les styles dont vous avez besoin, plus le texte qui revient dans tous vos documents. Par exemple, mon modèle Livre (quand j'arrête d'écrire des livres d'informatique pour écrire de "vrais" livres) contient tous les styles dont je peux avoir besoin dans un livre, ainsi que le mot *Chapitre* en haut de la première page. C'est tout simplement parce que chaque document est un chapitre et qu'en m'évitant d'avoir à taper chaque fois le mot *Chapitre* j'économise un tout petit peu de ma précieuse énergie.

Si vous utilisez un document existant, commencez par en faire une sauvegarde sur le disque, rien que pour être sûr de ne pas le perdre. Supprimez ensuite tout le texte que vous ne voulez pas mettre dans le modèle. Modifiez si nécessaire l'en-tête et le pied de page de manière à ce qu'ils ne comportent que ce dont vous avez besoin.

N'OUBLIEZ PAS

La Figure 17.2 présente un modèle que j'ai créé, avec un peu de texte et des images. Souvenez-vous qu'un modèle ne doit contenir que les styles et le texte que vous désirez retrouver dans tous vos documents. Dans la Figure 17.2, il n'y a que le texte qui revient à l'identique dans tous les documents. Le reste sera ajouté par l'utilisateur après avoir créé un nouveau document sur la base du modèle.

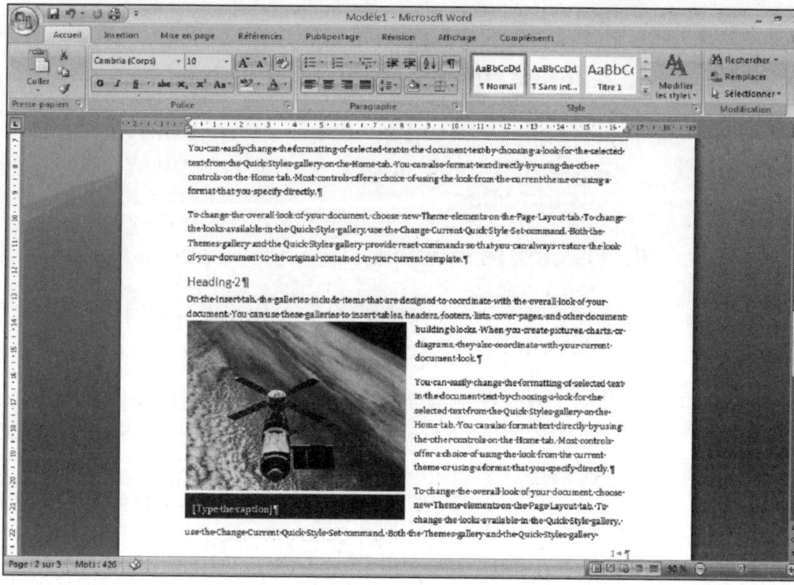

Figure 17.2 : Un exemple de modèle.

2. Dans le bouton Office, choisissez Enregistrer sous.

La boîte de dialogue Enregistrer sous apparaît. C'est la même que pour enregistrer n'importe quel document Word. Si vous avez besoin de vous rafraîchir la mémoire à ce sujet, reportez-vous au Chapitre 9.

3. **Dans le champ Nom du fichier, tapez un nom pour le fichier.**

   Choisissez un nom court et évocateur.

   Il n'est pas nécessaire d'utiliser le mot *modèle* pour nommer le fichier.

4. **Dans la liste déroulante Type de fichier, sélectionnez** `Modèle Word (*.dotx)`.

   C'est là qu'est le secret. Le document doit être enregistré en tant que modèle de document. Sélectionner ce type de fichier dans la liste indique à Word d'enregistrer le document en tant que modèle dans le dossier Modèles de Word.

5. **Cliquez sur le bouton Enregistrer.**

   Votre travail est enregistré sur le disque en tant que modèle de document, à l'endroit où Word conserve tous ses modèles.

6. **Fermez le modèle.**

   Pour fermer la fenêtre du modèle, cliquez sur Fermer dans le bouton Office.

   Une fois que le modèle est défini, il est nécessaire de le fermer, car les modifications que vous feriez à partir de là dans sa fenêtre seraient des modifications apportées au modèle lui-même et non à un nouveau document. Si vous voulez utiliser ce modèle pour créer un nouveau document, il vous faut le sélectionner dans la boîte de dialogue Modèles, comme nous l'avons décrit un peu plus haut.

- Lorsque vous désirez créer un modèle sans aucune référence à un modèle existant, vous devez parfaitement connaître les commandes de style et de mise en forme de Word.

- Souvenez-vous de ce qu'est la finalité d'un modèle : stocker en un endroit unique des styles et des informations souvent utilisés.

  Vous pouvez donner à un modèle le nom de fichier que vous voulez, mais si vous choisissez le nom d'un modèle qui existe déjà, Word vous en prévient. C'est la même chose que pour enregistrer n'importe quel fichier : choisissez un autre nom, et poursuivez.

Créer un modèle à partir de rien

La première chose que je fais avant de débuter mes projets est de créer un nouveau modèle. Bien entendu, rien ne vous y oblige, mais je sais qu'un modèle représente un gain de productivité non négligeable. Voici comment créer ce type de modèle :

1. **Dans le bouton Office, choisissez Nouveau.**

   La fenêtre Nouveau document s'affiche.

2. **Dans le volet gauche, cliquez sur Mes modèles.**

3. **Dans la boîte de dialogue Nouveau, sélectionnez Normal.dotm.**

4. **Dans la partie inférieure droite, choisissez Modèle, et cliquez sur OK.**

   La barre de titre de Word indique bien que vous travaillez sur un modèle.

5. **Créez votre modèle en ajoutant du texte, une mise en forme, et d'autres éléments.**

   Lorsque vous créez un nouveau modèle, placez dans le document tous les styles que vous désirez utiliser, plus du texte générique. Par exemple, si vous écrivez un livre, vous allez créer un style *Chapitre* qui reprendra la mise en forme du texte des chapitres de votre futur *best-seller.*

6. **Dans le bouton Office, cliquez sur Enregistrer sous/ Modèle Word.**
7. **Dans la boîte de dialogue Enregistrer sous, donnez un nom significatif au modèle.**
8. **Cliquez sur Enregistrer.**

Pour plus d'informations sur l'utilisation d'un nouveau modèle, consultez le Chapitre 9.

Modifier un modèle que vous avez créé

Un modèle Word se modifie de la même manière que n'importe quel document Word. La seule différence est que vous commencez par ouvrir un modèle au lieu d'ouvrir un document. C'est une différence mineure dans le processus, mais elle est cruciale, car un modèle n'est pas vraiment un document. Vous pouvez aussi ouvrir un document, y faire vos modifications puis l'enregistrer sous forme de modèle.

Toutes les modifications apportées aux styles d'un modèle de document affectent l'ensemble des documents créés avec ce style. C'est normal puisque vous modifiez un modèle et non pas simplement un document.

Chapitre 18

Petites astuces de mise en forme

Dans ce chapitre :

- La magie de la mise en forme.
- Créer des listes et des bordures automatiques.
- Comprendre la notion de champs.

Les techniques décrites dans les précédents chapitres et attenantes à la mise en forme trouvent un prolongement naturel dans ce dix-huitième chapitre. Il s'agit pour moi de vous exposer quelques trucs qui vont vous transformer en expert de la mise en forme. Donc, bienvenue dans le monde magique du formatage des documents.

Mise en forme automatique

Word propose une fonction appelée Mise en forme automatique qui est au formatage d'un document ce que la Correction automatique est à la saisie du texte (voir le Chapitre 8). La mise en forme automatique corrige immédiatement les faux pas de formatage.

- Pour fonctionner, la mise en forme automatique doit être activée.
- Reportez-vous à la section Désactiver cette satanée mise en forme automatique, plus loin dans ce chapitre, si vous rencontrez des problèmes avec l'utilisation de

cette fonction ou si vous ne voulez plus subir sa dictature. En effet, cette mise en forme automatique peut avoir tendance à irriter certains utilisateurs.

Les plaisirs de la mise en forme automatique du texte

La mise en forme automatique contrôle des aspects mineurs du formatage de votre texte. Pour avoir un aperçu des différentes fonctions, il suffit d'ouvrir un document Word et de taper quelques phrases comme dans les sections suivantes. Sachez qu'il s'agit ici d'une infime partie de ce que la fonction étudiée est capable de réaliser.

Modification automatique des guillemets

Les guillemets que vous saisissez au clavier peuvent prendre plusieurs aspects. Ainsi, vous pouvez demander à convertir les guillemets " " en guillemets « ».

Fractions

Vous pouvez mettre en forme les fractions avec des caractères de fractions. Ainsi, lorsque vous saisissez `1/2`, dès que vous tapez un autre caractère ou appuyez sur la barre d'espace vous obtenez $^1/_2$.

Liens hypertexte

Word souligne automatiquement les liens hypertextes que vous saisissez dans vos documents comme j'irais à `www.enfer.com`, et j'en reviendrais. Si vous ne souhaitez pas disposer de liens actifs, il suffit d'en décocher l'option de mise en forme automatique.

Ordinaux

Les ordinaux sont des chiffres écrits en abrégé. Par exemple, au lieu de taper premier, vous saisissez 1er. Le `er` se positionne automatiquement en exposant.

Demi-cadratin

Un *demi-cadratin* est un terme de saisie qui identifie les traits d'union plus long que les autres. Beaucoup de personne tape deux traits d'union pour simuler un demi-cadratin. Word corrige ceci :

La première apparition sur scène de Philip fut un triomphe – sauf pour sa braguette ouverte.

Les deux tirets sont remplacés par un demi-cadratin.

- Le raccourci clavier pour saisir un demi-cadratin est Ctrl+Alt+-, ou Ctrl+8.
- Pour un simple tiret, appuyez sur Ctrl+-.
- N'appuyez pas sur Ctrl+Alt+tiret quand cette touche existe sur votre clavier car vous risquez d'activer des modes cachés de Word qui ne vous apporteront que des soucis. Si c'est le cas, appuyez immédiatement sur Échap.

ATTENTION !

Astuces de mise en forme de paragraphes

Au niveau du paragraphe, la mise en forme automatique vous aide à régler rapidement des erreurs de formatage. Certains utilisateurs adorent cela, d'autres le détestent. Nous allons en étudier quelques exemples étudier dans les sections suivantes.

N'OUBLIEZ PAS

Si la mise en forme automatique vous agace, consultez la section Désactiver cette satanée mise en forme automatiquement plus loin dans ce chapitre.

Listes numérotées

Chaque fois que vous commencez un paragraphe par un chiffre, Word présume que vous désirez créer une liste numérotée. En voici la preuve :

À faire aujourd'hui :

1. Acheter la litière du chat.

Dès que vous appuyez sur Entrée pour créer le troisième paragraphe, l'icône des options de correction automatique apparaît. Cliquez sur sa flèche si vous désirez arrêter la création automatique d'une liste numérotée. Sinon, les deux premiers paragraphes se retrouvent en retrait de la première ligne et un chiffre incrémenté d'une unité commence chaque nouvelle ligne. Pour éviter cela, appuyez deux fois de suite sur Entrée.

- Cette correction s'effectue également quand vous saisissez une lettre suivie d'un point (comme pour des chiffres romains).
- Les listes à puces peuvent aussi être créées de cette manière.
- Appuyez deux fois de suite sur Entrée arrête la création automatique des listes et applique le style Normal au paragraphe.

Bordures

Une ligne située au-dessus ou en dessous d'un paragraphe se nomme une *bordure*. La majorité des utilisateurs appelle cela un trait. Pour créer automatiquement un trait, saisissez trois tirets –, et appuyez sur Entrée. Une ligne continue s'étend du bord gauche au bord droit de la marge.

- Pour créer une ligne double, tapez trois fois sur le signe égal, et appuyez sur Entrée.

- Pour créer une ligne épaisse, appuyez trois fois sur le signe de soulignement, puis sur Entrée.

Annuler la mise en forme automatique

Il y a deux manières d'annuler une mise en forme automatique. La première, tout à fait classique, consiste à appuyer sur Ctrl+Z. La seconde consiste à cliquer sur l'icône des options de correction automatique illustrée à la Figure 18.1. Parmi ses commandes, vous trouverez Annuler.

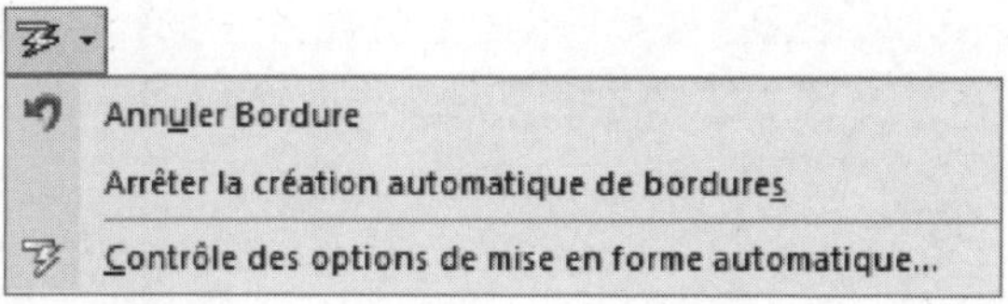

Figure 18.1 : Contrôler les options de mise en forme automatique.

Désactiver cette satanée mise en forme automatique

La mise en forme est très subjective. De ce fait, certains utilisateurs ne supportent pas son automatisme. Comme elle est contrôlée par plusieurs options d'une boîte de dialogue, voici ce que vous pouvez faire pour en limiter, voire en annuler l'action :

1. **Dans le bouton Office, cliquez sur Options Word.**
2. **Dans le volet gauche de la boîte de dialogue Options Word, cliquez sur Vérification.**
3. **Cliquez sur le bouton Options de correction automatique.**
4. **Dans la boîte de dialogue qui apparaît, cliquez sur l'onglet Lors de la frappe.**

Cette partie de la boîte de dialogue illustrée à la Figure 18.2 contient toutes les options de correction automatique qui s'effectuent au moment où vous saisissez le texte de votre document.

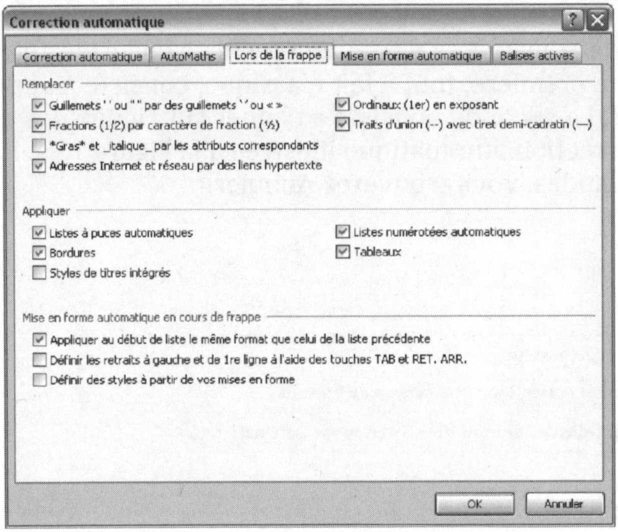

Figure 18.2 : Mise en forme automatique lors de la frappe.

5. **Activez et désactivez les options de mise en forme que vous souhaitez.**
6. **Cliquez sur l'onglet Mise en forme automatique.**
7. **Activez et désactivez les options choisies.**
8. **Cliquez sur OK pour valider vos choix, et fermez la boîte de dialogue Options Word.**

Maîtriser les champs

A priori seul un être humain peut modifier le contenu d'un document Word. En êtes-vous vraiment certain ? Si vous répondez par l'affirmative c'est que vous ne connaissez pas les champs.

Les *champs* sont des éléments qui s'actualisent automatiquement en fonction du type de données qu'ils contiennent comme : la page en cours, la date, votre nom, et bien d'autres choses encore.

Insérer un champ dans un document

Pour bénéficier de la toute puissance des champs, utilisez la boîte de dialogue Champ représentée à la Figure 18.3. Pour cela, accédez au contenu de l'onglet Insertion. Dans le groupe Texte, cliquez sur Composants QuickPart.

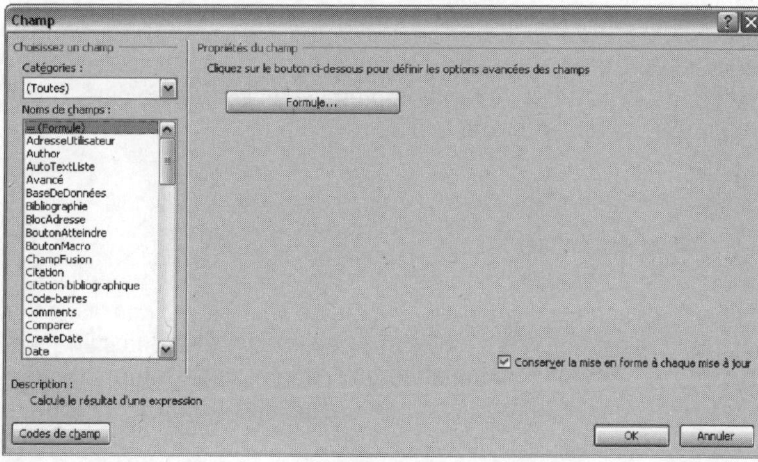

Figure 18.3 : La boîte de dialogue Champ.

Le côté gauche de la boîte de dialogue affiche une liste des différentes catégories et noms des champs. Le contenu de la partie droite change en fonction du type de champ sélectionné à gauche.

Par exemple, si vous cliquez sur *Author* (auteur), la section Propriétés du champ de la boîte de dialogue vous invite à définir la mise en forme du champ qui affichera le nom de l'auteur du document. Choisissez Majuscules, et cliquez sur OK pour insérer ce champ dans le document. Il se peut que votre nom apparaisse immédiatement à l'emplacement du champ.

Bien qu'un champ ressemble à du texte, sachez qu'il n'en est rien. Ce n'est que la partie visible de l'iceberg. Essayez d'appuyer sur la touche Retour arrière pour effacer le contenu du champ. Eh bien, vous ne faites que le sélectionner, preuve qu'il ne s'agit pas d'un texte normal. Appuyez sur la barre d'espace pour effacer le champ.

- Vous ne pouvez pas modifier le texte affiché par un champ. Vous ne pouvez que supprimer le champ : pour cela, sélectionnez-le et appuyez sur Suppr ou Retour arrière.

Ces mystérieuses balises

Lorsque Word crée un en-tête ou un pied de page, notamment pour insérer un numéro de page, vous voyez le contenu spécial formaté différemment d'un champ. Ce contenu ressemble à ceci :

Ce *contrôle du contenu* est un champ spécial qui contient des informations dynamiques liées au document. Ce type de contrôle est généralement inséré par des commandes Word, telles que celles qui créent automatiquement des en-têtes et des pieds de page, ou qui insèrent des numéros de page. Vous pouvez également utiliser le bouton Composants QuickPart/Propriétés pour insérer un contrôle de propriété.

Le contenu de ces contrôles peut être modifié. D'ailleurs, certains d'entre eux sont entièrement destinés à cela. Sachez cependant que le contenu des contrôles identiques à celui que vous modifiez subit exactement le même changement. Par conséquent, soyez très vigilant.

Les contrôles dont l'actualisation du contenu dépend du temps qui s'écoule peuvent être mis à jour en appuyant sur la touche F9.

Certains contrôles comme ceux affichant une date disposent d'un bouton qui, lorsque vous cliquez dessus, affiche un petit calendrier permettant de définir les propriétés de la date.

Pour insérer automatiquement un contrôle de date dans votre document, appuyez sur Alt+Maj+D. Pour insérer un contrôle d'heure, appuyez sur Alt+Maj+H.

- Pour ajuster le champ, effectuez un clic droit dessus, puis choisissez Modification du champ dans le menu contextuel. La boîte de dialogue Champ apparaît.
- Certains contenus des champs peuvent changer. Pour être certain que le champ annonce la dernière valeur qu'il devrait afficher, faites un clic droit dessus. Dans le menu contextuel, choisissez Mettre à jour le champ.

Jouer avec des champs

Vous pouvez insérer un grand nombre d'informations dynamiques sous forme de champs. Les sections suivantes présentent mes préférés. Pour chaque procédure je suppose que la boîte de dialogue Champ est ouverte (Figure 18.3).

Numéros de page

Pour que la numérotation des pages soit aussi précise que possible, je vous conseille d'insérer un champ :

1. **Dans la boîte de dialogue Champ, déroulez la liste Catégories, et choisissez-y Numérotation.**
2. **Dans la liste Noms de champs, choisissez Page.**
3. **Dans la section Propriétés du champ, choisissez un format de numérotation.**
4. **Cliquez sur OK.**

Le numéro de la page en cours est inséré dans le document. Bien entendu vous pouvez insérer un tel champ dans un entête ou un pied de page.

Nombre total de pages

Pour insérer le nombre total de pages de votre document :

1. **Dans la liste Catégories, choisissez Résumé.**

2. **Dans la liste Noms de champs, cliquez sur NumPages.**
3. **Choisissez un format.**
4. **Cliquez sur OK.**

Nombre de mots

Vous êtes payé au mot ? Alors veillez que Word insère le total des mots contenus dans votre document !

1. **Dans la liste Catégorie, choisissez Résumé.**
2. **Dans la liste Noms de champs, optez pour NumWords.**
3. **Dans la section Propriétés du champ, sélectionnez un format.**
4. **Cliquez sur OK.**

Date d'impression

J'aime insérer dans un en-tête la date en cours de manière à savoir quand le document a été imprimé pour la dernière fois. Voici comment procéder :

1. **Dans la liste Catégories, choisissez Date et heure.**
2. **Sélectionnez PrintDate, puis un format.**
3. **Cliquez sur OK.**

Dans la catégorie Date et heure, d'autres formats de date peuvent être sélectionnés. Toutefois, seul le format PrintDate s'actualise quand vous imprimez le document.

Quatrième partie

Un peu de fantaisie dans vos documents

"Ils ne veulent pas me laisser passer tant que je n'ai pas enlevé toutes les puces de mon document Word !"

Dans cette partie...

Tout le monde attend d'un traitement de texte plus que la simple saisie et mise en forme du document. Dans cette partie, vous allez étudier les outils qui dépassent les fonctions élémentaires de Word.

Chapitre 19

Cadres, bordures et trames

Dans ce chapitre :

- Aborder la notion de traits et de bordures.
- Utiliser la boîte de dialogue Bordure et trame.
- Tracer un cadre autour de votre texte.

Il y a dix ans, tracer un cadre autour de votre texte était considéré comme une fonction beaucoup trop avancée pour un simple traitement de texte. On se contentait d'utiliser les symboles égal, tiret, ou soulignement pour décorer le texte, affiner la mise en page. Mais Word n'est pas un traitement de texte ordinaire. Ce chapitre va donc expliquer comment tracer des cadres (que l'on appelle *bordures* dans Word) et ajouter une ombre à votre texte.

Le principe des bordures

Pour bien comprendre le fonctionnement des lignes et des traits dans Word, vous devez intégrer quelques petites choses. Dans Word, nous parlons de *bordures*. Une fois ce terme assimilé, vous devez comprendre que les bordures s'appliquent principalement aux paragraphes. Elles apparaissent au-dessus, en dessous, ou sur les côtés. Vous ne pouvez pas "bordurer" un seul mot.

Le bouton de commande des bordures

Ce bouton de commande facilite la création des bordures. Vous le trouverez dans le groupe Paragraphe de l'onglet Accueil. Cliquez sur ce bouton pour dérouler une liste d'options de bordure qui permet aussi bien d'en appliquer que d'en supprimer dans votre document.

Lorsque vous cliquez sur ce bouton qui, pour les ingénieurs de Microsoft se nomme Toutes les bordures, un menu local illustré à la Figure 19.1 apparaît. Choisir un type de bordure l'applique au texte mais modifie également l'aspect du bouton Toutes les bordures.

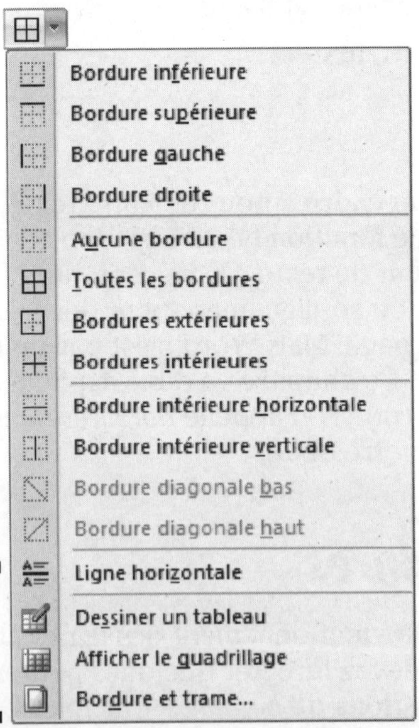

Figure 19.1 : Le menu Toutes les bordures.

N'OUBLIEZ PAS

Vous ne pouvez appliquer qu'un seul type de bordure à la fois. Choisir un autre style remplace le style en cours. Pour combiner plusieurs types de bordures, vous devez passer par la boîte de dialogue Bordure et trame.

La boîte de dialogue Bordure et trame

Pour disposer d'un contrôle total sur les bordures, vous devez utiliser la boîte de dialogue Bordure et trame illustrée à la Figure 19.2. Pour la faire apparaître, cliquez sur l'option éponyme située tout en bas du menu Toutes les bordures.

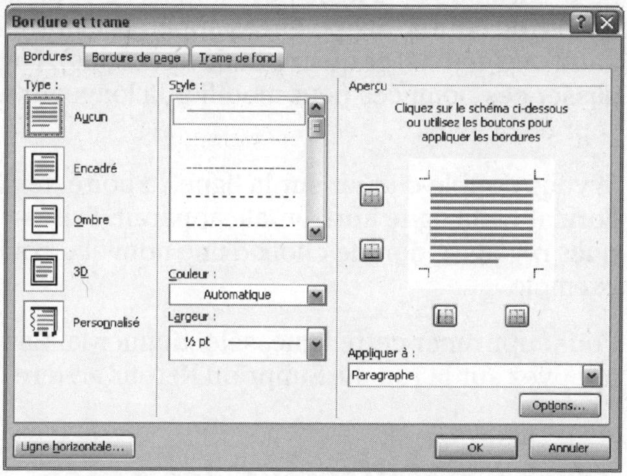

Figure 19.2 : La boîte de dialogue Bordure et trame.

Cette boîte de dialogue propose des options supplémentaires. Notamment, vous pouvez paramétrer le style de trait, son épaisseur, et sa couleur.

Encadrer votre texte

Cette section décrit comment appliquer des bordures au texte. Elle se base principalement sur les options de la boîte de dialogue Bordure et trame.

Tracer des lignes épaisses

Pour diviser un texte, vous utiliserez souvent des lignes (ou traits) plus ou moins épais. Pour cela, il suffit d'exécuter la commande Ligne horizontale du menu Toutes les bordures.

Word insère une ligne sur toute la largeur de la page, dans le pur respect des marges.

- Contrairement aux bordures, la ligne horizontale n'est pas attachée à un paragraphe. Donc, elle ne s'insère pas chaque fois que vous tapez un nouveau paragraphe.
- Pour paramétrer la ligne horizontale, sélectionnez-la par un clic de souris. Six poignées apparaissent (une en haut, une en bas, et quatre dans les angles). Faites glisser ces poignées pour modifier la longueur et l'épaisseur de la ligne.
- Si vous double-cliquez sur la ligne, la boîte de dialogue Format de la ligne horizontale apparaît. Faites-y quelques réglages, dont le choix d'une nouvelle couleur par exemple.
- Pour supprimer cette ligne, sélectionner-la. Ensuite, appuyez sur la touche Suppr ou Retour arrière.

Encadrer partiellement des zones

Les bordures n'ont pas besoin d'être reliées entre elles. Par exemple, le titre d'une lettre d'informations peut se situer entre une bordure supérieure et une bordure inférieure. Vous pouvez obtenir cet effet via la boîte de dialogue Bordure et trame :

1. **Placez le point d'insertion dans le paragraphe à encadrer partiellement.**
2. **Accédez à la boîte de dialogue Bordure et trame.**
3. **Sélectionnez un style de ligne, une couleur, et une largeur.**

4. **Cliquez sur le bouton Haut.**

5. **Cliquez sur le bouton Bas.**
6. **Cliquez sur OK.**

TRUC

Vous pouvez ajuster les marges du paragraphe vers l'intérieur pour que le texte se détache bien de la page. Pour plus de détails, consultez le Chapitre 12.

Si vous appuyez sur Entrée à la fin du paragraphe, vous commencez un nouveau paragraphe sans bordure. Assignez le style qui convient à ce nouveau texte.

Encadrer des paragraphes ou de petites portions de texte

Word vous permet de mettre un cadre autour de n'importe quelle portion de texte dans votre document. Vous pouvez par exemple encadrer un titre ou un paragraphe dont vous voulez faire ce que l'on appelle justement un *encadré*, ou même un simple mot. Peu importe.

Tout se passe dans la boîte de dialogue Bordure et trame.

TRUC

Pour vous assurer que la bordure est appliquée au texte et pas à la totalité du paragraphe, choisissez À texte dans la liste Appliquer à. Attention car cette option n'est disponible que si un ou plusieurs mots sont sélectionnés dans le document.

Encadrer un titre

En général, il est important de bien présenter le titre d'une lettre ou d'un bulletin d'information, comme à la Figure 19.3. De prime abord, vous paniquez à l'idée d'être incapable de réaliser une telle présentation. Pourtant, sachez qu'il m'a fallu moins de cinq minutes pour la réaliser.

La réussite de cette entreprise tient à peu de choses. Vous commencez par saisir et par mettre en forme les divers paragraphes, puis vous ajoutez les bordures au-dessus et en dessous.

La section Aperçu de la boîte de dialogue Bordure et trame permet de voir où seront ajoutées vos bordures.

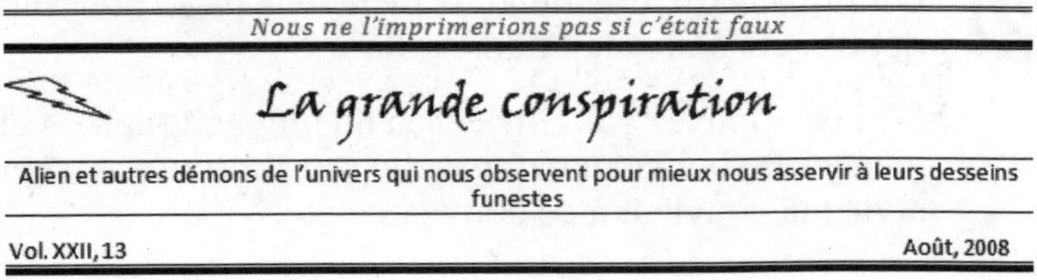

Figure 19.3 : Des bordures placées en haut et en bas des divers paragraphes d'un titre d'une lettre d'information.

Chapitre 20

Construire des tableaux

Dans ce chapitre :

- Créer des tableaux de toute taille.
- Dessiner un tableau dans votre document.
- Conversion de texte en tableau.
- Créer un tableau à l'aide de la souris.
- Ajouter du texte dans un tableau.
- Modifier un tableau.
- Ajouter ou insérer des lignes et des colonnes.
- Aligner et orienter le texte dans les cellules.
- Supprimer les lignes, les colonnes, et le tableau.

Word ne dispose pas seulement d'une commande Tableau. Il a tout un menu Tableau, rempli de commandes et de paramètres, pour créer tous les tableaux que vous désirez, à volonté, dans tous vos documents. Il n'est pas nécessaire d'être savant, ni de suivre de longues études. Tout est à portée de main, dans le menu Tableau.

Pourquoi utiliser des tableaux ?

Le tableau est l'extension naturelle des tabulations. D'ailleurs, *tableau* et *tabulation* ont la même racine latine. Mais là n'est pas l'essentiel. Les tabulations permettent d'aligner des éléments dans les colonnes d'un tableau.

- Utilisez un tableau chaque fois que vous avez des informations qui peuvent être organisées en lignes et en colonnes.
- Chaque élément du tableau s'appelle *cellule*.
- Dans chacune des cellules, Word vous permet de mettre du texte (en quantité voulue) ou des images, ou les deux.
- Contrairement à ce qui se passe avec des tabulations, un tableau peut être réorganisé et redimensionné pour s'adapter aux données que vous y mettez. Autrement dit, si vous avez l'intention de modifier ultérieurement vos données, il vaut mieux utiliser un tableau qu'une simple liste mise en forme avec des tabulations.

Du plaisir de créer des tableaux

Pour insérer un tableau dans un document, il suffit de cliquer sur l'onglet Insertion, et sur le bouton du groupe Tableaux. Vous obtenez le contenu de la Figure 20.1. Les prochaines sections étudient les divers éléments du menu.

Lorsque vous insérez un tableau, deux nouveaux onglets apparaissent dans le ruban : Création et Disposition. Ils apparaissent tous deux sous l'onglet Outils de tableau. L'utilisation de ces onglets est étudiée plus loin dans ce chapitre.

Une fois le tableau rempli d'informations, utilisez les techniques et les conseils de mise en forme décrits dans la première moitié de ce chapitre.

- Soyez aussi fainéants que possible ! Cliquez sur l'option Tableaux rapides du menu Tableau. Choisissez un tableau prédéfini. Le problème est que ces tableaux ne répondent que très rarement à vos besoins réels. Il est donc préférable d'en créer un manuellement comme expliqué dans ce chapitre.

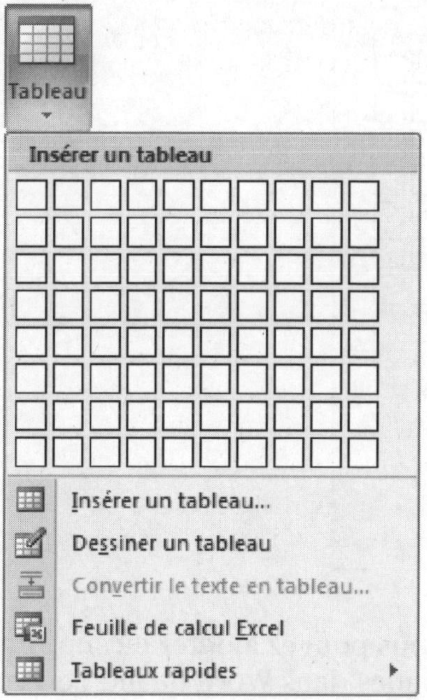

Figure 20.1 : Le menu Tableau.

- Si vous avez déjà saisi les données du tableau, ou bien que les données placées dans le tableau ont été mises en forme avec des tabulations, consultez la section Convertir un texte tabulé en tableau, dans la suite de ce chapitre.
- Il est préférable que les grands tableaux soient isolés sur leur propre page, c'est-à-dire en dehors de tout autre texte. Si nécessaire, vous réorienterez la page en mode Paysage. Des conseils, trucs et astuces sont donnés au Chapitre 14.

De la création (trop) facile d'un tableau

La Figure 20.2 présente un tableau, composé de quatre colonnes et de trois lignes, créé par simple glissement du pointeur de la souris. Dès que vous cliquez sur le dernier carré (en bas à droite), le tableau s'insère dans le document.

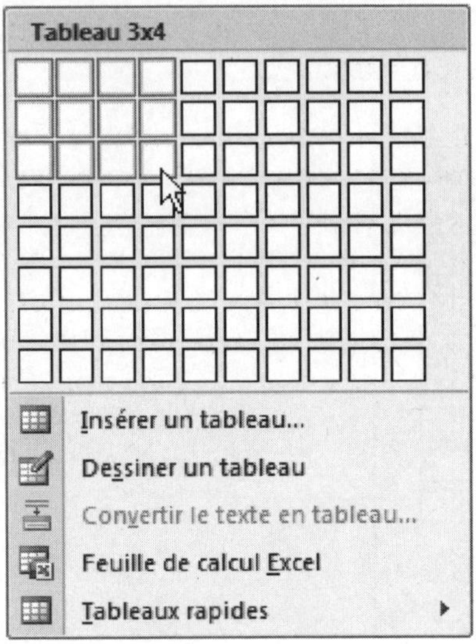

Figure 20.2 : La technique du "c'est pas dur".

- Je le confirme ! Vous pouvez ajouter ou supprimer des lignes et des colonnes dans Word quand bon vous semble.
- Le tableau s'insère dans les limites des marges du paragraphe. Plus vous ajoutez de colonnes et moins elles sont larges.
- La largeur des colonnes peut être ajustée, comme expliqué dans ce chapitre.
- TRUC : Pour créer précisément un tableau, passez par la boîte de dialogue Insérer un tableau. Vous y spécifiez précisément le nombre de colonnes et de lignes désirées.

Dessine-moi un tableau !

Si vous avez l'âme d'un artiste, vous pouvez "dessiner" un tableau dans votre document. Voici comment procéder :

1. **Dans le menu local Tableau, cliquez sur Dessiner un tableau.**

   Le pointeur de la souris prend la forme d'un *crayon*.

2. Utilisez la souris pour dessiner le cadre de votre tableau dans votre document.

Commencez par placer le pointeur crayon à l'endroit où vous désirez mettre le coin supérieur gauche de votre tableau, puis cliquez et maintenez enfoncé le bouton gauche de la souris en faisant glisser vers le bas et vers la droite jusqu'à l'endroit où vous souhaitez placer le coin inférieur droit. Tout en faisant glisser, vous voyez apparaître le cadre que vous définissez ainsi (Figure 20.3).

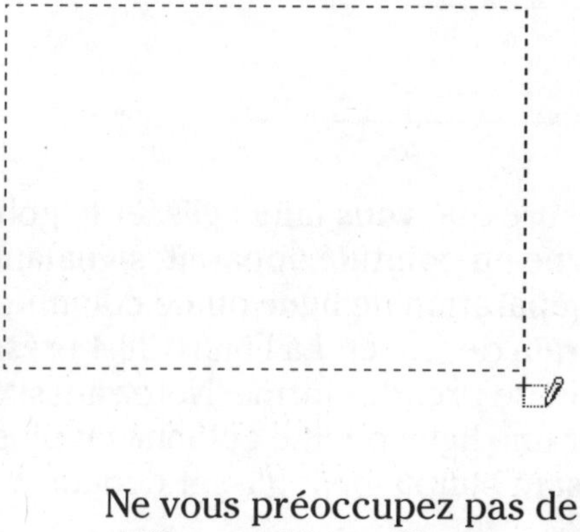

Figure 20.3 : Dessiner un tableau dans un document.

N'OUBLIEZ PAS

Ne vous préoccupez pas de donner exactement la bonne taille au tableau. Vous pourrez le redimensionner par la suite.

Remarquez que le texte qui se trouvait en dessous de l'endroit où vous avez inséré le tableau s'est déplacé vers le bas pour lui faire de la place.

3. Utilisez le pointeur en forme de crayon pour dessiner les lignes et les colonnes.

Aussi longtemps que le pointeur a l'aspect du crayon, vous pouvez vous en servir pour dessiner des lignes et des colonnes dans votre tableau.

Pour dessiner une ligne, faites glisser le pointeur crayon du bord gauche au bord droit du tableau, à la hauteur voulue.

Pour dessiner une colonne, faites glisser le pointeur crayon du bord supérieur au bord inférieur du tableau, comme le montre la Figure 20.4.

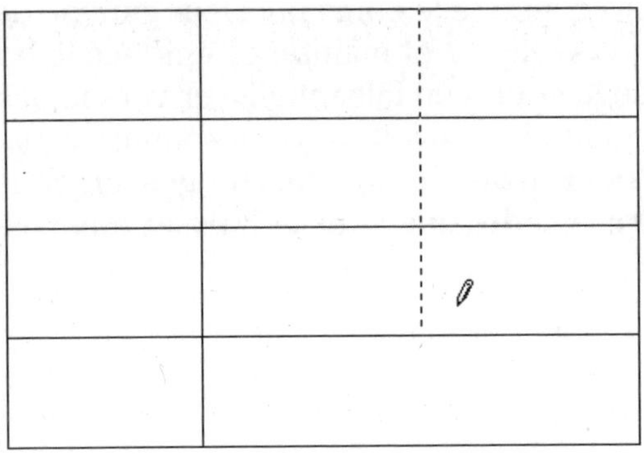

Figure 20.4 : Dessiner une colonne dans un tableau.

Au fur et à mesure que vous faites glisser le pointeur crayon, une ligne en pointillé apparaît, signalant où apparaîtra la séparation de ligne ou de colonne que vous êtes en train de tracer. La Figure 20.4 présente un tableau en train de prendre forme. Notez aussi que vous pouvez diviser une ligne ou une colonne en plusieurs cellules en faisant simplement glisser dedans le pointeur crayon.

Encore une fois, ne vous inquiétez pas si vous avez trop ou pas assez de lignes ou de colonnes. Ne vous alarmez pas non plus si le tableau n'est pas très régulier. Vous pourrez réorganiser tout cela par la suite.

4. **Une fois votre tableau dessiné, cliquez sur le bouton Dessiner un tableau dans la palette.**

   Cette action désactive l'outil Dessiner un tableau, et vous fait revenir dans le mode d'édition de texte. Vous pouvez maintenant introduire le texte dans votre tableau ou le modifier à votre guise.

Vous pouvez tracer plusieurs lignes dans un tableau en activant le bouton Dessiner un tableau. Sachez qu'il peut être utilisé pour modifier des tableaux qui n'ont pas été créés avec cet outil.

Convertir un texte tabulé en tableau

Pour convertir en tableau du texte déjà existant, suivez ces étapes :

1. **Sélectionnez le texte à convertir en tableau.**

   C'est encore mieux si votre texte est séparé par un caractère de tabulation, formant ainsi des colonnes.

2. **Cliquez sur Tableau/Convertir le texte en tableau.**

   La boîte de dialogue éponyme apparaît.

3. **Cliquez sur OK.**

   Le texte devient bel et bien un tableau s'il est parfaitement séparé par des taquets de tabulation. Si votre texte était séparé par des points-virgules ou était un paragraphe, indiquez-le dans la section Séparer le texte au niveau des.

Convertir un tableau en texte

Tout comme la sorcière peut métamorphoser l'affreux crapaud en beau prince charmant, elle a aussi le pouvoir de transformer le beau prince en horrible crapaud. Pour convertir un tableau en texte :

1. **Placez le point d'insertion dans le tableau.**

2. **Cliquez sur l'onglet Disposition.**

   Cet onglet se situe dans l'onglet Outils de tableau.

3. **Dans le groupe Tableau, cliquez sur Sélectionner/ Sélectionner le tableau.**

4. **Dans le groupe Données, choisissez Convertir en texte.**

La boîte de dialogue Convertir le tableau en texte apparaît.

5. **Vérifiez que l'option Tabulations est active.**
6. **Cliquez sur OK.**

   Adieu joli tableau.

TRUC

Quand les cellules d'un tableau contiennent du texte qui s'étend sur plusieurs lignes, choisissez Marques de paragraphe à l'étape 5. Après la conversion, le texte sera bien plus beau.

À vous de configurer le tableau

Le texte remplit un tableau cellule après cellule. Chaque cellule peut bénéficier de son propre format de paragraphe et de son propre jeu de tabulations. Des groupes de cellules, des lignes, des colonnes, et la totalité d'un tableau peuvent être sélectionnés et mis en forme à n'importe quel moment. Les modifications s'appliquent au texte des cellules comme s'il s'agissait d'un texte standard.

TRUC

- Vous devez éviter les retraits de paragraphe et de première ligne dans les cellules.
- Lorsque vous formatez un tableau, il est conseillé d'afficher les règles comme expliqué au Chapitre 2.

Utiliser la souris dans un tableau

La Figure 20.5 illustre la structure de base d'un tableau. Vous pouvez utiliser la souris pour le manipuler, qu'il soit vide (comme sur l'illustration) ou rempli de texte. Voici ce que vous pouvez faire :

- Cliquez dans une cellule pour y placer le point d'insertion.
- Cliquez trois fois dans une cellule pour en sélectionner le texte.

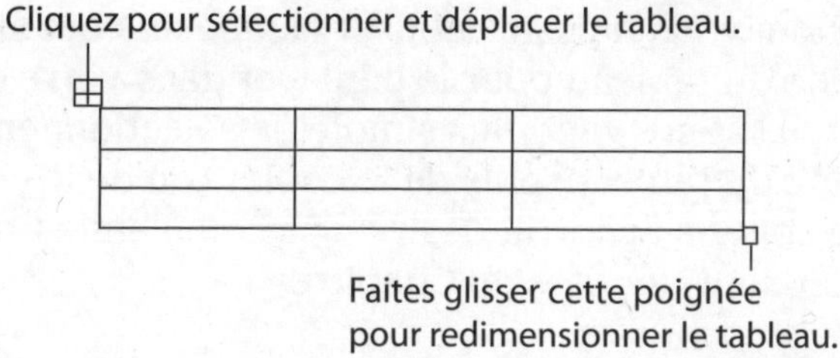

Figure 20.5 : Structure de base d'un tableau.

- Vous pouvez sélectionner une seule cellule en plaçant le pointeur de la souris dans son angle inférieur gauche. Le pointeur prend la forme d'une flèche pointant vers le haut et vers la droite. Cliquez pour sélectionner la cellule.
- Placez la souris dans la marge de gauche et cliquez pour sélectionner une ligne de cellules.

- Placez le pointeur de la souris au-dessus d'une colonne. Le pointeur prend la forme d'une flèche dirigée vers le bas. Cliquez pour sélectionner cette colonne.
- La sélection du contenu d'un tableau peut se faire via le groupe Tableau de l'onglet Disposition. Dans le menu Sélectionner, choisissez l'élément du tableau à sélectionner (ligne, colonne, cellule, tableau).

- Placer le pointeur de la souris sur un trait vertical du tableau le transforme en une double flèche (voir ci-contre). Elle permet d'ajuster la position de la ligne de droite ou de gauche, redimensionnant de facto les cellules voisines.
- La règle permet également de redimensionner les cellules. Il suffit de placer le pointeur de la souris sur les carrés de la règle, et de les déplacer vers la gauche ou la droite.

- Lorsque vous placez le pointeur sur une ligne horizontale, il prend la forme ci-contre. Vous pouvez alors ajuster la hauteur des cellules.

N'OUBLIEZ PAS

- Bien que vous puissiez utiliser l'icône du coin supérieur gauche du tableau pour le déplacer dans votre document, il est souvent plus simple de sélectionner la totalité du tableau, puis de le copier (ou de le couper) et de le coller à l'endroit désiré. Les commande Couper et Copier sont décrites au Chapitre 7.

Remplir le tableau

Vous pouvez entrer du texte dans votre tableau comme à n'importe quel endroit de votre document. Voici quelques indications :

- **Tab :** Pour vous déplacer d'une cellule à l'autre dans un tableau, utilisez la touche Tabulation. Lorsque vous appuyez sur Tab alors que vous êtes dans la dernière cellule d'une ligne, vous passez à la première cellule de la ligne suivante.
- **Maj+Tab :** Permet de se déplacer en sens inverse dans un tableau.
- **Touches directionnelles :** Les touches haut, bas, gauche, et droite permettent aussi de vous déplacer dans un tableau dans n'importe quelle direction.
- **Entrée :** La touche Entrée ajoute un nouveau paragraphe à la cellule.
- **Maj+Entrée :** Commence une nouvelle ligne sans créer un nouveau paragraphe.
- **Ctrl+Tab :** Utilise les tabulations ou les retraits dans la cellule.

TRUC

Lorsque vous vous trouvez dans la toute dernière cellule du tableau, le fait d'appuyer sur Tab crée une nouvelle ligne dans le tableau.

Améliorer automatiquement votre tableau

Word contient des quantités d'astuces de mise en forme, dont certaines que vous pouvez utiliser sur un tableau existant pour le rendre vraiment remarquable. Cette astuce de format automatique vous permet de créer un tableau, et d'utiliser ensuite une commande spéciale de Word pour le personnaliser. Vous utiliserez pour cela les onglets Création et Disposition de l'onglet Outils de tableau.

N'OUBLIEZ PAS

Les onglets d'Outils de tableau ne s'affichent que si un tableau est en cours de modification ou est sélectionné.

Formater un tableau

Placez le curseur dans le tableau que vous voulez mettre en forme, de préférence un tableau déjà rempli, et utilisez les outils de l'onglet Création (Figure 20.6).

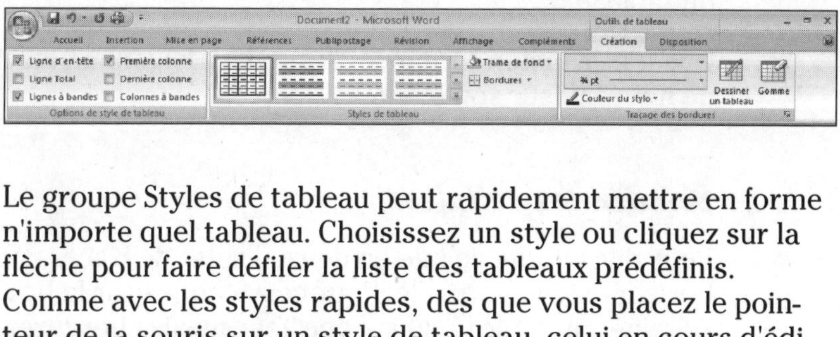

Figure 20.6 : L'onglet Création.

Le groupe Styles de tableau peut rapidement mettre en forme n'importe quel tableau. Choisissez un style ou cliquez sur la flèche pour faire défiler la liste des tableaux prédéfinis. Comme avec les styles rapides, dès que vous placez le pointeur de la souris sur un style de tableau, celui en cours d'édition prend l'aspect choisi.

Les sections suivantes expliquent certains principes sur l'application des styles de tableau.

Supprimer les lignes d'un tableau

Il peut arriver que vous souhaitiez créer un tableau sans bordures. Par exemple, je crée souvent un tableau sans contour d'une colonne et de deux lignes pour insérer une image et sa légende. Pour ce faire, sélectionnez le tableau, et choisissez Aucune bordure dans le menu local Bordures.

Il est plus difficile de travailler dans un tableau qui n'a pas de bordures. Pour vous faciliter la tâche, affichez le quadrillage non imprimable. Pour cela, cliquez sur Bordures/Afficher le quadrillage.

Fusionner des cellules

Vous pouvez combiner plusieurs cellules d'un tableau en effaçant les lignes qui les séparent. Pour ce faire, cliquez sur le bouton de commande Gomme du groupe Traçage de bordure (onglet Création d'Outils de tableau). Cliquez sur la ligne à supprimer. Elle disparaît !

La suppression d'une telle ligne de séparation "fusionne" le contenu des cellules en combinant leur texte.

Vous ne pouvez pas effacer les lignes définissant le contour du tableau.

Une fois la fusion terminée, désactivez la gomme en cliquant de nouveau sur son icône.

Scinder des cellules

Pour diviser une cellule en deux, il suffit de tracer une ligne horizontale ou verticale. Pour cela, cliquez sur le bouton Dessiner un tableau du groupe Traçage des bordures. Le pointeur de la souris prend l'aspect d'un crayon que vous pouvez utiliser pour tracer des nouvelles lignes dans le tableau.

Pour désactiver cette fonction, cliquez de nouveau sur ce bouton.

Ajuster un tableau

Une fois qu'un tableau est dans votre document, il existe un nombre incalculable de manières de le modifier. Pour cela, affichez le contenu de l'onglet Disposition des Outils de tableau illustré à la Figure 20.7. Ses diverses commandes personnalisent et ajustent votre tableau comme le démontrent les quelques sections suivantes.

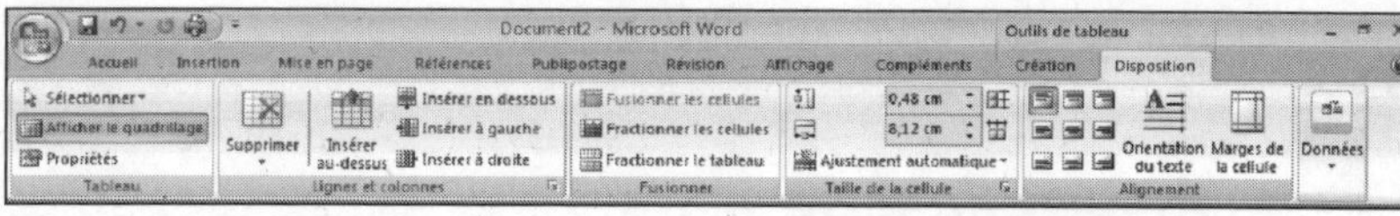

Figure 20.7 : L'onglet Disposition.

Supprimer des cellules, des colonnes, ou des lignes

Pour supprimer tout ou partie d'un tableau, vous devez commencer par placer le point d'insertion dans la zone du tableau que vous souhaitez supprimer. Ensuite, choisissez l'élément à effacer dans le bouton Supprimer.

- Le contenu du tableau est supprimé en même temps que la partie qui le contient.
- La commande Supprimer les cellules affiche une boîte de dialogue demandant comment déplacer les cellules restant en place. En effet, la suppression de cellules rend le tableau asymétrique.

Insérer des colonnes et des lignes

Vous pouvez augmenter la taille d'un tableau en ajoutant des lignes et des colonnes. L'insertion de ces nouveaux éléments se passe dans le groupe Lignes et colonnes : Insérer en dessous, Insérer à gauche, Insérer à droite.

Ajuster la taille des lignes et des colonnes

Les éléments du groupe Taille de la cellule permettent de régler au millimètre la hauteur des lignes ou la largeur des colonnes. Ces réglages prennent effet dans les lignes et les colonnes où se situe le point d'insertion.

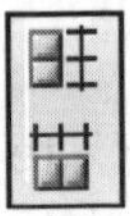

Les commandes Distribuer les lignes et Distribuer les colonnes équilibrent l'espace existant entre les colonnes et les lignes d'un tableau. Une fois le point d'insertion situé dans le tableau, cliquez sur l'un ou l'autre de ces boutons, voire les deux.

Aligner du texte

Le texte contenu dans une cellule peut être aligné comme un paragraphe : à gauche, au centre, à droite. Le texte peut aussi être aligné verticalement : en haut, au centre, en bas. L'ensemble de cette explication vous fait mieux comprendre l'enjeu des boutons du groupe Alignement.

Par exemple, pour que le titre d'une ligne s'aligne en bas et au centre de chaque cellule, commencez par sélectionner la ligne supérieure de votre tableau, puis cliquez sur le bouton Au centre en bas.

Réorienter le texte

Le bouton Orientation du texte du groupe Alignement change le sens de lecture du texte dans une cellule ou un groupe de cellules sélectionnées. Normalement, le texte est orienté de gauche à droite. En cliquant sur le bouton ci-contre, le texte change de sens. Par exemple, il pivote et n'est lisible qu'en penchant la tête pour le lire de haut en bas. Si vous cliquez trois fois de suite sur ce bouton, le texte reprend son orientation initiale.

Malheureusement, ce bouton ne permet pas d'écrire verticalement un texte.

Supprimer un tableau

Pour supprimer sans autre forme de procès le tableau de votre document, accédez au groupe Lignes et colonnes, cliquez sur Supprimer/Supprimer le tableau.

- Supprimer le tableau en supprime également tout le contenu.
- Si vous préférez convertir le contenu du tableau en texte normal, reportez-vous à la section Convertir un tableau en texte, plus haut dans ce chapitre.

Chapitre 21

Mettre le texte en colonnes

Dans ce chapitre :

- Assimiler la notion de colonnes.
- Disposer votre texte en colonnes.
- Utiliser la boîte de dialogue Colonnes.
- Mettre en forme des colonnes.
- Insérer un saut de colonne.
- Restaurer du texte normal à partir de colonnes.
- Annuler des colonnes.

Lorsque j'entends le mot "colonne", je pense aux colonnes de nos monuments. Il y a bien longtemps, sous l'Empire romain, des soldats plus ou moins touristes avaient coutume d'écrire leur nom et parfois quelques commentaires sur les colonnes qui se trouvaient sur leur chemin. On pourrait penser que c'est là qu'est apparu le texte en colonnes, mais il y a d'autres revendications d'antériorité.

Tout sur les colonnes

Dans la version 2007 de Word, la gestion des colonnes passe par l'onglet Mise en page. Il suffit de cliquer sur le bouton Colonnes pour afficher un certain nombre d'options illustrées à la Figure 21.1.

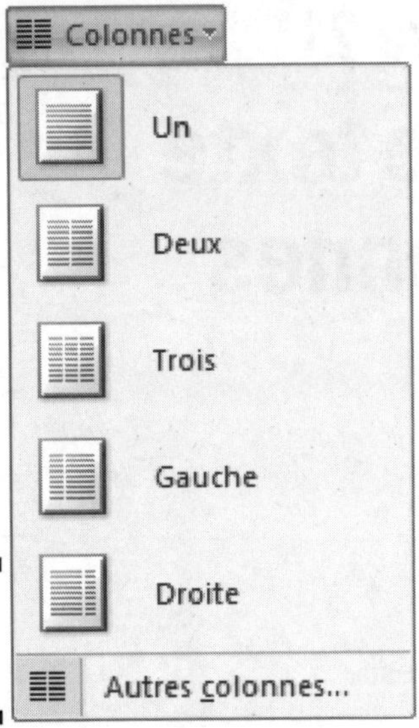

Figure 21.1 : Le menu Colonnes.

Voici quelques conseils sur l'utilisation des colonnes :

- La mise en forme des paragraphes s'applique aussi aux colonnes. La colonne de gauche et de droite équivalent aux marges des paragraphes.
- Pour déplacer rapidement le point d'insertion de colonne en colonne, utilisez la souris. Vous voyez bien mieux où il se positionne.
- Il est possible de diviser votre document en différenciant par sections les pages mises en forme normalement et celles contenant des colonnes (voir le Chapitre 15).
- Quand vous travaillez avec des colonnes et que vous observez un ralentissement de Word, sauvegardez votre travail !
- En utilisant des colonnes, vous pouvez créer vos propres lettres d'information, bulletins, manifestes, et j'en passe.

- Toutefois, utiliser Word pour mettre du texte en colonnes dans un document assez court est tout à fait satisfaisant. À partir d'une dizaine de pages, il vaut mieux utiliser un logiciel de PAO.

Disposer votre texte en colonnes

Pour convertir votre texte standard – qui, si vous y réfléchissez cinq minutes, est présenté en une seule colonne – en plusieurs colonnes, utilisez les options du menu local Colonnes. En un éclair, votre document est composé de colonnes.

- Pour bien observer le comportement des colonnes, travaillez en mode Page.
- Deux colonnes suffisent pour impressionner votre entourage. Trop de colonnes rend votre texte difficile à lire.
- Pour que différentes parties de votre document soient mises en forme avec des colonnes, reportez-vous à la section Mélanger des formats de colonnes, plus loin dans ce chapitre.

Créer plus de trois colonnes

Le menu Colonnes contient principalement des mises en forme à deux colonnes auxquelles s'ajoute une mise en forme en trois colonnes. Pour un multicolonnage différent, cliquez sur l'option Autres colonnes. Vous accédez alors à la boîte de dialogue illustrée à la Figure 21.2.

Indiquez le nombre de colonnes dans le champ du même nom. Appuyez-vous sur la section Aperçu pour avoir une idée de l'aspect que revêtira le document une fois les colonnes définies. Cliquez sur OK pour appliquer la mise en forme.

- Le texte réparti sur trois colonnes est bien plus élégant et lisible lorsque vous utilisez la page en mode Paysage.

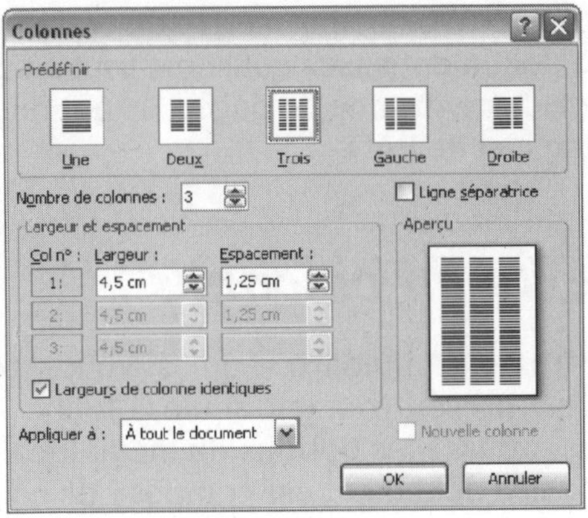

Figure 21.2 : La boîte de dialogue Colonnes.

Pour en savoir plus sur ce mode, reportez-vous au Chapitre 14.

- Quel est le nombre maximum de colonnes par page ? Tout dépend de la taille de la page en question. Dans Word, la largeur minimale d'une colonne est de 1,27 cm.

Ajuster les colonnes dans la boîte de dialogue Colonnes

Il n'y a rien de mieux que la boîte de dialogue Colonnes pour mettre en forme ces dernières. Voici quelques considérations :

- Vous pouvez effectuer des réglages spécifiques dans les sections Largeur et Espacement de la boîte de dialogue.
- Pour bien délimiter les colonnes, cochez la case Ligne séparatrice.
- La zone Aperçu donne une idée de la mise en forme des colonnes.
- L'espace entre les colonnes se nomme la *gouttière*. Word fixe sa largeur à 1,25 cm. Il s'agit d'un espace qui permet à notre œil de distinguer clairement chaque colonne et son contenu.

La fin de la colonne

Il existe plusieurs manières de terminer une colonne. En voici trois :

- **Créez un saut de colonne.** Lorsque vous désirez continuer à utiliser des colonnes mais que vous souhaitez que votre texte commence au début de la colonne suivante, vous devez insérer un *saut de colonne*. Voici comment procéder :

  1. **Placez le point d'insertion à la fin du texte terminant la colonne.**

     Cela signifie que vous désirez que la suite du texte commence dans la colonne suivante.

  2. **Dans le groupe Mise en page de l'onglet éponyme, cliquez sur Sauts de pages/Colonnes.**

     Le point d'insertion se positionne instantanément sur la première ligne de la colonne suivante.

- **Revenir au mode à une seule colonne.** Si vous souhaitez que la mise en page du document n'inclue plus de colonnes, c'est-à-dire que vous souhaitez revenir au texte standard réparti sur une seule colonne, suivez ces étapes :

  1. **Placez le point d'insertion où vous souhaitez que s'arrête la colonne.**

  2. **Cliquez sur l'onglet Mise en page.**

  3. **Dans le groupe Mise en page, choisissez Colonnes/Autres colonnes.**

  4. **Dans la zone Prédéfinir de la boîte de dialogue Colonnes, choisissez Une.**

  5. **Dans la liste Appliquer à, sélectionnez À partir de ce point.**

  6. **Cliquez sur OK.**

La création des colonnes s'arrête. Toute la suite du texte n'est plus contenue que sur une seule colonne, c'est-à-dire sur toute la largeur de la page.

- **Supprimer les colonnes d'un document.** Pour que votre document ne comporte plus de multicolonnage, répétez les étapes précédentes. À l'étape 5, choisissez À tout le document au lieu de À partir de ce point.

Supprimer les colonnes d'un document n'efface pas les sauts de section. Vous devez les supprimer manuellement comme expliqué au Chapitre 15.

Chapitre 22

Listes, tables des matières, et index

Dans ce chapitre :

- Listes à puces et listes numérotées automatiques.
- Numéroter les lignes d'une page.
- Créer une table des matières pour votre document.
- Créer un index.

Word prend en charge les listes de plusieurs manières. Tout d'abord, il vous aide à organiser et à définir vos listes en appliquant des puces ou des numéros. Ensuite, Word permet de créer des listes spéciales basées sur le contenu de votre document, comme une table des matières, une liste de figures, ou un index. Ce chapitre vous dévoile tout ce qu'il y a à connaître sur les listes.

Listes à gogo

La liste la plus simple est celle que vous tapez vous-même. Par exemple, une liste de choses à faire ou la liste des étapes de l'assemblage d'un accélérateur de particules. Ces listes-là sont numérotées, mais il y a aussi des listes à puces qui portent des symboles au lieu de numéros.

- Les listes à puces numérotées sont gérées par l'onglet Accueil, groupe Paragraphe.

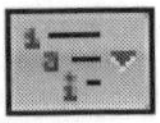

- La commande Liste à plusieurs niveaux s'applique lorsque vous avez besoin de mettre en retrait certains éléments de votre liste. Appuyer sur la touche Tab place la ligne en retrait, utilisant de facto la mise en forme de ce niveau particulier.

Créer une liste à puces

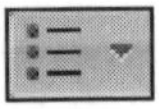

Pour créer une liste à puces de plusieurs paragraphes qui se suivent, sélectionnez ces derniers, puis cliquez sur le bouton Puces du groupe Paragraphe (onglet Accueil).Vous obtenez quelque chose dans ce genre :

- Bang !
- Bang !
- Bang !

- Pour sélectionner l'aspect graphique de vos puces, cliquez sur la flèche du bouton Puces. Dans le menu local, choisissez le type de puce qui vous sied le mieux. Pour créer une puce personnalisée, cliquez sur Définir une puce.
- Les puces ont une mise en forme de type paragraphe. Donc, pour arrêter la création des puces, cliquez sur le bouton Puces.

Liste numérotée

Les numéros d'une liste permettent de mieux repérer les éléments qui la composent. De plus, la numérotation sert très souvent à classer les données par ordre de préférence ou d'importance.

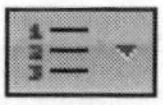

Pour mettre rapidement sous forme de liste numérotée une suite de paragraphes, vous pouvez cliquer sur le bouton Numérotation du groupe Paragraphe de l'onglet Accueil.

- Choisissez un style de numéro en cliquant sur la flèche du bouton correspondant. Si aucun ne vous convient, créez le vôtre par un clic sur l'option Définir un nouveau format de numérotation.
- Pour interrompre la création d'une liste à puces numérotées, cliquez de nouveau sur le bouton Numérotation.

Numéroter des lignes de texte

Word permet de numéroter chaque ligne d'un texte ce qui est très utile dans les professions juridiques ou pour le filage d'une émission de radio ou de télé. Voici comment procéder :

1. **Cliquez sur l'onglet Mise en page.**
2. **Dans le groupe Mise en page, cliquez sur le bouton de commande Numéros de lignes.**

   Vous en affichez le menu illustré à la Figure 22.1.

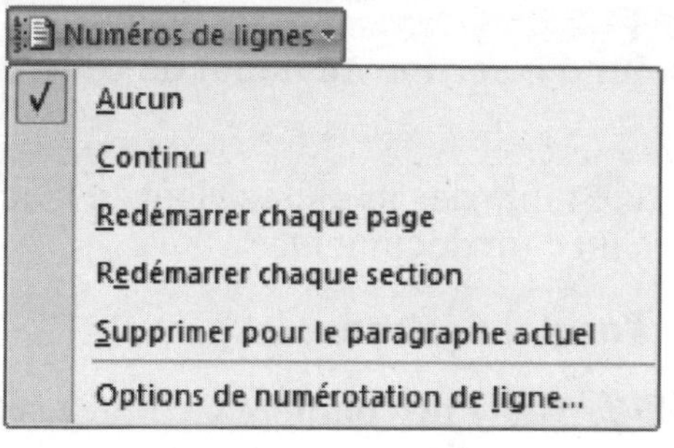

Figure 22.1 : Les options de numérotation des lignes.

3. **Dans ce menu, choisissez la méthode de numérotation.**

   Chaque ligne du document est alors numérotée.

Tables des matières et index

À leur manière, les tables des matières et les index sont aussi des listes (Word peut gérer d'autres types de liste, mais je n'ai pas la place de les évoquer tous). À partir des informations contenues dans votre document, et à condition tout de même que vous ayez fait le nécessaire pour ça, Word est capable de construire ces listes et de les placer à l'endroit que vous lui indiquez, avec les bons numéros de pages, la bonne mise en forme, etc.

Créer une table des matières

Pour créer une table des matières dans votre document (si vous avez utilisé les styles de titre de Word pour vos différents niveaux de titre), suivez ces étapes :

1. **Créez une page destinée à accueillir votre table des matières.**

   Word insère la table des matières à la position du point d'insertion. Pour ne pas faire n'importe quoi, je conseille de créer une page réservée exclusivement à cette TDM. Pour créer une nouvelle page, consultez le Chapitre 14.

2. **Placez le point d'insertion au début de cette nouvelle page.**

   En général, une table des matières vient se placer au début ou à la fin d'un document.

3. **Cliquez sur l'onglet Références.**

4. **Dans le groupe Table des matières, cliquez sur le bouton Table des matières.**

5. **Dans ce menu local, choisissez un élément de présentation de la table des matières.**

   Et voilà, vous avez votre TDM !

Vous serez parfois obligé de faire défiler le contenu de la page pour voir la totalité de la TDM.

Réaliser un index

En plus de la table des matières, on trouve dans de nombreux ouvrages un index. Le monde de l'édition n'a pas encore trouvé de sigle pour ce mot.

Un index est plus précis qu'une table des matières. Il référence des mots particuliers, termes techniques, événements, noms propres ou autres dans l'ensemble d'un document. Manifestement, ça n'en vaut la peine que pour un document un minimum conséquent. Je suppose que vous n'envisageriez pas de faire un index pour une lettre adressée à votre bien-aimé(e), et j'espère que vous n'aurez jamais de raison de le faire.

La création d'un index dans Word se déroule sous l'onglet Références, groupe Index.

- Avant de créer un index, il est préférable pour ne pas dire indispensable que votre document contienne du texte.
- Word permet de modifier le document même quand l'index est créé. Vous devez recréer l'index chaque fois que vous ajoutez ou supprimez des entrées d'index.

N'OUBLIEZ PAS

- Des études démontrent que les lecteurs consultent davantage l'index que la table des matières. Donc, peaufinez-le !

Sélectionner le texte destiné à l'index

Pour marquer une portion de texte à indexer, suivez ces étapes :

1. **Sélectionnez le texte que vous voulez référencer dans l'index.**

Il peut s'agir d'un mot ou d'un groupe de mots quelconque.

2. **Cliquez sur le bouton Marquer l'entrée du groupe Index (onglet Références).**

   La boîte de dialogue Marquer les entrées d'index apparaît, comme à la Figure 22.2. Le mot sélectionné s'affiche dans le champ Entrée.

   Vous pouvez, si besoin, saisir une sous-entrée dans le champ éponyme. Elle permet de préciser l'entrée principale.

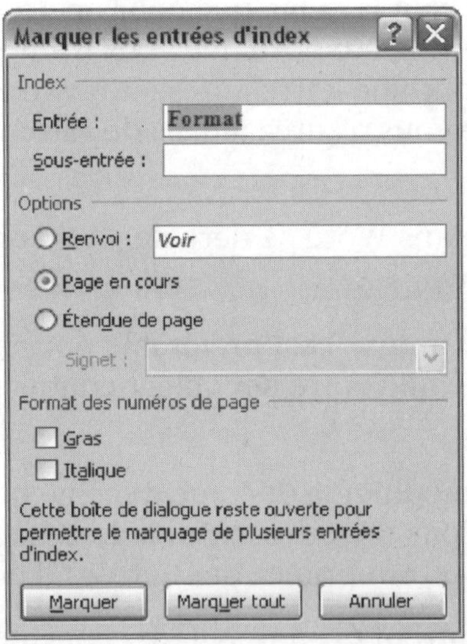

Figure 22.2 : La boîte de dialogue Marquer les entrées d'index.

3. **Cliquez sur le bouton Marquer ou Marquer tout.**

   Si vous cliquez sur le bouton Marquer, seule l'instance du mot (ou du groupe de mots) sélectionnée est marquée pour référence dans l'index. Utilisez ce bouton pour marquer uniquement ce que vous avez sélectionné vous-même.

   Le bouton Marquer tout demande à Word de rechercher dans le document toutes les occurrences du texte qui apparaissent dans le champ Entrée de la boîte de dialogue Marquer les entrées d'index, et de les marquer toutes pour référence dans l'index. N'utilisez ce bouton que si vous êtes sûr de vouloir marquer comme entrées d'index toutes les occurrences d'un mot ou d'un groupe de mots.

Vous voyez aussi la clé d'index, que vous venez de définir, apparaître dans le document, entourée par des accolades.

4. **Continuez à avancer dans votre document, à la recherche de ce que vous voulez référencer dans l'index.**

   La boîte de dialogue Marquer les entrées d'index reste ouverte, vous permettant de continuer à définir vos clés d'index. Sélectionnez le texte voulu dans le document, puis cliquez dans la boîte de dialogue Marquer les entrées d'index. Le texte sélectionné apparaît dans le champ Entrée. Cliquez sur le bouton Marquer ou sur le bouton Marquer tout pour marquer chaque entrée ou chaque série d'entrées.

5. **Une fois que vous avez terminé, cliquez sur le bouton X de fermeture de la boîte de dialogue.**

   La boîte de dialogue disparaît.

8. **Cliquez sur Ctrl+Maj+8 pour annuler la commande Afficher tout.**

   Utilisez la touche 8 du clavier standard, et non celle du pavé numérique.

Créer l'index

Maintenant que vous avez entré toutes les clés d'index, l'étape suivante consiste à créer l'index proprement dit :

1. **Placez le curseur à l'endroit où vous voulez insérer l'index.**

L'index est introduit à la position du point d'insertion. Pour le placer sur une page indépendante, commencez par la créer (voir le Chapitre 14). Je recommande de placer l'index en fin de document.

2. Dans le groupe Index de l'onglet Références, cliquez sur Insérer l'index.

La boîte de dialogue Index apparaît (Figure 22.3).

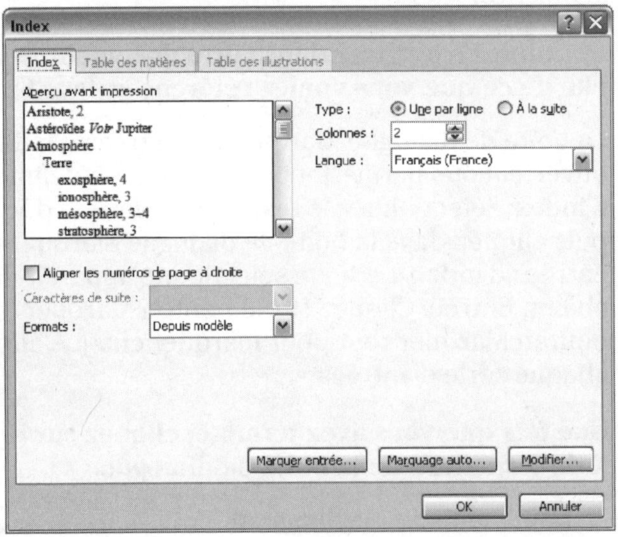

Figure 22.3 : La boîte de dialogue Index.

Voici ce que vous pouvez faire dans cette boîte de dialogue :

- La zone Aperçu avant impression est mensongère. En fait elle présente l'aspect générique et non réel de votre index en fonction du nombre de niveaux.
- Vous pouvez sélectionner un style d'index dans la liste déroulante Formats. Regardez la zone d'aperçu pour vous rendre compte de l'effet produit par votre sélection.
- Dans le champ Colonnes, entrez le nombre de colonnes que vous désirez donner à votre index. Le

plus souvent, on réalise un index sur deux colonnes, parfois trois.

- En ce qui concerne la numérotation, je préfère utiliser l'option Aligner les numéros de page à droite.

3. **Cliquez sur OK.**

4. **Parcourez votre index.**

5. **Si la disposition de l'index ne vous convient pas, appuyez sur Ctrl+Z, et recommencez.**

   Si vous trouvez que votre index est bien, vous en avez terminé.

Comme toutes les listes de Word, l'index peut être mis à jour. Consultez pour cela la section suivante.

- Libre à vous d'ajouter un titre puisque Word ne le fait pas à votre place.

Mettre à jour l'index

Word sait qu'il est rare qu'un index soit correct du premier coup. La fonction de mise à jour permet d'actualiser le contenu de votre index suite à l'ajout ou à la suppression d'entrées.

Pour actualiser un index, placez-y le point d'insertion. Ensuite, dans le groupe Index, cliquez sur le bouton Mettre à jour l'index. Les nouvelles entrées sont insérées, et les numéros de pages actualisés.

Chapitre 23

Illustrez-moi ça !

Dans ce chapitre :

- Insérer une image ou un clipart.
- Créer des dessins avec les Formes.
- Encadrer une image.
- Habiller le texte autour d'une image.
- Déplacer une image.
- Redimensionner une image.

Une image vaut mille mots… oui, d'accord ; pourtant, en informatique, ce n'est pas tout à fait vrai. En effet, 1 000 mots pèsent environ 1 Ko alors qu'une image pèse en moyenne sept fois plus ! Qu'avez-vous à répondre à cela ?!

Je sais, je joue avec les mots. Il est en effet plus facile et plus parlant d'insérer une image de la tour de Pise plutôt que d'essayer de la décrire en détail. Word permet d'insérer de multiples fichiers graphiques dans vos documents. Toutefois, réservez cette fonction aux documents qui ont vraiment besoin d'être illustrés comme le fonctionnement du moteur à quatre temps, la théorie de la relativité ou d'autres sujets complexes.

Voilà une image !

Bien entendu, dans Word, il y a du texte, et si vous n'y prenez garde, ou bien si vous occultez quelques fonctions essentielles, vous risquez de réduire l'utilisation de ce programme à celui d'une simple machine à écrire. Vos pages auront du texte, encore du texte, toujours du texte. Et si vous les embellissiez d'images ?

Insérer une image stockée sur votre disque dur

La méthode la plus simple pour insérer une image dans un document Word consiste à aller la chercher sur un de vos disques durs. Pour introduire une image dans un document, suivez ces étapes :

1. **Cliquez sur l'onglet Insertion.**

2. **Dans le groupe Illustration, cliquez sur le bouton Image.**

   La boîte de dialogue Insérer une image apparaît. Elle ressemble à la boîte de dialogue Ouvrir que vous avez étudiée au Chapitre 9. La différence est qu'elle est destinée à la sélection et à l'insertion d'images.

   Pour mieux apprécier l'image que vous allez insérer, cliquez sur l'icône Affichages située dans le coin supérieur droit de la boîte de dialogue. Dans son menu local, choisissez Miniatures ou Aperçu.

3. **Utilisez les commandes de cette boîte de dialogue pour parcourir vos disques et vos dossiers afin de localiser l'image à introduire.**

4. **Cliquez sur le fichier image pour le sélectionner.**

5. **Cliquez sur le bouton Insérer.**

   L'image apparaît à l'emplacement du point d'insertion.

L'image aura certainement besoin de quelques ajustements. Ils sont traités dans les sections à venir. Avant tout autre chose, voici quelques points à considérer :

- Après avoir inséré une image, vous pouvez la modifier, et aussi la redimensionner.

- Word gère de nombreux formats de fichiers graphiques.

- À la fin de vos courriers, il est sympathique d'afficher votre signature, je veux dire une signature manuscrite. Pour cela, il suffit de signer une feuille blanche que vous placez ensuite dans un scanner de bureau. Numérisez l'image et stockez-la sur votre disque dur. Ainsi devenue un fichier graphique, vous pourrez l'insérer à la fin de chaque courrier et l'imprimer tout aussi simplement que le texte du document.

Insérer un clipart

Les *cliparts* sont des images un peu particulières qui se rapprochent plus de l'illustration et du dessin que de la photo par exemple. La procédure d'insertion d'une telle image dans un document rejoint celle d'une image classique. La seule différence est que les cliparts sont stockés dans des collections auxquelles vous accédez sur votre disque dur ou en ligne (sur Internet). Voici comment gérer les cliparts :

1. **Cliquez sur l'onglet Insertion.**

2. **Dans le groupe Illustrations, cliquez sur le bouton Images clipart.**

   Le volet Images clipart apparaît sur la droite. Il est vide. Pour y afficher des images, poursuivez votre lecture.

3. **Dans le champ Rechercher, saisissez un mot ou tapez une description des cliparts que vous souhaitez utiliser.**

   Par exemple, sur la Figure 23.1, vous constatez que j'ai saisi le mot **ordinateur**.

4. **Cliquez sur le bouton OK.**

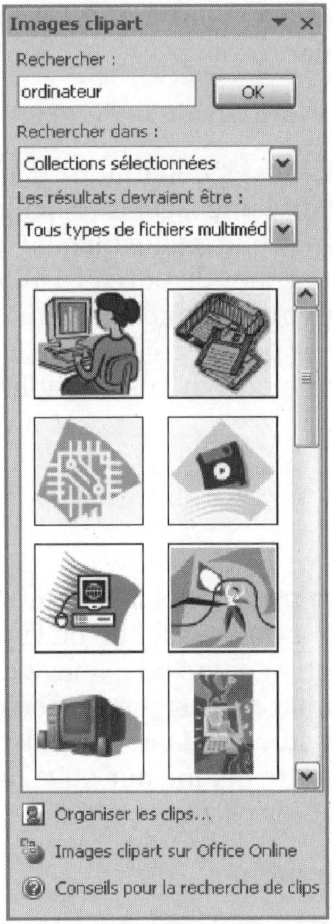

Figure 23.1 : Le volet Images clipart.

Les cliparts correspondant au mot ou à l'expression saisie apparaissent sous forme de vignettes (Figure 23.1).

Bien entendu, si vous ne trouvez pas l'image qui vous convient, reprenez la recherche à l'étape 3.

5. **Placez le pointeur de la souris sur une image.**

   Une flèche donne accès à un menu local.

6. **Cliquez dessus, et exécutez la commande Insérer.**

   L'image apparaît au point d'insertion.

7. **Pour fermer le volet Images clipart, cliquez sur son bouton X.**

Créer une forme

Word permet de créer des formes, c'est-à-dire des objets graphiques bien plus sophistiqués qu'une simple ligne. En effet, Word est livré avec une collection impressionnante de formes dites automatiques que vous introduisez très facilement dans un document :

1. **Cliquez sur l'onglet Insertion.**
2. **Cliquez sur le bouton Formes pour afficher une multitude de formes géométriques automatiques.**
3. **Cliquez sur la forme que vous désirez utiliser.**
4. **Placez le pointeur de la souris sur la page du document, cliquez et sans relâcher le bouton de la souris étirez la forme.**

Insérer une image ou du texte dans une forme

Certaines formes automatiques peuvent être utilisées pour encadrer des images ou du texte. Voici la marche à suivre.

Encadrer une image avec une forme

Lorsque vous avez tracé une forme dans un document, l'onglet Format apparaît.

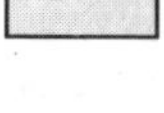

1. **Dans l'onglet Format, localisez le groupe Styles de formes. Cliquez sur le bouton Remplissage de forme, et choisissez Image.**

   La boîte de dialogue Sélectionner une image apparaît.

2. **Utilisez cette boîte de dialogue pour localiser une image.**
3. **Sélectionnez-la et cliquez sur Insérer.**

   L'image prend place à l'intérieur de la forme.

Encadrer du texte avec une forme

Voici comment placer du texte dans une forme :

1. **Dans le groupe Insérer des formes de l'onglet Format, cliquez sur le bouton Modifier le texte.**

   La forme prend l'aspect d'une zone de saisie de texte et l'onglet Outils de zone de texte fait son apparition.

2. **Tapez et mettez en forme le texte.**

   Attention, seul le texte que vous voyez apparaît dans la zone. Tout texte dépassant ses limites ne sera pas affiché.

Supprimer une image ou un dessin

Pour effacer un élément graphique du document, commencez par le sélectionner d'un simple clic de souris. Ensuite, appuyez sur la touche Suppr.

Mélange de texte et d'images

Il existe trois manières de faire coexister texte et graphique dans une même page et tout au long d'un document.

- **Aligné :** Le texte vient se placer autour de l'image, ce qui correspond à "pas d'habillage". L'image est traitée comme un caractère de très grande taille dans le texte de votre document. Par conséquent, tout le texte environnant se déplace pour laisser de l'espace à l'image.

- **Rapproché :** Le texte vient se placer autour des contours de l'image. Cette option est la plus proche de la véritable PAO.
- **Derrière :** L'image donne l'impression de faire partie du papier, avec le texte imprimé dessus. Vous pouvez placer l'image où vous voulez sur la page. Faites-la simplement glisser avec la souris.

Dans les sections qui suivent, vous allez découvrir la grande souplesse de l'habillage du texte.

Habiller le texte autour de l'image

Le terme *habillage* explique assez bien ce que devient le texte face à une image ou une forme. Il va plus ou moins, et parfois pas du tout, épouser la forme de l'objet graphique.

Pour contrôler l'interaction entre une image et du texte, commencez par sélectionner le graphique. Dès cette manipulation, l'onglet Format apparaît. Vous y découvrez un groupe nommé Organiser. Là, se trouve le bouton Habillage du texte qui, si vous cliquez dessus, déroule un menu dont les commandes contrôlent le comportement du texte par rapport à l'image (Figure 23.2). Voici ce que vous y trouvez :

- **Aligné sur le texte :** Ici, l'image est traitée comme du texte. En d'autres termes, le texte normal, celui que vous avez saisi, s'écarte pour laisser un espace suffisant au graphique. Ce dernier occupe donc une ligne dont la hauteur est égale à la sienne.
- **Carré :** L'image se place au même plan que le texte, mais cette fois, les mots entourent joliment le graphique en laissant l'espace d'un carré.
- **Rapproché :** Encore mieux que Carré dans la mesure où le texte épouse cette fois la forme de l'objet graphique.
- **Derrière le texte :** L'image flotte derrière le texte. En d'autres termes, le texte est visible par-dessus la forme

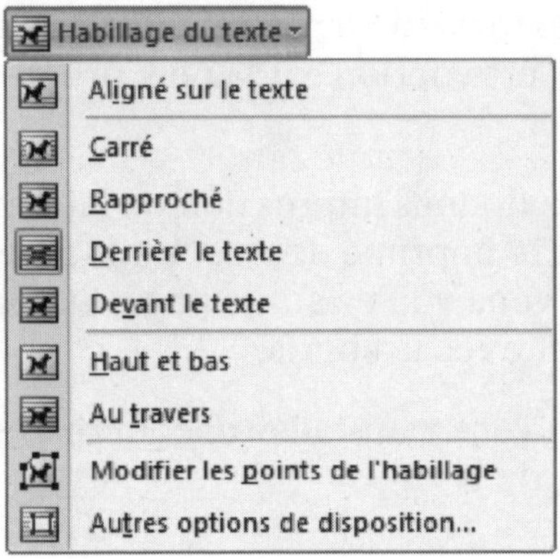

Figure 23.2 : Le menu Habillage du texte.

un peu comme si cette image était incrustée dans le papier.

- **Devant le texte :** Contraire de la précédente option. Si l'image ou la forme est opaque, le texte est masqué.
- **Haut et bas :** Le texte se positionne au-dessus et en dessous de l'image. L'image occupe une ligne à part entière. Donc, une phrase peut se terminer au-dessus du graphique, et se poursuivre en dessous.
- **Au travers :** Cette option est semblable à Rapproché.
- **Modifier les points de l'habillage :** Cette commande permet de contrôler la manière dont le texte va épouser le contour de la forme du graphique. Il suffit d'ajuster la position des poignées qui apparaissent autour de l'objet. C'est, à mon avis, l'option la plus intéressante car son côté créatif est indéniable.
- **Autres options de disposition :** Ouvre la boîte de dialogue Mise en page avancée. Elle contrôle la position de l'image et l'habillage.

Voici quelques astuces pour bien manipuler les poignées qui apparaissent autour de l'objet quand vous choisissez l'option Modifier les points de l'habillage :

- Déplacez les poignées avec le pointeur de la souris.

- Pour supprimer une poignée, appuyez sur Ctrl et cliquez dessus.
- Pour ajouter une poignée, appuyez sur Ctrl et cliquez sur la ligne pointillée rouge.

Déplacer une image sur une page

Pour déplacer une image, faites-la glisser en utilisant la souris. Pour ce faire, commencez par placer le pointeur à l'intérieur de l'image et non sur un bord.

Choisir une position spécifique

La manière la plus rapide de positionner un graphique dans une page consiste à cliquer sur le bouton Position du groupe Organiser situé sous l'onglet Format. Vous accédez à des options de disposition qui, en plus, habillent le texte.

- Avant de tester les commandes du menu Position, effectuez un zoom arrière pour afficher l'intégralité de la page. Sinon, vous ne verrez pas certaines positions de l'image.
- Chaque fois que vous passez le pointeur de la souris sur une option du menu Position, l'image est déplacée en conséquence dans votre document pour vous en donner un aperçu.

Rompre le lien entre image et texte

Lorsque vous désirez que le texte ne s'adapte plus au contour de l'image, voici ce que vous devez faire :

1. **Sélectionnez l'image.**
2. **Dans l'onglet Format, localisez le groupe Organiser, et cliquez sur Habillage du texte/Autres options de disposition.**

La boîte de dialogue Mise en page avancée apparaît.

3. **Cliquez sur l'onglet Positionnement de l'image.**
4. **Dans la section Horizontal, activez Position absolue.**
5. **Dans la liste À droite de, choisissez Page.**
6. **Dans la section Vertical, activez Position absolue.**
7. **Dans la liste Au-dessous de choisissez Page.**
8. **Cliquez sur OK.**

Cette technique fonctionne bien avec les objets placés derrière votre texte. Ainsi, dès que vous saisissez ou modifiez le texte, la forme ne bouge plus.

Livret II

Excel

Première partie

On se jette à l'eau

"J'ai déjà utilisé toutes sortes de tableurs, mais c'est celui-ci le meilleur pour dessiner des patchworks."

Dans cette partie...

Il suffit d'un coup d'œil à la fenêtre d'Excel 2007, avec son nouveau bouton Microsoft Office, sa barre d'outils Accès rapide et son Ruban, pour se rendre compte de la quantité de choses dont on dispose ici. Que cela ne vous fasse pas peur : au Chapitre 1, je décompose le Ruban d'Excel 2007 pour clarifier les nombreux onglets et boutons de commande que vous allez avoir en face de vous jour après jour.

Naturellement, il ne suffit pas de vous asseoir tranquillement pour vous faire expliquer par quelqu'un comme moi tout ce que vous voyez sur l'écran. Pour faire effectivement quelque chose d'Excel, il vous faut commencer par apprendre à utiliser toutes ces merveilles. Pour cela, c'est le Chapitre 2 qui vous explique comment utiliser certains des principaux boutons et des principales commandes de la fenêtre pour entrer vos données dans votre feuille de calcul. A partir de cette humble entrée en matière, le chemin n'est pas très long jusqu'à la maîtrise complète du logiciel.

Chapitre 1

Excel 2007 pour son utilisateur

Dans ce chapitre :

- Se familiariser avec la nouvelle fenêtre d'Excel 2007.
- Sélectionner des commandes à partir du Ruban.
- Personnaliser la barre d'outils Accès rapide.
- Les méthodes pour lancer Excel 2007.
- Surfer dans un classeur et une feuille de calcul Excel 2007.

Cette fois, les concepteurs et techniciens de Microsoft l'ont vraiment fait : ils ont réalisé une manière nouvelle d'utiliser un tableur. La nouvelle interface utilisateur d'Excel 2007 fait disparaître la manière dont les précédentes versions dépendaient d'une série de menus déroulants, de volets de tâches et d'une multitude de barres d'outils. Elle utilise à la place une simple bande, appelée *Ruban* (en haut de la fenêtre), conçue pour rassembler les commandes d'Excel les plus utilisées afin de les mettre à votre portée immédiate en permanence. Enfin, cette nouvelle interface utilisateur comporte toutes sortes d'améliorations graphiques, à commencer par les styles rapides qui vous permettent de voir comment vos tableaux ou graphiques se présenteraient dans une mise en forme particulière, sélectionnée dans une palette de styles rapides, avant de l'avoir effectivement appliquée

L'interface utilisateur avec son Ruban

À son premier lancement, Excel 2007 s'ouvre en affichant la première des trois feuilles de calcul (Feuil1) d'un nouveau fichier de classeur (Classeur1), dans une fenêtre identique à celle que montre la Figure 1.1.

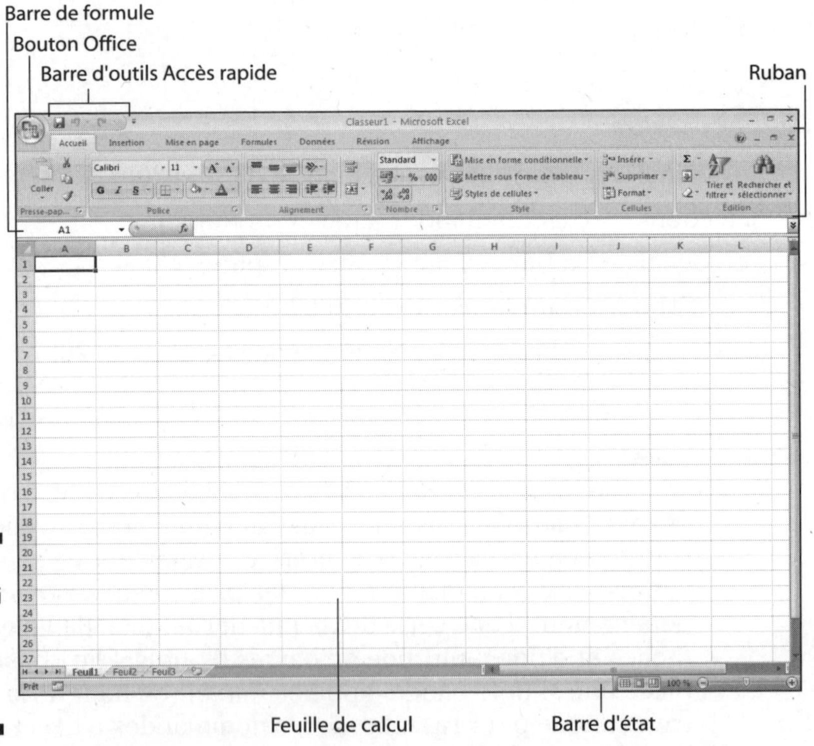

Figure 1.1 : La fenêtre qui apparaît quand on lance Excel 2007.

Cette fenêtre se compose des éléments suivants :

- **Le Bouton Office**, qui ouvre le menu déroulant Office contenant toutes les commandes relatives au fichier, notamment Enregistrer, Ouvrir, Imprimer, et Quitter Excel, ainsi que le bouton Options Excel qui vous permet de modifier les paramètres par défaut d'Excel.

- **La barre d'outils Accès rapide**, qui contient des boutons sur lesquels vous pouvez cliquer pour accomplir des tâches d'usage courant, par exemple enregistrer votre travail ou bien annuler ou répéter une modification, et que vous pouvez personnaliser en y ajoutant des boutons.

- **Le Ruban**, qui contient la majeure partie des commandes d'Excel, réparties dans un certain nombre d'onglets allant d'Accueil à Affichage.
- **La Barre de formule**, qui affiche l'adresse de la cellule sélectionnée ainsi que son contenu.
- **La zone de feuille de calcul**, qui contient toutes les cellules de la feuille de calcul en cours, identifiées par des en-têtes de colonnes au moyen de lettres sur le bord supérieur, et par des en-têtes de lignes utilisant des nombres sur le bord gauche, avec des onglets permettant de sélectionner une autre feuille de calcul du classeur, une barre de défilement horizontal sur le bord inférieur pour se déplacer vers la droite et vers la gauche dans la feuille de calcul, et une barre de défilement vertical sur le bord droit pour se déplacer vers le haut et vers le bas dans la feuille de calcul.
- **La Barre d'état**, qui indique dans quel mode se trouve le programme et quelles touches spéciales sont activées, vous permet de sélectionner une autre feuille de calcul et de faire un zoom avant ou arrière sur la feuille de calcul affichée.

Utiliser le Bouton Office

Dans le coin supérieur gauche de la fenêtre d'Excel 2007, vous pouvez voir le Bouton Office (rond, avec une sorte d'entrelacement en quatre couleurs), immédiatement suivi par la barre d'outils Accès rapide.

Lorsque vous cliquez sur le Bouton Office, un menu déroulant, semblable à celui que montre la Figure 1.2, apparaît. Ce menu Office contient toutes les commandes dont vous avez besoin pour travailler avec les fichiers classeur d'Excel, notamment

Enregistrer, Ouvrir, Imprimer et Fermer. Il contient aussi un bouton Options Excel, qui vous permet de modifier les paramètres du programme, et un bouton Quitter Excel, qui vous permet de fermer le programme lorsque vous avez fini de travailler.

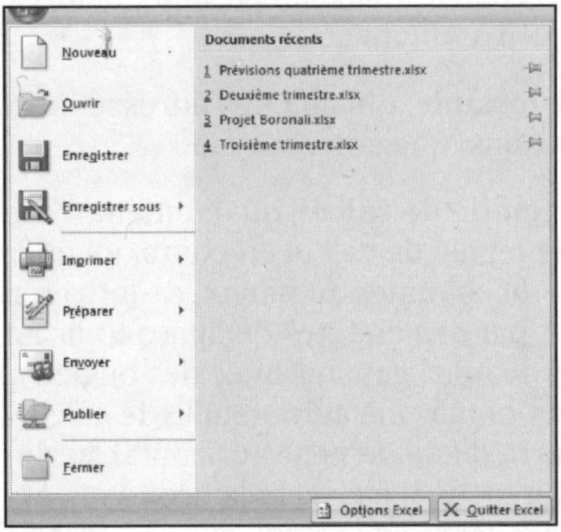

Figure 1.2 : Cliquez sur le Bouton Office pour accéder aux commandes de son menu déroulant, ouvrir un classeur récent ou modifier les options d'Excel.

Visite guidée du Ruban

Le Ruban (Figure 1.3) change radicalement la manière dont vous allez travailler dans Excel avec la version 2007. Au lieu de devoir vous rappeler (ou deviner) dans quel menu déroulant ou dans quelle barre d'outils Microsoft a placé la commande que vous voulez utiliser, les concepteurs d'Excel 2007 ont imaginé ce Ruban qui rend directement accessibles dans des onglets les commandes les plus utilisées pour une certaine catégorie de tâches.

Le Ruban est constitué des composants suivants :

- **Des onglets** pour chaque catégorie de tâches d'Excel, rassemblant chacun les commandes les plus utilisées pour cette catégorie de tâches.
- **Des groupes**, rassemblant des boutons de commande par sous-ensemble de ces catégories de tâches.

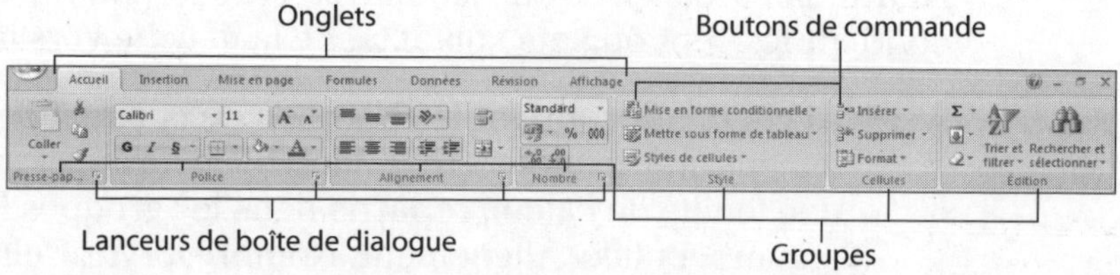

Figure 1.3 : Le Ruban d'Excel se compose d'une série d'onglets contenant des boutons de commande répartis en différents groupes.

- **Des boutons de commande** dans chaque groupe, que vous pouvez sélectionner pour accomplir une action ou ouvrir une galerie dans laquelle vous pourrez cliquer sur la miniature de votre choix. Notez que dans certains onglets un certain nombre de ces boutons se présentent comme des mini-barres d'outils donnant accès aux paramètres correspondants.

- **Des lanceurs de boîte de dialogue**, dans le coin inférieur droit de certains groupes, vous permettant d'ouvrir une boîte de dialogue contenant un certain nombre d'options supplémentaires.

TRUC

Pour afficher une plus grande surface de votre feuille de calcul dans la fenêtre d'Excel, vous pouvez minimiser le Ruban de manière que seuls les onglets apparaissent. Il vous suffit de double-cliquer sur l'un quelconque des onglets ou d'appuyer sur Ctrl+F1 (et de double-cliquer sur un onglet ou d'appuyer sur Ctrl+F1 pour afficher à nouveau le Ruban). Vous pouvez aussi utiliser la commande Réduire le Ruban du menu Personnaliser la barre d'outils Accès rapide (voyez la section Personnaliser la barre d'outils Accès rapide, plus loin dans ce chapitre). Pour sélectionner une commande dans le Ruban minimisé, cliquez d'abord sur l'onglet voulu. Celui-ci apparaît. Mais dès que vous avez sélectionné la commande voulue, le Ruban est à nouveau minimisé.

Les onglets du Ruban

La première fois que vous lancez Excel 2007, son Ruban contient les sept onglets suivants, de la gauche vers la droite :

- **Accueil**, qui contient les boutons de commande normalement utilisés pour créer, mettre en forme et modifier une feuille de calcul, répartis dans les groupes Presse-papiers, Police, Alignement, Nombre, Style, Cellules et Édition.
- **Insertion**, qui contient les boutons de commande normalement utilisés pour ajouter divers éléments (dessins, tableaux, graphiques, liens hypertextes, en-têtes et pieds de pages), répartis dans les groupes Formes, Tableaux, Illustrations, Diagrammes, Liens et Texte.
- **Mise en page**, qui contient les boutons de commande normalement utilisés pour préparer une feuille de calcul pour l'impression ou réorganiser les dessins sur une feuille de calcul, répartis dans les groupes Thèmes, Mise en page, Mise à l'échelle et Options de la feuille de calcul.
- **Formules**, qui contient les boutons de commande normalement utilisés pour ajouter des formules et des fonctions dans une feuille de calcul ou pour rechercher des erreurs dans une formule, répartis dans les groupes Bibliothèque de fonctions, Cellules nommées, Audit de formules et Calcul. Notez que cet onglet contient également un groupe Solutions lorsque vous activez certains programmes "add-in" comme Conditional Sum et Euro Currency Tools.
- **Données**, qui contient les boutons de commande normalement utilisés pour importer, émettre des requêtes, mettre en évidence ou faire un sous-total des données d'une feuille de calcul, répartis dans les groupes Donnés externes, Gérer les connexions, Trier et filtrer, Outils de données et Plan. Notez que cet onglet contient également un groupe Analyse lorsque vous activez certains

programmes "add-in" comme Analysis Toolpak and Solver Add-In.

- **Révision**, qui contient les boutons de commande normalement utilisés pour vérifier, protéger et effectuer le suivi des modifications d'une feuille de calcul, répartis dans les groupes Vérification, Commentaires et Modifications.

- **Affichage**, qui contient les boutons de commande normalement utilisés pour modifier l'affichage de la feuille de calcul, répartis dans les groupes Affichages classeur, Afficher/Masquer, Zoom et Fenêtre.

Bien que ces onglets standard soient ceux que vous voyez toujours sur le Ruban lorsqu'il est affiché dans Excel, ils ne sont pas tout ce qui peut apparaître dans cette zone. Excel peut également y afficher des outils contextuels lorsque vous travaillez sur un objet que vous avez sélectionné dans la feuille de calcul, par exemple une image insérée ou un graphique, ou un tableau que vous avez créé. Les noms des outils contextuels pour l'objet sélectionné apparaissent juste au-dessus de l'onglet ou des onglets associés à ces outils.

Par exemple, la Figure 1.4 montre une feuille de calcul après avoir cliqué sur le graphique qu'elle contient pour le sélectionner. Sélectionner ce graphique fait apparaître à l'extrémité du Ruban les Outils de graphique répartis dans trois onglets supplémentaires : Création (sélectionné par défaut), Disposition et Mise en forme. Notez également que les boutons de commande de l'onglet Création sont répartis dans les groupes Type, Données, Disposition rapide, Styles rapides et Emplacement.

Lorsque vous désélectionnez l'objet (en général en cliquant dans la feuille à l'extérieur de celui-ci), l'outil contextuel pour celui-ci disparaît immédiatement du Ruban, qui ne laisse plus apparaître que les onglets habituels.

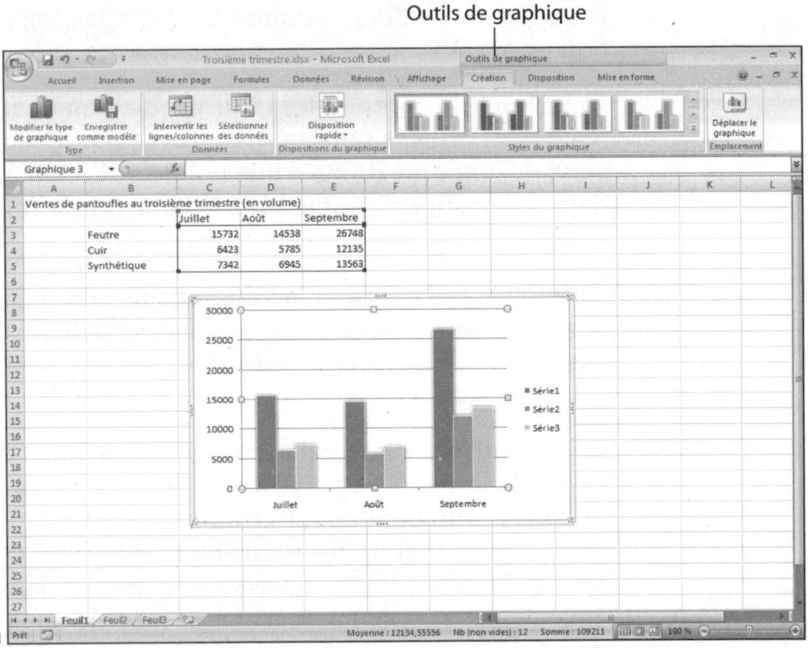

Figure 1.4 : Lorsque vous sélectionnez certains objets dans la feuille de calcul, Excel ajoute au Ruban des outils contextuels avec leurs propres onglets, groupes et boutons.

Sélectionner des commandes dans le Ruban

La méthode la plus directe pour sélectionner des commandes dans le Ruban consiste à cliquer sur l'onglet qui contient le bouton de commande voulu, puis à cliquer sur ce bouton dans le groupe dont il fait partie. Par exemple, pour insérer un clipart dans votre feuille de calcul, vous cliquez sur l'onglet Insertion, puis sur le bouton Images clipart pour ouvrir le volet Images clipart dans la feuille de calcul.

La méthode la plus facile pour sélectionner des commandes du Ruban (si vous êtes vraiment à l'aise avec votre clavier) consiste à appuyer sur la touche Alt, la relâcher, puis à taper la séquence de lettres définissant le raccourci clavier pour l'onglet et le bouton voulus.

Lorsque vous appuyez sur la touche Alt et la relâchez aussitôt, Excel affiche les touches de raccourci pour tous les onglets du Ruban. Lorsque vous appuyez alors sur la ou les touches de raccourci de l'onglet voulu, celui-ci apparaît, avec toutes les touches de raccourci des boutons de commande qu'il contient, comme le montre la Figure 1.5. Pour sélectionner un bouton de commande (ou ouvrir une boîte de dialogue), appuyez alors simplement sur les touches de raccourci correspondantes.

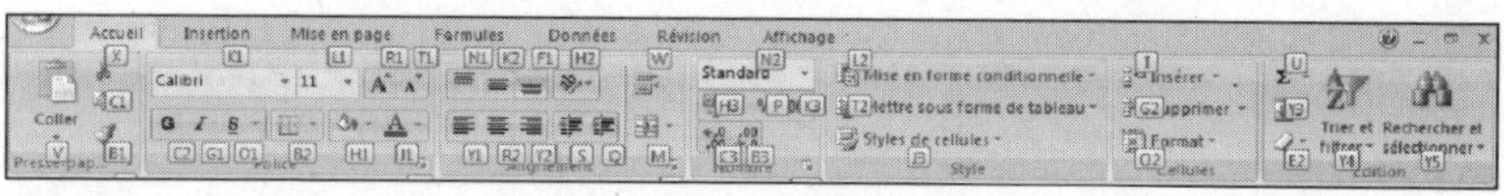

Figure 1.5 : Lorsque vous appuyez successivement sur Alt puis sur les touches de raccourci d'un onglet, Excel affiche les touches de raccourci de tous ses boutons de commande et boîtes de dialogue.

N'OUBLIEZ PAS

Si vous connaissez les anciens raccourcis clavier d'Excel, depuis Excel 97 jusqu'à Excel 2003, vous pouvez toujours les utiliser. Par exemple, au lieu d'appuyer sur Alt+HC pour copier une sélection de cellules dans le presse-papiers de Windows, puis sur Alt+HV pour la coller à un autre emplacement dans la feuille, vous pouvez toujours appuyer sur Ctrl+C pour copier la sélection, puis sur Ctrl+V pour la coller là où vous voulez. Notez toutefois que pour utiliser un raccourci clavier du Ruban reposant sur la touche Alt, vous n'avez pas besoin de maintenir celle-ci enfoncée, contrairement à un raccourci clavier reposant sur la touche Ctrl (ce qui n'empêche pas que pour d'autres raccourcis clavier que ceux du Ruban utilisant la touche Alt, celle-ci doive être maintenue enfoncée).

Personnaliser la barre d'outils Accès rapide

Lorsque vous lancez Excel 2007 pour la première fois, la barre d'outils Accès rapide ne contient que les trois boutons suivants :

- **Enregistrer**, pour enregistrer toutes les modifications apportées au classeur ouvert, avec le même nom de fichier, le même format de fichier et le même emplacement.
- **Annuler**, pour annuler la dernière modification que vous avez effectuée.
- **Répéter**, pour répéter la dernière modification que vous avez effectuée.

La barre d'outils Accès rapide est très personnalisable, car Excel donne la possibilité d'y ajouter très facilement non seulement n'importe quel bouton du Ruban, mais aussi toutes les commandes d'Excel que vous voulez, même les plus obscures qui n'apparaissent dans aucun des onglets du Ruban.

TRUC

Par défaut, la barre d'outils Accès rapide apparaît au-dessus des onglets du Ruban, juste à droite du Bouton Office. Pour l'afficher au-dessous du Ruban, juste au-dessus de la Barre de formule, cliquez sur le bouton Personnaliser la barre d'outils Accès rapide (le bouton contenant un triangle pointant vers le bas, à l'extrémité droite de la barre d'outils Accès rapide), puis sélectionnez Afficher en dessous du Ruban dans le menu qui apparaît. Vous trouverez cet emplacement plus pratique lorsque vous ajouterez des boutons à la barre d'outils Accès rapide et qu'ils commenceront à recouvrir le nom du classeur ouvert, qui apparaît à la droite de celle-ci.

Le menu Personnaliser la barre d'outils Accès rapide

Lorsque vous cliquez sur ce bouton Personnaliser la barre d'outils Accès rapide, vous voyez apparaître un menu dont la première section est une liste de commandes précédée d'une colonne grise dans laquelle apparaît une coche devant chacune de celles dont le bouton est affiché dans la barre d'outils Accès rapide. Par défaut, seules les commandes Enregistrer, Annuler, et Répéter sont cochées, et il vous suffit de cocher toutes celles que vous voulez pour en faire apparaître le bouton dans la barre d'outils. Inversement, si vous cliquez dans ce menu sur une commande déjà cochée, la coche disparaît et son bouton disparaît dans la barre d'outils.

La deuxième section de ce menu comporte les commandes Autres commandes qui vous permet d'ajouter d'autres commandes dans la barre d'outils Accès rapide (y compris des commandes qui ne sont pas présentes dans le Ruban), ce que nous verrons à la section "Ajouter d'autres commandes dans la barre d'outils Accès rapide", un peu plus loin ; et Afficher en dessous du Ruban qui permet tout simplement d'afficher la barre d'outils Accès rapide en dessous du Ruban.

Enfin, la troisième section de ce menu ne comporte que la commande Réduire le Ruban, qui vous permet de minimiser le Ruban de manière que seuls ses onglets apparaissent (voyez à ce sujet la section Visite guidée du Ruban, plus haut dans ce chapitre).

Ajouter des boutons du Ruban

Pour ajouter dans la barre d'outils Accès rapide un bouton de commande du Ruban, cliquez simplement du bouton droit sur celui-ci dans le Ruban, puis sélectionnez Ajouter à la barre d'outils Accès rapide dans le menu qui apparaît. Excel ajoute aussitôt ce bouton à l'extrémité droite de la barre d'outils Accès rapide, juste avant le bouton Personnaliser la barre d'outils Accès rapide.

Si vous voulez placer à un autre endroit dans la barre d'outils Accès rapide le bouton que vous venez d'y ajouter, par exemple pour le regrouper avec d'autres boutons, cliquez sur le bouton Personnaliser la barre d'outils Accès rapide, puis sélectionnez Autres commandes dans le menu qui apparaît.

La boîte de dialogue Options Excel s'affiche, avec l'onglet Personnaliser au premier plan (Figure 1.6). Vous y voyez, dans la liste de droite, tous les boutons déjà placés dans la barre d'outils Accès rapide, l'ordre dans lequel ils apparaissent de gauche à droite dans la barre d'outils Accès rapide correspondant à l'ordre dans lequel ils apparaissent du haut vers le bas dans cette liste.

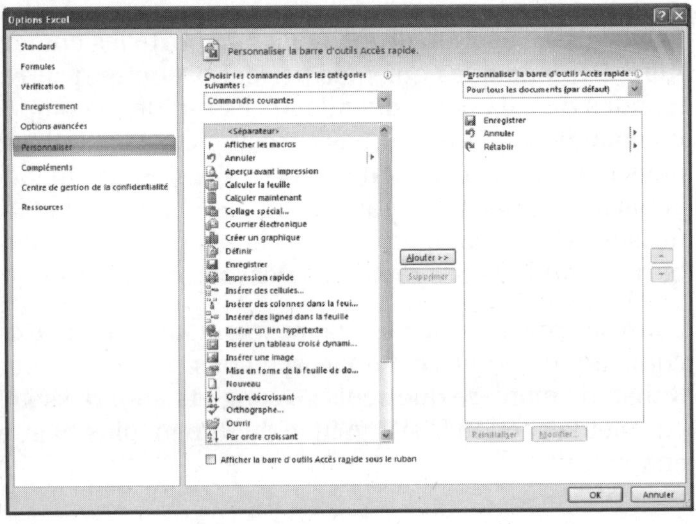

Figure 1.6 : L'onglet Personnaliser de la boîte de dialogue Options Excel vous permet de personnaliser entièrement la barre d'outils Accès rapide.

Pour repositionner un bouton dans la barre d'outils, cliquez dessus pour le sélectionner dans la liste de droite de la boîte de dialogue Options Excel, puis cliquez sur la flèche pointant vers le haut ou la flèche pointant vers le bas à droite de cette liste pour le déplacer vers le haut ou vers le bas dans la liste, jusqu'à l'emplacement désiré.

Vous pouvez ajouter des séparateurs dans la barre d'outils pour regrouper des boutons sur la base de leurs fonctions. Pour cela, cliquez sur <Séparateur> en haut de la liste de gauche dans la boîte de dialogue Options Excel, cliquez sur le bouton Ajouter entre les deux listes pour faire apparaître un <Séparateur> dans la liste de droite, puis utilisez la flèche pointant vers le haut ou la flèche pointant vers le bas à droite de la liste de droite pour le positionner à l'endroit voulu.

Pour supprimer un bouton de la barre d'outils Accès rapide, cliquez dessus du bouton droit dans celle-ci, puis sélectionnez Supprimer de la barre d'outils Accès rapide dans le menu qui apparaît.

Ajouter d'autres commandes dans la barre d'outils Accès rapide

L'onglet Personnaliser de la boîte de dialogue Options Excel montré par la Figure 1.6 (cliquez sur le bouton Personnaliser la barre d'outils Accès rapide, et sélectionnez Autres commandes dans le menu qui apparaît), vous permet également d'ajouter à la barre d'outils Accès rapide toutes les commandes d'Excel qui ne se trouvent pas dans le Ruban.

1. **Dans la liste déroulante Choisir les commandes dans les catégories suivantes, sélectionnez le type de la commande que vous voulez ajouter à la barre d'outils Accès rapide.**

   Parmi ces catégories de commandes, figurent notamment le menu du Bouton Office (libellé Office Menu dans la version bêta dont nous disposons, mais qui sera sans doute libellé Menu Office dans la version commercialisée) ainsi que tous les onglets du Ruban. Pour n'afficher que les commandes qui ne sont pas dans le Ruban, sélectionnez Commandes non présentes sur le ruban, dans la première section de la liste déroulante. Pour afficher la liste complète de toutes les commandes d'Excel, cliquez sur Toutes les commandes, dans la première section de la liste déroulante.

2. **Dans la liste des commandes de gauche, cliquez sur celle que vous voulez ajouter à la barre d'outils Accès rapide.**

3. **Cliquez sur le bouton Ajouter, entre les deux listes, pour ajouter la commande sélectionnée à la liste de droite.**

4. **Si vous voulez repositionner le bouton que vous venez d'ajouter, cliquez sur la flèche pointant vers le haut (à droite de la liste de droite), jusqu'à ce qu'il soit à l'emplacement voulu.**

5. **Cliquez sur OK pour fermer la boîte de dialogue Options Excel.**

S'amuser avec la Barre de formule

La Barre de formule affiche l'adresse et le contenu de la cellule sélectionnée. L'adresse d'une cellule est définie par la lettre (ou les lettres) de la colonne dans laquelle elle se trouve, suivie immédiatement par le numéro de la ligne dans laquelle elle se trouve. Ainsi, la cellule A1 est la toute première cellule de la feuille de calcul, à son coin supérieur gauche, à l'intersection de la première ligne et de la première colonne. La cellule XFD1048576, qui est la toute dernière dans une feuille de calcul Excel 2007, se trouve à l'intersection de la colonne XFD et de la ligne 1 048 576, dernière colonne et dernière ligne d'une feuille de calcul Excel 2007. Le contenu de la cellule sélectionnée dépend du type des données que vous y avez entrées : du texte ou des nombres si vous n'avez entré qu'un en-tête ou une valeur particulière, une formule si vous avez entré une formule.

La Barre de formule se compose de trois parties, de gauche à droite :

- **La zone de nom :** C'est la partie qui affiche l'adresse de la cellule sélectionnée.

- **Les boutons de la Barre de formule :** Juste après la zone de nom, c'est la zone qui se présente comme un petit ruban bleu commençant par un demi-cercle (que l'on peut déplacer vers la droite ou vers le haut). Elle contient à son extrémité droite le bouton Assistant Fonction (*fx*), auquel viennent s'ajouter les boutons Entrer et Annuler lorsque vous commencez à modifier le contenu de la cellule.

- **Contenu de la cellule :** Juste après la zone des boutons apparaît sur fond blanc le contenu de la cellule, occupant tout le reste de la Barre de formule, ce qui permet d'afficher un contenu aussi long que nécessaire.

N'OUBLIEZ PAS

L'importance de la zone du contenu de la cellule dans la Barre de formule est qu'elle vous montre toujours le contenu réel de la cellule, même lorsque la feuille de calcul elle-même ne le fait pas. Par exemple, lorsque la cellule contient une formule, Excel affiche dans cette cellule le résultat du calcul correspondant, mais c'est la zone du contenu de la cellule dans la Barre de formule qui affiche la formule (laquelle est le véritable contenu de la cellule), et c'est là que vous pouvez modifier cette formule à tout moment. Pour la même raison, lorsque la zone du contenu de la cellule est vide, vous savez que la cellule ne contient rien.

Que faire dans la zone de la feuille de calcul

C'est là que la majeure partie des choses se passent, car c'est là que sont affichées les cellules ; c'est dans les cellules que vous entrez vos données, c'est aux cellules que vous appliquez vos mises en forme ainsi que toutes sortes de modifications.

N'OUBLIEZ PAS

N'oubliez pas que pour que vous puissiez entrer ou modifier des données dans une cellule, celle-ci doit être sélectionnée. Excel indique de trois manières qu'une cellule est sélectionnée :

- Le curseur de cellule : c'est la bordure noire épaisse qui entoure la cellule sélectionnée.
- L'adresse de la cellule sélectionnée apparaît dans la zone de nom de la Barre de formule.
- L'en-tête de la colonne et l'en-tête de la ligne de la cellule sélectionnée apparaissent en orange, ce qui les met en évidence par contraste avec les autres.

Se déplacer dans la feuille de calcul

Une feuille de calcul Excel contient bien trop de lignes et de colonnes pour que toutes soient affichées en même temps, quelles que soient la taille et la définition de votre écran (ne perdons pas de vue qu'il y a au total 17 179 869 184 cellules dans une feuille de calcul). Excel offre donc de nombreux moyens de déplacer le curseur de cellule dans la feuille de calcul pour atteindre celle que vous voulez modifier :

- Cliquer sur la cellule voulue (dans le cas où celle-ci se trouve dans la zone de la feuille de calcul affichée à l'écran).
- Cliquer dans la zone de nom de la Barre de formule, y entrer directement l'adresse de la cellule voulue et appuyer sur la touche Entrée.
- Appuyer sur F5 pour faire apparaître la boîte de dialogue Atteindre, entrer l'adresse de la cellule voulue dans le champ Référence, puis cliquer sur OK.
- Utiliser les touches de curseur selon les indications du Tableau 1.1 pour déplacer le curseur de cellule jusqu'à la cellule voulue.
- Utiliser les barres de défilement horizontal et vertical, respectivement sur le bord inférieur et le bord droit de la fenêtre, pour faire apparaître à l'écran la zone de la feuille de calcul qui contient la cellule voulue, puis cliquer sur celle-ci pour la sélectionner.

Raccourcis clavier pour déplacer le curseur de cellule

Excel offre de nombreux raccourcis clavier pour déplacer le curseur de cellule vers une cellule quelconque. Au fur et à mesure que le curseur de cellule se déplace, la zone de la feuille de calcul qui apparaît à l'écran se déplace en conséquence, de manière que celui-ci apparaisse toujours à l'affichage. Le Tableau 1.1 rassemble tous ces raccourcis clavier en indiquant les déplacements du curseur de cellule qu'ils produisent. Ces raccourcis clavier utilisent les quatre touches de curseur (←, →, ↑ et ↓) et les touches Page suivante (PgSuiv), Page précédente (PgPréc), Début et Fin, ainsi que la touche Ctrl.

Tableau 1.1 : Raccourcis clavier pour déplacer le curseur de cellule.

Raccourci	Le curseur se déplace jusqu'à
→ ou Tab	Cellule voisine de droite.
← ou Maj+Tab	Cellule voisine de gauche.
↑	Cellule voisine du dessus.
↓	Cellule voisine du dessous.
Début	Cellule de la colonne A de la même ligne.
Ctrl+Début	Première cellule (A1) de la feuille de calcul.
Ctrl+Fin ou Fin, Début	Cellule se trouvant à l'intersection de la dernière colonne non vide et de la dernière ligne non vide de la feuille de calcul (autrement dit, la dernière cellule de ce que l'on appelle la *zone active* de la feuille de calcul).
PgPréc	Cellule se trouvant un écran plus haut dans la même colonne.
PgSuiv	Cellule se trouvant un écran plus bas dans la même colonne.
Ctrl+→ ou Fin, →	Première cellule non vide vers la droite dans la même ligne et précédée ou suivie par une cellule vide. Si aucune cellule non vide n'est trouvée, le curseur va jusqu'à la dernière cellule de la ligne.
Ctrl+← ou Fin, ←	Première cellule non vide vers la gauche dans la même ligne et précédée ou suivie par une cellule vide. Si aucune cellule non vide n'est trouvée, le curseur va jusqu'à la première cellule de la ligne.
Ctrl+↑ ou Fin, ↑	Première cellule non vide vers le haut dans la même colonne et précédée ou suivie par une cellule vide. Si aucune cellule non vide n'est trouvée, le curseur va jusqu'à la première cellule de la colonne.
Ctrl+↓ ou Fin, ↓	Première cellule non vide vers le bas dans la même colonne et précédée ou suivie par une cellule vide. Si aucune cellule non vide n'est trouvée, le curseur va jusqu'à la dernière cellule de la colonne.

Raccourci	Le curseur se déplace jusqu'à
Ctrl+PgSuiv	Dernière cellule non vide dans la feuille de calcul suivante du même classeur.
Ctrl+PgPréc	Dernière cellule non vide dans la feuille de calcul précédente du même classeur.

Note : Pour les raccourcis clavier qui utilisent les touches de curseur, vous devez utiliser le bloc des touches de curseur sur votre clavier ou bien vous assurer que le verrouillage numérique n'est pas activé si vous utilisez le pavé numérique de votre clavier.

TRUC

Les raccourcis clavier qui combinent la touche Ctrl et la touche Fin avec une touche de curseur apparaissant dans le Tableau 1.1 sont parmi les plus utiles pour se déplacer rapidement dans un grand tableau de cellules ou pour se déplacer d'un tableau à un autre dans une partie de la feuille de calcul qui contient de nombreux blocs de cellules.

Lorsque vous utilisez la touche Ctrl avec une touche de curseur pour vous déplacer d'un bord à un autre dans un tableau ou d'un tableau à un autre dans une feuille de calcul, vous devez maintenir enfoncée la touche Ctrl tout en appuyant sur la touche de curseur concernée (ce qui est indiqué par le signe + dans la définition du raccourci, comme dans Ctrl+→).

Lorsque vous utilisez la touche Fin avec une touche de curseur, vous devez appuyer sur la touche Fin et la relâcher *avant* d'appuyer sur la touche de curseur (ce qui est indiqué par la virgule dans la définition du raccourci, comme dans Fin, →). Lorsque vous appuyez sur la touche Fin et la relâchez, l'indicateur Mode Fin apparaît dans la Barre d'état. Excel vous signale ainsi qu'il attend que vous appuyiez sur l'une des quatre touches de curseur.

Comme vous pouvez maintenir enfoncée la touche Ctrl tout en appuyant sur la touche de curseur dont vous avez besoin, la méthode touche Ctrl plus touche de curseur est plus fluide pour naviguer dans des blocs de cellule que la méthode touche Fin plus touche de curseur.

N'OUBLIEZ PAS

Vous pouvez utiliser la touche Verr Maj (Verrouillage Majuscules) pour "verrouiller" la position du curseur de cellule dans la feuille de calcul, de manière à faire défiler à l'écran la feuille de calcul avec des touches comme PgSuiv et PgPréc sans changer la position du curseur de cellule (autrement dit, de manière que ces touches se comportent comme les barres de défilement).

Après avoir activé le Verrouillage Majuscule, lorsque vous faites défiler la feuille de calcul avec le clavier, Excel ne sélectionne pas une nouvelle cellule dans la zone affichée. La cellule sélectionnée reste la même, même si elle n'est plus visible à l'affichage. Pour "déverrouiller" le curseur de cellule en utilisant le clavier pour faire défiler la feuille de calcul, vous devez désactiver le Verrouillage Majuscule (soit en appuyant à nouveau sur la touche Verr Maj, soit en appuyant sur la touche Maj, selon votre paramétrage de Windows).

Astuces pour les barres de défilement

Pour comprendre comment fonctionne le défilement dans Excel, représentez-vous cette énorme feuille de calcul comme un rouleau de papier enroulé sur une bobine à chaque extrémité. Pour faire apparaître une partie du rouleau qui se trouve cachée sur sa bobine du côté droit, vous rembobinez la bobine de gauche, jusqu'à ce que la partie voulue apparaisse sous vos yeux. Et pour faire apparaître une partie du rouleau qui se trouve cachée sur sa bobine du côté gauche, vous rembobinez la bobine de droite, jusqu'à ce que la partie voulue apparaisse sous vos yeux. C'est le même principe vers le haut et vers le bas.

Vous pouvez utiliser la barre de défilement horizontal qui se trouve sur le bord inférieur de la feuille de calcul pour faire défiler vos colonnes vers la droite ou vers la gauche, et la barre de défilement vertical qui se trouve sur le bord droit de la feuille de calcul pour faire défiler vos lignes vers le haut ou vers le bas. Pour faire défiler d'une colonne ou d'une ligne à la fois dans une direction, cliquez sur la flèche de défilement appropriée à l'une ou l'autre extrémité de la barre de défilement correspondante.

N'oubliez pas que vous pouvez redimensionner la barre de défilement horizontal pour la rendre plus longue ou plus courte en faisant glisser le bouton qui apparaît à son extrémité gauche. Gardez à l'esprit que l'espace restant à gauche de la barre de défilement horizontal permet de loger les onglets des feuilles de calcul que contient le classeur.

Pour faire défiler très rapidement les lignes et colonnes de votre feuille de calcul, maintenez enfoncée la touche Maj et faites glisser le pointeur de la souris dans la direction appropriée dans la barre de défilement correspondante, jusqu'à ce que la ligne ou la colonne que vous voulez voir apparaisse à l'écran. Lorsque vous maintenez enfoncée la touche Maj, le bouton de défilement devient très petit dès que vous maintenez enfoncé le bouton de la souris après avoir placé le pointeur dessus. En même temps, une info-bulle apparaît, indiquant le numéro de la première ligne ou la lettre de la première colonne affichée.

Si vous disposez d'une souris à molette, vous pouvez l'utiliser pour faire défiler directement. Placez simplement le pointeur de cellule en forme de croix approximativement au centre de la feuille de calcul, et maintenez enfoncée la molette de la souris. Le pointeur prend la forme d'une flèche à quatre pointes. Faites alors simplement glisser votre souris dans la direction appropriée (vers la gauche ou vers la droite pour faire défiler les colonnes, vers le haut ou vers le bas pour faire défiler les lignes), jusqu'à ce que la zone voulue de la feuille de calcul apparaisse à l'écran.

Le seul inconvénient de l'utilisation des barres de défilement pour se déplacer est qu'elles ne font qu'afficher à l'écran une autre zone de la feuille de calcul. Elles ne changent pas la position du curseur de cellule. N'oubliez pas que pour faire des modifications dans une cellule ou un groupe de cellules, vous devez commencer par sélectionner la cellule (en cliquant dessus) ou le groupe (en faisant glisser la souris dessus).

Surfer sur les feuilles d'un classeur

Chaque nouveau classeur que vous créez dans Excel 2007 contient trois feuilles de calcul vierges, chacune avec ses 16 384 colonnes et 1 048 576 lignes (ce qui vous fait disposer de la bagatelle de 51 539 607 552 cellules vierges par feuille). Mais si vous avez besoin de feuilles supplémentaires dans votre classeur, il vous suffit de cliquer sur le bouton Insérer une feuille de calcul, juste après les onglets des feuilles de calcul existantes, comme le montre la Figure 1.7.

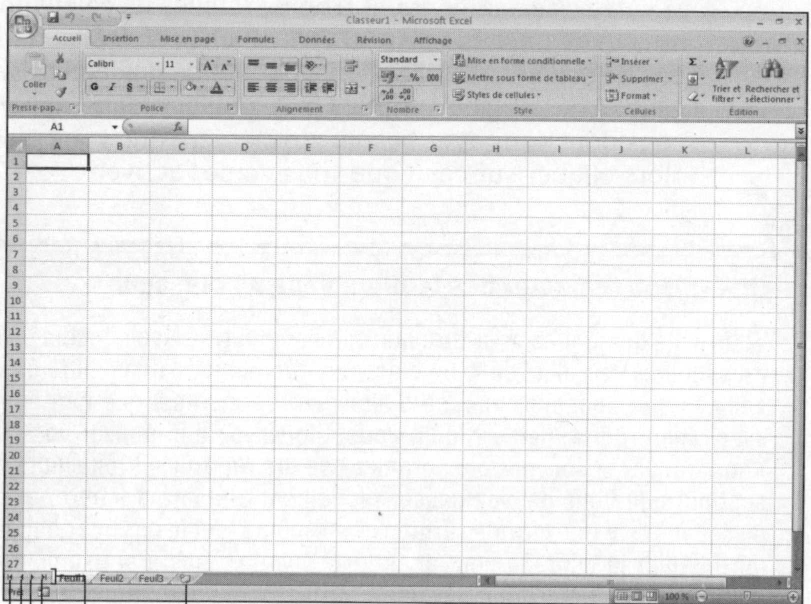

Figure 1.7 : Vous pouvez facilement activer une feuille de calcul et en ajouter.

Dans le coin inférieur gauche de la fenêtre, les boutons de défilement d'une feuille de calcul à une autre sont suivis par les onglets des feuilles de classeur, puis par le bouton Insérer une feuille de calcul. Pour activer une feuille de calcul, c'est-à-dire pour la faire apparaître à l'affichage et pouvoir y travailler, il vous suffit de la sélectionner en cliquant sur son onglet. Excel met en évidence la feuille active en mettant son nom en gras dans l'onglet correspondant et en faisant apparaître celui-ci au-dessus des autres.

N'oubliez pas que les raccourcis clavier Ctrl+PgSuiv et Ctrl+PgPréc vous permettent de passer respectivement à la feuille suivante et à la feuille précédente dans votre classeur.

Si votre classeur contient trop de feuilles de calcul pour que tous leurs onglets puissent être affichés en même temps en bas de la fenêtre, utilisez les boutons de défilement situés à gauche des onglets pour les faire défiler et faire apparaître ceux dont vous avez besoin, de manière que vous puissiez alors cliquer sur celui que vous voulez activer.

Une raison d'ajouter des feuilles dans un classeur

Vous vous demandez peut-être pourquoi on pourrait avoir besoin de plus de trois feuilles de calcul dans un classeur, compte tenu du nombre énorme de cellules que contient chacune d'elles. La réponse est que ça dépend tout simplement de la manière dont vous choisissez d'organiser vos données. Vous trouverez souvent plus pratique de les répartir sur plusieurs feuilles, sachant que vous pouvez passer facilement de l'une à l'autre, que de les disséminer sur une grande surface d'une même feuille en vous obligeant à en faire défiler le contenu pour accéder à vos données. Par exemple, si vous faites des budgets pour plusieurs services d'une entreprise, il est plus pratique d'avoir une feuille pour chaque service. Il vous sera aussi plus facile de cette façon d'imprimer chaque feuille séparément. Enfin, vous pourrez aussi créer une feuille de résumé, consolidant les données des autres.

Exhiber la Barre d'état

La Barre d'état (Figure 1.8) occupe tout le bord inférieur de la fenêtre d'Excel et comporte les zones suivantes :

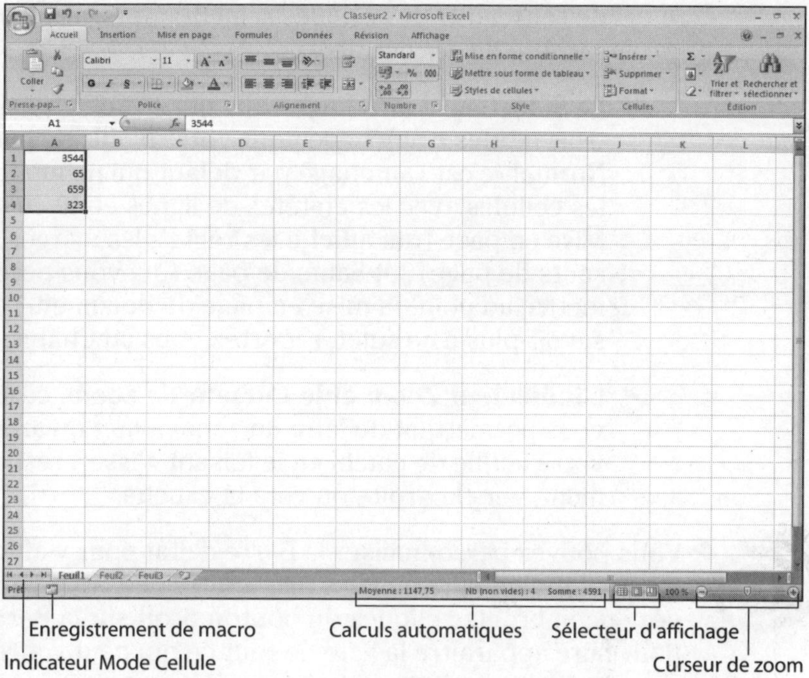

Figure 1.8 : La Barre d'état affiche l'état dans lequel se trouve Excel et vous permet de sélectionner un nouvel affichage pour votre feuille de calcul.

- **L'indicateur Mode Cellule** indique l'état du programme Excel (Prêt, Entrer, et ainsi de suite), ainsi que toutes les touches spéciales du clavier qui sont activées (Verr Maj, Verr Num et Défilement).
- **Le bouton Enregistrement de macro** (qui représente une feuille de calcul avec un point rouge dans son coin supérieur droit) ouvre la boîte de dialogue Enregistrer une macro dans laquelle vous pouvez spécifier les paramètres d'une nouvelle macro et commencer à l'enregistrer. Notez que ce bouton n'apparaît pas par défaut, à moins que vous n'ayez déjà affiché au moins une fois l'onglet Développeur. Vous pouvez aussi personnaliser la Barre d'état pour l'afficher (cliquez du bouton droit sur la Barre d'état, et cliquez dans la bande grise, devant Enregistrement de macro).
- **Les indicateurs Moyenne, Nombre et Somme** affichent la moyenne et la somme de tous les contenus numériques

de l'ensemble des cellules sélectionnées, ainsi que le nombre de ces dernières.

- **Le Sélecteur d'affichage** vous permet de choisir entre trois modes d'affichage pour votre feuille de calcul : Normal (c'est l'affichage par défaut qui ne montre que les cellules avec les en-têtes de lignes et de colonnes) ; Mise en page (qui affiche les règles, les marges et les sauts de page) ; et Sauts de page (qui vous permet de mettre au point la mise en page du document). Pour en savoir plus à ce sujet, reportez-vous au Chapitre 5.
- **L'indicateur Zoom et le Curseur de zoom**, ce dernier vous permettant de faire un zoom avant ou arrière sur votre feuille de calcul en le faisant glisser, respectivement, vers la droite ou vers la gauche.

TRUC

Vous pouvez personnaliser la Barre d'état pour y afficher d'autres indicateurs ou faire disparaître ceux que vous trouvez encombrants : cliquez du bouton droit sur la Barre d'état pour faire apparaître la liste de tout ce qui peut y être affiché. Une coche apparaît devant chaque élément activé (qui sera affiché). Pour activer ou désactiver l'affichage d'un élément dans la Barre d'état, cliquez devant dans cette liste pour faire apparaître ou disparaître la coche. Entre autres, l'indicateur Verr. Num. (qui n'est pas affiché dans la configuration par défaut) vous signale que vous pouvez utiliser le pavé numérique de votre clavier pour entrer des valeurs numériques dans la feuille de calcul.

Lancer Excel et quitter Excel

Excel 2007 fonctionne évidemment sous Windows XP, mais vous pouvez aussi l'utiliser avec la nouvelle version Windows Vista (lorsqu'elle sera disponible). Du fait des changements apportés au menu Démarrer dans Windows Vista, la procédure pour lancer Excel avec cette dernière version est un peu différente de celle de Windows XP.

Lancer Excel à partir du menu Démarrer de Windows Vista

Vous pouvez utiliser le champ Rechercher qui se trouve en bas du menu Démarrer de Windows Vista pour identifier l'emplacement du programme Excel sur votre ordinateur et le lancer très rapidement :

1. **Cliquez sur le bouton Démarrer dans la Barre des tâches pour ouvrir le menu Démarrer.**
2. **Cliquez dans le champ Rechercher et tapez les deux lettres** ex **pour que Vista identifie l'emplacement du programme Excel 2007 sur votre ordinateur.**
3. **Cliquez sur l'option Microsoft Office Excel 2007 qui apparaît maintenant dans le volet de gauche du menu Démarrer.**

Vous pouvez aussi lancer Excel à partir du menu Démarrer de Vista, en cliquant sur Démarrer/Tous les programmes/ Microsoft Office/Microsoft Office Excel 2007.

Lancer Excel à partir du menu Démarrer de Windows XP

Pour lancer Excel à partir du menu Démarrer de Windows XP, suivez simplement ces étapes :

1. **Cliquez sur Démarrer dans la Barre des tâches de Windows pour ouvrir le menu Démarrer.**
2. **Dans le menu Démarrer, sélectionnez Tous les programmes/Microsoft Office/Microsoft Office 2007.**

Placer Excel dans le menu Démarrer

Si vous utilisez beaucoup Excel, vous trouverez sans doute pratique de le faire apparaître de façon permanente dès l'ouverture du menu Démarrer de Windows XP. Les étapes pour cela sont les mêmes pour Windows XP que pour Windows Vista :

1. **Lancez Excel à partir du menu Démarrer de Windows.**

   Utilisez pour cela la méthode appropriée selon votre version de Windows (XP ou Vista ; voir les deux sections précédentes de ce chapitre).

   Windows ajoute Excel 2007 à la liste des programmes récemment utilisés dans le volet de gauche du menu Démarrer.

2. **Cliquez sur Démarrer, puis cliquez du bouton droit sur Excel 2007 dans la liste des programmes récemment utilisés du volet de gauche du menu Démarrer.**

3. **Dans le menu contextuel qui apparaît, cliquez sur Ajouter au menu Démarrer.**

À partir de là, l'option Excel 2007 apparaîtra toujours dans la partie supérieure du volet de gauche du menu Démarrer ; il vous suffira de cliquer dessus pour lancer Excel.

Créer un raccourci vers Excel sur le Bureau de Windows Vista

Certains préfèrent disposer d'une icône de raccourci vers le programme Excel sur le Bureau de Windows, de manière à pouvoir lancer Excel en double-cliquant simplement sur cette icône. Pour créer une icône de raccourci vers le programme Excel sur le Bureau de Windows Vista, suivez ces étapes :

1. **Cliquez sur Démarrer dans la Barre des tâches de Windows.**

2. **Cliquez dans le champ Rechercher et tapez** excel.exe.

   Excel.exe est le nom du programme Excel exécutable. Une fois l'emplacement de ce fichier sur votre disque dur identifié, vous pouvez créer une icône de raccourci vers celui-ci sur le Bureau qui vous permettra de lancer le programme.

3. **Une fois que l'icône du fichier recherché apparaît en haut du volet de gauche du menu Démarrer, cliquez dessus du bouton droit et sélectionnez Envoyer vers/ Bureau (créer un raccourci) dans le menu qui apparaît.**

   Un raccourci nommé EXCEL apparaît sur votre Bureau. Vous êtes libre de le modifier à votre guise pour lui donner le nom qu'il vous plaira.

4. **Cliquez du bouton droit sur l'icône de raccourci EXCEL sur le Bureau de Windows, puis sélectionnez Renommer dans le menu qui apparaît.**

5. **Remplacez le nom qui apparaît maintenant en surbrillance en tapant simplement celui que vous voulez, par exemple** Excel 2007, **puis cliquez dans un espace libre sur le Bureau.**

Créer un raccourci vers Excel sur le Bureau de Windows XP

Si vous utilisez Excel 2007 sous Windows XP, suivez ces étapes pour placer un raccourci vers Excel sur le Bureau de Windows XP :

1. **Cliquez sur Démarrer dans la Barre des tâches de Windows.**

2. **Cliquez sur Rechercher (en bas à droite dans le menu).**

   La fenêtre Résultats de la recherche apparaît.

3. **Dans le volet de gauche de cette fenêtre, cliquez sur le lien Tous les fichiers et tous les dossiers.**

4. **Dans le champ Une partie ou l'ensemble du nom de fichier, tapez** excel.exe.

   Excel.exe est le nom du programme Excel exécutable. Une fois l'emplacement de ce fichier sur votre disque dur identifié, vous pouvez créer une icône de raccourci vers celui-ci sur le Bureau qui vous permettra de lancer le programme.

5. **Cliquez sur le bouton Rechercher.**

   Windows recherche maintenant sur votre disque dur le fichier que vous avez spécifié. Une fois trouvé, il apparaît dans le volet de droite de la fenêtre Résultats de la recherche. Lorsque le fichier recherché apparaît, vous pouvez cliquer sur le bouton Arrêter dans le volet de gauche pour arrêter la recherche.

6. **Cliquez du bouton droit sur l'icône du fichier dans le volet de droite de la fenêtre Résultats de la recherche, et sélectionnez Envoyer vers/Bureau (créer un raccourci) dans le menu qui apparaît.**

   Une icône nommée Raccourci vers EXCEL.EXE apparaît sur votre Bureau.

7. **Cliquez sur le bouton de fermeture dans le coin supérieur droit de la fenêtre Résultats de la recherche.**

   L'icône nommée Raccourci vers EXCEL.EXE s'affiche sur votre Bureau. Vous pouvez maintenant modifier son nom pour lui donner celui que vous voulez.

8. **Cliquez du bouton droit sur l'icône Raccourci vers EXCEL.EXE, et sélectionnez Renommer dans le menu qui apparaît.**

9. **Remplacez le nom qui s'affiche maintenant en surbrillance par celui que vous voulez, par exemple** Excel 2007, **puis cliquez dans un espace libre sur le Bureau.**

Une fois que vous avez votre raccourci vers Excel sur le Bureau de Windows, il vous suffit de double-cliquer dessus pour lancer Excel.

Ajouter un raccourci vers Excel dans la Zone de lancement rapide

Si vous voulez pouvoir lancer Excel 2007 par un simple clic sur un bouton directement accessible, faites simplement glisser l'icône de votre raccourci vers Excel sur le Bureau (que ce soit sous Windows XP ou sous Windows Vista) pour le déposer dans la Zone de lancement rapide de la Barre des tâches. Lorsque vous faites glisser une icône jusqu'à cette zone de lancement rapide, une petite barre noire apparaît au-dessous de l'icône après laquelle sera placée celle que vous êtes en train de faire glisser si vous relâchez à cet instant le bouton de la souris. Une fois l'icône placée dans la Zone de lancement rapide, il vous suffit d'un simple clic sur celle-ci pour lancer le programme correspondant.

Quitter Excel

Une fois votre travail terminé, vous êtes prêt à quitter Excel ; vous disposez pour cela de plusieurs méthodes :

- Cliquer sur le Bouton Office, puis sur le bouton Quitter Excel dans le menu qui apparaît.
- Appuyer sur Alt+FX ou Alt+F4.
- Cliquer sur le bouton de fermeture (X) dans le coin supérieur droit de la fenêtre d'Excel.

Si vous essayez de quitter Excel après avoir travaillé dans un classeur mais sans avoir enregistré vos dernières modifications, le programme émet une alerte sonore et affiche une boîte d'alerte vous demandant si vous voulez enregistrer vos modifications. Pour les enregistrer avant de quitter Excel, cliquez sur le bouton Oui (pour en savoir plus sur l'enregistrement de vos documents, reportez-vous au Chapitre 2). Si vous ne voulez pas enregistrer vos dernières modifications, cliquez sur le bouton Non.

Chapitre 2

Créer une feuille de calcul à partir de zéro

Dans ce chapitre :

- Démarrer un nouveau classeur.
- Entrer des données des trois types possibles dans une feuille de calcul.
- Créer des formules simples.
- Corriger des entrées erronées.
- Utiliser la fonction de correction automatique.
- Utiliser la recopie automatique pour entrer des séries de données.
- Entrer et modifier des formules contenant des fonctions prédéfinies.
- Faire le total de lignes ou de colonnes avec le bouton Somme automatique.

Maintenant que vous savez démarrer Excel 2003, le moment est venu de passer à l'action sans que cela tourne au cauchemar. Après avoir appris à entrer des données brutes dans la feuille de calcul, vous aborderez ce qui est sans doute la plus importante des leçons : l'enregistrement de toutes ces informations sur le disque afin que vous n'ayez plus à ressaisir tout ça !

Qu'est-ce qu'on va bien pouvoir ranger dans ce nouveau classeur ?

Quand vous démarrez Excel sans ouvrir un document spécifique – ce qui est le cas quand vous le lancez à partir du menu Démarrer de Windows XP ou de Windows Vista (voir Chapitre 1) –, il affiche un classeur vierge, provisoirement nommé Classeur1, qui contient trois feuilles de calcul nommées Feuil1, Feuil2 et Feuil3. Pour commencer à travailler, il suffit d'entrer des informations dans l'une d'elles, la première par exemple.

Mettez-vous bien ça en tête...

Vous le savez maintenant : c'est de la mémoire disponible dans votre ordinateur que dépend la taille maximale du document que vous pouvez créer, et non du nombre total de cellules d'un classeur. Si la mémoire vient à manquer, vous ne pourrez plus entrer d'informations, quel que soit par ailleurs le nombre de colonnes et de lignes vides dont vous disposez. Pour optimiser la quantité de données que vous pouvez placer dans une feuille de calcul, adoptez systématiquement la technique dite "du camion de déménagement" : concentrez toujours les données au maximum, sans perdre le moindre espace.

La saisie des données

Commencez par réciter (tous ensemble, à l'unisson) la règle de base de toute saisie de données :

> Pour entrer des données dans une feuille de calcul, il faut cliquer avec le pointeur dans la cellule qui doit les recevoir puis les taper.

Notez qu'avant de positionner le pointeur de cellule là où la saisie (ou entrée) doit avoir lieu, Excel doit être en mode Prêt ; ce mode est affiché en toutes lettres dans la barre d'état.

Mais, dès que vous commencez à saisir des données, Excel passe en mode Entrer (ce mot remplace le mot Prêt, dans la barre d'état).

N'OUBLIEZ PAS

Si le mode Prêt n'est pas enclenché, appuyez sur la touche Echap.

Dès lors que vous commencez à saisir en mode Entrer, les caractères que vous tapez apparaissent à la fois dans la cellule de la feuille de calcul et dans la barre de formule, en haut de l'écran. Tout ce que vous tapez dans une cellule a un effet dans la barre de formule, à commencer par l'apparition des boutons Annuler, Entrer et Insérer une fonction, entre la Zone Nom et la barre de formule.

Au fur et à mesure que vous tapez, Excel affiche votre saisie à la fois dans la barre de formule et dans la cellule active de la feuille de calcul, comme l'illustre la Figure 2.1. Le point d'insertion n'est toutefois présent qu'après les caractères affichés dans la cellule.

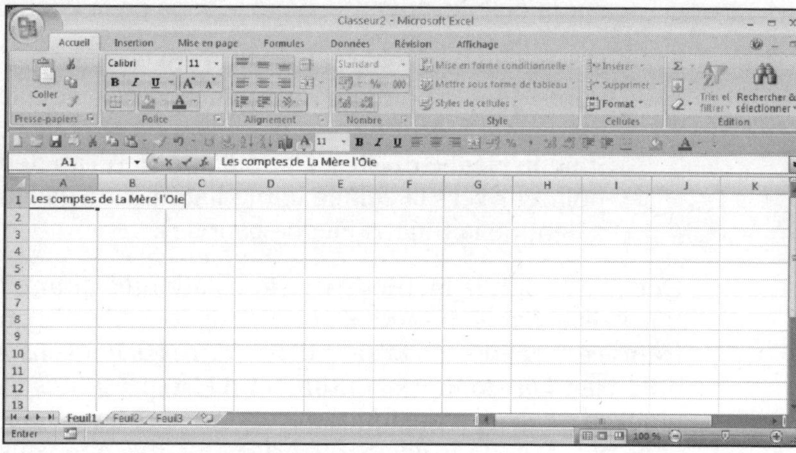

Figure 2.1 : Ce que vous tapez apparaît à la fois dans la cellule courante et dans la barre de formule.

Après avoir effectué la saisie, vous devez faire en sorte qu'elle demeure dans la cellule. Pour ce faire, le logiciel doit quitter le mode Entrer et revenir au mode Prêt afin que vous puissiez déplacer le pointeur vers une autre cellule et y entrer éventuellement d'autres données.

Pour terminer la saisie et par là même passer du mode Entrer au mode Prêt, vous pouvez au choix cliquer sur le bouton Entrer (dans la barre de formule), appuyer sur la touche Entrée, ou encore appuyer sur l'une des touches fléchées (→, ←, ↑ ou ↓) pour déplacer le pointeur vers une cellule voisine. Il est aussi possible d'appuyer sur la touche Tab ou Maj+Tab.

Bien que chacune de ces manipulations serve à valider la saisie des données dans une cellule, ce qui s'ensuit diffère quelque peu :

- Si vous cliquez sur le bouton Entrer, dans la barre de formule, la saisie est validée mais le pointeur de cellule reste en place.
- Si vous appuyez sur la touche Entrée, la saisie est validée mais le pointeur se place sur la cellule située juste en dessous.
- Si vous appuyez sur l'une des touches fléchées, la saisie est validée, après quoi le pointeur de cellule se place sur la cellule suivante, dans le sens de la flèche.
- Si vous appuyez sur la touche Tab, la saisie est validée, après quoi le pointeur se déplace vers la cellule immédiatement à droite (ce qui équivaut à appuyer sur la touche Flèche droite). L'appui sur Maj+Tab déplace le pointeur vers la cellule immédiatement à gauche (équivalent de la touche Flèche gauche).

Quelle que soit la méthode que vous adoptez pour effectuer une saisie, Excel désactive la barre de formule dès que la frappe est validée en faisant disparaître les boutons Annuler et Entrer. Les données continuent d'être présentes dans la feuille de calcul, à quelques exceptions près que nous évoquerons plus loin dans ce chapitre. Chaque fois que vous sélectionnerez cette cellule, les données seront de nouveau affichées dans la barre de formule.

Tous les types sont les bienvenus

Pendant que vous entrez joyeusement des données dans le tableur, Excel analyse constamment à votre insu le type de ces données et les classe selon l'un des trois types qu'il connaît : du *texte,* une *valeur* ou une *formule.*

Si Excel découvre qu'il s'agit d'une formule, le logiciel la calcule aussitôt, puis affiche le résultat dans la cellule de la feuille de calcul (la formule elle-même reste cependant visible dans la barre de formule). Si la saisie n'a rien d'une formule, Excel détermine s'il s'agit d'un texte ou d'une valeur.

Il effectue cette distinction pour savoir comment aligner ces données dans la feuille de calcul. Les textes sont calés à gauche des cellules tandis que les valeurs sont calées à droite. De plus, comme la plupart des formules se nourrissent de valeurs, en différenciant les textes des valeurs, Excel sait quelles sont les données qui seront admises par une formule et lesquelles ne le seront pas. Disons sans trop nous y attarder qu'il est facile de faire tourner une formule en bourrique en lui donnant à mouliner du texte là où elle attend des valeurs.

Les signes révélateurs d'un texte

Un *texte* n'est rien d'autre qu'une entrée qu'Excel ne reconnaît ni comme formule ni comme valeur. Autant dire que, en ce qui concerne les types de données, il s'agit carrément d'une catégorie fourre-tout. En pratique, la plupart des entrées de texte (appelées aussi *intitulés*) sont des combinaisons de lettres et de ponctuations, ou de lettres et de chiffres. Les textes servent principalement à créer des titres, des en-têtes ou des annotations.

Il est facile de savoir si une saisie a produit un texte, car ce type de données est automatiquement aligné contre le bord gauche de la cellule. Si le texte est plus long que la cellule, il déborde sur la ou les cellules à droite, *aussi longtemps que celles-ci sont vides* (voir Figure 2.2).

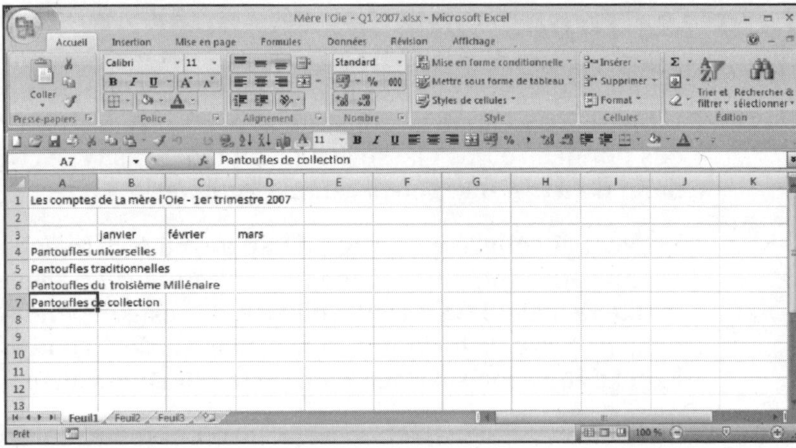

Figure 2.2 : Un texte long déborde de la cellule vers ses voisines vides de droite.

Si par la suite vous entrez une information dans une cellule sur laquelle du texte a débordé, Excel tronque le texte, comme le montre la Figure 2.3. Ne vous inquiétez pas ; Excel n'a pas du tout coupé le texte, il a simplement évité de l'afficher pour libérer de la place pour les nouvelles données. Pour récupérer la partie masquée du texte, vous devrez élargir la colonne qui le contient (nous verrons comment dans le Chapitre 3).

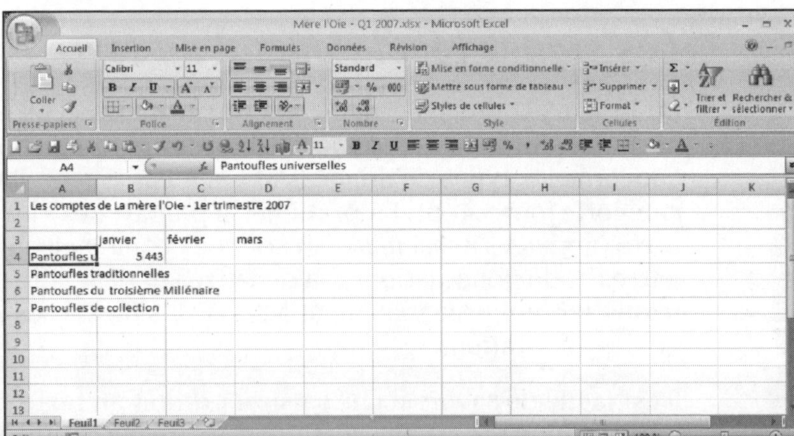

Figure 2.3 : Les données de la colonne B masquent partiellement les textes longs qui débordent.

Comment Excel évalue les valeurs

Les *valeurs* sont les blocs de construction de la plupart des formules que vous élaborerez dans Excel. Il en existe deux sortes : les chiffres qui représentent des quantités (14 unités en stock ou 140 000 dollars...) et les chiffres qui représentent une date (le 19 décembre 2001) ou une heure (13:30).

S'assurer que c'est bien le bon chiffre

Quand vous créez une nouvelle feuille de calcul, vous passez probablement beaucoup de temps à entrer des nombres qui représentent toutes sortes de quantités, de l'argent que vous avez gagné (ou perdu) à la part de votre budget professionnel que vous accordez à la machine à café et aux croissants (ah bon, vous n'avez pas droit aux croissants ?).

Pour entrer une valeur numérique représentant une quantité positive, comme vos revenus de l'année écoulée, vous sélectionnez une cellule, tapez un nombre (par exemple **259600**), puis validez cette saisie avec la touche Entrée ou en cliquant sur le bouton Entrer, et ainsi de suite. Pour entrer une valeur numérique négative, comme les dépenses de café et de croissants, vous tapez d'abord sur la touche - (moins) avant de taper le nombre, **-1750** par exemple (ce qui n'est finalement pas beaucoup comparé à ce que vous avez gagné), après quoi vous validez cette entrée.

Si vous avez l'habitude de la comptabilité, vous pouvez placer les chiffres négatifs, comme vos dépenses, entre parenthèses. Vous taperez alors **(1750)**. Remarquez qu'en procédant ainsi Excel convertit automatiquement les parenthèses en signe moins : vous tapez **(1750)** mais Excel affiche -1750 (ne vous inquiétez pas pour vos chères parenthèses, vous verrez au Chapitre 3 comment les récupérer).

Pour des valeurs monétaires comme l'euro, vous pouvez ajouter le symbole monétaire € et obtenir la séparation en milliers de vos chiffres. Dès que vous tapez une valeur suivie d'un signe monétaire, Excel met automatiquement cette valeur en forme. (*NdT* : les symboles monétaires reconnus – entre autres € et $ – sont déclarés dans les options régionales de Windows. Pour y accéder, cliquez sur Démarrer/Panneau de configuration, puis sur l'icône Options régionales, date, heure et langue, enfin sur l'icône Options régionales et linguistiques. Les informations figurent sous l'onglet Options régionales.)

Pour entrer des valeurs décimales, vous utilisez la virgule. Au besoin, Excel ajoute automatiquement un zéro avant la virgule ; par exemple, si vous tapez **,34** dans une cellule, elle devient automatiquement 0,34 au moment de la validation. De même, les zéros superflus sont éliminés : taper **12,50** donne 12,5 (*NdT* : mais il est bien sûr possible de forcer la mise en forme pour faire apparaître ces zéros décimaux).

Pour obtenir l'équivalence décimale d'une valeur exprimée sous la forme d'une fraction, il suffit de taper cette valeur fractionnaire. Par exemple, si vous ignorez que 2,1875 est la représentation décimale de 2 et 3/16, tapez simplement **2 3/16** en veillant à placer un espace entre 2 et 3/16. Après avoir validé cette saisie, rien n'a changé dans la cellule, mais dans la barre de formule vous lisez le résultat : 2,1875. Comme vous le découvrirez dans le Chapitre 3, il s'agit là d'une petite astuce qu'utilise Excel pour afficher l'équivalent de 2 3/16 dans la barre de formule.

Si vous entrez des fractions simples comme 3/4 ou 5/8, vous devez les faire précéder d'un zéro suivi d'un espace ; par exemple : 0 3/4 ou 0 5/8. Autrement, Excel penserait que vous entrez des dates qu'il traduirait respectivement par 03-avr et 05-août.

Quand vous entrez dans une cellule une valeur numérique qui représente un pourcentage, vous avez le choix entre :

- Diviser le nombre par 100 et entrer son équivalent décimal (en décalant la virgule de deux chiffres vers la gauche, comme vous l'avez appris à l'école). Vous taperez par exemple **,12** pour 12 %.

- Entrer le nombre suivi du signe de pourcentage : **12 %**.

Quelle que soit la méthode choisie, Excel stocke la valeur décimale dans la cellule (0,12 dans notre exemple). Si vous utilisez le signe de pourcentage, Excel applique la mise en forme correspondante, c'est-à-dire 12 %.

Fixer la virgule décimale

Si vous devez entrer une série de chiffres qui doivent comporter un même nombre de décimales, activez la fonction Décimale fixe d'Excel. Elle s'avère vraiment commode lorsque vous devez saisir des centaines de valeurs financières ou comptables avec deux décimales pour les centimes.

Procédez comme suit pour spécifier le nombre de décimales à afficher pour les nombres que vous entrez :

1. **Cliquez sur Bouton Office/Options Excel, ou appuyez sur Alt+FI, puis cliquez sur l'onglet Options avancées dans la boîte de dialogue Options Excel.**

   La boîte de dialogue Options Excel apparaît, avec l'onglet Options avancées au premier plan.

2. **Dans la section Options d'édition (la première), cochez la case Décimale fixe.**

   Par défaut, Excel affiche deux chiffres après la virgule décimale. Pour modifier ce paramètre, passez à l'Étape 3. Si vous voulez le conserver, passez à l'Étape 4.

3. **Tapez une nouvelle valeur dans le champ Place ou utilisez les flèches qu'il contient pour l'augmenter ou la réduire.**

   Par exemple, si vous voulez afficher trois décimales, mettre la valeur de Place à 3 donnera : 00,000.

4. **Cliquez sur OK ou appuyez sur Entrée.**

   Excel affiche la mention Décimale fixe dans la barre d'état pour bien indiquer que la fonction Décimale fixe est active.

Après avoir fixé les décimales, Excel ajoute automatiquement la virgule décimale à toutes les valeurs numériques que vous serez amené à entrer. Tout ce que vous avez à faire est de taper des chiffres et de les valider. Par exemple, pour entrer 100,99 dans une cellule lorsque la place de la décimale fixe est 2, vous taperez **10099** sans jamais taper la virgule. Dès que vous validez ces chiffres, Excel fait apparaître 100,99 dans la cellule.

Pour revenir au mode de saisie habituel, dans lequel vous tapez vous-même la virgule, ouvrez la boîte de dialogue Options, retournez sous l'onglet Modification, puis cliquez dans la case Décimale fixe afin d'ôter la coche. Cliquez ensuite sur OK ou appuyez sur Entrée. La mention Décimale fixe disparaît de la barre d'état.

Taper comme avec la bonne vieille calculatrice

TRUC

Vous pouvez obtenir plus encore de la fonction Décimale fixe en sélectionnant la plage de cellules dans laquelle vous voulez entrer des chiffres (voir la section "La saisie dans les plages", plus loin dans ce chapitre) et en appuyant ensuite sur la touche Verr Num afin de procéder aux saisies à partir du pavé numérique, comme avec une calculatrice.

En procédant ainsi, tout ce que vous avez à faire pour entrer des plages de données dans les cellules est de les taper et d'appuyer sur la touche Entrée (ou Enter) du pavé numérique. Excel insère la virgule au bon endroit puis décale le pointeur vers la prochaine cellule. Mieux, lorsque vous avez tapé la dernière valeur d'une colonne, appuyer sur Entrée déplace automatiquement le pointeur en haut de la prochaine colonne de la sélection.

Regardez les Figures 2.4 et 2.5 pour voir en quoi la méthode de la calculatrice peut vous être utile. Dans la Figure 2.4, la fonction Décimale fixe est active, avec 2 places décimales, et la plage de cellules allant de B3 à D9 est sélectionnée. Vous remarquez aussi que six entrées ont été faites dans les cellules B3 à B8 et une septième, 30834,63, est en cours de saisie dans la cellule B9. Pour procéder à cette entrée en mode Décimale fixe, il suffit de taper **3083463** à partir du pavé numérique.

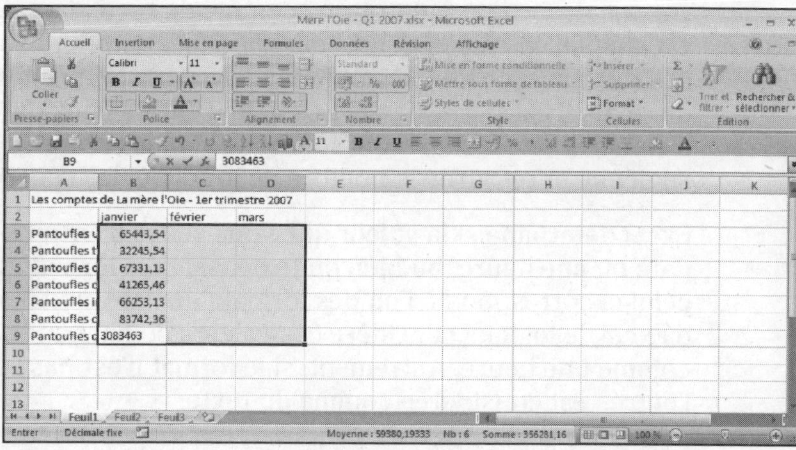

Figure 2.4 : Pour entrer la valeur 30834,63 dans la cellule B9, tapez 3083463 et appuyez sur la touche Entrée.

Dans la Figure 2.5, observez ce qui se passe juste après avoir appuyé sur Entrée (la touche habituelle ou celle du pavé numérique). Excel a non seulement placé la virgule dans la valeur de la cellule B9, mais il a aussi déplacé le pointeur vers la cellule C3, en haut de la colonne suivante.

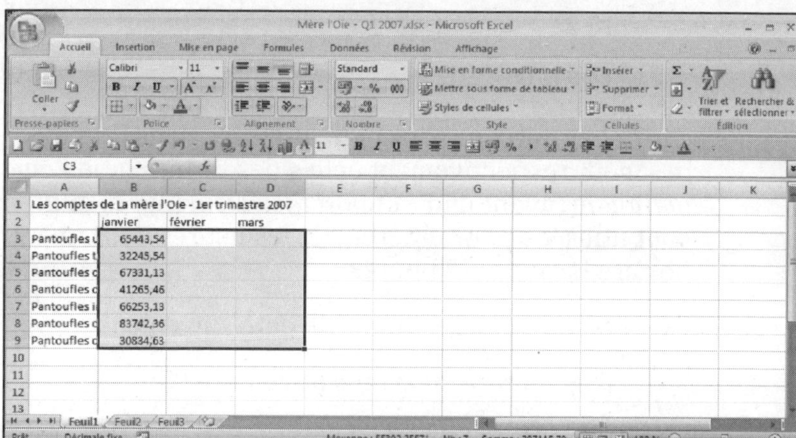

Figure 2.5 : La touche Entrée vient d'être pressée pour valider la valeur 30834,63 tapée dans la cellule B9. Le pointeur passe ensuite automatiquement à la cellule C3.

La saisie des dates et des heures

De prime abord, il peut sembler assez curieux que dans une feuille de calcul les dates et les heures soient considérées comme des valeurs plutôt que comme du texte. La raison en est simple : les dates et les heures peuvent être utilisées dans des formules, ce qui ne serait pas envisageable si elles étaient du texte. Il est par exemple possible d'entrer deux dates, puis d'élaborer une formule qui soustraie la plus récente de la plus ancienne et retourne le nombre de jours qui les sépare.

Excel détermine si la valeur que vous venez d'entrer est une date ou une heure, ou bien du texte, selon le format utilisé. Si celui-ci correspond à l'un des formats de date ou d'heure d'Excel, le logiciel considère ces valeurs comme une date ou comme une heure. Autrement, si le format n'est pas reconnu, l'entrée est considérée comme du texte.

Excel reconnaît les formats d'heure suivants :

3	AM ou PM
3 A ou P	(pour AM et PM)
3:21	
3:21:04	AM ou PM
15:21	
15:21:04	

(*NdT* : Les initiales AM et PM, utilisées dans les pays anglophones, sont respectivement celles des termes latins *ante meridiem* (avant midi) et *post meridiem* (après midi). Elles sont utilisées pour différencier les heures dans un système horaire basé sur 12 heures.)

Excel reconnaît les formats de date suivants :

6 novembre 2003 ou 6 novembre 03

6/11/01 ou 6-11-01

6-nov-03, 6/nov/03 ou 6nov03

6/11, 6-nov, 6/nov ou 6nov

06nov ou 06-nov

Les dates au XXIe siècle

Contrairement à ce que vous pourriez penser, l'entrée dans le XXIe siècle n'empêche pas de n'entrer que les deux derniers chiffres d'un millésime. Par exemple, pour entrer la date du 6 janvier 2004 dans une feuille de calcul, vous pouvez taper 6/1/04. Ou encore 15/2/10 pour entrer la date du 15 février 2010.

Notez toutefois que ce système de datation sur deux chiffres ne fonctionne que pour les trois premières décades du nouveau siècle, y compris la dernière année du siècle échu, c'est-à-dire de 2000 à 2029. Dès 2030, vous devrez entrer la date sur quatre chiffres (*NdT* : un autre beau bogue médiatique en perspective ?).

Cela signifie aussi que, pour entrer les dates des trois premières décades du XXe siècle, de 1900 à 1929, vous devez taper les quatre chiffres de l'année. Par exemple, pour entrer le 21 juillet 1925, vous devez taper **21/7/1925** dans la cellule. Autrement, si vous vous contentez de taper 25, Excel considérera qu'il s'agit de l'année 2025 et non de 1925 !

Excel affiche toujours les quatre chiffres d'une date dans une cellule ou dans la barre de formule, même si vous n'en avez tapé que deux. Autrement dit, si vous tapez **6/11/04** dans une cellule, Excel affichera néanmoins **6/11/2004** dans la cellule et dans la barre de formule.

Vous saurez ainsi toujours si une date appartient au XXe siècle ou au XXIe siècle, même si vous n'arrivez pas à retenir les dates qui peuvent être entrées sur deux chiffres et celles qui doivent l'être sur quatre (vous apprendrez dans le Chapitre 3 comment formater les dates pour n'afficher que les deux derniers chiffres dans une feuille de calcul).

Pour en savoir plus sur les opérations arithmétiques simples à base de dates et d'heures, reportez-vous au Chapitre 3.

Concocter ces fabuleuses formules !

Les formules sont les véritables chevaux de bataille d'Excel. Pour peu qu'une formule ait été correctement élaborée, elle renverra le résultat recherché dès sa validation. Par la suite, elle réagira en temps réel à toutes les modifications apportées aux cellules dont elle dépend.

Vous indiquez à Excel que vous tapez une formule – et non du texte ou une valeur – en commençant la saisie par le signe = (égal). Il précède toutes les formules, même les plus élémentaires comme SOMME ou MOYENNE (reportez-vous à la section "Placer une fonction dans une formule avec l'Assistant Fonction", plus loin dans ce chapitre, pour en savoir plus sur l'utilisation des fonctions d'Excel). D'autres formules simples se basent sur une série de valeurs ou de références de cellules contenant des valeurs. Ces dernières sont séparées par un ou plusieurs des opérateurs mathématiques suivants :

+ Addition

- Soustraction

* Multiplication

/ Division

^ Puissance

Par exemple, pour créer dans la cellule C2 une formule qui multiplie la valeur contenue dans la cellule B2, vous taperez la formule suivante : **=A2*B2**.

Procédez comme suit pour entrer cette formule :

1. **Sélectionnez la cellule C2.**

2. **Tapez l'intégralité de la formule :** =A2*B2.

3. **Appuyez sur la touche Entrée.**

Ou :

1. **Sélectionnez la cellule C2.**
2. **Tapez le signe = (égal).**
3. **Sélectionnez la cellule A2 en cliquant dedans ou avec les touches fléchées.**

   Cette action place la cellule de référence A2 dans la formule, comme le montre la Figure 2.6.

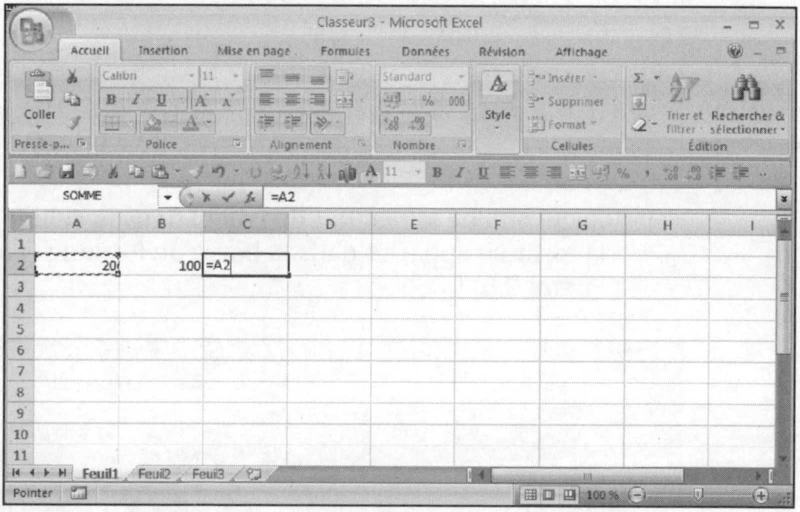

Figure 2.6 : Pour commencer à créer la formule, tapez le signe = puis sélectionnez la cellule A2.

4. **Tapez * (sur la plupart des claviers, ce caractère est à proximité de la touche Entrée).**

   L'astérisque est le signe de multiplication. Il se substitue au signe "x" appris à l'école.

5. **Sélectionnez la cellule B2 avec la souris ou au clavier.**

   Cette action insère le contenu de la cellule B2 dans la formule, comme le montre la Figure 2.7.

6. **Cliquez sur le bouton Entrer pour terminer la formule tout en laissant le pointeur sur la cellule C2.**

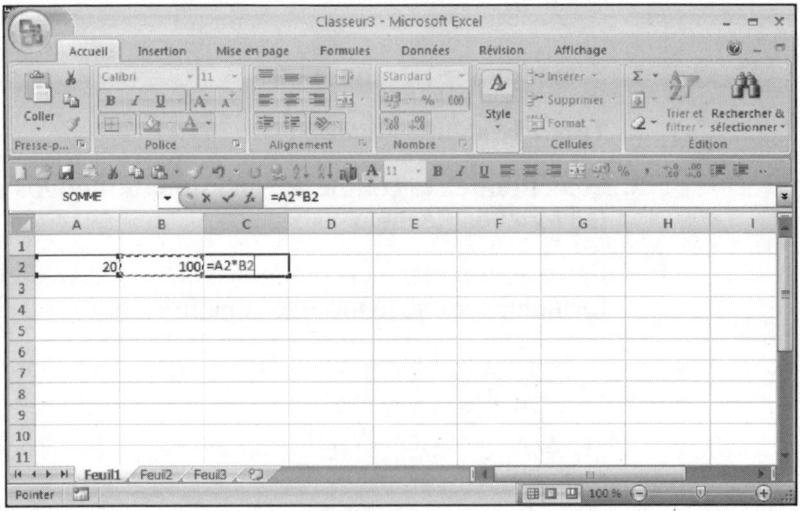

Figure 2.7 : Pour entrer la seconde partie de la formule, tapez * puis sélectionnez la cellule B2.

Excel affiche le résultat du calcul dans la cellule C2 ; la formule apparaît dans la barre de formule (voir Figure 2.8).

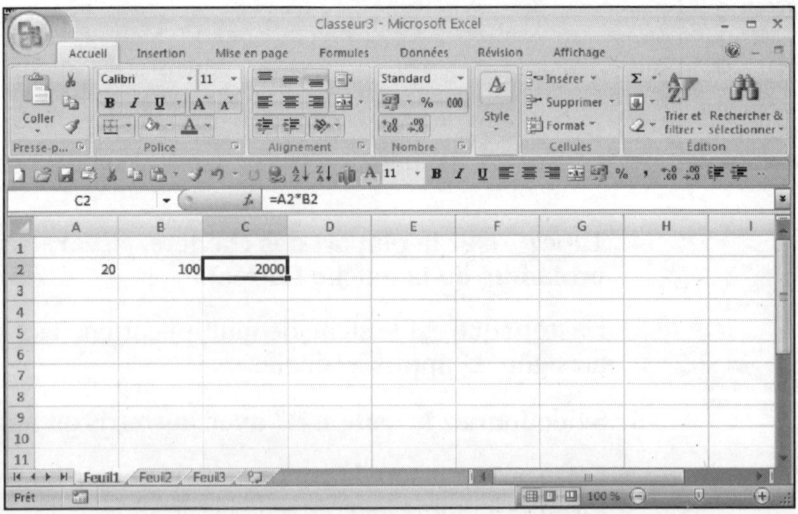

Figure 2.8 : Cliquez sur le bouton Entrer. Excel affiche le résultat dans la cellule C2 ; la formule apparaît dans la barre de formule.

Après avoir validé la formule =A2*B2 dans la cellule C2, Excel affiche le résultat selon les valeurs actuellement contenues dans les cellules A2 et B2. La grande force du tableur réside dans la possibilité de recalculer immédiatement et automatiquement la formule dès qu'une des cellules dépendant d'une formule est modifiée.

Nous en arrivons à la partie intéressante : après avoir créé une formule qui, comme celle de notre exemple, se réfère à des valeurs contenues dans certaines cellules (et non à des valeurs appartenant à la formule), tout changement apporté à ces valeurs entraîne le recalcul de la formule puis l'affichage du résultat dans la feuille de calcul. Dans l'exemple de la Figure 2.8, si vous remplacez la valeur de la cellule B2 par 50 au lieu de 100, Excel recalcule la formule et affiche le nouveau résultat dans la cellule C2, soit 1000.

Pour l'avoir, il suffit de pointer

Cette méthode de sélection des cellules à utiliser dans une formule, différente de la frappe de leurs références au clavier, est appelée *pointage.* Le pointage est non seulement plus rapide que la saisie des références, mais aussi plus sûr, car il élimine tout risque de faute de frappe. Or, la moindre erreur dans la lettre d'une colonne ou le numéro d'une ligne peut avoir des conséquences désastreuses.

Lorsque vous devez utiliser une cellule dans une formule, vous limiterez considérablement les risques d'erreur en cliquant dans cette cellule ou en amenant le pointeur dessus.

La priorité des opérations

De nombreuses formules que vous créerez effectueront plus d'une opération mathématique. Excel les exécute de la gauche vers la droite selon un ordre hiérarchique strict, qui est en fait l'ordre naturel des opérations arithmétiques. La multiplication et la division sont prioritaires sur l'addition et la soustraction, et de ce fait effectuées en premier, même si ces opérations ne figurent pas en tête dans la formule (lors d'une lecture de gauche à droite).

Etudions la série d'opérations de cette formule :

```
=A2+B2*C2
```

Si la cellule A2 contient le nombre 5, la cellule B2 le nombre 10 et la cellule C2 le nombre 2, Excel évalue la formule de la manière suivante :

```
=5+10*2
```

Dans cette formule, Excel commence par multiplier 10 par 2, ce qui donne 20, puis il ajoute 5, ce qui donne 25.

Si vous tenez à ce qu'Excel effectue l'addition entre les valeurs des cellules A2 et B2 avant de procéder à la multiplication du résultat par la valeur de la cellule C2, vous devez mettre l'addition entre parenthèses, comme suit :

```
=(A2+B2)*C2
```

La parenthèse indique à Excel que cette opération doit être effectuée avant la multiplication. Dans ce cas de figure où A2 contient 5, B2 contient 10 et C2 contient 2, Excel commence par additionner 5 et 10, ce qui donne 15, après quoi il multiplie ce résultat par 2 pour produire le résultat final 30.

Dans des formules plus alambiquées, vous devrez jongler avec beaucoup plus de parenthèses, en les imbriquant parfois (comme les fameuses poupées russes) pour imposer l'ordre dans lequel les calculs doivent être exécutés. Lorsque des parenthèses sont imbriquées, Excel commence par calculer celle qui est le plus à l'intérieur. Voyons par exemple la formule :

```
=(A4+(B4-C4))*D4
```

Excel soustrait d'abord la valeur de la cellule C4 de celle de la cellule B4, puis il ajoute la différence à la valeur de la cellule A4 et multiplie enfin le résultat par la valeur de D4.

Sans les deux paires de parenthèses imbriquées, livré à lui-même, Excel aurait d'abord multiplié la valeur de la cellule C4 par celle de la cellule D4, puis il aurait ajouté la valeur de la cellule A4 à celle de la cellule B4, et enfin effectué la soustraction.

Ne vous inquiétez pas trop du risque d'oublier une parenthèse lorsque vous en utilisez plusieurs dans une formule. S'il en manque une, Excel affiche une boîte d'alerte et propose de corriger la formule afin d'apparier les parenthèses. Si vous êtes d'accord avec cette correction, cliquez simplement sur le bouton Oui. Quoi qu'il en soit, veillez toujours à utiliser des parenthèses et non des crochets [ ] ou des accolades { }, ce qu'Excel n'apprécie pas du tout.

Les erreurs de formule

Dans certaines circonstances, même la formule la mieux écrite peut faire des siennes une fois qu'elle a été validée. Vous vous rendez compte que quelque chose ne va pas lorsque, au lieu de voir apparaître le résultat attendu, la cellule affiche un étrange message en majuscules précédé d'un dièse (#) et terminé par un point d'exclamation (!) ou, dans un cas bien particulier, par un point d'interrogation (?). Cette bizarrerie est appelée, dans le jargon des tableurs, *valeur d'erreur*. Elle est censée vous prévenir qu'un élément – que ce soit dans la formule elle-même ou dans une cellule à laquelle elle se réfère – empêche Excel de procéder au calcul.

Lorsque l'une de vos formules renvoie une valeur d'erreur, un signal d'alerte (sous la forme d'un point d'exclamation placé dans un losange) apparaît à gauche de la cellule lorsque le pointeur de cellule est situé sur celle-ci. Dans le coin supérieur gauche de la cellule, figure un petit triangle vert. Lorsque vous placez le pointeur de la souris sur ce signal d'alerte, Excel affiche une description sommaire de l'erreur de formule, ainsi qu'un bouton de liste déroulante. Lorsque vous cliquez dessus, un menu contextuel doté de plusieurs options apparaît. Pour obtenir de l'aide en ligne sur cette erreur de formule, notamment des suggestions pour la corriger, cliquez sur l'option Aide sur cette erreur.

Le pire avec les valeurs d'erreur est qu'elles peuvent se répercuter dans d'autres formules de la feuille de calcul. Si une formule retourne une valeur d'erreur dans une cellule et qu'une autre formule d'une autre cellule s'y réfère, cette deuxième formule retourne à son tour la même erreur, qui risque d'être reprise ailleurs et ainsi de suite.

Lorsqu'une valeur d'erreur apparaît dans une cellule, vous devez découvrir son origine puis modifier la formule. Le Tableau 2.1 recense quelques-unes des valeurs d'erreur que vous risquez de rencontrer et indique les causes les plus communes.

Corriger les entrées erronées

Nous visons tous à la perfection, mais comme bien peu d'entre nous peuvent s'en prévaloir – en ce qui concerne Excel bien sûr –, nous finissons tous par nous planter plus ou moins. Quand il s'agit d'entrer de grandes quantités de données, la faute de frappe n'attend qu'un moment d'inattention pour s'immiscer dans le travail. Mais, dans notre quête de la feuille parfaite, nous ne sommes pas sans armes. Voici quelques recommandations. La première est de configurer Excel pour qu'il rectifie automatiquement certaines fautes de frappe grâce à la fonction de correction automatique. La seconde est de corriger manuellement les petites erreurs, soit au moment de la saisie, soit après validation.

La correction automatique

La correction automatique est une aubaine pour tous ceux d'entre nous qui ont tendance à répéter toujours les mêmes erreurs. Grâce à cette fonction, vous pouvez signaler vos fautes de frappe favorites à Excel et obtenir de lui qu'il les corrige aussitôt.

La première fois que vous installez Excel, la correction automatique est d'ores et déjà configurée pour corriger les deux premières lettres majuscules des textes que vous entrez

Tableau 2.1 : Les valeurs d'erreur susceptibles d'entacher des formules.

Ce qu'affiche la cellule	Cause probable
#DIV/0!	Se produit lorsqu'un élément de la formule doit être divisé par le contenu d'une cellule dont la valeur est 0 ou, ce qui est le plus souvent le cas, lorsque cette cellule est vide. En mathématique, la division par zéro est une aberration.
#NOM?	Se produit lorsque la formule se réfère à un *nom de plage* (reportez-vous au Chapitre 6 pour en savoir plus sur ce sujet) qui n'existe pas dans le classeur. Ce type d'erreur apparaît lorsque vous faites une faute de frappe en tapant le nom ou lorsque du texte utilisé dans une formule n'est pas placé entre guillemets, ce qui laisse croire à Excel qu'il s'agit d'un nom de plage.
#NUL!	Se produit le plus souvent lorsque vous insérez un espace, au lieu du point-virgule utilisé pour séparer les références de cellules utilisées comme arguments pour les fonctions.
#NOMBRE!	Se produit lorsque Excel rencontre dans la formule un problème avec un nombre comme un type d'argument erroné dans une fonction ou un calcul qui produit un nombre trop grand ou trop petit pour être représenté dans la feuille de calcul.
#REF!	Se produit lorsque Excel rencontre une référence de cellule non valide. C'est le cas lorsque vous supprimez une cellule utilisée par une formule ou, dans certains cas, quand vous collez des cellules par-dessus celle à laquelle se réfère la formule.
#VALEUR!	Se produit lorsque vous utilisez le mauvais type d'argument ou d'opérateur dans une fonction, ou lors de l'appel à une opération mathématique qui se réfère à des cellules contenant du texte.

(il met automatiquement la deuxième lettre en minuscule). Il met une majuscule aux noms des jours, ou remplace fort judicieusement un texte erroné par un autre, corrigé.

Vous pouvez à tout moment ajouter vos propres termes à la liste de mots à corriger. Ces textes de remplacement peuvent être de deux types : ceux qui corrigent des fautes de frappe que vous ne pouvez vous empêcher de faire, et des abréviations ou des acronymes que vous devez tout le temps taper en entier.

Pour déclarer un texte de remplacement :

1. **Cliquez sur Bouton Office/Options Excel, puis sur l'onglet Vérification dans la boîte de dialogue Options Excel qui apparaît, puis sur le bouton Options de correction automatique.**
2. **Dans l'onglet Correction automatique de la boîte de dialogue qui apparaît, entrez le texte ou l'abréviation dans le champ Remplacer.**
3. **Entrez la correction ou la forme complète correspondant à l'abréviation dans le champ Par.**
4. **Cliquez sur le bouton Ajouter ou appuyez sur la touche Entrée afin d'insérer la correction dans la liste.**
5. **Cliquez sur OK pour fermer la boîte de dialogue Correction automatique.**

Les règles de modification d'une cellule

En dépit de la correction automatique, des erreurs peuvent néanmoins se produire. Leur correction varie selon que vous les avez repérées au cours de la saisie ou après validation.

- Si vous avez repéré l'erreur avant d'avoir validé l'entrée, vous pouvez la corriger en appuyant sur la touche Ret.Arr. jusqu'à ce que vous ayez supprimé tous les caractères erronés de la cellule. Il ne vous reste plus ensuite qu'à retaper le reste de l'entrée.
- Si vous n'avez découvert l'erreur qu'après coup, vous avez le choix entre le remplacement de toute l'entrée ou la seule correction de l'erreur.
- Si le contenu de la cellule est facile à retaper, vous choisirez sans doute de le remplacer. Pour ce faire,

positionnez le pointeur sur cette cellule, tapez la nouvelle entrée, puis validez-la en cliquant sur le bouton Entrer ou en appuyant sur la touche Entrée ou sur une flèche de direction.

- Si l'erreur est facile à corriger mais que l'entrée est longue, vous aurez sans doute intérêt à modifier le contenu de la cellule plutôt que tout retaper. Pour éditer l'entrée, double-cliquez dedans ou appuyez sur la touche de fonction F2.
- L'une et l'autre de ces actions activent la barre de formule qui affiche de nouveau les boutons Entrer et Annuler tandis que le point d'insertion réapparaît dans la cellule. Notez que, quand vous double-cliquez, le point d'insertion apparaît là où vous avez cliqué ; si vous appuyez sur F2, il apparaît après le dernier caractère de l'entrée.
- Remarquez aussi que, dans la barre d'état, l'indicateur de mode se met sur Modifier. Dans ce mode, vous pouvez utiliser la souris ou les touches fléchées pour déplacer le point d'insertion jusqu'à l'endroit à corriger.

Le Tableau 2.2 contient les touches du clavier que vous pouvez utiliser pour positionner le point d'insertion dans une entrée de cellule et supprimer les caractères indésirables. Pour insérer de nouveaux caractères au point d'insertion, il suffit de les taper. Pour supprimer des caractères au fur et à mesure que vous tapez les nouveaux, appuyez une seule fois sur la touche Insert pour passer du mode d'insertion normal au mode de remplacement, dans lequel les caractères tapés écrasent ceux qu'ils rencontrent. Pour revenir au mode d'insertion normal, appuyez de nouveau sur Insert. Lorsque les corrections auront été faites, vous devrez appuyer sur Entrée afin qu'Excel valide les modifications et les prenne en compte.

Quand Excel est en mode Modifier, vous devez entrer le contenu d'une cellule modifiée en cliquant sur le bouton Entrer ou en appuyant sur Entrée. Vous ne pouvez utiliser les touches fléchées pour terminer l'entrée que si Excel est en mode Entrer. En mode Modifier, les touches flèches déplacent le point d'insertion dans la cellule, mais pas du tout le pointeur vers d'autres cellules.

Tableau 2.2 : Les touches de modification du contenu d'une cellule.

Touche	Action
Suppr	Supprime le caractère à droite du point d'insertion.
Ret.Arr.	Supprime le caractère à gauche du point d'insertion.
→	Décale le point d'insertion d'un caractère vers la droite.
←	Décale le point d'insertion d'un caractère vers la gauche.
↑	Si le point d'insertion est la fin de l'entrée, il est déplacé à la position qu'il occupait précédemment.
Fin ou ↓	Place le point d'insertion après le dernier caractère de l'entrée.
Origine	Place le point d'insertion avant le premier caractère de l'entrée.
Ctrl+→	Place le point d'insertion devant le prochain mot de l'entrée.
Ctrl+←	Place le point d'insertion devant le mot précédent de l'entrée.
Inser	Fait passer du mode Insertion au mode Ecrasement et inversement.

Se débarrasser des corvées de saisie

Avant de conclure la question de la saisie des données, je me sens le devoir de vous présenter quelques moyens qui pourront vraiment vous aider à alléger la corvée que représente bien souvent la saisie des données. Il s'agit de la saisie semi-automatique et de la recopie automatique, mais aussi de la manière d'entrer des données dans un groupe de cellules préalablement sélectionné et de répéter la même entrée un certain nombre de fois dans un ensemble de cellules.

La saisie semi-automatique

La fonction de saisie semi-automatique d'Excel 2007 ne fera pas tout à votre place, mais elle vous aidera néanmoins à saisir vos données. Dans le but louable de vous décharger des tâches les plus ingrates, les programmeurs de Microsoft ont mis au point une intéressante fonction qui facilite vos saisies.

La *saisie semi-automatique* est une sorte de mémoire qui anticipe la frappe selon ce que vous avez commencé à taper. Elle n'entre en jeu que quand vous tapez du texte, mais pas avec les chiffres ou les formules. Lorsque vous entrez du texte, la saisie semi-automatique recherche si, ailleurs dans la colonne, du texte commençant par les mêmes lettres existe déjà. Si c'est le cas, elle complète aussitôt votre saisie, vous évitant ainsi d'avoir à taper le reste.

Supposons par exemple que j'ai tapé **Centre culinaire Pigeon vole** dans la cellule A3, puis que le pointeur a été déplacé vers la cellule A4. Dès l'appui sur la touche C – en majuscule ou en minuscule, cela n'a pas d'importance –, la saisie semi-automatique ajoute aussitôt le restant, soit *_entre culinaire Pigeon vole* juste après le C, comme le montre la Figure 2.9.

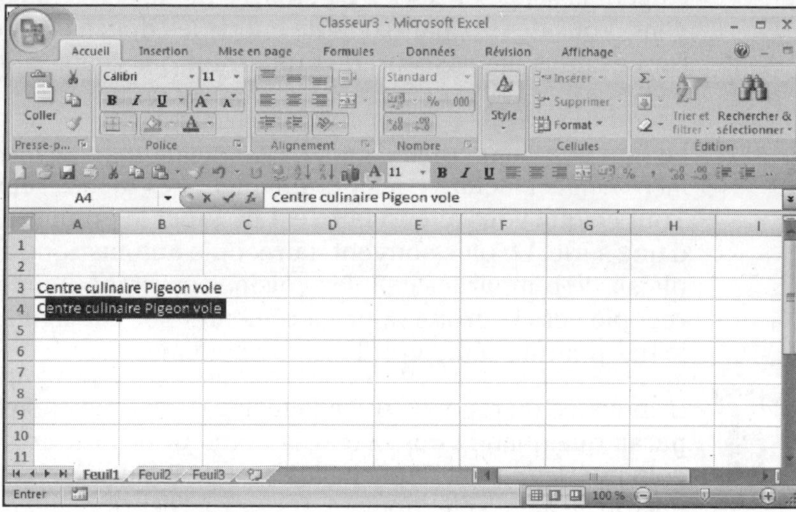

Figure 2.9 : La saisie semi-automatique complète une entrée selon une autre entrée déjà existante qui, dans la même colonne, commence par la ou les mêmes lettres.

La saisie semi-automatique est parfaite si les cellules A3 et A4 doivent contenir les mêmes entrées. Mais supposons que les entrées commencent par les mêmes lettres, mais qu'elles diffèrent ensuite. La saisie semi-automatique fonctionnera aussi longtemps que les lettres seront identiques – le mot *Centre* en l'occurrence – ; il suffit de continuer à taper. Dès que le texte diffère, comme dans *Centre Jack & Jill*, la saisie semi-automatique cesse dès la frappe du J, n'ayant plus rien à vous proposer.

Si vous trouvez qu'en proposant systématiquement des entrées chaque fois que vous commencez à taper du texte la fonction Saisie semi-automatique est plus gênante qu'utile, vous pouvez la désactiver. Cliquez sur Bouton Office/Options Excel, puis sur l'onglet Options avancées. Dans la section Options d'édition, ôtez la coche de la case Saisie automatique des valeurs de cellules, et cliquez sur OK ou appuyez sur Entrée.

La recopie automatique

Bon nombre des feuilles de calcul que vous créez avec Excel exigent la saisie de séries de chiffres ou de dates qui se suivent. Vous devrez par exemple entrer les douze mois de l'année dans un classeur, ou numéroter des cellules de 1 à 100.

La fonction de recopie d'Excel, également appelée *recopie incrémentée*, facilite considérablement ces tâches répétitives. Tout ce que vous avez à faire est de taper la première valeur d'une série. Le plus souvent, la recopie automatique se fera un plaisir de remplir les cellules voisines en tirant une poignée de recopie vers la droite pour incrémenter sur une ligne, ou vers le bas pour incrémenter dans une colonne.

La poignée de recopie, qui a la forme d'une croix noire, n'apparaît que quand vous placez le pointeur de la souris sur le coin inférieur droit d'une cellule, ou de la dernière cellule si une plage a été sélectionnée. Gardez à l'esprit que, en faisant glisser une sélection de cellules avec le pointeur de souris en forme d'épaisse croix blanche, Excel se contente d'étendre la sélection aux cellules par-dessus lesquelles vous avez tiré le pointeur (voir Chapitre 3). Si vous faites glisser la sélection avec le pointeur en forme de flèche, Excel déplace la sélection (voir Chapitre 4).

Quand vous créez une série avec la poignée de recopie, vous ne pouvez tirer que dans une seule direction à la fois. Il vous est par exemple possible de remplir les cellules situées à droite ou à gauche sur la même ligne que la cellule initiale contenant les données à recopier, ou vers le haut ou le bas de la même colonne. Mais il est exclu d'opérer dans deux directions, par exemple vers la droite puis vers le bas, en tirant la poignée en diagonale.

Lorsque vous actionnez la souris, le logiciel vous tient informé des données qu'il entre dans la dernière cellule de la plage sélectionnée en affichant son contenu à proximité du pointeur, dans une sorte d'info-bulle. Dès que vous relâchez le bouton de la souris après avoir étendu la recopie, Excel crée une série de données dans toutes les cellules que vous avez sélectionnées ou recopie simplement la valeur initiale sans la modifier. A droite de la dernière entrée qu'il vient d'effectuer, Excel affiche un bouton contextuel qui déroule un menu proposant plusieurs options. Elles servent à outrepasser l'option de recopie par défaut, par laquelle Excel recopie la valeur de départ dans une plage de cellules, et à activer à la place la recopie incrémentée.

Les Figures 2.10 et 2.11 montrent comment utiliser la fonction de recopie automatique pour entrer des mois de l'année sur une ligne, en commençant par janvier dans la cellule B2 et en finissant par juin en G2. Pour ce faire, tapez simplement **Janvier** dans la cellule B2, amenez le pointeur de la souris sur la poignée de recopie située sur le coin inférieur droit de la cellule, puis tirez-la jusque sur la cellule G2, comme le montre la Figure 2.10. Lorsque vous relâchez le bouton de la souris, Excel remplit les cellules avec les différents mois, de février à juin, comme l'illustre la Figure 2.11. Remarquez que les mois ainsi créés restent sélectionnés, ce qui vous laisse une possibilité de modifier la série ; si vous étiez allé trop loin, tirer la poignée de recopie vers la gauche aurait limité la recopie à celle voulue. Ou encore, si vous n'étiez pas allé assez loin, tirer la poignée aurait ajouté des mois.

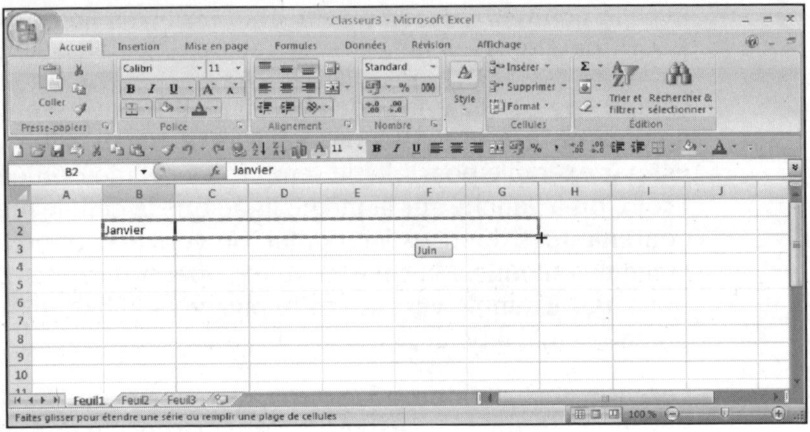

Figure 2.10 : Pour obtenir une série de mois, tapez Janvier dans une cellule, puis tirez la poignée de recopie pour créer automatiquement les autres mois.

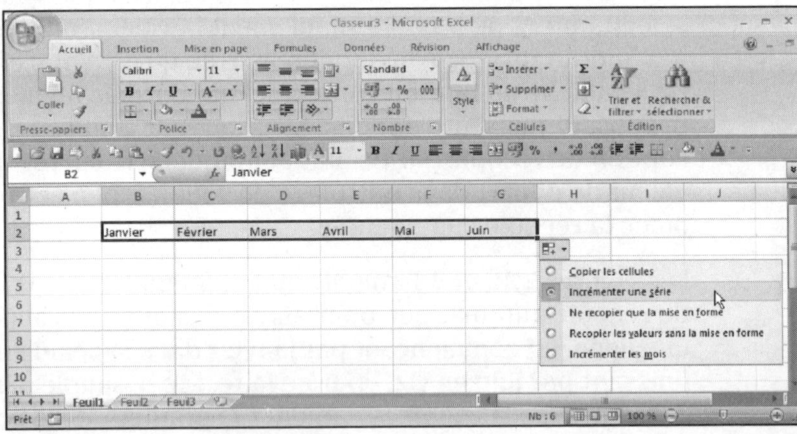

Figure 2.11 : Au moment où vous relâchez le bouton de la souris, Excel remplit les cellules avec les différents mois. Un bouton contextuel affiche un menu permettant de sélectionner un type de recopie.

Vous pouvez aussi utiliser les options du menu contextuel de la recopie automatique, ouvert en cliquant sur le bouton qui apparaît à proximité de la poignée de recopie, et choisir un autre type de recopie que celui proposé par défaut. Pour qu'Excel recopie le mot *janvier* dans chaque cellule, choisissez l'option Copier les cellules. Pour ne recopier que le format de la cellule d'origine (le gras ou l'italique par exemple, ainsi que les couleurs, les bordures, etc.), sélectionnez l'option Ne recopier que la mise en forme. Pour recopier les mois sans recopier la mise en forme de la cellule B2, choisissez l'option Recopier les valeurs sans la mise en forme.

Le Tableau 2.3 indique les valeurs initiales susceptibles d'être utilisées pour une recopie automatique et les résultats qu'elle produit.

Tableau 2.3 : Séries susceptibles d'être créées avec la recopie automatique.

Entrée initiale	Série produite par la recopie automatique
Juillet	Août, Septembre, Octobre...
Juil	Août, Sept, Oct, Nov...
Mardi	Mercredi, Jeudi, Vendredi...
Mar	Mer, Jeu, Ven, Sam...
01/04/2002	02/04/2002, 03/04/2002, 04/04/2002...
Janv-00	Févr-00, Mars-00, Avr-00...
15-Févr	16-Févr, 17-Févr, 18-Févr...
10:00 PM	11:00 PM, 12:00 PM, 1:00 AM
8:01	9:01, 10:01, 11:01, 12:01...
1er trim	2e trim, 3e trim, 4e trim...
Tr1	Tr2, Tr3, Tr4, Tr5, Tr6...
T3	T4, T1, T2, T3, T4, T1...
Produit 1	Produit 2, Produit 3, Produit 4...
1er produit	2e produit, 3e produit...

Travailler avec des séries échelonnées

La recopie automatique utilise la valeur initiale sélectionnée (date, heure, jour, année...) pour produire une série. Toutes les séries énumérées dans le Tableau 2.3 varient de 1 (un jour, un mois, une unité...). Il est toutefois possible de faire en sorte que la recopie automatique s'effectue selon une autre valeur en entrant deux valeurs de départ dans des cellules voisines, qui quantifient la modification d'une valeur à une autre. Ces deux valeurs constitueront la sélection initiale que vous étendrez avec la poignée de recopie.

Par exemple, pour démarrer une série le lundi et entrer un jour sur deux dans une ligne, vous taperez **Samedi** dans une cellule et **Lundi** dans la cellule suivante. Après avoir sélectionné ces deux cellules, tirez la poignée de recopie vers la droite aussi loin que nécessaire. Lorsque vous relâchez le bouton de la souris, Excel remplit les cellules avec la série Mercredi, Vendredi, Dimanche, Mardi, et ainsi de suite.

Copier avec la recopie automatique

Vous pouvez utiliser la recopie automatique pour copier un texte sur une plage de cellules, mais sans incrémentation. Pour ce faire, maintenez la touche Ctrl enfoncée tout en cliquant et en tirant la poignée de recopie. Un petit signe + apparaît près de la poignée, indiquant qu'une *copie* est en cours, et non une copie incrémentée. Vous pouvez vérifier que l'entrée dupliquée ne change pas en observant l'info-bulle dont le contenu reste identique à celui de la cellule d'origine. Si vous voulez néanmoins incrémenter la recopie, il suffit de cliquer sur le bouton contextuel et de choisir, dans le menu, l'option Incrémenter une série ; les éléments copiés sont aussitôt transformés en série d'éléments numérotés ou successifs.

Alors que maintenir la touche Ctrl enfoncée pendant la recopie automatique empêche l'incrémentation du texte, il en va tout autrement avec les valeurs numériques ! Supposons que vous avez entré le nombre **17** dans une cellule et tirez la poignée de recopie pour remplir les cellules voisines. Dans ce cas, Excel recopie le nombre 17 dans chacune des cellules. Mais si la touche Ctrl est enfoncée, la recopie est incrémentée et donne 18, 19, 20, et ainsi de suite. Si vous avez oublié ce détail et créé une série de nombres incrémentés, alors que vous vouliez simplement recopier le nombre à l'identique dans les cellules, corrigez la manipulation en cliquant sur le bouton contextuel et choisissez l'option Copier les cellules.

Créer une liste personnalisée

En plus de pouvoir varier l'incrémentation d'une série de recopies automatiques, vous pouvez créer vos propres séries. Par exemple, la société La mère l'Oie travaille avec les entreprises suivantes :

- Centre culinaire Pigeon vole
- Centre Jack & Jill
- A la bonne bouffe
- Les pieds dans le plat
- Tartes et gâteaux
- Georgie Porgie Pudding
- Maison Poulaga

Au lieu d'avoir à taper sans cesse le nom de chacune de ces entreprises chaque fois que vous devez les lister dans une feuille de calcul, vous pouvez en faire une liste personnalisée. Il vous suffira ensuite de taper Centre culinaire Pigeon vole dans la première cellule, puis de tirer sur la poignée de recopie pour placer automatiquement tous les autres noms dans les cellules sélectionnées.

Procédez comme suit pour créer une liste personnalisée :

1. **Cliquez sur Bouton Office/Options Excel, puis sur l'onglet Standard. Dans la section Meilleures options pour travailler avec Excel de cet onglet, cliquez sur le bouton Modifier les listes personnalisées pour ouvrir la boîte de dialogue Listes pers. (Figure 2.12).**

   Si vous avez déjà tapé une liste personnalisée dans une plage de cellules, allez à l'Étape 2. Sinon, allez plutôt à l'Étape 5.

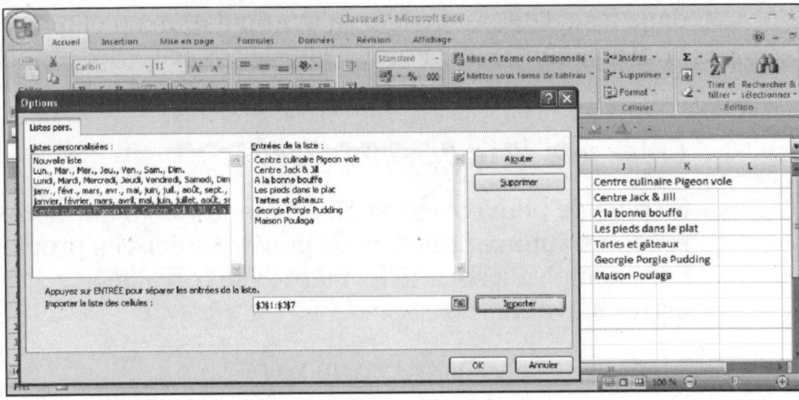

Figure 2.12 : Création d'une liste personnalisée à partir de plages de cellules existantes.

2. **Cliquez dans le champ de texte Importer la liste des cellules, puis cliquez sur le bouton Minimiser (il se trouve à l'extrémité droite de la zone de texte) ; la boîte de dialogue Options se réduit à ce champ de texte, vous laissant de la place pour sélectionner confortablement une plage de cellules (nous y reviendrons dans le Chapitre 3).**

3. **Après avoir sélectionné la plage de cellules dans la feuille de calcul, cliquez sur le bouton Agrandir de la boîte de dialogue Listes pers. afin de la réafficher intégralement.**

   Ce bouton, qui se substitue automatiquement au bouton Minimiser, se trouve à l'extrémité du champ de texte, juste au-dessous du bouton de fermeture.

4. **Cliquez ensuite sur le bouton Importer pour copier le contenu des cellules dans la fenêtre Entrées de la liste.**

   Passez à l'Etape 7.

5. **Cliquez dans la fenêtre Entrées de la liste. Tapez ensuite chaque entrée dans l'ordre qui vous convient ; n'oubliez pas de taper sur la touche Entrée après chaque saisie.**

   Après avoir tapé tous les intitulés dans la fenêtre Entrées de la liste, vous pouvez passer à l'étape suivante.

6. **Cliquez sur le bouton Ajouter afin de transférer les éléments dans la liste Listes personnalisées.**

   Créez éventuellement d'autres listes personnalisées en procédant comme nous venons de l'indiquer.

7. **Cliquez sur OK pour fermer la boîte de dialogue Listes pers. et revenir à la boîte de dialogue Options Excel, puis cliquez sur OK ou appuyez sur Entrée pour fermer la boîte de dialogue Options Excel et revenir à la feuille de calcul courante du classeur actif.**

Après avoir ajouté une liste personnalisée dans Excel, il vous suffira simplement de taper la première entrée dans une cellule puis de tirer la poignée de recopie dans une direction pour que les autres éléments de la liste apparaissent dans la plage de cellules.

N'OUBLIEZ PAS

Si vous n'avez pas l'intention de taper la première ligne, utilisez la fonction de saisie semi-automatique décrite précédemment dans ce chapitre ; créez une entrée sous la forme d'un acronyme qui affichera automatiquement le nom complet comme *albb* pour *A la bonne bouffe*.

Insérer des symboles et des caractères spéciaux

Avec Excel, l'insertion de caractères spéciaux est très facile (symboles de devises, marque déposée, copyright, etc.). Pour insérer un symbole ou un caractère spécial, cliquez dans le Ruban sur Insertion/Insérer un symbole à partir d'une boîte de dialogue (en bas à droite dans le groupe Texte) pour ouvrir la boîte de dialogue Caractères spéciaux (Figure 2.13).

Cette boîte de dialogue contient deux onglets : Symboles et Caractères spéciaux. Pour insérer un signe mathématique ou le symbole d'une devise, sous l'onglet Symboles, localisez-le dans la liste, cliquez dessus, puis sur le bouton Insérer. (A la place, vous pouvez également double-cliquer dessus.) Pour insérer des caractères de langue étrangère ou des lettres

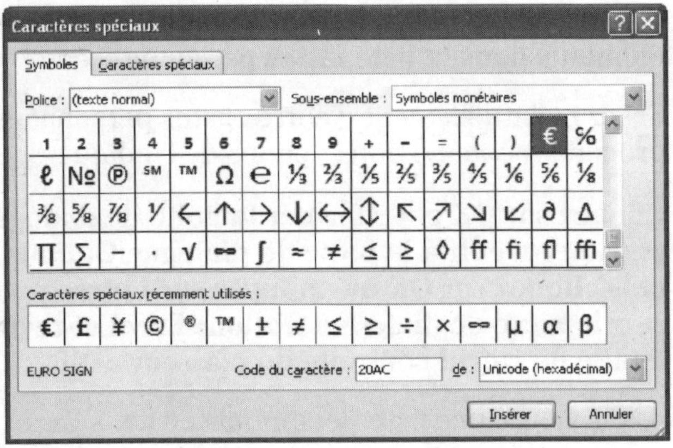

Figure 2.13 : Utilisez la boîte de dialogue Caractères spéciaux pour insérer symboles et caractères spéciaux.

accentuées appartenant à d'autres jeux de caractères, déroulez la liste Sous-ensemble, puis cliquez sur un nom de sous-ensemble. Ensuite, vous n'avez plus qu'à trouver dans la zone de liste le caractère souhaité, puis à cliquer dessus. L'insertion des symboles monétaires ou des signes mathématiques utilisés très souvent (tels que le symbole de l'euro et les signes + ou -) est un jeu d'enfant : ils figurent, toujours sous l'onglet Symboles, dans la section Caractères spéciaux récemment utilisés.

Pour insérer des caractères spéciaux, tels que le symbole de la marque déposée, une marque de paragraphe ou des points de suspension, cliquez sur l'onglet Caractères spéciaux de la boîte de dialogue du même nom. Repérez le caractère dans la liste, cliquez dessus, puis cliquez sur le bouton Insérer (l'insertion par double clic fonctionne également).

Une fois vos travaux d'insertion achevés, fermez la boîte de dialogue Caractères spéciaux en cliquant sur le bouton Fermer situé dans le coin supérieur droit.

Les entrées de la plage

Si vous devez saisir un tableau de données dans un nouveau classeur, vous vous simplifierez le travail – et votre existence – en sélectionnant d'abord toutes les cellules vides qui devront contenir ces données avant même de procéder à leur entrée. Pour cela, placez le pointeur dans la première cellule de ce qui sera le tableau, puis sélectionnez toutes les cellules dans les colonnes et les lignes voisines (reportez-vous au Chapitre 3 pour apprendre à sélectionner des plages de cellules). Enfin, commencez à entrer la première donnée.

Quand vous sélectionnez une *plage* de cellules avant de commencer à entrer des informations, Excel restreint la saisie des données à cette plage de la façon suivante :

- Le logiciel avance automatiquement le pointeur de cellule à la prochaine cellule de la plage lorsque vous cliquez sur le bouton Entrer ou appuyez sur la touche Entrée pour valider une saisie.

- Dans une plage contenant plusieurs lignes et colonnes, Excel fait descendre le pointeur de cellule dans la colonne afin que vous puissiez procéder aux entrées ; lorsqu'il atteint la dernière cellule dans la partie sélectionnée de la colonne, Excel place le pointeur tout en haut de la prochaine colonne à droite. Si le tableau n'occupe qu'une ligne, le pointeur est décalé de gauche à droite.

- Lorsque vous finissez d'entrer des informations dans la dernière cellule de la plage sélectionnée, Excel positionne le pointeur de cellule sur la première cellule du tableau de données qui vient d'être terminé. Pour désélectionner la plage de cellules, cliquez sur l'une des cellules de la feuille de calcul, hors du tableau ou à l'intérieur, ou appuyez sur une touche fléchée.

Veillez à ne pas appuyer sur une touche fléchée pour valider la saisie dans l'une des cellules de la plage sélectionnée, au lieu de cliquer sur le bouton Entrer ou d'appuyer sur la touche Entrée. L'appui sur une touche fléchée désélectionne en effet la plage au moment où Excel déplace le pointeur de cellule. Utilisez l'une de ces méthodes pour déplacer le pointeur de cellule sans désélectionner la plage :

- Appuyez sur Entrée pour passer à la cellule inférieure puis, le moment venu, passer à la prochaine colonne. Appuyez sur Maj+Entrée pour reculer à la cellule précédente.
- Appuyez sur la touche Tab pour passer à la prochaine cellule de la colonne de droite et descendre ensuite dans la colonne. Appuyez sur Maj+Tab pour revenir à la cellule précédente.
- Appuyez sur Ctrl+. (point du pavé numérique) pour aller d'un coin de la plage à un autre.

La saisie express

N'OUBLIEZ PAS

Quand une même entrée (texte, valeur ou formule) doit apparaître dans plusieurs cellules d'un classeur, vous économiserez beaucoup de temps et d'énergie en la plaçant dans toutes ces cellules en une seule opération. Sélectionnez d'abord la plage de cellules qui doit contenir l'information (comme nous le verrons dans le Chapitre 3, Excel permet de sélectionner plusieurs cellules à la fois), procédez à la saisie, puis validez avec les touches Ctrl+Entrée pour répartir la saisie dans toutes les plages sélectionnées.

ATTENTION !

Pour que cette opération réussisse, vous devez maintenir la touche Ctrl enfoncée au moment où vous appuyez sur Entrée afin qu'Excel puisse répartir la saisie dans toutes les cellules sélectionnées. Si vous oubliez d'appuyer sur Ctrl, Excel ne place les données que dans la première cellule de la plage.

Vous pouvez aussi accélérer la saisie des données dans une liste comportant des formules en vous assurant que la case Étendre les formules et formats de plage de données est cochée dans la section Options d'édition de l'onglet Options avancées de la boîte de dialogue Options Excel (pour la faire apparaître, cliquez sur Bouton Office/Options Excel). Lorsque cette case est cochée, Excel met automatiquement en forme les nouvelles données que vous tapez dans la dernière colonne d'une liste en fonction de la mise en forme existant dans les colonnes déjà remplies, et copie les formules présentes dans ces colonnes. Notez cependant que pour utiliser cette nouvelle fonctionnalité, vous devez d'abord manuellement entrer les formules et configurer la mise en forme dans au moins trois colonnes avant la nouvelle colonne.

Améliorer les formules

Précédemment dans ce chapitre, vous avez appris (dans la section "Concocter ces fabuleuses formules !") à créer des formules qui exécutent un certain nombre d'opérations mathématiques simples telles que l'addition, la soustraction, la multiplication et la division. Au lieu de créer des formules complexes à partir de zéro et/ou d'une combinaison plus ou moins compliquée de ces opérations, vous pouvez demander à une fonction d'Excel de se charger de cette tâche.

Une *fonction* est une formule prédéfinie qui exécute un certain type de calcul. Tout ce que vous avez à faire est de fournir les valeurs que cette fonction utilisera pour déterminer le résultat. En jargon de tableur, ces valeurs sont appelées *arguments de la fonction.* A l'instar des fonctions simples, vous pouvez entrer les arguments de la plupart des fonctions soit sous une forme numérique, comme **22** ou **-4,56**, soit, comme c'est souvent le cas, sous la forme d'une référence de cellule (**B10**) ou d'une plage de cellules (**C3:F3**).

Comme pour les formules que vous créez vous-même, chaque fonction doit commencer par le signe = (égal), afin qu'Excel sache que vous allez taper une fonction ou une formule et non du texte. Juste après le signe égal, vous entrez le nom de la fonction (en majuscules ou en minuscules) suivi des arguments indispensables pour que les calculs puissent être effectués. Tous les arguments d'une fonction sont toujours entre parenthèses.

ATTENTION !

Si vous tapez la fonction directement dans une cellule, rappelez-vous qu'il ne faut pas insérer d'espace après le signe égal, avant ou après le nom de la fonction, ni entre les parenthèses. Certaines fonctions exigent plusieurs arguments ; dans ce cas, chaque argument est séparé des autres par un point-virgule, en aucun cas par un espace.

Après avoir tapé le signe égal et commencé à taper les premières lettres du nom de la fonction que vous voulez utiliser, une liste déroulante vous proposant toutes les fonctions dont le nom commence par les lettres que vous venez de taper apparaît juste au-dessous de la cellule. Identifiez le nom de la fonction que vous voulez dans cette liste, double-cliquez dessus, et Excel achève de l'entrer pour vous dans la cellule et dans la Barre de formule, suivi de la parenthèse ouvrante (() qui précède les arguments de la fonction.

Excel affiche alors juste au-dessous de la cellule une info-bulle vous indiquant les arguments attendus par la fonction, et vous pouvez spécifier la cellule ou la plage de cellules que vous voulez utiliser comme premiers arguments, soit en la pointant avec la souris, soit en tapant ses références. Dans le cas d'une fonction à plusieurs arguments, vous pouvez cliquer sur les cellules successives ou parcourir la plage de cellules avec la souris (en maintenant enfoncé son bouton gauche), ou bien vous pouvez taper manuellement les arguments successifs, sans oublier de les séparer par un point-virgule (;).

Après avoir entré le dernier argument, tapez la parenthèse fermante ()) pour indiquer la fin de la liste des arguments. L'info-bulle contenant le nom de la fonction et la liste de ses arguments nécessaires disparaît. Cliquez ensuite sur le bouton Entrer ou appuyez sur Entrée ou sur une touche fléchée pour valider la fonction et obtenir d'Excel qu'il calcule le résultat.

Placer une fonction dans une formule avec l'Assistant Fonction

Bien qu'il soit possible d'entrer une fonction en la tapant directement dans une cellule, Excel met à votre disposition dans la Barre de formule un bouton Assistant Fonction, fort utile pour choisir n'importe laquelle des fonctions intégrées d'Excel. Quand vous cliquez sur ce bouton (après avoir sélectionné la cellule dans laquelle vous voulez insérer la fonction), Excel ouvre la boîte de dialogue Insérer une fonction (voir Figure 2.14) dans laquelle vous pouvez choisir l'une des fonctions prédéfinies. Après en avoir sélectionné une, Excel ouvre la boîte de dialogue Arguments de la fonction dans laquelle vous spécifiez les différents paramètres à utiliser. Le gros intérêt de cette boîte de dialogue se révèle lorsque vous rencontrez une fonction qui ne vous est pas familière ou est vraiment très complexe (certaines sont plutôt trapues). Vous obtiendrez une aide extrêmement détaillée sur les arguments requis en cliquant sur le lien hypertexte `Aide sur cette fonction`, dans le coin inférieur gauche de la boîte de dialogue.

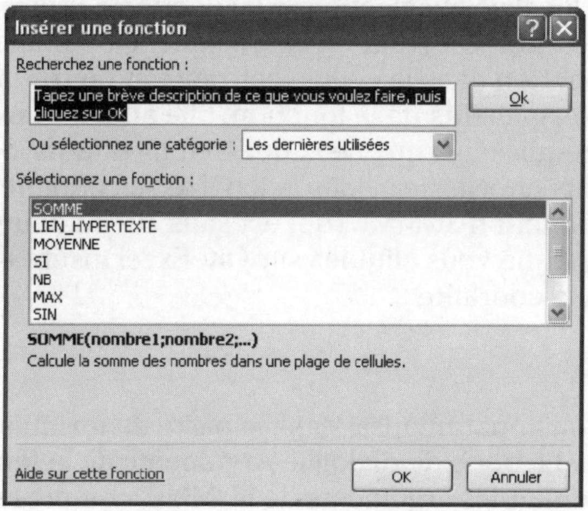

Figure 2.14 : Sélectionnez dans cette boîte de dialogue la fonction à utiliser dans une cellule.

La boîte de dialogue Insérer une fonction contient trois sections : Recherchez une fonction, Ou sélectionnez une catégorie et Sélectionnez une fonction. Lorsque vous ouvrez la boîte de dialogue, Excel sélectionne automatiquement, dans la liste déroulante des catégories de fonctions, la catégorie Les dernières utilisées. Ces fonctions communément utilisées sont listées dans la fenêtre Sélectionner une fonction.

Si la fonction que vous recherchez ne figure pas parmi les plus récemment utilisées, vous devrez la rechercher dans la catégorie appropriée en déroulant la liste Ou sélectionnez une catégorie. Si vous n'avez aucune idée de la catégorie où la chercher, tapez une description de ce que vous voulez en faire dans la fenêtre Recherchez une fonction, puis cliquez sur le bouton OK qui se trouve juste à droite (*NdT* : pas celui d'en bas qui ferme la boîte de dialogue) ou appuyez sur la touche Entrée. Par exemple, pour localiser la fonction qui totalise des valeurs, il suffit d'entrer le mot **total** dans la fenêtre Recherchez une fonction et de cliquer sur OK. Excel affiche ensuite une liste de fonctions effectuant des totaux. Vous pouvez les examiner chacune en cliquant tour à tour dessus. Quand vous sélectionnez une fonction dans cette liste, la boîte de dialogue Insérer une fonction en présente, en bas, tous les arguments suivis d'une description de ce qu'elle fait.

Après avoir localisé et sélectionné la fonction à utiliser, cliquez sur le bouton OK (tout en bas, à gauche d'Annuler) pour insérer la fonction dans la cellule courante et ouvrir la boîte de dialogue Arguments de la fonction. Elle affiche tous les arguments requis ainsi que ceux qui sont facultatifs. Supposons que vous choisissiez, dans la fenêtre Sélectionnez une fonction, la fonction SOMME (qui est sans aucun doute la plus utilisée), puis que vous cliquiez sur OK. Excel insère aussitôt dans la cellule courante :

```
SOMME()
```

Cette fonction apparaît aussi dans la barre de formule, après le signe égal. La boîte de dialogue Arguments de la fonction s'ouvre, affichant les arguments de SOMME, comme le montre la Figure 2.15.

Comme vous pouvez le lire dans la boîte de dialogue Arguments de la fonction visible Figure 2.15, vous pouvez sélectionner jusqu'à 255 arguments pour cette fonction. Ce qui n'est cependant pas évident – il y a sûrement un truc, non ? –, c'est que chacun de ces arguments ne se trouve pas forcément dans une seule et même cellule. En fait, la plupart du temps, un seul argument recouvrira un grand nombre de chiffres (sélection multiple) que vous désirez totaliser.

Pour sélectionner le premier argument de la boîte de dialogue, cliquez dans une cellule (ou sélectionnez une plage de cellules) en laissant le point d'insertion dans la zone de texte

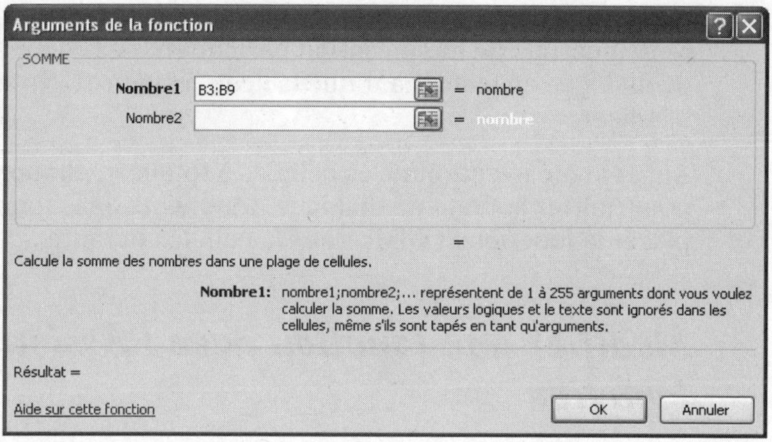

Figure 2.15 : Spécifiez dans la boîte de dialogue Arguments de la fonction les arguments à utiliser par la fonction sélectionnée.

Nombre1 de la boîte de dialogue Arguments de la fonction. Excel affiche l'adresse de cellule (ou l'adresse de la plage) dans le champ Nombre1, tout en indiquant, en bas à droite de la zone SOMME, le total calculé. Cette même somme apparaît aussi en bas de la boîte de dialogue, en regard de la mention Résultat =.

Rappelez-vous qu'en sélectionnant des cellules vous pouvez réduire la taille de cette boîte de dialogue afin qu'elle n'affiche que la ligne Nombre1 ; pour ce faire, cliquez sur le bouton Minimiser, à droite de la zone de texte Nombre1. Après avoir sélectionné les cellules à utiliser comme premier argument, vous pouvez de nouveau déployer la boîte de dialogue en cliquant sur le même bouton à droite du champ Nombre1. Au lieu de minimiser la boîte de dialogue, vous pouvez aussi la mettre momentanément de côté en cliquant dedans et en la faisant glisser ailleurs.

Si vous calculez sur plus d'une cellule ou groupe de cellules d'un classeur, appuyez sur la touche Tab ou cliquez dans la zone de texte Nombre2 pour y placer le point d'insertion (Excel réagit à cette action en ouvrant aussitôt une zone de texte Nombre3). Indiquez dans le champ Nombre2 la deuxième cellule ou plage de cellules à ajouter au premier argument. Après avoir cliqué dans une cellule ou défini une plage, Excel affiche l'adresse de la ou des cellules ainsi que les valeurs des cellules à droite de la zone de texte. Les différents boutons de minimisation permettent de réduire la boîte de dialogue en n'affichant que la ligne (Nombre1, Nombre2...) à utiliser.

Après avoir sélectionné les cellules à totaliser, cliquez sur OK pour quitter la boîte de dialogue Arguments de la fonction et placer la fonction SOMME dans la cellule courante.

Modifier une fonction avec l'Assistant Fonction

Vous pouvez utiliser le bouton Insérer une fonction pour modifier une fonction directement dans la barre de formule. Sélectionnez la cellule contenant la formule, puis cliquez sur le bouton Insérer une fonction (celui avec un *fx*, à gauche de la barre de formule).

Sitôt après avoir cliqué sur le bouton Insérer une fonction, Excel ouvre la boîte de dialogue Arguments de la fonction. Pour éditer et modifier les arguments de la fonction, sélectionnez les références de cellule dans la zone de texte appropriée (Nombre1, Nombre2, Nombre3...), puis effectuez les modifications que vous jugez utiles pour telle ou telle cellule ou plage. Rappelez-vous qu'Excel ajoute automatiquement à l'argument courant toute cellule ou plage que vous sélectionnez dans la feuille de calcul. Pour remplacer l'argument courant, vous devez le mettre en surbrillance et éliminer les adresses de cellules en appuyant sur la touche Suppr avant de sélectionner la nouvelle cellule ou plage à utiliser comme argument. Rappelez-vous qu'il vous est à tout moment possible de minimiser la boîte de dialogue ou de la déplacer si elle occulte des cellules.

Après avoir modifié la fonction, appuyez sur la touche Entrée ou cliquez sur le bouton OK afin de fermer la boîte de dialogue Arguments de la fonction et mettre la formule à jour dans le classeur.

La somme automatique : l'essayer, c'est l'adopter

Je ne peux en finir avec cette intéressante discussion sur la saisie des fonctions sans mentionner le bouton Somme présent dans le groupe Édition de l'onglet Accueil du Ruban. C'est le bouton qui porte la lettre grecque sigma (S). Ce petit outil vaut son pesant d'or. Outre qu'il est capable de déterminer la somme, la moyenne, le compte, les valeurs maximale et minimale d'une liste, il sait également sélectionner une plage de cellules dans la colonne courante ou dans la ligne, l'utiliser comme argument et entrer automatiquement le résultat du calcul en tant qu'argument dans une fonction. Neuf fois sur dix, Excel sélectionne correctement la plage de cellules à utiliser ; dans le dixième cas, vous pouvez facilement corriger la sélection en tirant le pointeur de cellule par-dessus la plage à calculer.

Cliquez simplement sur le bouton Somme dans l'onglet Accueil du Ruban chaque fois que vous voulez insérer la fonction Somme dans la cellule sélectionnée. Si vous comptez utiliser ce bouton pour insérer une autre fonction comme MOYENNE, NOMBRE, MAX ou MIN, cliquez sur le triangle pointant vers le bas qui lui est associé et sélectionnez la fonction désirée dans le menu qui apparaît. Remarquez qu'en sélectionnant l'option Autres fonctions, Excel ouvre la boîte de dialogue Insérer une fonction, comme si vous aviez cliqué sur le bouton *fx*, dans la barre de formule.

Observez dans la Figure 2.16 comment l'outil Somme automatique est utilisé pour calculer le total du Centre culinaire Pigeon vole, à la ligne 3 : placez le pointeur dans la cellule E3, où le total du premier trimestre devrait être calculé, puis cliquez sur le bouton Somme. Excel insère dans la barre de formule la fonction SOMME avec le signe égal et tout le reste, entoure les cellules B3, C3 et D3 avec un rectangle de sélection (un liseré en pointillé animé) et utilise la plage de cellules B3:D3 comme argument de la fonction SOMME. Il ne vous reste plus qu'à valider cette formule en cliquant sur le bouton

Entrer dans la Barre de formule (ou en appuyant sur la touche Entrée).

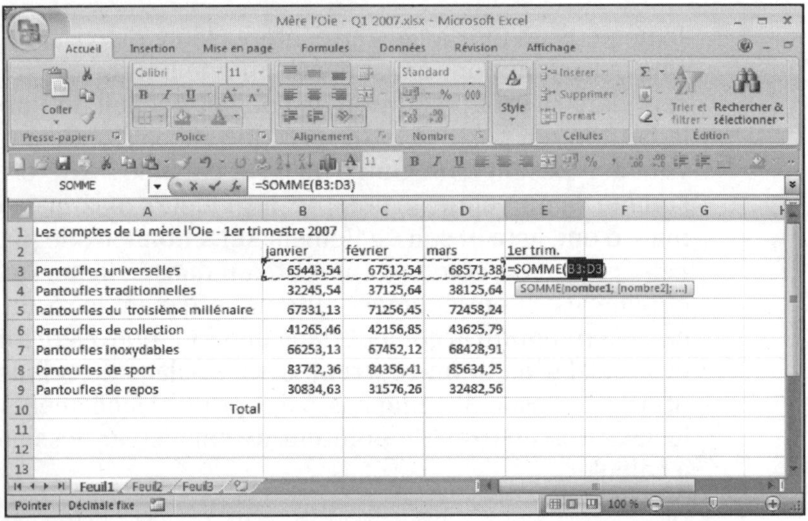

Figure 2.16 : Pour obtenir le total trimestriel du Centre culinaire Pigeon vole, sélectionnez la cellule E3 puis cliquez sur le bouton Somme automatique.

Le total apparaît dans la cellule E3 tandis que la fonction suivante est affichée dans la barre de formule :

```
=SOMME(B3:D3)
```

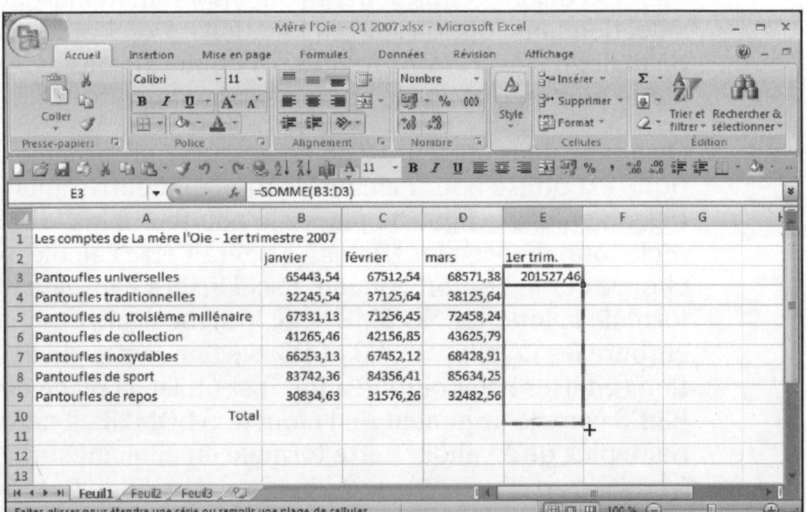

Figure 2.17 : Le total du premier trimestre a été calculé avec l'outil Somme automatique.

Après avoir entré la fonction qui totalise les ventes du Centre culinaire Pigeon vole, vous pouvez copier cette formule pour totaliser les ventes trimestrielles de toutes les autres sociétés en tirant vers le bas la poignée de recopie (c'est la petite croix noire qui apparaît quand vous approchez le pointeur de la souris du coin inférieur droit de la cellule), comme le montre la Figure 2.17, jusqu'à ce que la plage de cellules E3:E10 soit en surbrillance.

Regardez la Figure 2.18 pour voir comment utiliser l'outil Somme automatique pour totaliser, dans la colonne B, les résultats du mois de janvier. Vous devez placer le pointeur de cellule en B10, là où le total doit apparaître. Cliquez ensuite sur l'outil Somme automatique ; Excel place un rectangle de sélection autour des cellules B3 à B9 et entre correctement la plage B3:B9 comme argument de la fonction SOMME.

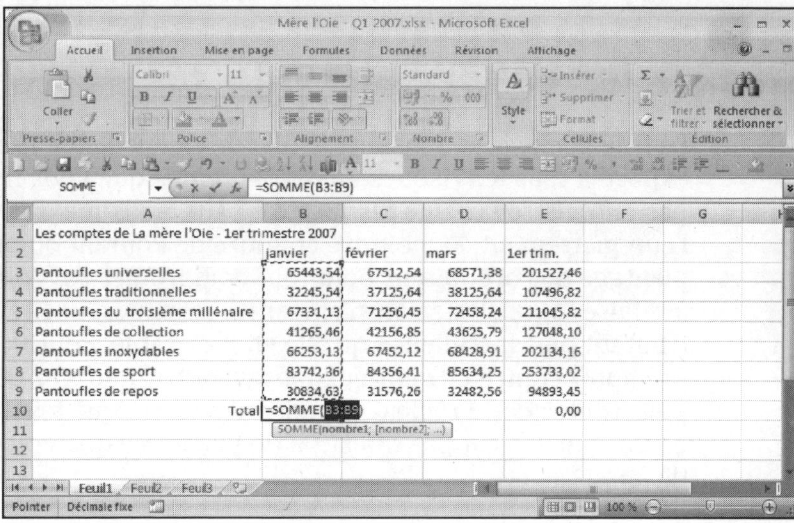

Figure 2.18 : Sélectionnez la cellule B10, cliquez sur l'outil Somme automatique et appuyez sur Entrée pour obtenir le total des ventes de la colonne B pour toutes les sociétés.

La Figure 2.19 montre la feuille de calcul après avoir inséré la fonction SOMME dans la cellule B10 et utilisé la fonction de recopie automatique pour reporter la formule vers la droite, dans les cellules C10 et D10. Pour utiliser la recopie automatique, tirez sur la poignée située dans le coin inférieur droit de la cellule, et tirez-la jusqu'à la cellule E10 ; relâchez ensuite le bouton de la souris.

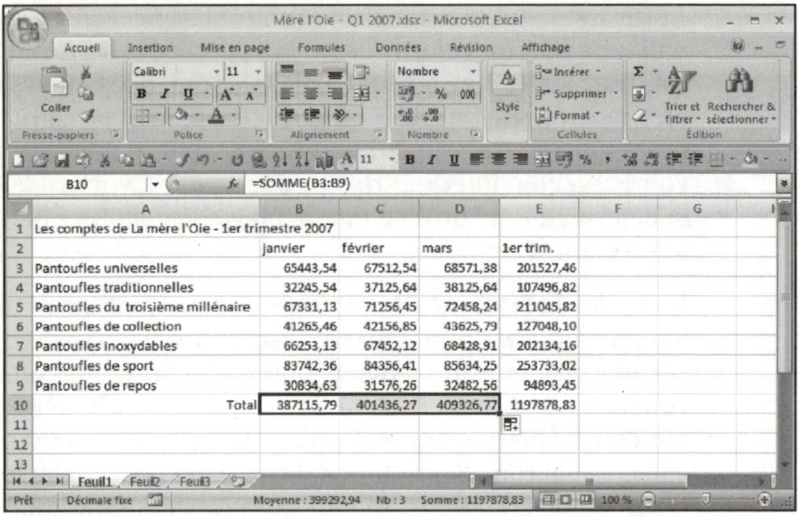

Figure 2.19 : La feuille de calcul après avoir recopié la fonction SOMME à l'aide de la poignée de recopie.

Stocker les données en lieu sûr

Le travail effectué dans une feuille de calcul d'un classeur est exposé à tous les risques aussi longtemps que vous ne l'avez pas enregistré sur une disquette ou sur le disque dur. Avant l'enregistrement, la moindre coupure de courant ou un plantage de l'ordinateur peut tout compromettre. Vous auriez à refaire toutes les saisies, entrer les formules, une tâche d'autant plus fastidieuse qu'elle était évitable. Pour vous prémunir contre ce genre de mésaventure, adoptez une fois pour toutes cette règle d'or : enregistrez chaque fois que vous estimez qu'il n'est pas question de perdre ce que vous venez de faire.

TRUC

Pour faciliter les sauvegardes, la barre d'outils Accès rapide d'Excel 2007 contient un bouton Enregistrer, reconnaissable à son icône en forme de disquette 3"1/4. Vous n'avez même pas à cliquer sur le Bouton Office pour ouvrir le menu Fichier et sélectionner la commande Enregistrer. Encore plus rapide, le raccourci clavier Ctrl+S finit par devenir une seconde nature. N'hésitez pas à l'utiliser, vous n'en abuserez jamais.

Lorsque vous cliquez sur le bouton Enregistrer, ou que vous sélectionnez Bouton Office/Enregistrer, pour la première fois avec un nouveau classeur, Excel affiche la boîte de dialogue Enregistrer sous. Utilisez cette boîte de dialogue pour remplacer le nom générique qui vous est proposé (Classeur1, Classeur2, Classeur3...) par un nom plus explicite, pour sélectionner un autre format de fichier si vous le souhaitez, et pour sélectionner le dossier de destination du classeur avant de cliquer sur le bouton Enregistrer.

Une fois que vous avez spécifié ce que vous voulez dans la boîte de dialogue Enregistrer sous, cliquez sur le bouton Enregistrer ou appuyez sur Entrée pour qu'Excel 2007 enregistre votre travail. Quand Excel enregistre le fichier d'un classeur, il enregistre toutes les informations de toutes les feuilles de calcul du classeur (y compris la dernière position du curseur de cellule) dans le dossier que vous avez spécifié, sur le lecteur correspondant.

La boîte de dialogue Enregistrer sous dans Windows Vista

La Figure 2.20 montre la boîte de dialogue Enregistrer sous telle qu'elle apparaît dans Excel 2007 sous Windows Vista. Vous pouvez y remplacer le nom de fichier par défaut qui vous est proposé (Classeur1, Classeur2...) par un nom descriptif de votre choix en cliquant dans le champ Nom de fichier pour y entrer le nom que vous voulez (jusqu'à 255 caractères au total, en comptant les espaces).

Pour sélectionner un nouveau dossier pour y enregistrer le classeur, suivez ces étapes :

1. **Cliquez sur le bouton Parcourir les dossiers (le triangle pointant vers le bas) pour développer le contenu de la boîte de dialogue.**

   La boîte de dialogue affiche alors le volet de navigation, dans lequel vous pouvez sélectionner les dossiers qui apparaissent dans les sections Dossiers et Liens favoris.

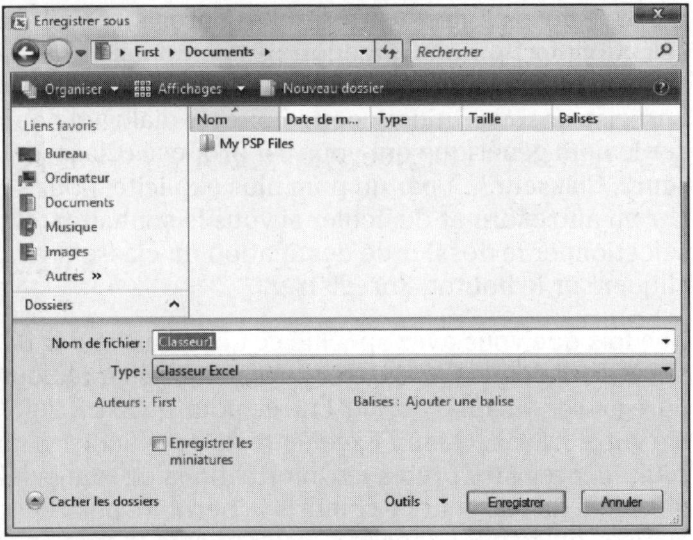

Figure 2.20 : Sous Windows Vista, la boîte de dialogue Enregistrer sous vous permet de spécifier un nom de fichier et un dossier, ainsi que d'associer des balises à ce fichier.

2. **Dans le volet de navigation, cliquez sur le nom du lien favori contenant le dossier dans lequel vous voulez enregistrer le fichier, ou cliquez sur le bouton Dossier (avec un triangle pointant vers le bas), puis sur le nom du dossier voulu.**

3. **Si vous voulez que le classeur soit enregistré dans un nouveau sous-dossier du dossier ouvert dans la boîte de dialogue Enregistrer sous, cliquez sur le bouton Créer un dossier dans la barre d'outils de cette boîte de dialogue, puis remplacez le nom par défaut suggéré pour le nouveau dossier par celui que vous voulez lui donner, et appuyez sur Entrée.**

4. **Cliquez sur le bouton Enregistrer pour enregistrer le fichier dans le dossier sélectionné.**

TRUC

Lorsque le contenu de la boîte de dialogue Enregistrer sous est développé, vous pouvez ajouter un titre, un sujet et des balises au fichier de votre nouveau classeur en cliquant sur les liens Ajouter un titre, Spécifier le sujet et Ajouter une balise. Vous pourrez alors utiliser tous ces éléments d'information pour rechercher ce fichier, s'il vous arrive d'en avoir besoin un jour (pour en savoir plus sur la recherche de fichiers, reportez-vous au Chapitre 4).

La boîte de dialogue Enregistrer sous dans Windows XP

La Figure 2.21 montre la boîte de dialogue Enregistrer sous telle qu'elle apparaît dans Excel 2007 sous Windows XP.

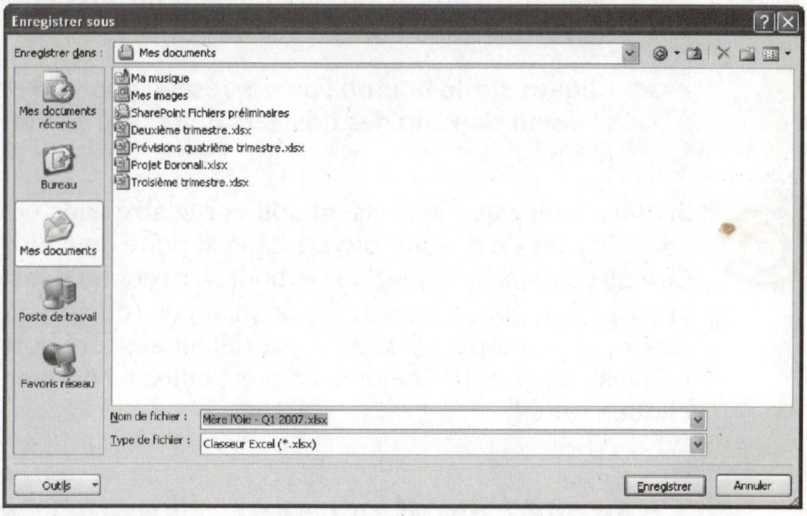

Figure 2.21 : Sous Windows XP, la boîte de dialogue Enregistrer sous vous permet de spécifier facilement un nom de fichier et un dossier pour enregistrer le fichier d'un classeur.

La version Windows XP de la boîte de dialogue Enregistrer sous contient une série de gros boutons, qui apparaissent dans un volet qui occupe toute sa partie gauche : Mes documents récents, Bureau, Mes documents, Poste de travail et Favoris réseau. Utilisez ce bouton pour vous rapprocher rapidement du dossier dans lequel vous voulez enregistrer le fichier de votre classeur :

- Cliquez sur le bouton Mes documents récents pour enregistrer un classeur dans le dossier Récents. Ce dossier se trouve, dans Windows XP, dans le chemin C:\Documents and Settings*Utilisateur*\Mes documents récents (*Utilisateur* étant naturellement remplacé par le nom de l'utilisateur concerné).

- Cliquez sur le bouton Bureau pour enregistrer le dossier directement sur le Bureau de Windows.
- Cliquez sur le bouton Mes documents pour enregistrer vos classeurs dans ce dossier.
- Cliquez sur le bouton Poste de travail pour enregistrer le classeur sur un des disques de votre ordinateur, ou dans votre propre dossier ou dans un dossier partagé de votre disque dur.
- Cliquez sur le bouton Favoris réseau pour enregistrer le classeur dans un des dossiers du réseau de votre entreprise.

Si vous voulez que le classeur soit enregistré dans un nouveau sous-dossier du dossier ouvert dans la boîte de dialogue Enregistrer sous, cliquez sur le bouton Créer un dossier dans la barre d'outils de cette boîte de dialogue (ou appuyez sur Alt+4), puis remplacez le nom par défaut suggéré pour le nouveau dossier par celui que vous voulez lui donner, et cliquez sur OK.

Changer l'emplacement d'enregistrement par défaut

Chaque fois que vous ouvrez la boîte de dialogue Enregistrer sous pour enregistrer le fichier d'un classeur, elle s'ouvre automatiquement sur le dossier spécifié comme Emplacement d'enregistrement par défaut dans l'onglet Enregistrement de la boîte de dialogue Options Excel (Bouton Office/Options Excel/ Enregistrement).

Tant que vous n'avez pas spécifié autre chose, ce dossier par défaut est soit le dossier Mes documents (sous Windows XP), soit le dossier Documents (sous Windows Vista) associé à votre nom d'utilisateur sur votre disque dur. Ainsi, par exemple, le chemin d'accès au dossier par défaut dans lequel Excel 2007 enregistre automatiquement mes nouveaux classeurs sur mon ordinateur sous Windows XP est :

```
C:\Documents and Settings\Greg\My Documents
```

Sous Windows Vista, ce chemin d'accès devient :

```
C:\Utilisateurs\Greg\Documents
```

Le dossier Mes documents (ou Documents sous Windows Vista) n'est pas forcément l'emplacement qui vous convient le mieux pour enregistrer vos nouveaux classeurs. Pour spécifier un autre emplacement d'enregistrement par défaut sur votre ordinateur, suivez ces étapes :

1. **Cliquez sur Bouton Office/Options Excel/Enregistrement pour ouvrir l'onglet Enregistrement de la boîte de dialogue Options Excel.**

   Le chemin d'accès au dossier d'enregistrement par défaut apparaît dans le champ Emplacement d'enregistrement par défaut.

2. **Dans le champ Emplacement d'enregistrement par défaut, sélectionnez le chemin d'accès ou une partie de celui-ci.**

   Ce que vous allez taper va remplacer ce qui est sélectionné dans ce champ. Si vous ne voulez remplacer qu'une partie de ce chemin d'accès, ne sélectionnez que la partie à remplacer. Et si vous avez simplement besoin d'ajouter quelque chose, placez simplement le curseur à la fin du chemin existant.

3. **Modifiez ou remplacez le chemin d'accès pour faire apparaître à sa place celui du dossier que vous voulez spécifier comme emplacement d'enregistrement par défaut.**

4. **Cliquez sur OK pour fermer la boîte de dialogue Options Excel.**

Les différences entre les formats XLSX et XLS

Excel 2007 utilise maintenant un nouveau format de fichier basé sur XML (que Microsoft appelle officiellement le format Microsoft Office Open XML), vanté comme plus efficace pour enregistrer des données, produisant donc de plus petits fichiers, et offrant une meilleure intégration avec les sources de données externes (en particulier s'il s'agit de sources Web utilisant le format XML). Ce format de fichier reposant sur XML porte l'extension de fichier .xlsx – c'est le format par défaut dans lequel Excel enregistre les nouveaux classeurs que vous créez.

N'OUBLIEZ PAS

N'oubliez pas que les extensions de fichier comme .xlsx et .xls ne sont pas affichées dans le nom du fichier (bien qu'elles en fassent partie) dans le champ Nom de fichier de la boîte de dialogue Enregistrer sous, à moins que vous n'ayez ôté la case de l'option Masquer les extensions des fichiers dont le type est connu dans la boîte de dialogue Options des dossiers de l'Explorateur Windows (Outils/Options).

TRUC

Excel 2007 dispose également d'un nouveau format binaire, appelé Office Excel 2007 Binary ou BIFF12, portant l'extension .xlsb. Vous pouvez choisir ce format si vous avez des feuilles de calcul vraiment énormes qui doivent être compatibles avec les anciennes versions d'Excel (sélectionnez Classeur Excel binaire (*.xlsb) dans la liste Type de fichier de la boîte de dialogue Enregistrer sous).

Enregistrer un classeur au format PDF

Pour la première fois, Excel vous permet d'enregistrer vos classeurs directement dans ce format PDF. Cela signifie que vos classeurs réalisés avec Excel 2007 peuvent être directement partagés avec des utilisateurs qui n'ont pas Excel sur leur ordinateur, en les enregistrant tout simplement au format PDF. Il leur suffit pour cela d'avoir installé sur leur ordinateur le logiciel gratuit Acrobat Reader d'Adobe (que tout le monde peut télécharger sur le site Web d'Adobe, à `www.adobe.com`).

N'OUBLIEZ PAS

Pour pouvoir enregistrer des fichiers au format PDF, vous devez commencer par télécharger et installer le complément Publier au format PDF ou XPS sur le site Web de Microsoft. Pour cela, ouvrez la fenêtre Aide – Excel (cliquez sur le bouton Aide sur Microsoft Office Excel ou appuyez sur la touche F1), tapez **pdf** dans le champ de recherche qui se trouve en haut à gauche dans la fenêtre et cliquez sur le bouton Rechercher ou appuyez sur Entrée. Dans les résultats de la recherche qui apparaissent, cliquez sur le lien `Activer la prise en charge d'autres formats de fichier, tels que les formats PDF et XPS`. Dans la page qui apparaît, cliquez sur le lien `Installer et utiliser le complément Publier au format PDF ou XPS de Microsoft`, et suivez les instructions qui apparaissent pour télécharger et installer ce complément d'Excel 2007 sur votre ordinateur.

Pour enregistrer un classeur au format PDF, cliquez sur le Bouton Office, placez le pointeur de la souris sur le triangle pointant vers la droite de l'option Enregistrer sous, et sélectionnez PDF ou XPS dans le sous-menu qui apparaît. La boîte de dialogue Publier comme PDF ou XPS apparaît. Si vous n'avez pas besoin de modifier le nom du fichier (Excel lui ajoute automatiquement l'extension .pdf) ou le dossier dans lequel vous voulez l'enregistrer, cliquez simplement sur le bouton Publier. Excel enregistre le classeur au format PDF, et il s'ouvre automatiquement dans Acrobat Reader pour vous permettre de le vérifier aussitôt.

Deuxième partie

L'art et la manière de modifier un classeur

"Ah ! La barbe ! Ton graphique en aubergine est tout aussi incompréhensible que ton graphique en pomme de terre ou ton graphique en noix de coco. Tu ne pourrais pas faire un camenbert, comme tout le monde ?"

Dans cette partie...

La vie en entreprise serait moins stressante si, au moment même où vous finissez un travail, il n'y avait pas quelqu'un pour tout remettre en question. A l'heure de la flexibilité, changer d'avis tout le temps risque néanmoins de froisser des gens. Or, la triste vérité avec Excel 2007 est que vous n'avez jamais fini de modifier les données que vous avez eu tant de mal à entrer.

Dans cette partie, nous éditerons et modifierons une feuille de calcul de trois manières : en mettant les données brutes en forme, en réorganisant les données mises en forme et/ou en les supprimant dans certains cas, enfin en imprimant les données mises en forme. Croyez-moi, quand vous saurez comment modifier vos données et les mettre en forme, vous aurez bien avancé dans la connaissance d'Excel 2007.

Chapitre 3

On enjolive tout

Dans ce chapitre :

- Sélectionner les cellules à mettre en forme.
- Mettre en forme un tableau de données avec le bouton Mettre sous forme de tableau.
- Appliquer des formats de nombres à des cellules contenant des valeurs.
- Régler la largeur des colonnes et la hauteur des lignes d'une feuille de calcul.
- Masquer des colonnes et des lignes.
- Mettre en forme une plage de cellules en utilisant l'onglet Accueil du Ruban.

Sachez dès à présent qu'entrer des données dans une cellule et mettre ces données en forme sont deux choses très différentes. C'est pourquoi, quand vous entrez de nouvelles données dans une cellule, elles adoptent la mise en forme qui a été définie pour cette cellule. Ce qui vous permet de mettre en forme des cellules vides dans lesquelles vous entrerez ultérieurement des données qui seront à ce moment automatiquement mises en forme.

Choisir un groupe de cellules sélectionnées

Une *sélection de cellules* (ou *plage de cellules*) est un ensemble de cellules contiguës susceptibles d'être mises en forme ou modifiées. La petite sélection de cellule, dans une feuille de calcul, se limite à une seule cellule : la cellule dite *active*.

Une seule cellule entourée par le curseur de cellule est une sélection d'une cellule. La sélection de cellules la plus vaste comprend toutes les cellules de la feuille de calcul. La plupart des sélections que vous aurez à effectuer se situent dans un moyen terme ; elles concerneront quelques cellules adjacentes disposées en colonne(s) et/ou en rangée(s).

Excel met en évidence une sélection de cellules dans la feuille de calcul en mettant en surbrillance les cellules sélectionnées, à l'exception de la cellule active qui conserve sa couleur normale. La Figure 3.1 montre diverses sélections de cellules de différentes tailles et formes.

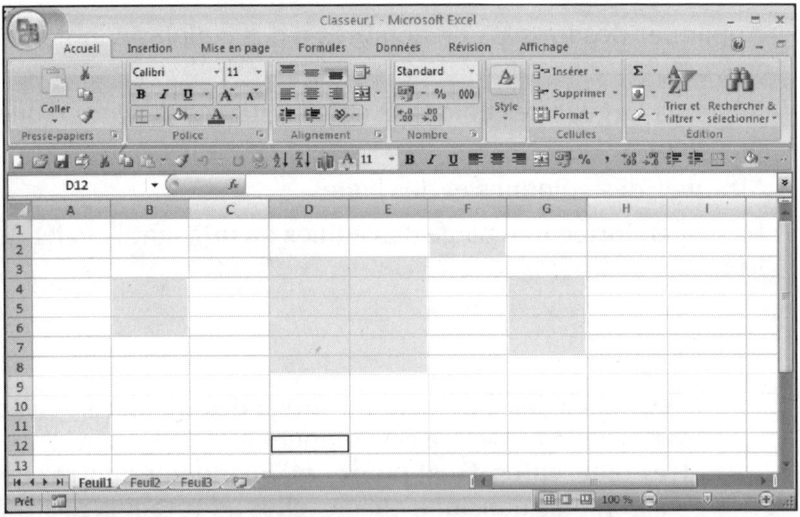

Figure 3.1 : Différentes sélections de diverses tailles et formes.

Dans Excel, vous pouvez sélectionner plusieurs cellules ou plages de cellules à la fois (c'est-à-dire des *sélections multiples*, des *sélections non contiguës* ou des *sélections non adjacentes*). En réalité, bien que la Figure 3.1 semble contenir plusieurs sélections distinctes de cellules, c'est en fait une seule sélection de cellules non adjacentes, la cellule D12 ayant été sélectionnée en dernier, ce qui en fait la cellule active.

Les sélections par pointer-cliquer

La souris est l'outil naturel pour sélectionner des plages de cellules : amenez le pointeur de souris (l'épaisse croix blanche) au-dessus de la première cellule, cliquez, puis, bouton de la souris enfoncé, tirez dans la direction où vous désirez étendre la sélection.

- Pour étendre la sélection de cellules vers les colonnes à droite, tirez la souris vers la droite, ce qui met les cellules concernées en surbrillance.
- Pour étendre la sélection vers le bas, tirez vers le bas.
- Pour étendre la sélection à la fois vers le bas et vers la droite, tirez la souris en diagonale vers la cellule située dans le coin inférieur droit de la plage que vous définissez.

Les sélections avec Maj

Pour accélérer la sélection des cellules, vous pouvez utiliser la bonne vieille méthode Maj+clic, qui s'effectue de la façon suivante :

1. **Cliquez sur la première cellule de la sélection.**

   La cellule est sélectionnée.

2. **Déplacez le pointeur de la souris vers la dernière cellule de la sélection.**

   Elle est au coin opposé de la première cellule. Ne cliquez pas encore.

3. **La touche Maj enfoncée, cliquez dans la dernière cellule.**

   Au moment de ce second clic, Excel sélectionne dans les lignes et dans les colonnes toutes les cellules situées entre la première et la dernière cellule.

Avec la souris, la touche Maj agit comme *touche d'extension* entre le premier objet sélectionné et le second (reportez-vous à la section "Etendre une sélection", plus loin dans ce chapitre). L'utilisation de la touche Maj permet de sélectionner la première et la dernière cellule, ainsi que toutes les cellules qui se trouvent entre elles, ou de sélectionner tous les noms de documents dans la liste d'une boîte de dialogue.

Si, lors d'une sélection à la souris, vous avez inclus des cellules dont vous ne voulez pas, avant de relâcher le bouton de la souris, vous pouvez désélectionner les cellules et redimensionner la sélection en déplaçant le pointeur dans la direction opposée. Si vous avez relâché le bouton de la souris, cliquez dans la première cellule de la plage afin de la sélectionner (ce qui désélectionne toutes les autres cellules), puis recommencez la sélection.

Les sélections de cellules non adjacentes

Pour sélectionner des cellules ou des plages non adjacentes, sélectionnez une cellule ou une plage de cellules. Ensuite, touche Ctrl enfoncée, sélectionnez la deuxième cellule ou plage de cellules. Aussi longtemps que la touche Ctrl est enfoncée, Excel ne désélectionne aucune cellule pendant que vous en sélectionnez d'autres.

La touche Ctrl fonctionne avec la souris en tant que *touche d'addition* d'objets (reportez-vous à la section "Les sélections de cellules non adjacentes au clavier", plus loin dans ce chapitre). La touche Ctrl permet d'ajouter des cellules à une sélection ou de sélectionner des noms épars dans la liste d'une boîte de dialogue, sans risque de désélection intempestive.

Les sélections de grande envergure

Vous pouvez sélectionner toutes les cellules d'une ligne ou d'une colonne, voire toutes les cellules d'une feuille de calcul, en appliquant les techniques suivantes :

- Pour sélectionner toutes les cellules d'une colonne, cliquez dans la lettre qui l'identifie, en haut de la feuille de calcul.
- Pour sélectionner toutes les lignes d'une colonne, cliquez dans son numéro, à gauche de la feuille de calcul.
- Pour sélectionner plusieurs lignes ou colonnes à la fois, tirez dans les en-têtes de lignes ou de colonnes.
- Pour sélectionner des lignes et/ou des colonnes qui ne sont pas contiguës, maintenez la touche Ctrl enfoncée tout en cliquant et/ou en tirant dans les en-têtes des lignes et des colonnes à placer dans la sélection.
- Pour sélectionner l'intégralité des cellules d'une feuille de calcul, appuyez sur Ctrl+A ou cliquez sur le bouton de sélection globale. Il se trouve au point de rencontre des en-têtes de lignes et de colonnes, dans le coin supérieur gauche de la feuille de calcul.

Sélectionner des données d'un tableau avec la sélection automatique

Excel propose une méthode de sélection extrêmement rapide, appelée "sélection automatique", pour sélectionner toutes les cellules d'un tableau d'un seul tenant. Procédez comme suit pour utiliser la sélection automatique :

1. **Cliquez dans la première cellule du tableau afin de la sélectionner.**

   Cette cellule se trouve en haut à gauche du tableau.

2. **Maintenez la touche Maj enfoncée tout en double-cliquant, avec le pointeur en forme de flèche, sur le bord droit ou inférieur de la cellule (voir Figure 3.2).**

   Double-cliquer sur le *bas* de la cellule, touche Maj enfoncée, étend automatiquement la sélection jusqu'à la dernière cellule en bas de la première colonne, comme

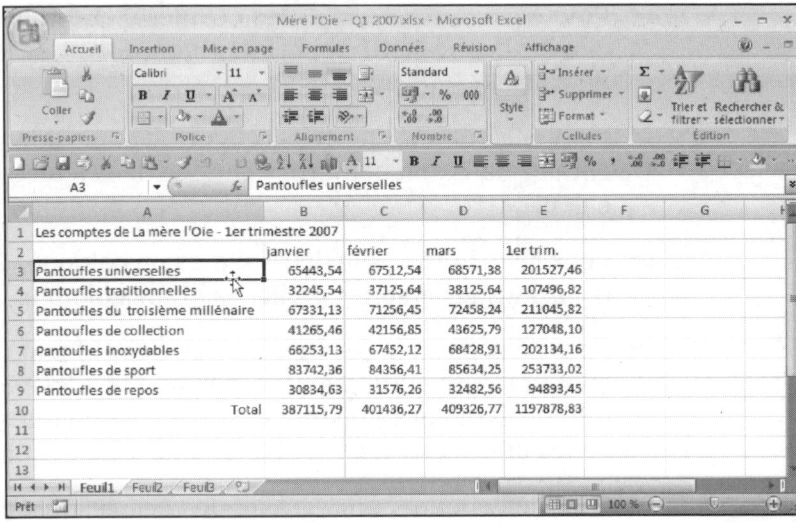

Figure 3.2 : Placez le pointeur de la souris sur le bord droit ou inférieur de la première cellule du tableau.

le montre la Figure 3.3. Si vous aviez double-cliqué sur le bord *droit* de la cellule, la sélection se serait étendue jusqu'à la dernière cellule de la ligne courante.

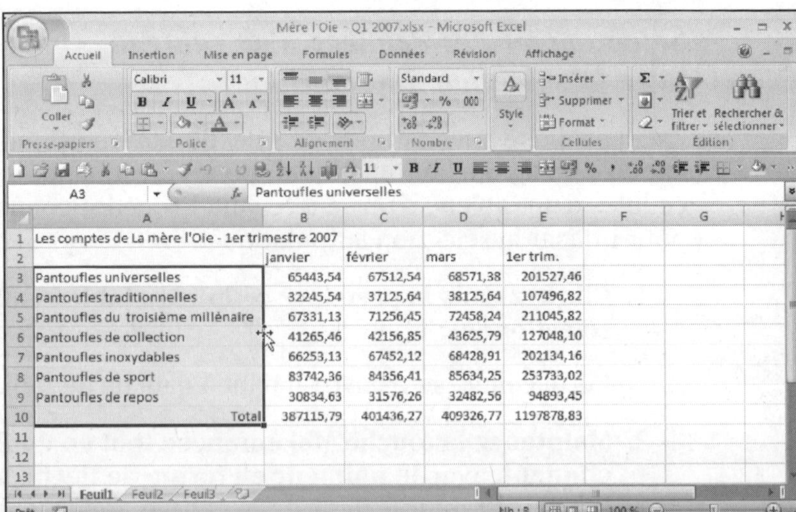

Figure 3.3 : En double-cliquant sur le bord inférieur de la première cellule, touche Maj enfoncée, vous avez étendu la sélection vers le bas.

3a. Si vous avez d'abord sélectionné une colonne, double-cliquez sur le bord droit de la sélection, touche Maj enfoncée (voir Figure 3.3).

Vous sélectionnez ainsi les autres colonnes du tableau, comme l'illustre la Figure 3.4.

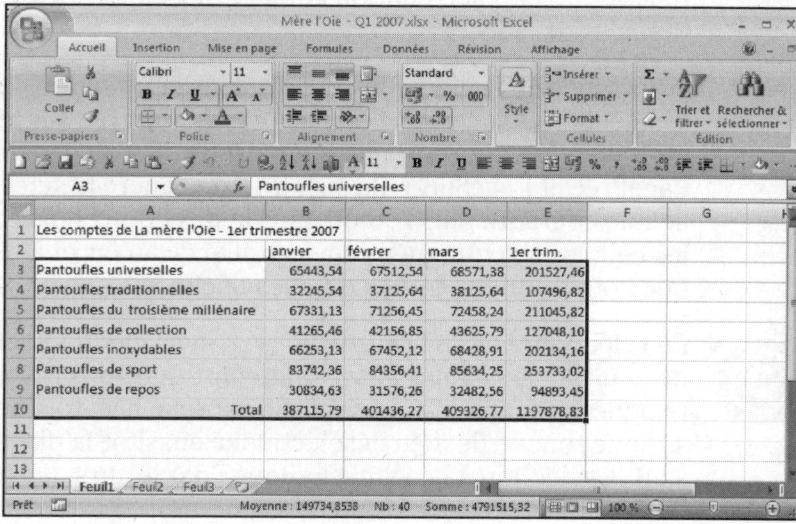

Figure 3.4 : En double-cliquant sur le bord droit de la sélection, touche Maj enfoncée, vous étendez la sélection vers les colonnes de droite du tableau.

3b. Si vous avez d'abord sélectionné une ligne, double-cliquez sur le bord inférieur de la sélection, touche Maj enfoncée.

Vous sélectionnez ainsi toutes les lignes restantes du tableau.

TRUC

Bien que les étapes précédentes laissent à penser que pour utiliser la sélection automatique vous devez d'abord sélectionner la première cellule d'un tableau, vous pouvez en réalité sélectionner la cellule de n'importe quel coin. Ensuite, touche Maj enfoncée, vous étendrez la sélection dans la direction qui vous convient (en cliquant sur le bord approprié) pour sélectionner les lignes et les colonnes.

Les sélections au clavier

Si vous n'aimez pas travailler à la souris, vous pouvez sélectionner des cellules au clavier. A l'instar de la méthode Maj+clic, les techniques de sélection au clavier utilisent les touches fléchées conjointement avec la touche Maj. Les touches de déplacement du curseur de cellule ont été mentionnées dans le Chapitre 1.

Commencez par placer le curseur dans la première cellule de la sélection puis, touche Maj enfoncée, appuyez sur les touches fléchées appropriées (haut, droite, bas ou gauche, ou PagePréc et PageSuiv). Ce faisant, Excel ancre la sélection à la cellule courante puis l'étend dans la direction choisie, mettant les cellules sélectionnées en surbrillance au fur et à mesure que vous appuyez sur les touches fléchées.

TRUC

En sélectionnant de la sorte, vous pouvez modifier l'étendue de la plage de cellules aussi longtemps que vous n'avez pas relâché la touche Maj. Dès qu'elle est relâchée, toute action sur une touche fléchée désélectionne aussitôt la plage, réduisant la sélection à la cellule indiquée par le curseur de cellule.

Etendre une sélection

Si maintenir la touche Maj enfoncée tout en déplaçant le curseur vous semble peu commode, vous pouvez mettre Excel en mode Extension en appuyant brièvement sur la touche de fonction F8 avant d'appuyer sur une touche fléchée. Excel affiche alors l'indicateur `Étendre la sélection` dans la Barre d'état. Quand vous appuyez sur les touches fléchées alors que ce mode est actif, Excel sélectionne les cellules comme si la touche Maj était enfoncée.

Après avoir mis les cellules désirées en surbrillance, appuyez de nouveau sur F8 pour désactiver le mode Extension. L'indicateur `Étendre la sélection` disparaît de la Barre d'état, et vous pouvez de nouveau utiliser les touches fléchées pour déplacer le curseur sans sélectionner des cellules.

La sélection automatique au clavier

L'équivalent au clavier de la sélection automatique avec la souris que nous venons de voir (section "Sélectionner des données d'un tableau avec la sélection automatique", plus haut dans ce chapitre) combine l'utilisation de la touche F8 ou de la touche Maj avec Ctrl+touche fléchée ou Fin+touche fléchée pour faire passer le curseur de cellule d'un bloc à un autre tout en sélectionnant toutes les cellules qui se trouvent sur son chemin.

Procédez comme suit pour sélectionner la totalité d'un tableau de données avec la sélection automatique au clavier :

1. **Placez le curseur de cellule dans la première cellule.**

   Elle se trouve en haut à gauche du tableau.

2. **Appuyez une seule fois sur F8 (ou maintenez la touche Maj appuyée) puis sur les touches Ctrl+Flèche droite (ou Fin+Flèche droite) pour étendre la sélection aux colonnes de droite.**

3. **Ensuite, appuyez sur Ctrl+Flèche bas (ou Fin+Flèche bas) pour étendre la sélection aux lignes d'en bas.**

Les sélections de cellules non adjacentes au clavier

La sélection de plusieurs plages est un peu plus compliquée au clavier qu'avec la souris, car vous devez passer de l'ancrage du curseur de cellule au déplacement du curseur pour sélectionner la plage, puis à la libération du curseur afin de pouvoir le positionner au début d'une autre plage. Pour libérer le curseur de cellule afin de le positionner ailleurs, appuyez sur Maj+F8. Vous passez ainsi en mode Ajouter à la sélection, qui permet de passer à une autre plage sans sélectionner d'autres cellules. Quand ce mode est actif, l'indicateur Ajouter à la sélection est affiché dans la Barre d'état, montrant ainsi que le curseur de cellule est libre.

Appliquez ces étapes générales pour sélectionner plusieurs plages de cellules au clavier :

1. **Placez le curseur dans la première cellule de la première plage à sélectionner.**
2. **Appuyez sur F8 pour enclencher le mode Étendre la sélection.**

   Utilisez les touches fléchées pour sélectionner la première plage de cellules (au lieu d'appuyer sur F8, vous pouvez aussi maintenir enfoncée la touche Maj).
3. **Appuyez sur Maj+F8 pour passer en mode Ajouter à la sélection.**

   L'indicateur Ajouter à la sélection apparaît dans la Barre d'état.
4. **Amenez le curseur de cellule à la première plage non adjacente que vous désirez sélectionner.**
5. **Appuyez de nouveau sur F8 pour revenir au mode Étendre la sélection, puis déplacez le curseur de cellule afin de sélectionner une nouvelle plage.**
6. **Si d'autres plages non adjacentes doivent être définies, répétez les Etapes 3, 4 et 5 jusqu'à ce que vous ayez sélectionné toutes les plages à utiliser.**

La sélection de cellules avec Atteindre

Si vous devez sélectionner une très vaste plage de cellules, qu'il serait long et fastidieux de sélectionner au clavier, utilisez la fonction Atteindre :

1. **Placez le curseur de cellule dans la première cellule de la plage, puis appuyez sur F8 pour ancrer le curseur de cellule et enclencher le mode Étendre la sélection.**
2. **Appuyez sur la touche F5 pour ouvrir la boîte de dialogue Atteindre. Dans le champ Référence de cette boîte de dialogue, entrez l'adresse de la dernière cellule de la plage à sélectionner (celle du coin opposé**

à la première cellule) et cliquez sur OK ou appuyez sur Entrée.

La galerie Mettre sous forme de tableau

Voici maintenant une technique de mise en forme qui ne nécessite aucune sélection préalable de cellules. En fait, l'outil Mettre sous forme de tableau est si automatique qu'il suffit pour l'utiliser que le curseur de cellule se trouve à un endroit quelconque dans le tableau à mettre en forme avant de cliquer sur le bouton Mettre sous forme de tableau dans le groupe Style de l'onglet Accueil du Ruban. Lorsque vous cliquez sur ce bouton, la galerie des styles de tableau apparaît, chaque style s'affichant sous forme de miniature, celles-ci étant réparties en trois sections : Clair, Moyen et Foncé.

Aussitôt que vous cliquez sur la miniature correspondant au style de votre choix, Excel fait apparaître la boîte de dialogue Mettre sous forme de tableau (Figure 3.5), vous proposant la plage de cellules à laquelle il doit appliquer le style concerné (en marquant le périmètre correspondant dans la feuille de calcul).

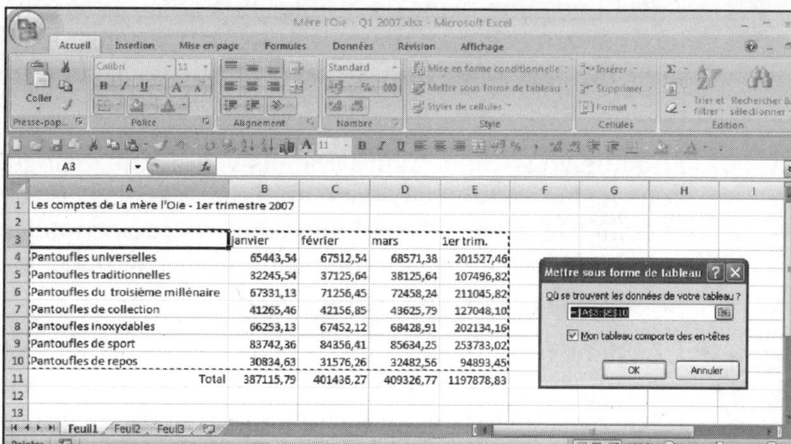

Figure 3.5 : Excel vous propose l'étendue de cellules à laquelle appliquer le style que vous venez de sélectionner dans la galerie des styles de tableau.

Cette boîte de dialogue contient un champ intitulé "Où se trouvent des données de votre tableau ?" dans laquelle apparaît la plage que vous propose Excel, automatiquement identifiée par lui (et marquée par un contour clignotant dans la feuille de calcul) à partir de la cellule que vous aviez initialement sélectionnée. Elle contient également une case Mon tableau comporte des en-têtes, que vous pouvez cocher pour indiquer à Excel que la première ligne de la plage spécifiée est une ligne d'en-têtes, qui sera donc mise en forme comme telle selon le style sélectionné.

Si Excel n'a pas identifié correctement la plage de cellules à mettre en forme, il vous suffit de la sélectionner directement dans la feuille de calcul en faisant glisser dessus le pointeur de la souris. La plage correspondante est automatiquement mise à jour dans la boîte de dialogue Mettre sous forme de tableau (qui est par la même occasion devenue Créer un tableau). N'oubliez pas de cocher (ou d'ôter la coche de) la case Mon tableau comporte des en-têtes si la première ligne de la plage sélectionnée est une ligne d'en-têtes que vous voulez mettre en forme comme telle (ce qui comporte un bouton de tri et de filtrage pour chaque en-tête de colonne).

N'OUBLIEZ PAS

La galerie des styles de tableau est inactive si vous avez sélectionné une plage de cellules non adjacentes (elle apparaît lorsque vous cliquez sur le bouton Mettre sous forme de tableau, mais il ne se passe rien lorsque vous cliquez sur une miniature).

Lorsque vous cliquez sur OK dans la boîte de dialogue Mettre sous forme de tableau, Excel applique à la plage de cellules spécifiée la mise en forme que vous avez sélectionnée dans la galerie, et les Outils de tableau apparaissent dans un onglet Création, à l'extrémité du Ruban (Figure 3.6).

TRUC

L'onglet Création vous offre une palette de Styles rapides de tableau, qui vous permet de visualiser instantanément l'effet d'une mise en forme sur votre tableau avant même de la lui appliquer. Cliquez sur le bouton Styles rapides (à l'extrémité droite de l'onglet Création), et déplacez simplement le pointeur de la souris sur les miniatures de la palette qui apparaît.

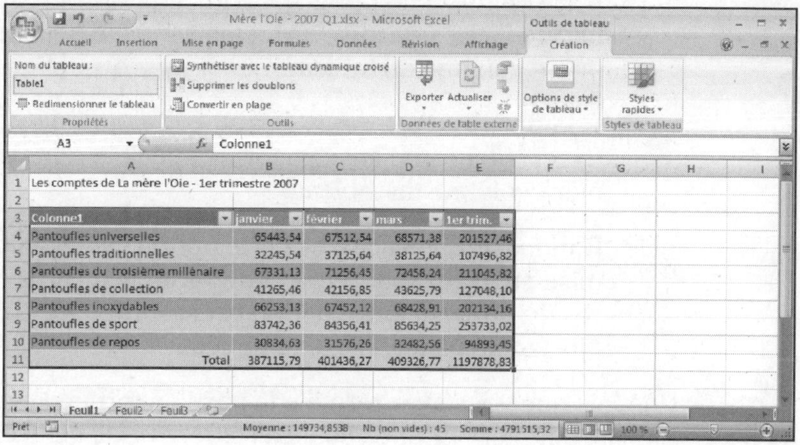

Figure 3.6 : Lorsque vous confirmez la plage de cellules à laquelle appliquer le style de tableau sélectionné dans la galerie, l'onglet Création des Outils de tableau apparaît.

Le tableau prend instantanément la mise en forme de la miniature sur laquelle se trouve le pointeur. Si nécessaire, faites défiler la feuille de calcul de manière que la palette ne masque pas votre tableau.

En plus de vous permettre de sélectionner facilement une nouvelle mise en forme pour votre tableau, l'onglet Création contient un groupe Options de styles de table, vous proposant un certain nombre de cases à cocher pour personnaliser encore plus la mise en forme que vous avez choisie :

- **Ligne d'en-têtes :** Pour activer et désactiver la mise en forme de la ligne d'en-têtes du tableau, comportant notamment pour chaque en-tête un bouton donnant accès à un menu de tri et de filtrage.
- **Ligne des totaux :** Quand cette option est activée, Excel ajoute au bas du tableau une ligne supplémentaire faisant le total de chaque colonne. Lorsque vous cliquez sur une cellule de cette ligne des totaux, un bouton apparaît à droite de celle-ci, vous donnant accès à un menu dans lequel vous pouvez choisir une autre fonction que la somme (Moyenne, Max, Min, Écartype…) à appliquer aux valeurs de la colonne correspondante.

- **À la première colonne :** Quand cette option est activée, Excel affiche une mise en forme spéciale pour la première colonne du tableau.

- **À la dernière colonne :** Quand cette option est activée, Excel affiche une mise en forme spéciale pour la dernière colonne du tableau.

- **Bandes de lignes :** Avec cette option, Excel affiche une mise en forme différente pour les lignes paires et impaires du tableau. Cette option est sélectionnée par défaut. Elle facilite la lecture d'un tableau.

TRUC

Une fois que vous avez terminé la mise en forme de votre tableau, cliquez sur une cellule à l'extérieur de celui-ci pour faire disparaître l'onglet Création (les Outils de tableau) du Ruban. Si vous avez besoin par la suite de revenir à la mise en forme de votre tableau, cliquez à nouveau sur une cellule quelconque de celui-ci pour faire réapparaître l'onglet Création dans le Ruban.

Mettre en forme des cellules avec l'onglet Accueil

Certains tableaux nécessitent une mise en forme plus légère que celles proposées par la galerie des styles de tableau. Vous pouvez par exemple vouloir simplement mettre en gras les en-têtes de colonnes et souligner la ligne des totaux en bas du tableau (en appliquant simplement une bordure inférieure à cette ligne).

Les boutons de mise en forme qui apparaissent dans les groupes Police, Alignement et Nombre de l'onglet Accueil vous permettent de réaliser de telles mises en forme. La Figure 3.7 montre l'onglet Accueil avec tous ces boutons de mise en forme. Le Tableau 3.1 décrit l'utilisation de chacun d'eux.

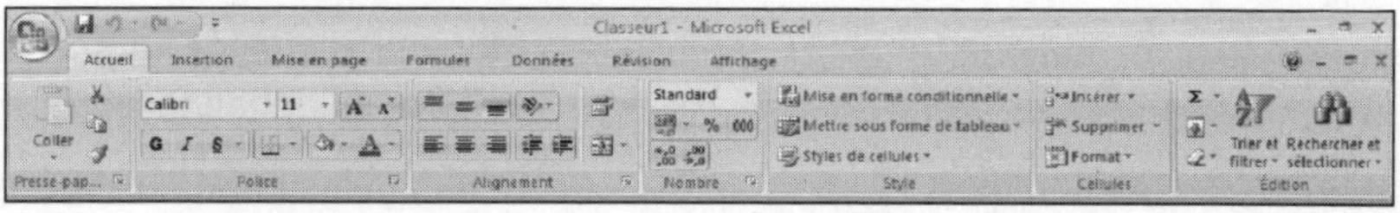

Figure 3.7 : Les groupes Police, Alignement et Nombre de l'onglet Accueil contiennent presque tous les outils de mise en forme dont vous pourrez avoir besoin.

Tableau 3.1 : Les boutons de commande de mise en forme dans les groupes Police, Alignement et Nombre de l'onglet Accueil.

Groupe	Bouton	Fonction
Police		
	Police	Affiche un menu déroulant permettant de sélectionner une nouvelle police pour la cellule sélectionnée.
	Taille de police	Affiche une liste déroulante de tailles de police parmi lesquelles vous pouvez choisir celle que vous voulez appliquer aux cellules sélectionnées. Vous pouvez aussi entrer manuellement la taille voulue dans ce champ.
	Augmenter la taille de police	Applique à toute la sélection (de caractères ou de cellules) la plus petite taille de la police de la sélection augmentée d'un point.
	Réduire la taille de police	Applique à toute la sélection (de caractères ou de cellules) la plus petite taille de la police de la sélection diminuée d'un point.

Groupe	Bouton	Fonction
	Gras	Met en gras les caractères ou les cellules sélectionnées.
	Italique	Met en italique les caractères ou les cellules sélectionnées.
	Souligner	Souligne les caractères ou les cellules sélectionnées.
	Bordures	Affiche le menu Bordures, qui vous donne le choix entre toutes les possibilités de bordures.
	Couleur de remplissage	Affiche une palette dans laquelle vous pouvez sélectionner une couleur de remplissage pour les cellules sélectionnées.
	Couleur de police	Affiche une palette dans laquelle vous pouvez sélectionner une couleur de police pour la sélection (de caractères ou de cellules).
Alignement		
	Aligner à gauche	Aligne sur le bord gauche de la cellule le contenu de toutes les cellules sélectionnées.
	Centrer	Centre horizontalement dans la cellule le contenu de toutes les cellules sélectionnées.
	Aligner à droite	Aligne sur le bord droit de la cellule le contenu de toutes les cellules sélectionnées.
	Augmenter le retrait	Augmente d'une tabulation pour toutes les cellules sélectionnées l'espace entre le bord gauche de la cellule et son contenu.
	Diminuer le retrait	Réduit d'une tabulation pour toutes les cellules sélectionnées l'espace entre le bord gauche de la cellule et son contenu.

Groupe	Bouton	Fonction
	Aligner en haut	Aligne sur le bord supérieur de la cellule le contenu de toutes les cellules sélectionnées.
	Aligner au centre	Centre verticalement dans la cellule le contenu de toutes les cellules sélectionnées.
	Aligner en bas	Aligne sur le bord inférieur de la cellule le contenu de toutes les cellules sélectionnées.
	Orientation	Affiche un menu permettant de sélectionner différentes orientations angulaires du contenu des cellules sélectionnées.
	Renvoyer à la ligne automatiquement	Renvoie automatiquement à la ligne dans les cellules sélectionnées le texte qui est trop long pour tenir dans la largeur de la colonne, sur autant de lignes que nécessaire.
	Fusionner et centrer	Fusionne les cellules sélectionnées pour en faire une seule cellule, en ne retenant que le contenu de la première cellule de la sélection qui est centrée horizontalement. Ce bouton permet également d'afficher un menu (en cliquant sur le triangle pointant vers le bas qui l'accompagne) vous permettant de choisir entre plusieurs manières de fusionner des cellules, ou d'annuler la fusion pour revenir à la disposition initiale.
Nombre		
	Format de nombre	Affiche le format de nombre appliqué à la cellule active de la sélection. Cliquez sur le triangle pointant vers le bas pour afficher un menu pour sélectionner parmi tous les formats de nombre d'Excel celui que vous voulez appliquer

Groupe	Bouton	Fonction
		aux cellules sélectionnées (vous pouvez aussi afficher la boîte de dialogue Format de cellule en sélectionnant Autres dans ce menu).
	Monétaire	Applique aux cellules sélectionnées le format Monétaire, qui comporte le séparateur de milliers, l'affichage de deux chiffres après la virgule et le symbole de l'euro (€). La boîte de dialogue Format de cellule vous permet de personnaliser ces paramètres.
	Pourcentage	Applique aux cellules sélectionnées le format Pourcentage, qui multiplie par 100 la valeur entrée dans la cellule et y ajouter le symbole %, sans afficher de décimales.
	Séparateur de milliers	Affiche le contenu des cellules sélectionnées en utilisant le séparateur de milliers.
	Ajouter une décimale	Affiche le contenu des cellules sélectionnées avec un chiffre de plus après la virgule.
	Réduire les décimales	Affiche le contenu des cellules sélectionnées avec un chiffre de moins après la virgule.

N'OUBLIEZ PAS

À-propos des raccourcis clavier, n'oubliez pas : Ctrl+G active et désactive l'attribut Gras pour la sélection (caractères ou cellules), Ctrl+I fait la même chose pour l'attribut Italique, et Ctrl+U pour l'attribut Souligné.

Mettre en forme des cellules à la source avec la mini-barre d'outils

L'application d'une mise en forme à une sélection de cellule est même encore plus facile dans Excel 2007 grâce à la nouveauté de la mini- barre d'outils (que l'on appelle plus familièrement, mais très sérieusement, la *mini-barre*).

Pour afficher la mini-barre, sélectionnez les cellules à mettre en forme (si vous sélectionnez des caractères dans une cellule, vous aurez une mini-barre plus petite, ne contenant que les outils de mise en forme de caractères), et cliquez du bouton droit dans la sélection. Le menu contextuel apparaît, et juste au-dessus ou au-dessous de celui-ci, la mini-barre, comme le montre la Figure 3.8.

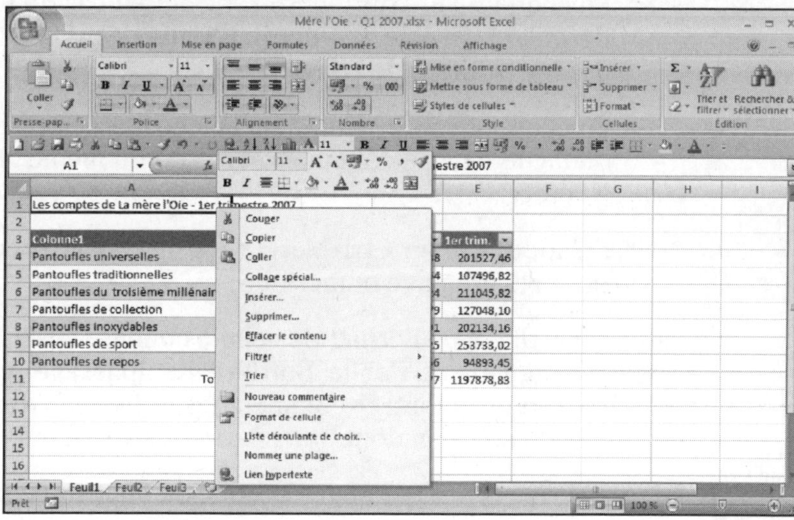

Figure 3.8 : Utilisez les boutons de la mini-barre pour modifier la mise en forme des cellules sélectionnées.

Comme vous le voyez dans cette figure, la mini-barre contient la plupart des boutons du groupe Police de l'onglet Accueil (à l'exception du bouton Souligné). Vous y trouvez aussi le bouton Fusionner et centrer du groupe Alignement (voyez la section "Modifier l'alignement", plus loin dans ce chapitre), et les boutons Monétaire, Pourcentage, Séparateur de milliers, Ajouter une décimale et Réduire les décimales du groupe

Nombre (voyez la section "Connaître les formats de nombre", plus loin dans ce chapitre). Cliquez simplement sur ces boutons pour appliquer les mises en forme correspondantes aux cellules sélectionnées.

La mini-barre contient également le bouton Reproduire la mise en forme du groupe Presse-papiers de l'onglet Accueil, ce qui vous permet de copier facilement la mise en forme de la cellule active pour l'appliquer à d'autres cellules.

La boîte de dialogue Format de cellule

Pour accéder à toutes les commandes de mise en forme dont dispose Excel, vous devez ouvrir la boîte de dialogue Format de cellule, de l'une des trois manières suivantes :

- En cliquant sur l'option Autres, tout en bas du menu déroulant associé au bouton Format de nombre du groupe Nombre de l'onglet Accueil.
- En cliquant sur le bouton de lancement de boîte de dialogue dans le coin inférieur droit du même groupe Nombre.
- En appuyant sur Ctrl+Maj+1 (le 1 du clavier principal, pas celui du pavé numérique).

La boîte de dialogue Format de cellule contient six onglets : Nombre, Alignement, Police, Bordure, Remplissage et Protection. Je vais vous montrer comment les utiliser, à l'exception de l'onglet Protection dont nous parlerons au Chapitre 6.

TRUC

Le raccourci clavier qui ouvre la boîte de dialogue Format de cellule, Ctrl+Maj+1 (le 1 du clavier principal, pas celui du pavé numérique), est bien utile à connaître.

Connaître les formats de nombre

Ainsi que nous l'avons expliqué dans le Chapitre 2, la saisie des valeurs dans la feuille de calcul définit le type de la mise en forme. Voici quelques exemples :

- Lorsque vous saisissez au clavier un chiffre suivi d'un symbole monétaire reconnu par Windows (par défaut : l'euro et le dollar), Excel applique le format Monétaire.
- Si vous entrez une valeur représentant un pourcentage sous la forme d'un entier suivi du signe %, Excel applique automatiquement le format Pourcentage.
- Si vous entrez une date (les dates sont aussi des valeurs) en respectant l'un des formats intégrés, comme 11/06/02 ou 11-juin-02, le logiciel affecte un format de nombre Date et lui attribue une valeur interne spéciale qui est la représentation de cette date.

Bien qu'il soit possible de mettre les valeurs en forme de cette manière au cours de la saisie, ce qui est nécessaire pour les dates, vous n'êtes pas obligé de procéder de la sorte. Vous pouvez à tout moment affecter un format de nombre à un groupe de valeurs avant ou après les avoir entrées. A vrai dire, formater les nombres après les avoir saisis est souvent le moyen le plus efficace, car la procédure s'effectue en deux étapes seulement :

1. **Sélection des valeurs nécessitant une mise en forme.**
2. **Sélection du format de nombre à appliquer, soit en utilisant les boutons de mise en forme de l'onglet Accueil, soit en utilisant l'onglet Nombre de la boîte de dialogue Format de cellule.**

TRUC

Même si vous êtes vraiment très doué pour la frappe et préférez entrer directement les valeurs sous leur forme définitive, vous devrez néanmoins recourir aux formats de nombre pour faire en sorte que les valeurs calculées par les formules correspondent à d'autres valeurs que vous aurez entrées, et ce parce que Excel applique un format de nombre Standard – celui que la boîte de dialogue Format de cellule définit comme "n'ayant pas de format de nombre spécifique" – à toutes les cellules qu'il calcule ainsi qu'à toutes les entrées qui ne correspondent pas à l'un de ses formats de nombre. Le plus gros problème du format de nombre Standard est qu'il a la désagréable habitude de supprimer tous les zéros qui précèdent un nombre, et aussi ceux qui suivent les décimales, d'où l'impossibilité de les aligner parfaitement dans les colonnes, selon la virgule décimale.

Ce triste comportement est visible Figure 3.9, qui représente un tableau de résultats commerciaux sans qu'aucune valeur n'ait été mise en forme. Remarquez comme les chiffres se calent maladroitement contre le bord droit selon le nombre de décimales, sans aucun alignement sur la virgule décimale. Cette mauvaise présentation est causée par le format de nombre Standard d'Excel. Le seul moyen d'y remédier est de choisir un format de nombre plus rationnel.

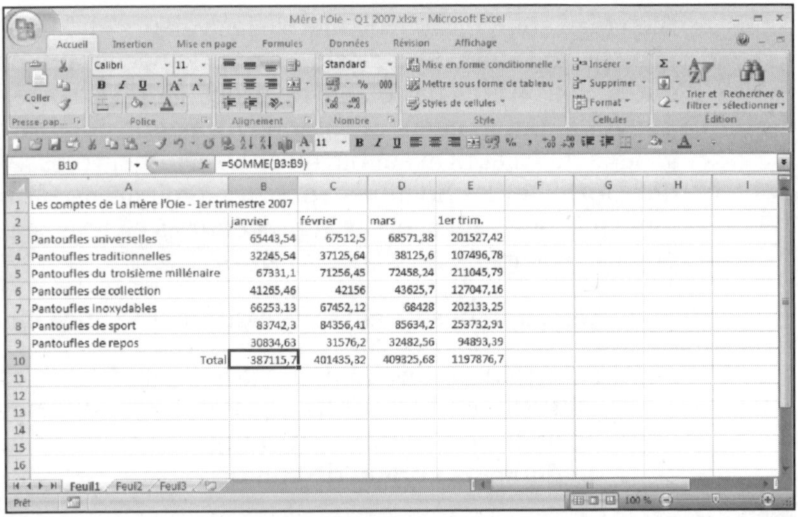

Figure 3.9 : Les nombres comportant des décimales ne s'alignent pas correctement lorsque le format de nombre Standard est utilisé.

Appliquer un style Monétaire

Du fait de la nature financière de la plupart des feuilles de calcul, vous serez sans doute amené à utiliser le format Monétaire plus souvent qu'un autre. C'est une mise en forme très facile à appliquer, puisqu'il vous suffit pour cela de cliquer sur le bouton Monétaire dans l'onglet Accueil du Ruban.

N'OUBLIEZ PAS

N'oubliez pas que le format Monétaire ajoute le symbole de l'euro (€), affiche la valeur avec deux décimales et utilise le séparateur de milliers. De plus, si vous saisissez une valeur entre parenthèses, elle sera considérée comme négative et affichée avec un signe moins (–).

Comme le montre la Figure 3.10, seules les cellules qui ont été sélectionnées (plages E3:E10 et B10:D10) ont reçu le format Monétaire. Il a été appliqué en cliquant sur le bouton Monétaire du groupe Nombre de l'onglet Accueil (son icône montre un billet de banque et des pièces).

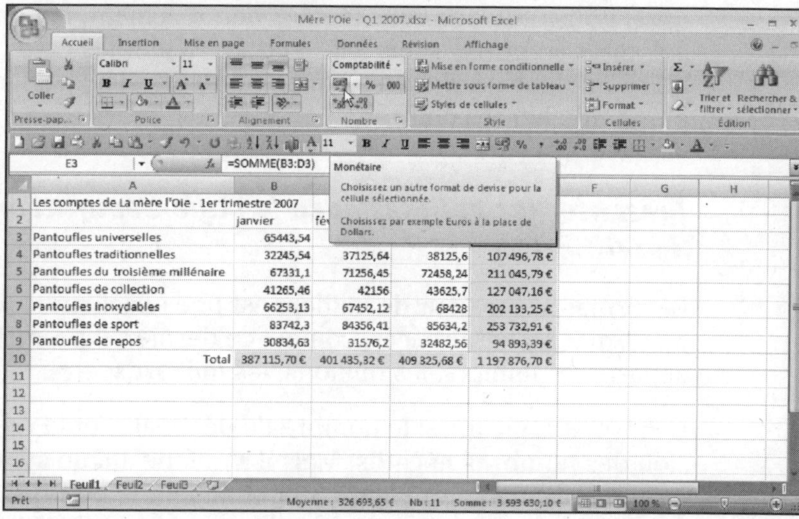

Figure 3.10 : Les totaux ont été mis dans le format Monétaire en cliquant sur le bouton Monétaire de l'onglet Accueil.

TRUC

Bien qu'il soit possible de mettre toutes les valeurs du tableau en format Monétaire, il en résulterait une surabondance de signes euro. Je ne l'ai donc fait apparaître que dans les totaux mensuels et trimestriels.

Excel

Halte aux formats encombrants !

En appliquant le format Monétaire aux cellules des plages E3:E:10 et B10:D10 dans la Figure 3.10, Excel ne s'est pas contenté de mettre en forme les valeurs comme nous venons de le décrire ; il a aussi élargi automatiquement les colonnes B, C, D et E juste assez pour y faire tenir les valeurs nouvellement mises en forme. Dans les versions d'Excel antérieures à la version 2003, vous deviez le faire vous-même, car au lieu d'obtenir des chiffres parfaitement alignés, vous vous seriez retrouvé avec des colonnes de cellules contenant chacune des signes #######. Ces successions de dièses sont des indicateurs de dépassement qui indiquent qu'Excel ne peut afficher l'intégralité d'un nombre dans une colonne aussi étroite.

Fort heureusement, Excel élimine les indicateurs de dépassement en élargissant automatiquement la ou les colonnes. Le seul moment où vous serez de nouveau confronté à ces dièses est si vous réduisez vous-même, manuellement, la largeur des colonnes (reportez-vous à la section "Régler les colonnes", plus loin dans ce chapitre) au point qu'Excel ne parvienne plus à afficher les chiffres.

Présenter les cellules avec le style Séparateur de milliers

Le format Séparateur de milliers est une excellente alternative au format Monétaire, car, comme ce dernier, il permet de séparer les milliers, les millions, les milliards, etc.

Ce format règle aussi le nombre de décimales et la représentation des nombres négatifs. Mais il n'affiche aucun symbole monétaire. Observez Figure 3.11 comment le bouton d'activation du format Séparateur de milliers, présent dans l'onglet Accueil du Ruban, a affiché les nombres sélectionnés.

Le format Séparateur de milliers convient très bien pour des résultats commerciaux comme ceux de la Figure 3.11. C'est ce format que j'ai appliqué aux cellules contenant les ventes mensuelles. Pour cela, j'ai sélectionné les cellules de la plage B3:D9, et j'ai cliqué sur le bouton Séparateur de milliers (000) dans le groupe Nombre de l'onglet Accueil.

Remarquez Figure 3.11 comment le format Séparateur de milliers gère les décimales ; les chiffres sont désormais parfaitement alignés sur leur virgule décimale, et surtout par rapport à la virgule qui se trouve dans les totaux mis en forme avec le format Monétaire. Ils ont même été légèrement décalés vers la gauche pour parfaire l'alignement.

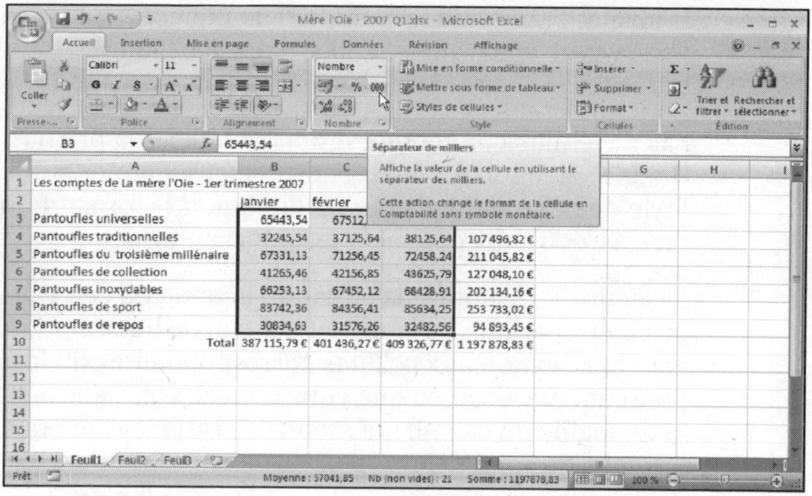

Figure 3.11 : Les chiffres des ventes viennent d'être mis en forme avec le bouton Séparateur de milliers.

Le format Pourcentage

De nombreuses feuilles de calcul contiennent des pourcentages (taux d'intérêt, de croissance, d'inflation, etc.). Pour entrer un pourcentage dans une cellule, commencez par cliquer dessus pour la sélectionner, cliquez sur le bouton Style de pourcentage dans le groupe Nombre de l'onglet Accueil, entrez directement le pourcentage voulu s'il est supérieur à 1 (par exemple, entrez **12** pour 12 %), et appuyez sur Entrée. Si vous avez entré par exemple **12** ou **54**, vous voyez apparaître 12 % ou 54 % dans la cellule. Pour entrer un pourcentage inférieur à 1 %, vous devez entrer la valeur numérique correspondante (par exemple, .005 pour 0,5 %). Dans ce cas, vous verrez apparaître 1 % dans la cellule, car le format Pourcentage n'affiche que les valeurs entières. Ce qui n'empêche pas, naturellement, que vous voyez apparaître dans la Barre de formule la valeur exacte que vous avez entrée, sous forme de pourcentage (dans l'exemple précédent, 0,5 %).

En revanche, si vous appliquez le format Pourcentage à une cellule après y avoir entré une valeur, celle-ci est multipliée par 100 pour être convertie en pourcentage (si vous appliquez le format Pourcentage à une cellule qui contient la valeur 12, vous voyez apparaître 1 200 % dans la cellule).

Pour entrer une série de pourcentages dans une feuille de calcul, le plus commode est donc d'utiliser la première méthode : sélectionner la plage de cellules, cliquer sur le bouton Style de pourcentage pour lui appliquer le format Pourcentage, et entrer directement les pourcentages.

La Figure 3.12 montre la situation inverse ou des valeurs calculées par une formule ont été converties en pourcentages par l'application aux cellules correspondantes du format pourcentage. C'est ce que vous pouvez voir dans la ligne 12 de cette feuille de calcul, qui montre le ratio, calculé par une formule, du total des ventes par mois par rapport au total des ventes du trimestre (cellule E10). Dans la Figure 3.12, ces valeurs ont été converties en pourcentage par application aux cellules correspondantes du format Pourcentage, après y avoir entré les formules.

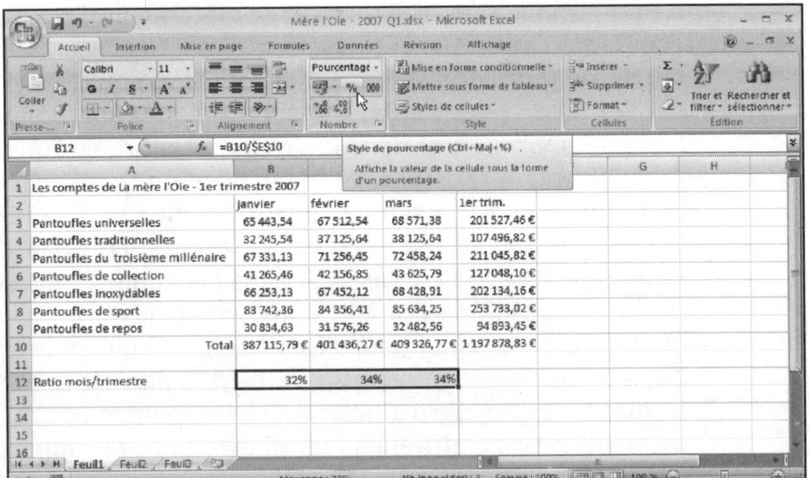

Figure 3.12 : Les pourcentages ont été mis en forme avec le format Pourcentage.

Définir les décimales

Il est possible d'augmenter et de réduire le nombre des décimales d'un nombre ayant reçu un format Monétaire, Séparateur de milliers ou Pourcentage en cliquant tout simplement sur les boutons Ajouter une décimale et Réduire les décimales. Ces deux commandes se trouvent dans le groupe Nombre de l'onglet Accueil.

Chaque fois que vous cliquez sur le bouton Ajouter une décimale (celui avec une flèche pointée vers la gauche), Excel place une autre décimale après la virgule. Dans la Figure 3.13, deux décimales ont été ainsi ajoutées aux pourcentages de la plage B12:D12. Remarquez que le bouton Pourcentage ne définit jamais de décimales ; vous les obtenez avec le bouton Ajouter une décimale.

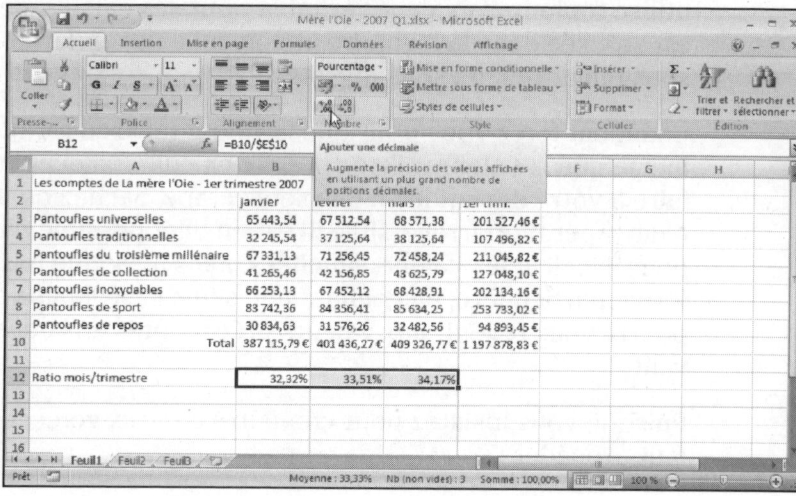

Figure 3.13 : Deux décimales ont été ajoutées aux pourcentages des ventes.

Les valeurs qui se cachent sous une mise en forme

Ne vous laissez pas induire en erreur par les formats qui enjolivent la présentation des cellules d'une feuille de calcul. Comme le ferait tout bon illusionniste, un format peut changer l'apparence d'une valeur comme par magie, mais en réalité le chiffre brut que vous avez entré reste immuable. Supposons qu'une formule retourne la valeur suivante :

```
25,6456
```

Supposons maintenant que vous mettiez en forme la cellule qui contient ce chiffre avec l'outil Monétaire. La valeur est affichée sous la forme :

```
25,65 €
```

Ce changement peut vous inciter à penser qu'Excel a arrondi la deuxième décimale à la valeur supérieure. En réalité, le logiciel n'a arrondi que l'*affichage* de la valeur ; la cellule contient toujours la valeur 25,6456. Si vous utilisez le contenu de cette cellule dans une formule, rappelez-vous qu'Excel utilise toujours la valeur véritable pour ses calculs, celle qui est stockée dans la mémoire et non celle qui apparaît à l'écran sous une forme ou sous une autre.

Comment ferez-vous pour que la valeur mise en forme soit la même que la valeur utilisée pour le calcul ? Excel peut satisfaire à votre demande en une seule étape. Sachez qu'il s'agit d'une opération irréversible. Il est en effet possible d'utiliser pour le calcul les valeurs affichées, mais avec une mise en forme particulière, en cochant une seule case. Mais vous ne pourrez pas revenir aux valeurs précédentes en la désactivant.

Puisque vous insistez pour connaître ce truc, voici comment il faut procéder :

1. **Assurez-vous que toutes les cellules de la feuille de calcul ont été mises en forme avec le nombre de décimales que vous désirez.**

   Cette étape doit être accomplie avant de convertir l'affichage de la précision des valeurs dans la feuille de calcul.

2. **Cliquez sur Bouton Office/Options Excel/Options avancées pour ouvrir la boîte de dialogue Options Excel avec l'onglet Options avancées au premier plan.**

3. **Dans la section Lors du calcul de ce classeur, cochez la case Définir le calcul avec la précision au format affiché**

   Excel affiche une boîte d'alerte vous disant La précision pour ces données sera définitivement perdue.

4. **Cliquez sur OK ou appuyez sur Entrée pour confirmer.**

TRUC

Après avoir converti toutes les valeurs d'une feuille de calcul grâce à la commande Calcul avec la précision au format affiché, comme nous venons de le décrire ci-dessus, je vous recommande d'ouvrir la boîte de dialogue Enregistrer sous (Bouton Office/Enregistrer sous) et de modifier, dans la zone de texte Nom de la boîte de dialogue, le nom du fichier courant (en lui ajoutant par exemple les mots **au format affiché**) avant de cliquer sur le bouton Enregistrer ou d'appuyer sur la touche Entrée. Vous conserverez ainsi une copie de sauvegarde du classeur avec les valeurs entrées et calculées par Excel, mais sans l'affichage de la précision.

Dates et heures dans des calculs

Dans le Chapitre 2, j'ai indiqué qu'il était très simple de créer des formules qui calculent le temps écoulé entre deux dates ou deux heures. Le hic est qu'Excel affiche automatiquement le résultat du calcul au format date ou heure. Par exemple, si vous entrez 15-8-04 dans la cellule B4, 15/4/04 dans la cellule C4 et, dans la cellule E4, la formule suivante permettant de trouver le nombre de jours écoulés entre les deux dates :

```
=B4-C4
```

Excel renvoie le résultat de 122 déguisé en 01/05/1900 dans la cellule E4. Pour remettre en forme ce résultat, vous devez affecter le format Nombre à la cellule E4 (ouvrez le menu du bouton Format de nombre dans le groupe Nombre de l'onglet Accueil, et sélectionnez Nombre). La valeur 122 remplace alors 01/05/1900, indiquant que 122 jours se sont écoulés entre les deux dates.

Il en va de même avec les formules calculant le temps écoulé entre deux heures. Vous devez modifier le format de la cellule abritant le résultat. Prenons un exemple : vous saisissez 8:00 AM dans la cellule C8, 4:00 PM dans la cellule D8 et, dans la cellule E8, la formule suivante permettant de calculer le nombre d'heures écoulées entre ces deux instants :

```
=D8-C8
```

Il vous faut là aussi transformer au format Standard le résultat de la cellule E8, qui apparaît automatiquement sous la forme 8:00 AM. Une fois converti, le résultat est de 0,333333333 à la place de 8:00 AM, soit sa fraction sur une période de 24 heures. Pour obtenir le nombre d'heures correspondant, il suffit de multiplier 0,333333333 par 24, ce qui donne 8.

Un coup d'œil sur les différents formats de nombre

Excel supporte bien d'autres formats que Monétaire, Séparateur de milliers et Pourcentage. Pour les utiliser, sélectionnez la cellule ou la plage à mettre en forme, puis cliquez dedans avec le bouton droit de la souris. Dans le menu contextuel qui apparaît, sélectionnez l'option Format de cellule (ou appuyez sur Ctrl+Maj+1 [le 1 du clavier principal]). Dans les deux cas, la boîte de dialogue Format de cellule apparaît.

Dans la boîte de dialogue Format de cellule, cliquez sur l'onglet Nombre puis sélectionnez le format désiré dans la liste Catégorie. Certains, comme Date, Heure, Fraction et Spécial, proposent un choix encore plus étendu de formats. D'autres, comme Nombre et Monétaire, possèdent leur propre boîte permettant de paramétrer la mise en forme. Chaque fois que vous sélectionnez un format, Excel affiche dans la zone Exemple la présentation de la première cellule de la plage sélectionnée. Si cet aperçu vous convient, cliquez sur OK ou appuyez sur Entrée pour appliquer la mise en forme choisie aux cellules sélectionnées.

La catégorie Spécial de la boîte de dialogue Format de cellule, onglet Nombre, contient des mises en forme très particulières. Les formats que voici vous intéresseront certainement :

- **Sécurité sociale.** Divise automatiquement les treize chiffres du numéro INSEE mentionnant le sexe, l'année de naissance, le mois, le lieu ainsi que les deux codes à trois chiffres. Exemple : 1 68 05 75 123 456.
- **Code postal.** Conserve les zéros qui précèdent un nombre (important pour entrer des codes postaux comme 04120 ou 07000).
- **Numéro de téléphone.** Sépare les dix chiffres des numéros de téléphone français deux par deux, en plaçant un espace entre chaque groupe (exemple : 01 40 21 46 20). D'autres options mettent en forme les numéros de téléphone belges, canadiens, luxembourgeois, marocains et suisses.

Ces mises en forme spéciales sont extrêmement commodes lorsqu'il s'agit de créer des bases de données avec Excel, qui exigent souvent la saisie d'un grand nombre de codes postaux, de numéros de téléphone ou de numéros INSEE (reportez-vous au Chapitre 11 pour apprendre à créer des bases de données).

Régler les colonnes

Si Excel 2007 ne se charge pas lui-même de régler la largeur des colonnes, vous n'aurez aucune difficulté à le faire par vous-même. Le moyen le plus simple de les ajuster consiste à appliquer la largeur la plus appropriée grâce à la commande Ajustement automatique. Elle demande à Excel de réduire ou d'augmenter la largeur des colonnes selon le contenu le plus long qui s'y trouve.

Procédez comme suit pour appliquer un ajustement automatique aux colonnes :

1. **Placez le pointeur de la souris sur la bordure grise de droite de l'en-tête de la colonne, tout en haut de la feuille de calcul.**

   Le pointeur de la souris se transforme en double flèche pointant vers la gauche et vers la droite.

2. **Double-cliquez.**

   Excel ajuste automatiquement la largeur de la colonne selon la donnée la plus longue qui s'y trouve.

L'ajustement automatique peut être appliqué à plusieurs colonnes à la fois. Il suffit de sélectionner toutes les colonnes à régler (si elles sont adjacentes, cliquez et tirez dans leur en-tête ; sinon, touche Ctrl enfoncée, cliquez dans les différents en-têtes). Après avoir sélectionné les colonnes, double-cliquez sur n'importe quelle bordure de droite d'un en-tête.

L'ajustement automatique ne produit pas toujours le résultat escompté : un titre très long qui déborde sur les autres cellules, à droite, est exagérément élargi.

TRUC

Si l'ajustement automatique ne vous convient pas, au lieu de double-cliquer, tirez la bordure de droite de l'en-tête jusqu'à ce que vous ayez obtenu la largeur désirée. Cette méthode manuelle est parfaite pour régler plusieurs colonnes à la fois. La largeur de celle que vous ajustez sera répercutée sur toutes celles qui sont sélectionnées.

Vous pouvez aussi fixer la largeur des colonnes à partir du menu affiché par le bouton Format du groupe Cellules de l'onglet Accueil. La section de ce menu concernant la largeur de colonne contient les trois options suivantes :

- **Largeur :** Fait apparaître la boîte de dialogue Largeur de colonne, dans laquelle vous pouvez spécifier le nombre de caractères à afficher dans la colonne. Cliquez sur OK après avoir entré la valeur voulue.
- **Ajustement automatique :** Ajuste automatiquement la largeur de la colonne ou des colonnes de la sélection pour que le contenu le plus long y tienne en entier.

- **Largeur standard :** Fait apparaître la boîte de dialogue Largeur standard, dans laquelle vous pouvez spécifier la largeur standard des colonnes, en nombre de caractères. Cliquez sur OK après avoir entré la valeur voulue.

Ajuster les lignes

Le réglage de la hauteur des lignes est comparable à celui de la largeur des colonnes, à ce détail près que vous serez moins souvent amené à ajuster des lignes que des colonnes. Excel modifie en effet automatiquement la hauteur de ligne selon les entrées, notamment lors d'un changement de taille de police ou d'un retour à la ligne à l'intérieur d'une cellule. Ces cas seront évoqués dans la section "Modifier l'alignement". La plupart des modifications de hauteur de ligne sont effectuées pour augmenter l'espace réservé au titre d'un tableau sans ajouter des lignes vides (nous y reviendrons dans la section "De haut en bas", plus loin dans ce chapitre).

Pour augmenter la hauteur d'une ligne, tirez le bas de l'en-tête de ligne jusqu'à ce que vous ayez obtenu la hauteur désirée, puis relâchez le bouton de la souris. Pour réduire la hauteur d'une ligne, inversez la manipulation en faisant remonter le bas de l'en-tête. Pour appliquer un ajustement automatique, double-cliquez sur la bordure inférieure de l'en-tête.

Comme pour les colonnes, vous pouvez aussi ajuster la hauteur des lignes sélectionnées en utilisant ce même menu du bouton Format du groupe Cellules de l'onglet Accueil :

- **Hauteur :** Fait apparaître la boîte de dialogue Hauteur de ligne, dans laquelle vous pouvez spécifier la hauteur de ligne (en points). Cliquez sur OK après avoir entré la valeur voulue.
- **Ajustement automatique :** Ajuste automatiquement la hauteur de la ligne ou des lignes de la sélection pour que le contenu le plus long y soit entièrement affiché.

On la voit, on ne la voit plus !

Un détail amusant concernant les lignes et les colonnes : il est possible de les réduire à tel point qu'elles semblent avoir disparu de la feuille de calcul ! Ce comportement est très pratique pour masquer des données. Supposons qu'une feuille de calcul contienne la liste des employés et leur salaire ; vous avez besoin de ces chiffres pour calculer un budget, mais vous ne tenez pas à ce que ces données sensibles apparaissent dans le rapport imprimé. Au lieu de perdre du temps à déplacer la colonne des salaires hors de la zone à imprimer, il suffit de masquer la colonne au moment de l'impression.

Masquer et afficher des colonnes

Bien qu'il soit possible de masquer des lignes et des colonnes manuellement, Excel propose une méthode autrement plus rapide et efficace, par l'option Masquer & afficher du menu du bouton Format du groupe Cellules de l'onglet Accueil. Supposons que vous deviez masquer la colonne B d'une feuille de calcul parce qu'elle contient des informations sensibles ou sans rapport avec le sujet. Pour masquer cette colonne, suivez ces étapes :

1. **Cliquez sur une cellule quelconque de la colonne B pour la sélectionner.**

2. **Cliquez sur le bouton Format du groupe Cellules de l'onglet Accueil pour faire apparaître son menu.**

3. **Dans ce menu, sélectionnez Masquer & afficher/ Masquer les colonnes.**

La colonne *s'évanouit !* Toutes les informations de la colonne B disparaissent de la feuille de calcul. Remarquez notamment la succession des lettres des en-têtes de colonnes : A, C, D, E... Il manque la lettre B.

TRUC

Vous obtiendriez le même résultat en cliquant dans l'en-tête de la colonne avec le bouton droit de la souris et en choisissant, dans le menu contextuel, l'option Masquer.

Supposons maintenant que vous ayez imprimé la feuille de calcul et qu'il vous faut modifier une des entrées de la colonne B. Procédez comme suit pour réafficher la colonne :

1. **Placez le pointeur de la souris sur l'en-tête de la colonne A, puis tirez-le vers la droite pour sélectionner les colonnes A et C.**

   En tirant de A à C, vous incluez la colonne B dans la sélection. Ne cliquez surtout pas sur A *et* C, touche Ctrl enfoncée, car vous omettriez la colonne B.

2. **Cliquez sur le bouton Format du groupe Cellules de l'onglet Accueil pour faire apparaître son menu.**

3. **Dans ce menu, sélectionnez Masquer & afficher/Afficher les colonnes.**

Excel fait réapparaître la colonne B ; les trois colonnes A, B et C sont sélectionnées. Pour les désélectionner, cliquez sur n'importe quelle cellule de la feuille de calcul.

Il est aussi possible de réafficher la colonne B en sélectionnant les colonnes A à C, en cliquant sur l'une d'elles avec le bouton droit de la souris et en choisissant la commande Afficher dans le menu contextuel.

Masquer et afficher des lignes

La procédure est exactement la même pour masquer et afficher des lignes que pour masquer et afficher des colonnes, à la seule différence qu'après avoir sélectionné les lignes voulues, il suffit de sélectionner Masquer & afficher/Masquer les lignes (au lieu de Masquer les colonnes) et Masquer & afficher/Afficher les lignes (au lieu de Afficher des colonnes) dans le menu affiché par le bouton Format de l'onglet Accueil.

N'oubliez pas que vous pouvez aussi cliquer du bouton droit sur la ligne ou les lignes sélectionnées pour sélectionner Masquer ou Afficher dans le menu contextuel qui apparaît.

Du côté de la police

Quand vous ouvrez une nouvelle feuille de calcul, Excel assigne une même police à la même taille à toutes les entrées auxquelles vous procédez. Excel 2007 utilise la nouvelle police Calibri dans la taille 11 points. Bien que cette police convienne parfaitement pour la saisie, vous serez tenté d'en choisir d'autres pour agrémenter les titres et les en-têtes d'un tableau.

Si vous ne tenez pas à conserver la police standard utilisée par Excel, vous pouvez en spécifier une autre dans l'onglet Personnaliser de la boîte de dialogue Options Excel (Bouton Office/Options Excel/Personnaliser). Dans la section Lors de la création de classeurs, sélectionnez la police que vous voulez utiliser par défaut dans la liste déroulante Utiliser cette police. Sélectionnez également si nécessaire la taille que vous voulez utiliser par défaut dans la liste déroulante Taille de la police (vous pouvez aussi l'entrer manuellement dans ce champ).

La plupart des choix concernant la police peuvent être effectués directement depuis le groupe Police de l'onglet Accueil, ce qui évite d'avoir à afficher la boîte de dialogue Format de cellule.

- Pour appliquer une nouvelle police à une cellule ou à une plage, cliquez sur le bouton fléché du champ Police, dans le groupe Police de l'onglet Accueil. Sélectionnez ensuite le nom de la police à utiliser. Remarquez qu'Excel affiche le nom de chaque police avec sa typographie réelle, ce qui facilite le choix.

- Pour modifier la taille de la police, cliquez sur le bouton fléché du champ Taille de police, dans le groupe Police de l'onglet Accueil, et sélectionnez une nouvelle taille dans la liste.

Vous pouvez aussi appliquer du **gras**, de l'*italique*, un <u>soulignement</u> ou ~~barrer~~ des données. Le groupe Police de l'onglet Accueil contient les boutons permettant d'appliquer ou de supprimer les trois premiers styles ; remarquez que ces boutons reçoivent un fond orange (au lieu du bleu habituel) chaque fois que vous sélectionnez une cellule dont le contenu a reçu l'attribut correspondant. Lorsque vous cliquez sur l'un de ces boutons afin de supprimer le style dans la cellule sélectionnée, il reçoit à nouveau le fond bleu qui indique que la cellule sélectionnée n'a plus l'attribut correspondant.

Vous procéderez probablement à la plupart des modifications de police à partir de l'onglet Accueil du Ruban, mais il vous sera parfois plus commode de les faire sous l'onglet Police de la boîte de dialogue Format de cellule.

Comme le montre la Figure 3.14, l'onglet Police de la boîte de dialogue Format de cellule réunit tous les paramètres de police, y compris les styles (gras, italique...), les effets (barré, exposant et indice) et les couleurs. Si vous devez effectuer plusieurs modifications de police dans une sélection, travailler avec cet onglet Police sera beaucoup plus rapide et rationnel. La boîte de dialogue contient d'ailleurs une fenêtre d'aperçu qui montre l'effet – à l'écran du moins – des différents paramètres.

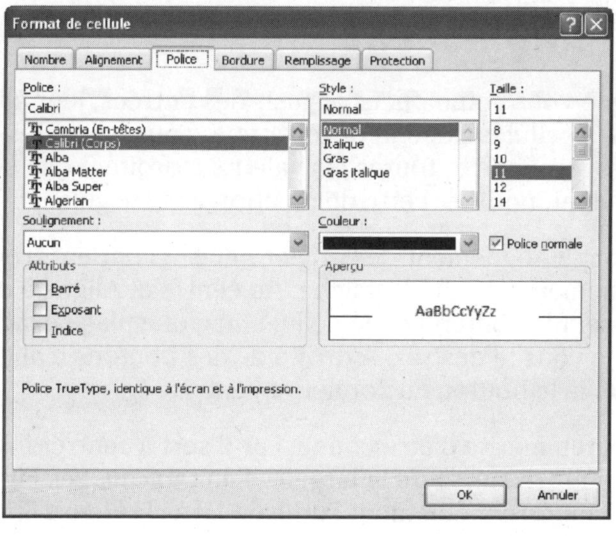

Figure 3.14 : L'onglet Police de la boîte de dialogue Format de cellule permet d'appliquer plusieurs modifications à la fois.

Pour changer la couleur de police dans des cellules sélectionnées, cliquez sur le triangle pointant vers le bas du bouton

Couleur de police dans le groupe Police de l'onglet Accueil, et sélectionnez la couleur que vous voulez appliquer au texte des cellules dans la palette qui apparaît. N'oubliez pas que, selon le principe des Styles rapides, il vous suffit de placer le pointeur sur une couleur dans la palette pour voir le texte des cellules sélectionnées prendre la couleur correspondante. Pour appliquer effectivement la couleur choisie, cliquez dessus.

N'OUBLIEZ PAS

Si vous changez la couleur de la police, mais êtes équipé d'une imprimante en noir et blanc, les couleurs seront rendues en niveaux de gris. Sous l'onglet Police de la boîte de dialogue Format de cellule, dans la liste Couleur, le choix Automatique prélève dans Windows la couleur considérée comme couleur de texte. Cette couleur est le noir, à moins que vous en ayez choisi une autre dans l'onglet Apparence de la boîte de dialogue Propriétés de Affichage de Windows XP ou Vista. (Pour en savoir plus à ce sujet, référez-vous à l'ouvrage *Windows XP pour les Nuls* d'Andy Rathbone, en n'oubliant pas de dire à Andy que c'est Greg qui vous envoie.)

Modifier l'alignement

Lorsque vous commencez à saisir des entrées, leur alignement dans les cellules dépend de leur type. Tous les textes sont alignés à gauche et toutes les valeurs à droite. Vous pouvez cependant modifier cette disposition à votre guise.

Le groupe Alignement de l'onglet Accueil contient trois outils d'alignement : Aligné à gauche, Au centre et Aligné à droite. Ils disposent le contenu de la cellule ou d'une plage exactement comme vous le désirez. A droite de ces boutons d'alignement, se trouve le bouton Fusionner et centrer.

Ce bouton mérite d'être connu, car il sert à centrer instantanément un titre sur toute la largeur d'un tableau. Les Figures 3.15 et 3.16 montrent comment l'utiliser. Dans la Figure 3.15, remarquez que le titre "Les comptes de La mère l'Oie - 1er trimestre

2007" se trouve dans la cellule A1. Comme ce texte est assez long, il déborde sur les cellules à droite (B1 et C1). Pour centrer ce titre dans le tableau, qui s'étend des colonnes A à E, sélectionnez la plage de cellules A1:E1 puis, dans le groupe Alignement de l'onglet Accueil, cliquez sur le bouton Fusionner et centrer.

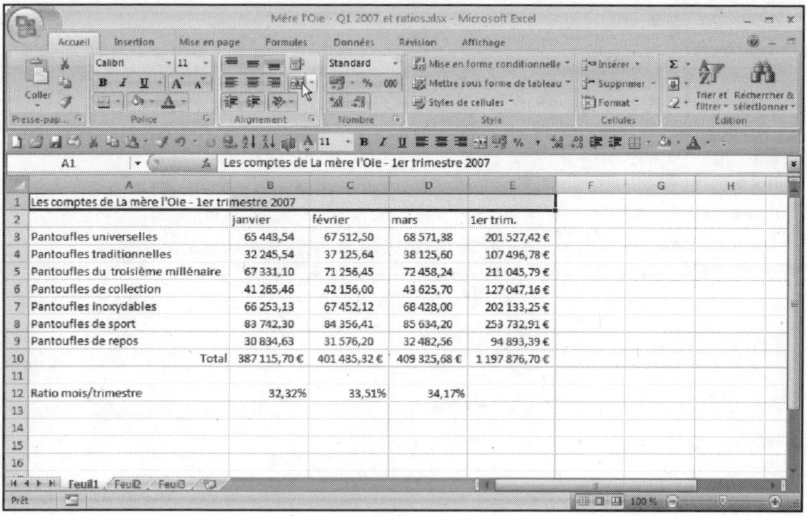

Figure 3.15 : La feuille de calcul avant Fusionner et centrer.

Observez le résultat dans la Figure 3.16 : dans la ligne 1, les cellules des colonnes A à E ont été fusionnées en une seule cellule, et le titre a été parfaitement centré dans cette "supercellule" qui s'étend d'un côté à l'autre du tableau.

La Figure 3.16 vous montre le résultat : les cellules de la première ligne de la colonne A à la colonne E sont maintenant fusionnées en une seule, dans laquelle le titre est centré sur tout le tableau.

Si vous devez de nouveau scinder une cellule fusionnée en cellules distinctes, sélectionnez-la, puis cliquez tout simplement à nouveau sur le bouton Fusionner et centrer dans le groupe Alignement de l'onglet Accueil.

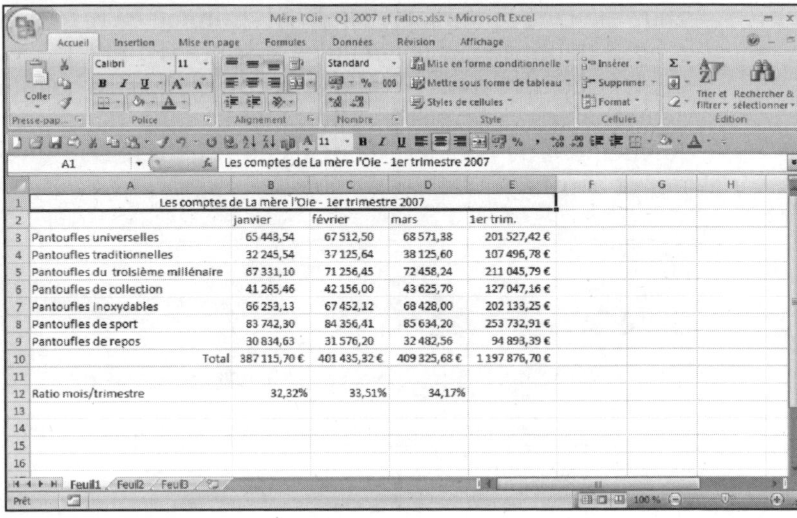

	A	B	C	D	E
1	Les comptes de La mère l'Oie - 1er trimestre 2007				
2		janvier	février	mars	1er trim.
3	Pantoufles universelles	65 443,54	67 512,50	68 571,38	201 527,42 €
4	Pantoufles traditionnelles	32 245,54	37 125,64	38 125,60	107 496,78 €
5	Pantoufles du troisième millénaire	67 331,10	71 256,45	72 458,24	211 045,79 €
6	Pantoufles de collection	41 265,46	42 156,00	43 625,70	127 047,16 €
7	Pantoufles inoxydables	66 253,13	67 452,12	68 428,00	202 133,25 €
8	Pantoufles de sport	83 742,30	84 356,41	85 634,20	253 732,91 €
9	Pantoufles de repos	30 834,63	31 576,20	32 482,56	94 893,39 €
10	Total	387 115,70 €	401 435,32 €	409 325,68 €	1 197 876,70 €
11					
12	Ratio mois/trimestre	32,32%	33,51%	34,17%	

Figure 3.16 : La feuille de calcul après le centrage du titre sur les colonnes A à E.

Chapitre 4

Procéder à des modifications

Dans ce chapitre :

- Ouvrir un classeur en vue de le modifier.
- Annuler vos bourdes.
- Déplacer et copier par glisser-déposer.
- Copier des formules.
- Déplacer et copier par Couper, Copier et Coller.
- Supprimer des entrées dans des cellules.
- Supprimer et insérer des lignes et des colonnes.

Dans ce chapitre, vous découvrirez comment appliquer ces modifications en toute sérénité dans un classeur. La copie et le déplacement des données ainsi que l'insertion et la suppression des lignes et des colonnes sont des tâches faciles à maîtriser. Ce qui est un peu plus ardu à comprendre, c'est l'effet de ces actions sur la feuille de calcul. Mais ne vous en faites pas ! Si un changement compromet votre travail, vous pourrez toujours recourir à la fonction d'annulation pour revenir en arrière et vous retrouver en terrain plus familier.

S'ouvrir aux changements

Avant de commettre l'irréparable – je veux dire d'effectuer des modifications... –, vous devez bien sûr ouvrir Excel. Pour ouvrir un classeur, vous avez le choix entre cliquer sur Bouton

Office/Ouvrir, appuyer sur Alt+FV ou utiliser les raccourcis clavier des versions précédentes d'Excel Ctrl+O ou Ctrl+F12.

La boîte de dialogue Ouvrir d'Excel 2007 sous Windows Vista

Si vous utilisez Excel 2007 sous Windows Vista, une boîte de dialogue Ouvrir, très semblable à celle que montre la Figure 4.1, apparaît. Elle est divisée en deux volets : le volet de navigation à gauche, dans lequel vous pouvez sélectionner un nouveau dossier, et le volet principal à droite, affichant tous les sous-dossiers du dossier sélectionné dans le volet de gauche, ainsi que tous les fichiers qu'il contient pouvant être ouverts par Excel.

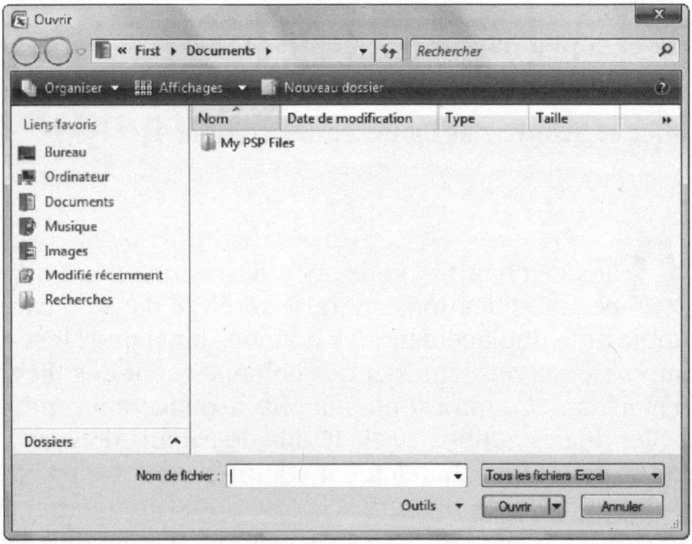

Figure 4.1 : Utiliser la boîte de dialogue Ouvrir pour naviguer jusqu'à un classeur pour l'ouvrir.

Le dossier qui est affiché lorsque la boîte de dialogue Ouvrir apparaît est soit celui qui est spécifié comme Emplacement d'enregistrement par défaut dans l'onglet Enregistrement de la boîte de dialogue Options Excel, soit le dernier que vous avez ouvert dans Excel en utilisant cette boîte de dialogue.

Pour ouvrir un classeur qui se trouve dans un autre dossier, cliquez sur le lien correspondant dans la section Liens favoris du volet de navigation, ou cliquez sur le triangle pointant vers le bas à droite de Dossiers, et cliquez sur le dossier voulu dans la liste qui apparaît.

Si vous ouvrez un nouveau dossier pour lequel aucun fichier n'apparaît dans le volet de droite (alors que vous savez qu'il n'est pas vide), cela signifie simplement qu'il ne contient aucun fichier d'un type qu'Excel est capable d'ouvrir directement (classeurs, modèles et macros). Pour afficher tous les fichiers du dossier, qu'Excel puisse ou non les ouvrir directement (c'est-à-dire sans aucune conversion), cliquez sur le bouton indiquant les types de fichiers affichés, et sélectionnez Tous les fichiers dans la liste déroulante qui apparaît.

Lorsque l'icône du classeur que vous voulez ouvrir apparaît dans la boîte de dialogue Ouvrir, vous pouvez ouvrir ce classeur en cliquant sur son icône puis en cliquant sur le bouton Ouvrir, ou tout simplement en double-cliquant sur son icône.

La boîte de dialogue Ouvrir d'Excel 2007 sous Windows XP

La Figure 4.2 montre la boîte de dialogue Ouvrir d'Excel 2007 sous Windows XP. Elle est divisée en deux sections : un volet contenant des icônes d'emplacement à gauche, et à droite un volet affichant une liste de dossiers et de fichiers.

Si vous ne voyez pas dans la liste le nom du fichier que vous cherchez, vous devez commencer par vous assurer que vous avez affiché le contenu du bon dossier (si vous n'affichez par le bon dossier, vous n'allez pas y trouver votre fichier). Le nom du dossier ouvert est affiché dans le champ Regarder dans, en haut de la boîte de dialogue Ouvrir, comme le montre la Figure 4.2.

Si le dossier ouvert n'est pas celui qui contient le classeur que vous voulez ouvrir, vous devez commencer par naviguer jusqu'au bon dossier. À partir de l'emplacement Poste de

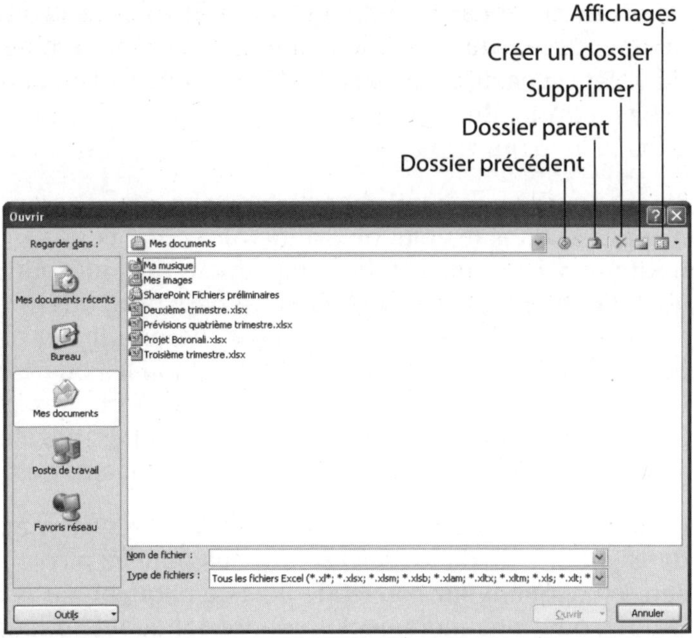

Figure 4.2 : Utiliser la boîte de dialogue Ouvrir pour naviguer jusqu'à un classeur et l'ouvrir.

travail, vous pouvez accéder à tous les dossiers de vos disques durs en double-cliquant simplement successivement sur chacun des dossiers qui constituent le chemin d'accès à celui que vous voulez ouvrir (pour ouvrir un dossier, vous pouvez aussi cliquer dessus et cliquer sur le bouton Ouvrir). Vous pouvez aussi remonter dans l'arborescence des dossiers en cliquant sur le bouton Dossier parent (Figure 4.2) dans la barre d'outils de la boîte de dialogue Ouvrir.

Si le classeur que vous voulez ouvrir se trouve sur un autre disque dur local de votre ordinateur, cliquez sur le bouton Dossier parent jusqu'à ce que vous voyiez apparaître l'icône du lecteur C: dans le volet de droite (vous pouvez aussi cliquer directement sur le bouton Poste de travail dans le volet de gauche de la boîte de dialogue). Vous pouvez alors double-cliquer sur l'icône du disque dur approprié dans cette liste (ou cliquer dessus puis sur le bouton Ouvrir), et continuer à naviguer ainsi jusqu'au dossier dans lequel se trouve votre classeur.

Une fois que vous avez identifié dans le volet de droite de la boîte de dialogue Ouvrir le fichier que vous voulez ouvrir, ouvrez-le en double-cliquant sur son icône (ou en cliquant sur son icône puis sur le bouton Ouvrir).

Les boutons du volet de gauche de la boîte de dialogue Ouvrir, celui des emplacements, vous permettent d'accéder directement à ces emplacements (Mes documents récents, Bureau, Mes documents, Poste de travail et Favoris réseau) en cliquant simplement sur l'icône correspondante :

- **Mes documents récents :** Cliquez sur ce bouton pour accéder aux classeurs enregistrés dans le dossier Mes documents récents (qui se trouve dans le dossier Office, lui-même dans le dossier Microsoft).
- **Bureau :** Cliquez sur ce bouton pour ouvrir les classeurs que vous enregistrez directement sur le Bureau de votre ordinateur.
- **Mes documents :** Cliquez sur ce bouton pour ouvrir les classeurs que vous enregistrez dans le dossier Mes documents.
- **Poste de travail :** Cliquez sur ce bouton pour ouvrir les classeurs que vous enregistrez dans des dossiers d'un disque dur local de votre ordinateur.
- **Favoris réseau :** Cliquez sur ce bouton pour ouvrir les classeurs que vous enregistrez dans des dossiers d'un disque dur accessible par le réseau de votre organisation.

Ouvrir plusieurs classeurs à la fois

Si vous devez modifier des feuilles dans plusieurs classeurs visibles dans la boîte de dialogue Ouvrir, vous pouvez utiliser les commandes de sélection multiple pour les ouvrir tous à la fois, dans l'ordre où ils sont listés.

Rappelez-vous que, pour sélectionner des fichiers qui se suivent dans la liste, vous cliquez sur le premier d'entre eux puis, touche Maj enfoncée, sur le dernier. Pour sélectionner des fichiers épars, maintenez la touche Ctrl enfoncée puis cliquez sur les fichiers à ouvrir.

Après avoir ouvert les classeurs dans Excel, vous passez d'un document à un autre en cliquant sur leurs boutons dans la Barre des tâches Windows ou en appuyant sur Alt+Tab autant de fois que nécessaire pour faire apparaître le document que vous voulez (pour en savoir plus sur l'utilisation de plusieurs classeurs à la fois, reportez-vous au Chapitre 7).

Ouvrir les classeurs récemment modifiés

Excel garde en mémoire la liste des neuf derniers fichiers que vous avez ouverts et les affiche dans la liste Documents récents du menu Office. Si le classeur que vous voulez ouvrir se trouve dans cette liste, il vous suffit de cliquer sur son nom dans la liste pour l'ouvrir ou de taper simplement le numéro qui apparaît devant lui dans le menu Office.

TRUC

Si vous le désirez, vous pouvez configurer Excel pour qu'il affiche plus ou moins de fichiers dans la liste Documents récents du menu Office. Pour cela, suivez ces étapes :

1. **Cliquez sur Bouton Office/Options Excel/Options avancées, pour ouvrir la boîte de dialogue Options Excel avec l'onglet Options avancées au premier plan.**

2. **Dans la section Afficher de cet onglet, entrez la valeur de votre choix dans le champ Nombre de documents dans la liste Documents récents (vous pouvez aussi utiliser les flèches qui se trouvent dans ce champ pour changer la valeur).**

3. **Cliquez sur OK ou appuyez sur la touche Entrée pour fermer la boîte de dialogue Options Excel.**

TRUC

Si vous ne voulez voir apparaître aucun document récent dans le menu Office, entrez simplement 0 dans ce champ.

Si vous avez oublié où se trouve un fichier

Le seul problème que vous puissiez rencontrer quand vous tentez de charger un fichier avec la boîte de dialogue Ouvrir est de savoir où se trouve ce fichier. Tout est parfait aussi longtemps que le nom du fichier apparaît parmi ceux listés dans la fenêtre de la boîte de dialogue ; mais que faire si le fichier est invisible et semble se cacher dans les mystérieuses profondeurs de l'arborescence des dossiers ?

Rechercher des classeurs avec Excel sous Windows Vista

Lorsque vous utilisez Excel 2007 sous Windows Vista, ce nouveau système d'exploitation ajoute un champ de recherche dans la boîte de dialogue Ouvrir (Figure 4.3), vous permettant ainsi de rechercher des classeurs depuis cette boîte de dialogue.

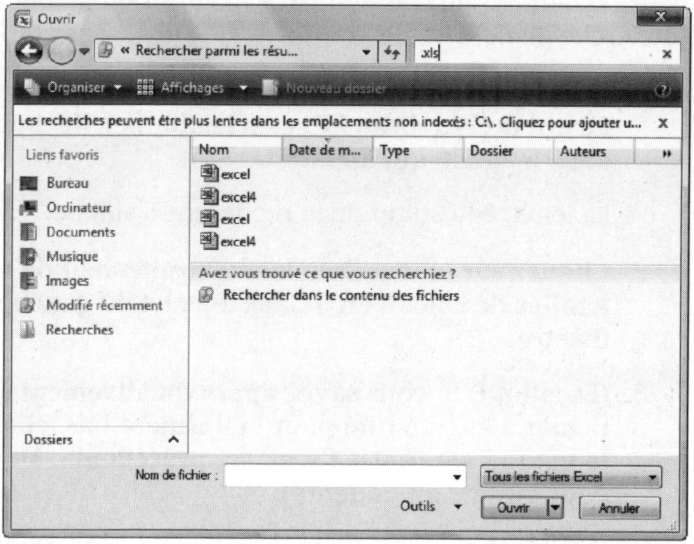

Figure 4.3 : Utilisez le champ de recherche dans la boîte de dialogue Ouvrir pour rechercher rapidement des classeurs Excel sur votre ordinateur.

Pour rechercher un classeur de cette façon, cliquez dans le champ de recherche dans le coin supérieur droit de la boîte de dialogue Ouvrir, et entrez des caractères qui se trouvent dans le nom du classeur ou dans le classeur lui-même.

Au fur et à mesure que Vista trouve des fichiers correspondant à vos critères de recherche, les noms de ceux-ci (classeurs Excel, mais aussi modèles et macros) apparaissent dans la boîte de dialogue Ouvrir. Aussitôt que le classeur que vous recherchez apparaît, vous pouvez l'ouvrir en double-cliquant sur son icône (ou en cliquant dessus puis sur le bouton Ouvrir).

Rechercher des classeurs sous Windows XP

Malheureusement, sous Windows XP, la boîte de dialogue Ouvrir d'Excel 2007 ne comporte pas de fonction de recherche de fichiers. Cela signifie que pour rechercher un classeur vous ne pourrez pas le faire dans Excel. Il vous faudra utiliser la fonction de recherche de Windows XP.

Pour rechercher un classeur Excel en utilisant la fonction de recherche de fichiers de Windows XP, suivez ces étapes :

1. **Cliquez sur le bouton Démarrer dans la Barre des tâches de Windows XP, et sélectionnez Rechercher dans le menu qui apparaît.**

   La fenêtre Résultat de la recherche s'affiche.

2. **Cliquez sur le lien Documents (traitement de texte, feuilles de calcul, etc.) dans le volet de gauche de cette fenêtre.**

3. **(Facultatif) Si vous savez approximativement quand le fichier a été modifié pour la dernière fois, cliquez sur le bouton approprié (Semaine précédente, Mois précédent, Année précédente).**

   Si vous n'avez aucune idée de la date de la dernière modification du fichier, vous n'avez rien à modifier car le bouton Je l'ignore est sélectionné par défaut.

4. **Dans le champ Une partie ou l'ensemble du document, entrez le nom du fichier, ou la partie de celui-ci dont vous êtes certain.**

   Tapez un astérisque (*) pour représenter plusieurs caractères manquants et un point d'interrogation (?) pour un seul caractère manquant, c'est-à-dire les caractères dont vous n'êtes pas sûr ou que vous ignorez dans le nom du fichier (par exemple, Budget*.xls vous permettra de trouver un fichier Budget 2005.xls aussi bien qu'un fichier Budget 2006.xls).

5. **(Facultatif) Si vous savez dans quel disque dur ou dans quel dossier se trouve votre classeur, ou si vous connaissez un mot ou un groupe de mots de son contenu susceptible de l'identifier, cliquez sur le lien Utiliser les options de recherche avancées, puis spécifiez les informations correspondantes dans le champ Un mot ou une phrase dans le document, ou dans la liste déroulante Rechercher dans, ou les deux.**

   Vous pouvez même ajouter à vos critères une information sur la taille du fichier. D'une façon générale, ne mettez parmi ces critères de recherche que les informations dont vous êtes sûr, et laissez les autres en blanc ou conservez le critère par défaut.

6. **Après avoir spécifié tous vos critères de recherche, cliquez sur le bouton Rechercher pour lancer la recherche du fichier par Windows XP.**

Lorsque vous cliquez sur le bouton Rechercher, Windows XP recherche les fichiers correspondant à vos critères dans les emplacements spécifiés, et affiche tous ceux qu'il trouve dans le volet de droite de la fenêtre Résultats de la recherche (Figure 4.4). Lorsque vous voyez apparaître le fichier Excel que vous recherchez, cliquez sur le bouton Arrêter pour interrompre la recherche, puis cliquez du bouton droit sur l'icône du fichier et sélectionnez Ouvrir dans le menu qui apparaît (ou double-cliquez simplement dessus). Le fichier s'ouvre alors dans Excel.

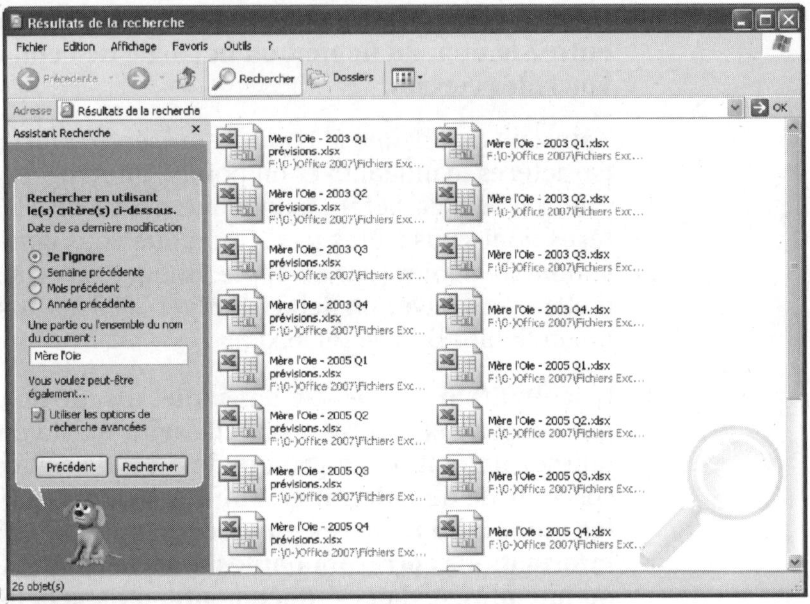

Figure 4.4 : Utilisez la fenêtre Résultats de la recherche de Windows XP pour rechercher un classeur Excel.

Ouvrir des fichiers d'une manière particulière

Le menu déroulant du bouton Ouvrir, dans la boîte de dialogue Ouvrir, permet d'ouvrir le ou les fichiers sélectionnés d'une manière particulière :

- **Ouverture en lecture seule :** Le fichier ouvert ne peut être que lu. Pour enregistrer les modifications d'un fichier en lecture seule, vous devez cliquer sur Bouton Office/Enregistrer sous, puis nommer différemment le fichier en question (reportez-vous au Chapitre 2).
- **Ouvrir une copie :** Cette commande ouvre une copie du fichier que vous avez sélectionné dans la boîte de dialogue Ouvrir. Considérez-la comme une mesure de sécurité. Si vous avez mis la pagaille dans la copie, il vous restera au moins un original sain.

- **Ouvrir dans un navigateur :** Le classeur que vous aviez enregistré est ouvert comme une page Web dans le navigateur déclaré par défaut. Notez que cette commande n'est accessible que si le ou les fichiers sélectionnés ont été reconnus comme des fichiers enregistrés en tant que page Web, et non enregistrés comme de simples fichiers de classeurs.

- **Ouvrir et réparer :** Cette commande tente de réparer un fichier de classeur abîmé avant de l'ouvrir dans Excel. Lorsque vous la sélectionnez, une boîte de dialogue apparaît. Elle laisse le choix entre la tentative de réparation et l'ouverture du fichier ainsi récupéré ou, en cas d'échec de la réparation, l'extraction de données du fichier abîmé et leur placement dans un nouveau classeur que vous pourrez ensuite enregistrer. Cliquez sur le bouton Réparer pour essayer de récupérer et d'ouvrir le fichier. Cliquez sur le bouton Extraire des données si vous avez déjà essayé sans succès de faire réparer le fichier par Excel.

Encore plus sur les annulations

Avant de vous lancer dans la réalisation d'une feuille de calcul, vous devez connaître la fonction d'annulation et savoir comment elle peut rétablir la situation si jamais vous vous êtes fourvoyé. Le bouton Annuler de la barre d'outils Accès rapide est une commande à facettes multiples. Quand vous supprimez par exemple le contenu d'une cellule ou d'une plage avec la commande Effacer du même menu, l'info-bulle du bouton Annuler devient Annuler Effacer (Ctrl+Z). Si vous déplacez une entrée avec les commandes Couper et Coller, l'info-bulle du bouton Annuler devient Annuler Coller.

En dehors du bouton Annuler dans la barre d'outils Accès rapide, vous pouvez utiliser le raccourci clavier Ctrl+Z qui fait exactement la même chose.

TRUC

Le bouton Annuler de la barre d'outils Accès rapide réagit à toutes les actions que vous entreprenez. Si vous vous rendez compte après coup qu'il fallait annuler – c'est-à-dire après avoir appliqué d'autres commandes entre-temps –, vous devrez déployer le menu déroulant qui lui est associé (en cliquant sur le triangle pointant vers le bas qui l'accompagne), pour y sélectionner l'action à annuler. Cette action ainsi que toutes celles qui ont suivi (et qui apparaissent au-dessus dans le menu) sont annulées.

Rétablir et Répéter

Après avoir appliqué la commande Annuler, Excel rend la commande Rétablir (ou Répéter selon la commande que vous avez appliquée juste avant) accessible. Si vous supprimez une entrée en appuyant sur la touche Suppr, et cliquez ensuite sur le bouton Annuler dans la barre d'outils Accès rapide (ou appuyez sur Ctrl+Z, ce qui revient au même), l'info-bulle suivante apparaît au-dessous du bouton Répéter lorsque vous placez dessus le pointeur de la souris :

```
Répéter Effacer     Ctrl+Y
```

Quand vous appliquez la commande Répéter, Excel refait ce que vous venez d'annuler. Autrement dit, Excel revient en arrière d'une action, comme si elle n'avait pas été exécutée.

Que faire s'il est impossible d'annuler ?

C'est souvent quand vous estimez qu'il serait prudent de rétablir le classeur le plus important que vous vous apercevez avec horreur que la commande Annuler ne fonctionne pas tout le temps. Bien qu'il soit néanmoins possible d'annuler la dernière suppression de cellule erronée, un déplacement ou une recopie inconséquente, vous ne pourrez pas revenir sur un enregistrement de fichier. D'où l'intérêt de la commande Enregistrer sous, qui permet de conserver un exemplaire du classeur tel qu'il était au moment de l'ouverture ou du dernier enregistrement.

Excel ne signale malheureusement jamais qu'il est sur le point d'entreprendre une action sur laquelle il ne pourra pas revenir, ou alors trop tard. Après avoir commis l'irréparable, vous placez le pointeur de la souris sur le bouton Annuler en croyant pouvoir annuler ce que vous venez de faire, et vous lisez : `Impossible d'annuler` (d'ailleurs, le bouton Annuler apparaît en grisé dans la barre d'outils Accès rapide pour indiquer que cette commande n'est pas accessible).

La seule exception à cette règle est quand le logiciel vous prévient (et vous avez intérêt à en tenir compte). Lorsque vous choisissez une commande qui peut normalement être annulée, sauf dans les circonstances présentes, à cause d'un manque de mémoire vive, par exemple, ou parce que l'annulation affecterait trop profondément la feuille de calcul, Excel le sait et affiche une boîte d'alerte qui signale le manque de mémoire et demande s'il faut quand même exécuter la commande. Si vous cliquez sur le bouton Oui, sachez que la commande sera appliquée sans aucune chance de revenir en arrière ; si vous découvrez par la suite que la ligne supprimée contient une formule essentielle, dont vous ne connaissez plus la teneur, vous ne pourrez pas recourir à la commande Annuler pour rattraper votre bourde. Dans ce cas, la seule chance de vous en tirer est de fermer le fichier (Bouton Office/Fermer) *mais SANS enregistrer vos modifications*.

Le bon vieux glisser-déposer

L'une des premières techniques de modification que vous vous devez de connaître est le *glisser-déposer*. Comme le suggère son nom, il s'agit d'une manipulation effectuée à la souris qui consiste à choisir une cellule ou une plage sélectionnée et à faire glisser cette sélection ailleurs dans la feuille de calcul. Bien que le glisser-déposer serve essentiellement à déplacer des entrées simples, vous pouvez l'utiliser pour déplacer des plages entières.

Procédez comme suit pour déplacer une cellule ou une plage de cellules :

1. **Sélectionnez une cellule ou une plage de cellules.**
2. **Placez le pointeur de souris sur un bord de la ou des cellules sélectionnées.**

   La transformation du pointeur en flèche à quatre pointes indique que vous pouvez commencer à faire glisser la cellule ou la plage.

3. **Faites glisser la cellule ou la plage sélectionnée jusqu'à sa destination.**

   Faites glisser la sélection en déplaçant la souris, bouton gauche enfoncé.

   Pendant le déplacement, vous faites en réalité glisser le contour des cellules, ce qui vous permet d'avoir une idée de l'emplacement qu'elles occuperont. C'est uniquement au moment où vous relâchez le bouton de la souris que le déplacement du contenu des cellules se produit effectivement.

   Faites glisser le contour jusqu'à sa destination exacte (l'info-bulle qui accompagne le pointeur indique la plage de cellules de destination).

4. **Relâchez le bouton de la souris.**

   Les données figurant dans la ou les cellules apparaissent aussitôt à leur nouvel emplacement.

Les Figures 4.5 et 4.6 montrent un déplacement de cellules. Dans la première, la plage A10:E10 (elle contient les totaux du trimestre) a été sélectionnée afin d'être déplacée vers la ligne 12, et de libérer ainsi de la place pour les chiffres des ventes de deux nouveaux produits qui n'avaient pas été pris en compte lorsque ce classeur a été créé (par quelqu'un qui n'était pas très au courant). Dans la Figure 4.6, le chiffre des ventes a été déplacé.

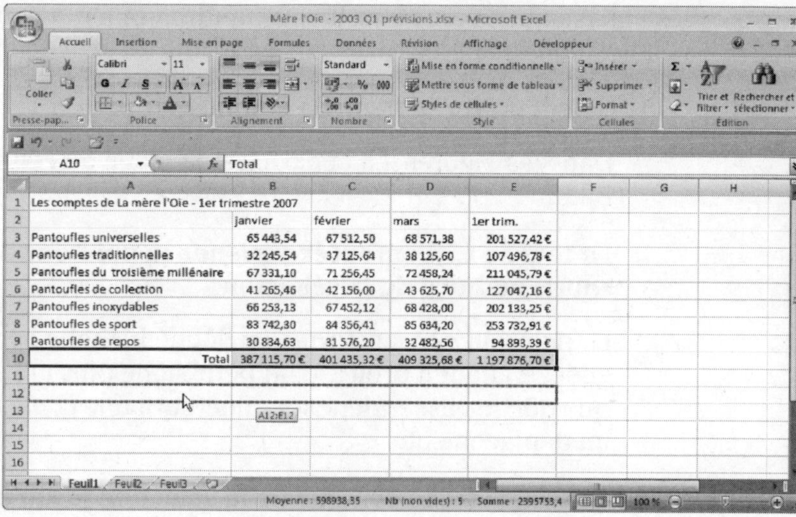

Figure 4.5 : Une plage sélectionnée est en cours de déplacement.

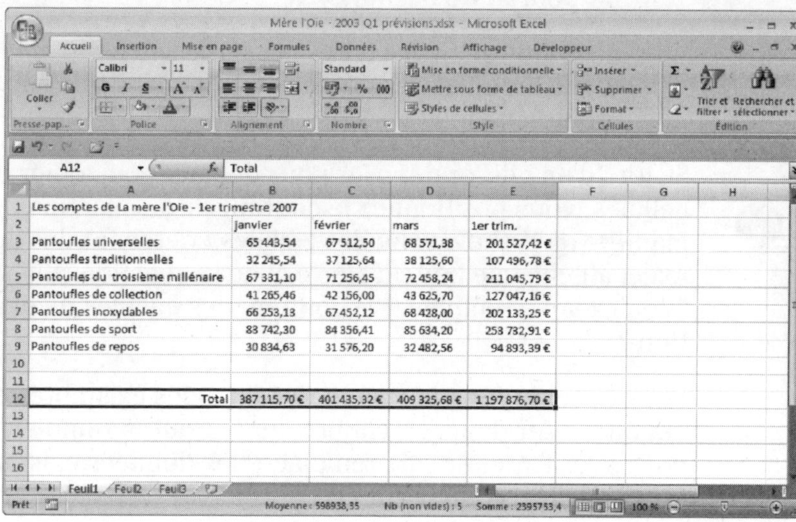

Figure 4.6 : La plage sélectionnée vient d'être déposée à son nouvel emplacement.

La copie par glisser-déposer

Comment ferez-vous pour copier une ligne de cellules au lieu de simplement les déplacer ? Supposons que vous deviez commencer, dans la feuille de calcul, un nouveau tableau dans les lignes situées plus bas. Il vous faudra copier la ligne de cellules contenant les titres mis en forme en procédant ainsi :

1. **Sélectionnez la ligne de cellules.**

   Dans les Figures 4.5 et 4.6, c'est la plage de cellules B2:E2.

2. **La touche Ctrl enfoncée, amenez le pointeur de la souris au bord de la sélection.**

   Le pointeur se transforme en flèche blanche accompagnée, en haut à droite, d'un petit signe plus (+). Il indique que le glisser-déposer effectuera une *copie* et non un déplacement.

3. **Faites glisser le contour de la sélection jusqu'à l'emplacement où son contenu doit être copié, puis relâchez le bouton de la souris.**

   Pendant que vous faites glisser la sélection, une infobulle indique les références de la plage que survole le pointeur.

Si, lors d'un glisser-déposer pour déplacer ou copier des cellules, vous positionnez le contour de la sélection de telle manière qu'il chevauche des cellules contenant des données, Excel affiche une boîte d'alerte avec la question suivante : "Voulez-vous remplacer le contenu des cellules de destination ?"

Pour éviter le remplacement des données existantes et renoncer au glisser-déposer, cliquez sur le bouton Annuler. Mais si vous avez l'intention de remplacer les données existantes par les nouvelles, cliquez sur OK.

Insérer par glisser-déposer

A l'instar des redoutables Klingons de *Star Trek*, les feuilles de calcul d'Excel ne font jamais de prisonniers. Dès que vous amenez une entrée sur une cellule occupée, cette entrée supplante sans vergogne celle qui s'y trouvait.

Pour insérer la ligne en cours de déplacement parmi d'autres lignes qui contiennent des données sans supprimer les données existantes, maintenez la touche Maj enfoncée pendant le glisser-déposer. Si vous copiez, vous devrez faire preuve de dextérité en maintenant à la fois les touches Ctrl et Maj enfoncées.

Lorsque la touche Maj est enfoncée, le contour de la sélection que vous aviez manipulé jusqu'à présent est remplacé par une barre d'insertion qui se déplace entre les lignes et/ou les colonnes. Elle matérialise l'emplacement où se fera l'insertion si, à ce moment, vous relâchez le bouton de la souris. Dans ce cas, Excel insère une ligne ou une colonne et déplace les cellules existantes vers des cellules vides.

TRUC

Quand vous insérez des cellules par un glisser-déposer, il peut être utile d'imaginer la barre d'insertion comme un levier ou un coin qui écarte les cellules pour faire de la place. Parfois, au lieu de voir s'afficher les données, vous n'apercevez que des dièses (#######) dans les cellules ; Excel n'élargit pas automatiquement les nouvelles colonnes pour une insertion de données, comme il le ferait pour une mise en forme. Pour éliminer les dièses, vous devrez élargir manuellement les colonnes qui posent problème. Le moyen le plus rapide est de double-cliquer sur le bord droit de la colonne.

TRUC

J'ai pourtant maintenu la touche Maj enfoncée comme vous l'aviez dit...

L'insertion par un glisser-déposer est l'une des fonctions les plus délicates à réussir. Parfois, vous faites exactement ce qu'il faut et vous voyez néanmoins apparaître la boîte d'alerte qui vous prévient qu'Excel s'apprête à remplacer des données existantes au lieu de les décaler. Si cela se produit, cliquez sur le bouton Annuler. Il est fort heureusement possible d'insérer des données avec les commandes Couper et Coller (reportez-vous à la section "Faire de la place avec la commande Insérer", plus loin dans ce chapitre), sans avoir à se soucier du comportement de la barre d'insertion.

La recopie automatique des formules

La copie par glisser-déposer, en maintenant la touche Ctrl enfoncée, est utile lorsqu'il faut recopier une série de cellules adjacentes ailleurs dans la feuille de calcul. Mais très souvent vous aurez à ne recopier qu'une seule formule dans plusieurs cellules voisines qui doivent exécuter le même type de calcul, comme totaliser des chiffres dans des colonnes. Ce type de copie de formule, très courant, ne peut pas être fait par un glisser-déposer. Il faut recourir à la recopie automatique, décrite dans le Chapitre 2, ou aux commandes Copier et Coller (reportez-vous à la section "Le couper-coller numérique", plus loin dans ce chapitre).

Nous verrons ici comment utiliser la recopie automatique pour copier une formule dans une plage de cellules. La Figure 4.7 montre la feuille de calcul de la société La mère l'Oie, avec tous les produits, mais cette fois sans les totaux mensuels dans la ligne 12.

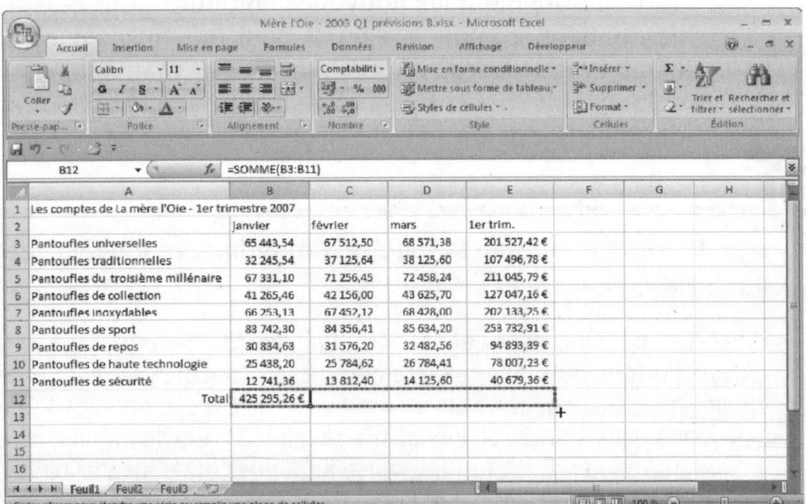

Figure 4.7 : Copie d'une formule dans une même ligne grâce à la recopie automatique.

La Figure 4.8 montre la feuille de calcul après avoir fait glisser la poignée de recopie sur la plage de cellules C12:E12 à partir de la cellule B12 (qui contenait la formule à copier).

Figure 4.8 : La feuille de calcul après la recopie de la formule totalisant les mois.

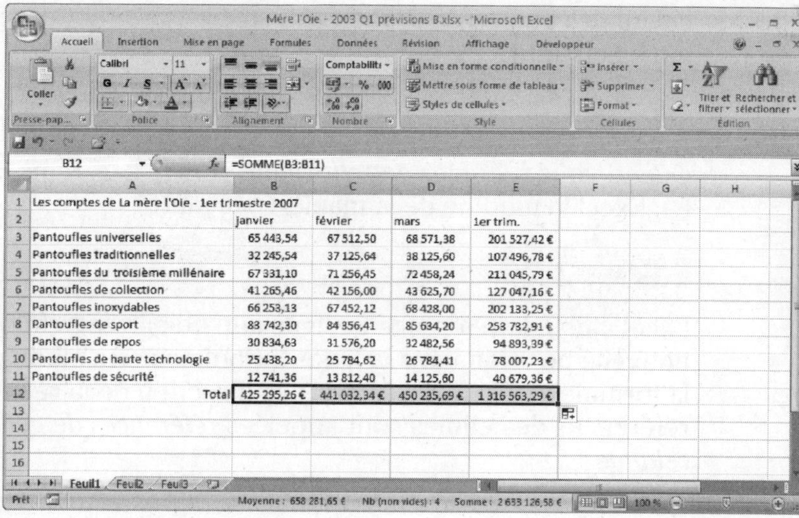

Absolument relatif et inversement

Référez-vous à la Figure 4.8 pour voir la feuille de calcul après la recopie de la formule d'une cellule dans la plage C12:E12. La cellule C12 est active. Remarquez comment Excel gère la recopie des formules. La formule d'origine, dans la cellule B12, est :

```
=SOMME(B3:B11)
```

Lorsque cette formule est recopiée dans la cellule voisine, C12, Excel la modifie légèrement :

```
=SOMME(C3:C11)
```

Excel a en effet rectifié la référence de colonne, qui est passée de B à C, car la recopie s'est faite de la gauche vers la droite.

Quand vous copiez une formule dans une plage qui s'étend vers le bas sur plusieurs lignes, Excel modifie les numéros de lignes en conséquence, au lieu des lettres de colonnes, selon l'emplacement de chaque recopie. La cellule E3 de la feuille de calcul des ventes de la société La mère l'Oie contient la formule suivante :

```
=SOMME(B3:D3)
```

Quand vous recopiez cette formule vers le bas, dans la cellule E4, Excel la modifie de la manière suivante :

```
=SOMME(B4:D4)
```

Excel ajuste la référence de ligne afin qu'elle corresponde à la nouvelle position dans la ligne 4. Comme cette modification de la formule a été effectuée selon la direction de la recopie, les références de cellules sont appelées *références de cellules relatives.*

Certaines choses sont absolues

Toutes les formules que vous créez contiennent naturellement des références de cellule absolues, à moins que vous en décidiez autrement. Du fait que la plupart des recopies de cellule nécessitent une correction de leurs références, vous aurez rarement à revenir sur cet arrangement. Cependant, de temps en temps, vous serez confronté à une exception.

L'une des exceptions les plus communes se produit lorsque vous désirez comparer une plage de valeurs différentes avec une seule valeur. Ce cas de figure se présente classiquement lorsque vous voulez calculer le pourcentage de plusieurs parties par rapport au total. Par exemple, dans la feuille de calcul de la société La mère l'Oie, vous rencontrez cette situation en créant et recopiant une formule qui détermine chaque pourcentage mensuel, dans la plage B14:D14, par rapport au total trimestriel de la cellule E12.

Supposons que vous vouliez entrer ces formules dans la rangée 14 de la feuille de calcul, en commençant par la cellule B14. La formule qui, dans cette cellule, calcule le pourcentage des ventes de janvier par rapport au trimestre est sans détour :

```
=B12/E12
```

Cette formule divise le total des ventes de janvier, dans la cellule B12, par le total trimestriel de la cellule E12 (on ne saurait faire plus simple...). Mais regardez ce qui se passerait si vous tiriez la poignée de recopie d'une cellule vers la droite pour recopier la formule dans la cellule C14 :

```
=C12/F12
```

L'ajustement de la première référence de cellule, qui passe de B12 à C12, est bien celui que nous attendions. Mais l'ajustement de la deuxième partie des références de cellule, qui passe de E12 à F12, est désastreux. Non seulement vous n'obtenez pas, dans la cellule C12, le calcul du pourcentage des ventes de février, mais vous vous retrouvez en prime avec l'horrible erreur `#DIV/0!` dans la cellule C14.

Pour éviter qu'Excel n'ajuste inconsidérément une référence de cellule lors d'une recopie, vous devez convertir la référence. De relative, elle doit devenir absolue. Pour cela, appuyez sur la touche de fonction F4 juste après avoir entré la référence de la cellule. Excel signale qu'une référence de cellule est absolue en plaçant, devant la lettre de la colonne et le numéro de la ligne, le signe dollar ($). Regardez par exemple la Figure 4.9 : la cellule B4 contient la formule correcte pour effectuer la recopie dans la plage C14:D14, soit :

```
=B12/$E$12
```

Examinez la feuille de calcul après que cette formule a été répétée dans la plage C14:D14 avec la poignée de recopie et la cellule C14 sélectionnée (Figure 4.10). Remarquez la formule suivante dans la barre de formule :

```
=C12/$E$12
```

Du fait que E12 a été modifiée en $E$12 dans la formule originale, toutes les recopies conservent cette même référence de cellule, qui est immuable.

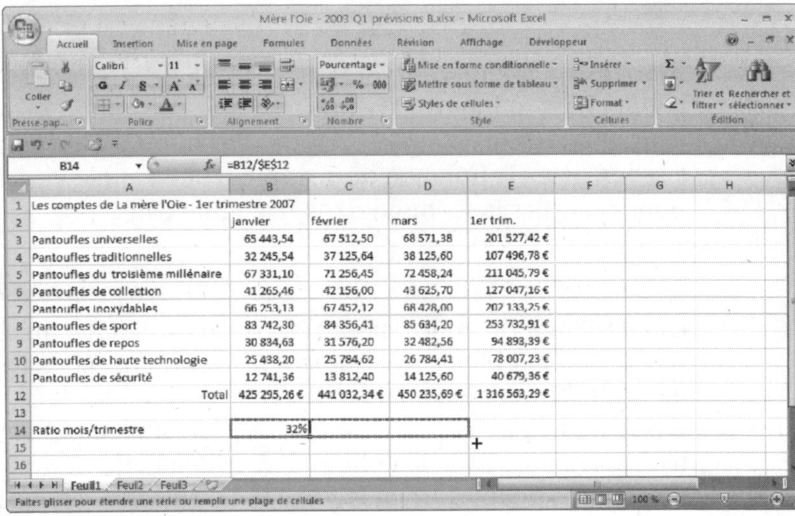

Figure 4.9 : Recopie d'une formule avec une référence de cellule absolue.

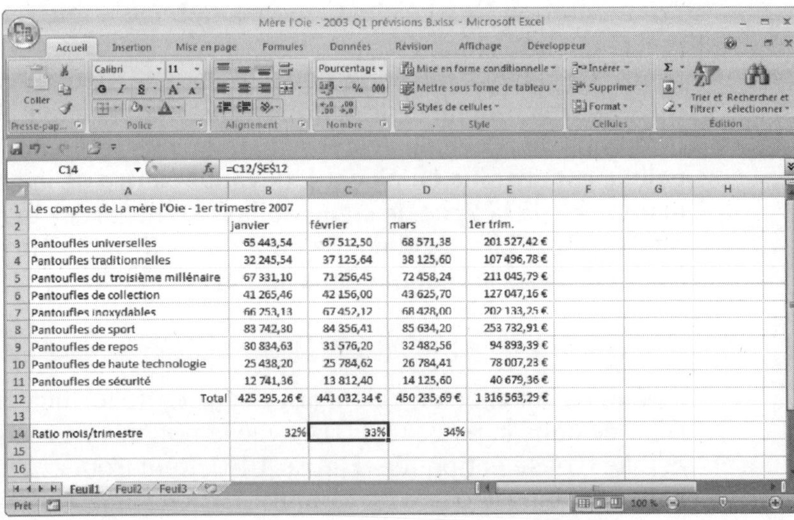

Figure 4.10 : La feuille de calcul après la recopie d'une formule contenant une référence de cellule absolue.

TRUC

Si vous avez commis une bourde en recopiant une formule dans laquelle une ou plusieurs références de cellules auraient dû être absolues et non relatives, modifiez la formule d'origine de la manière suivante :

1. **Double-cliquez sur la cellule contenant la formule, puis cliquez dans la barre de formule ou appuyez sur la touche de fonction F2 pour la modifier.**
2. **Placez le point d'insertion dans la référence à convertir en référence absolue.**
3. **Appuyez sur la touche F4.**
4. **Lorsque la modification est terminée, cliquez sur le bouton Entrer, dans la barre de formule, puis recopiez la formule corrigée dans les cellules erronées grâce à la poignée de recopie.**

N'appuyez sur la touche F4 qu'une seule fois, pour faire d'une référence de cellule une référence absolue, comme nous venons de le décrire. Si vous veniez à appuyer une seconde fois dessus, vous vous retrouveriez avec ce qu'il est convenu d'appeler une *référence mixte*, dans laquelle seule la référence à la ligne serait absolue, la référence à la colonne restant relative, comme par exemple : E$12. Si vous appuyez sur la touche F4, Excel propose un autre type de référence mixte dans laquelle la partie "colonne" est absolue tandis que la partie "ligne" est relative, comme dans $E12. Et si vous appuyez une fois encore sur F4, Excel revient à des références entièrement relatives (E12). Revenu au point de départ, vous pouvez continuer à appuyer sur F4 pour passer de nouveau d'un type de référence à un autre.

Le couper-coller numérique

Au lieu d'utiliser le glisser-déposer ou la recopie automatique, vous pouvez recourir aux bonnes vieilles commandes Couper, Copier et Coller pour déplacer ou recopier des informations dans une feuille de calcul. Ces commandes utilisent le Presse-papiers comme relais pour les informations que vous avez coupées ou collées ; elles y restent en attendant d'être collées quelque part. Ce procédé permet non seulement de déplacer ou copier des données dans n'importe quelle feuille de calcul ouverte dans Excel, mais aussi dans d'autres logiciels tournant sous Windows, comme Word par exemple.

Procédez comme suit pour déplacer une cellule ou une plage avec les commandes Couper et Coller :

1. **Sélectionnez les cellules à déplacer.**
2. **Cliquez sur le bouton Couper (les ciseaux) dans le groupe Presse-papiers de l'onglet Accueil.**

   Vous pouvez aussi utiliser le raccourci clavier Ctrl+X.

   Quel que soit votre choix, Excel entoure la ou les cellules avec un *rectangle de sélection* qui se présente sous la forme d'une ligne dont le pointillé est animé. Le message suivant apparaît dans la Barre d'état :

   ```
   Sélectionnez une destination et appuyez sur ENTRÉE ou cliquez
   sur Coller.
   ```

3. **Déplacez le curseur de cellule ou sélectionnez la cellule en haut à gauche de la nouvelle plage dans laquelle vous désirez déplacer les données.**
4. **Appuyez sur Entrée pour terminer le déplacement.**

   Vous pouvez aussi cliquer sur le bouton Coller dans le groupe Presse-papiers de l'onglet Accueil, ou utiliser le raccourci clavier Ctrl+V.

Remarquez qu'en indiquant la plage de destination vous n'avez pas à sélectionner un agencement de cellules vides correspondant, dans sa forme, à la sélection que vous déplacez. Du moment que vous indiquez à Excel où se trouve la cellule située en haut à gauche de la plage de destination, il saura se débrouiller pour le reste.

La copie d'une sélection de cellule(s) avec les commandes Copier et Coller s'effectue de la même manière qu'avec les commandes Couper et Coller. Après avoir sélectionné la plage à copier, vous bénéficiez même d'un plus grand choix pour le stockage des données dans le Presse-papiers. Au lieu de cliquer sur le bouton Copier dans le groupe Presse-papiers de l'onglet Accueil, ou de sélectionner Copier dans le menu contextuel de la cellule, vous pouvez utiliser le raccourci clavier Ctrl+C.

Ça colle pour vous

L'avantage de la copie des données dans le Presse-papiers avec les commandes Copier et Coller est que les informations ainsi mises de côté peuvent être collées à plusieurs reprises. Assurez-vous simplement, après avoir appuyé sur Entrée pour terminer la première opération de copie, de cliquer sur le bouton Coller dans le groupe Presse-papiers de l'onglet Accueil ou de choisir la commande Coller (dans le menu contextuel), ou d'appuyer sur Ctrl+V.

Quand vous utilisez la commande Coller, Excel copie la sélection dans la plage que vous lui avez indiquée sans supprimer le rectangle de sélection qui court autour de la sélection originale. Il indique ainsi que vous pouvez continuer à choisir d'autres plages de destination, que ce soit dans le même document ou dans un autre.

Après avoir sélectionné la première cellule de l'autre plage dans laquelle vous désirez coller la sélection, choisissez de nouveau la commande Coller. Vous pouvez continuer de la sorte en collant la sélection à volonté. Après avoir effectué la dernière copie, appuyez sur la touche Entrée au lieu de choisir la commande Coller. Si vous avez oublié d'appuyer sur Entrée et choisi Coller, éliminez le rectangle de sélection en appuyant sur la touche Echap.

Les options de collage

Juste après avoir cliqué sur le bouton Coller, dans le groupe Presse-papiers de l'onglet Accueil (ou avoir appuyé sur Ctrl+V), pour coller des données que vous avez copiées – et non coupées – dans le Presse-papiers, Excel affiche à l'extrémité de la plage collée un bouton Options de collage doté de son propre menu déroulant. Les options qui apparaissent en cliquant sur le bouton servent à modifier les opérations de collage de la manière suivante :

- **Utiliser le thème de destination :** Excel met en forme le contenu collé selon le style de cellule des cellules de destination.
- **Respecter la mise en forme de destination :** Excel met les entrées en forme selon le format défini dans la plage de cellules de destination.
- **Conserver la mise en forme source :** Excel copie la mise en forme des cellules d'origine et la colle avec les données dans les cellules de destination.
- **Valeurs uniquement :** Excel ne copie dans la plage de destination que les résultats calculés dans la plage source. Autrement dit, les cellules de destination ne contiendront que des chiffres et des intitulés, et non des formules.
- **Valeurs et formats de nombre :** Excel copie dans la plage de destination les résultats fournis par les formules ainsi que le format de nombre des formules et des valeurs de la plage source. Cela signifie que les intitulés copiés dans la plage source adoptent la mise en forme des cellules de la plage de destination, tandis que les valeurs conservent le format de nombre qui leur avait été appliqué dans la plage source.
- **Valeurs et formats sources :** Excel copie dans la plage de destination les résultats calculés par les formules ainsi que les mises en forme affectées aux intitulés, valeurs et formules définis dans la plage source. Autrement dit, dans la plage de destination, toutes les valeurs et les intitulés apparaissent avec la même mise en forme que dans la plage source, même si les formules originales n'ont pas été conservées et que seuls les résultats qu'elles calculent ont été recopiés.

- **Conserver les largeurs de colonnes sources :** Excel règle les colonnes de la plage de destination à la même largeur que celle des colonnes sources.
- **Format uniquement :** Seule la mise en forme (et non les données) de la plage source est recopiée dans la plage de destination.
- **Lier les cellules :** Excel crée des formules de liaison dans la plage de destination afin que tout changement effectué dans des cellules de la plage source soit aussitôt répercuté dans les cellules correspondantes de la plage de destination.

Coller à partir du volet Presse-papiers Office

Le Presse-papiers d'Office est capable de stocker de nombreux éléments coupés ou copiés provenant de tout programme fonctionnant sous Windows, pas seulement Excel. Cela signifie que vous pouvez continuer à coller des cellules du Presse-papiers vers un classeur, même si vous en avez fini avec un déplacement ou une copie, et ce si vous avez appuyé sur la touche Entrée au lieu d'utiliser la commande Coller.

Pour ouvrir le volet Presse-papiers Office, cliquez sur le bouton lanceur de boîte de dialogue, dans le coin inférieur droit du groupe Presse-papiers de l'onglet Accueil. Le volet Presse-papiers Office apparaît dans la partie gauche de la fenêtre d'Excel, comme le montre la Figure 4.11.

Pour coller un élément du Presse-papiers dans une autre feuille de calcul que celle d'où provenaient les données, cliquez sur l'élément présent dans le volet afin de le coller à l'emplacement du curseur de cellule.

Remarquez qu'il est possible de coller tous les éléments stockés dans le Presse-papiers dans la feuille de calcul courante en cliquant sur le bouton Coller tout, en haut du volet Presse-papiers Office. Pour vider le volet de tous les éléments

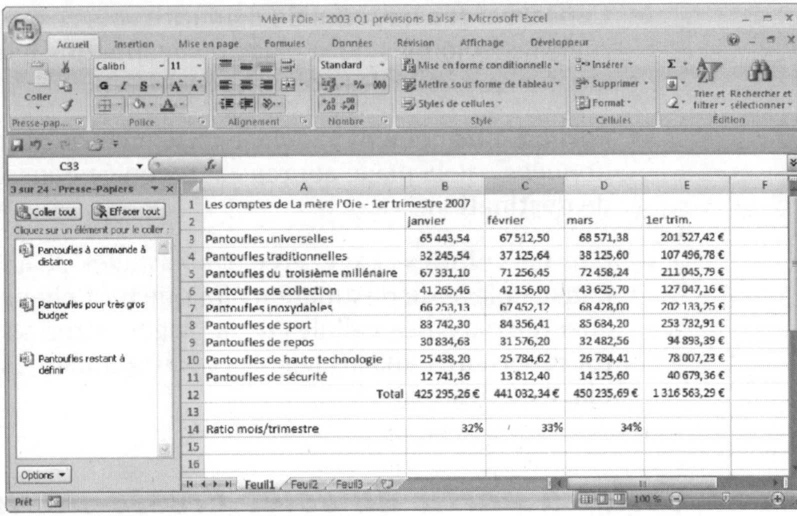

Figure 4.11 : Le volet Presse-papiers Office apparaît dans la partie gauche de la fenêtre d'Excel.

qui s'y trouvent, cliquez sur le bouton Effacer tout. Pour ne supprimer qu'un élément en particulier du Presse-papiers, placez le pointeur de la souris sur cet élément dans le volet Presse-papiers Office jusqu'à ce qu'un bouton de menu contextuel apparaisse. Cliquez ensuite sur ce bouton et, dans le menu, choisissez l'option Supprimer.

TRUC

Pour faire apparaître automatiquement le volet Presse-papiers Office après avoir utilisé deux fois la commande Couper ou la commande Coller, sélectionnez Afficher le Presse-papiers Office automatiquement dans le menu Options du Presse-papiers. Pour faire apparaître le Presse-papiers Office lorsque vous appuyez deux fois de suite sur Ctrl+C (en pratique, maintenez enfoncée la touche Ctrl tout en appuyant deux fois de suite sur la touche C), sélectionnez dans ce même menu l'option Afficher le Presse-papiers Office lorsque Ctrl+C est utilisé deux fois. Pour fermer le Presse-papiers Office, cliquez sur son bouton de fermeture, dans son coin supérieur droit.

Qu'est-ce qu'il a de spécial, ce coller ?

Normalement, à moins que vous n'alliez farfouiller dans les options de collage décrites précédemment dans ce chapitre,

Excel copie toutes les informations dans la plage de cellules sélectionnée, c'est-à-dire les valeurs, textes, formules et mises en forme. Si vous le désirez, utilisez la commande Collage spécial pour spécifier que seules les entrées doivent être copiées (sans mise en forme) ou que seule la mise en forme doit être copiée (sans les entrées).

Pour coller des éléments particuliers d'une sélection de cellules tout en ne tenant pas compte d'autres éléments, cliquez sur le triangle pointant vers le bas qui apparaît dans la partie inférieure du bouton Coller du groupe Presse-papiers de l'onglet Accueil, puis sélectionnez Collage spécial dans le menu qui s'affiche. La boîte de dialogue Collage spécial apparaît, dans laquelle vous pouvez sélectionner ce que vous voulez coller en cliquant sur le bouton radio correspondant :

- **Tout.** Excel choisit cette option pour coller toutes les informations (notamment les formules, mises en forme...) dans la sélection de cellules.
- **Formules.** Tous les textes, nombres et formules de la sélection courante sont collés, mais sans leur mise en forme.
- **Valeurs.** Convertit toutes les formules de la sélection courante aux valeurs qu'elles ont calculées.
- **Formats.** Ne colle que les mises en forme de la sélection de cellules courante, sans se préoccuper des entrées.
- **Commentaires.** Ne colle que les notes que vous avez attachées aux cellules (des sortes de Post-it électroniques que nous étudierons dans le Chapitre 6).
- **Validation.** Ne colle que les règles de validation de données dans la plage de cellules que vous avez configurée avec la commande Validation de données. Cette commande permet de définir une valeur ou une plage de valeurs autorisée pour une cellule ou un ensemble de cellules.

- **Tout, avec le thème source.** Colle tout le contenu de la cellule qui a été copiée, y compris le style de cellule avec lequel celle-ci est mise en forme.
- **Tout sauf la bordure.** Colle toutes les informations de la sélection hormis les éventuelles bordures.
- **Largeurs de colonnes.** Applique la largeur des colonnes des cellules copiées aux cellules de la plage de destination.
- **Formules et formats des nombres.** Reproduit les formats de nombre appliqués aux nombres et aux formules.
- **Valeurs et formats des nombres.** Convertit les formats aux valeurs qu'ils ont produites et recopie les formats de nombre affectés aux valeurs copiées.
- **Aucune.** Normalement, Excel active ce bouton, indiquant qu'aucune opération ne sera appliquée entre les données que vous avez coupées ou copiées dans le Presse-papiers et celles qui seront collées dans la plage de cellules.
- **Addition :** Ajoute les données copiées dans le Presse-papiers aux entrées figurant dans les cellules de destination.
- **Soustraction :** Retranche les données copiées dans le Presse-papiers de celles des cellules de destination.
- **Multiplication :** Multiplie les données copiées dans le Presse-papiers avec les entrées des cellules de destination.
- **Division :** Divise les données copiées dans le Presse-papiers par les entrées des cellules de destination.
- **Blancs non compris :** Cochez cette case afin qu'Excel ne copie aucune cellule vide. De cette manière, une cellule vide ne pourra pas se substituer à une cellule contenant des données.

- **Transposé :** Lorsque cette case est cochée, Excel change l'orientation des cellules collées. Cette option est précieuse lorsque les données d'origine sont par exemple disposées sur une seule ligne, et que vous préférez les disposer sur une colonne.

TRUC

Vous pouvez aussi sélectionner les options Formules, Coller des valeurs, Transposer et Coller avec liaison directement à partir du menu du bouton Coller, dans le groupe Presse-papiers de l'onglet Accueil, sans ouvrir la boîte de dialogue Collage spécial. Notez que l'option Aucune bordure, dans le menu du bouton Coller, est identique à l'option Tout sauf la bordure, dans la boîte de dialogue Collage spécial.

Enfin, le menu du bouton Coller contient aussi l'option Coller avec liaison, qui était dans la boîte de dialogue Collage spécial dans Excel 2003 mais qui n'y est plus dans Excel 2007. Sélectionnez cette option lorsque vous désirez établir une liaison entre les cellules dans lesquelles vous copiez les données et les données originales. En procédant ainsi, toute modification dans les cellules d'origine met automatiquement les copies collées à jour.

A propos des suppressions

Une étude d'Excel ne saurait être complète sans que vous appreniez comment vous débarrasser des données que contiennent les cellules. Il existe deux sortes de suppression dans une feuille de calcul :

- **Vider une cellule :** La cellule est simplement vidée de son contenu, sans être véritablement supprimée, ce qui peut affecter la mise en place des cellules environnantes.
- **Supprimer une cellule :** La suppression élimine tout ce qui constitue une cellule, y compris son contenu et sa mise en forme. Lorsque vous supprimez une cellule, Excel doit déplacer les cellules environnantes afin de combler le vide provoqué par la disparition.

Vider une cellule

Pour se débarrasser uniquement du contenu d'une sélection de cellules sans supprimer les cellules elles-mêmes, sélectionnez une plage et appuyez sur la touche Suppr.

Si vous voulez être plus précis, cliquez sur le bouton Effacer (il représente une gomme) dans le groupe Édition de l'onglet Accueil, et sélectionnez l'une des commandes suivantes dans le menu qui apparaît :

- **Effacer tout :** Toutes les entrées de la sélection sont supprimées, ainsi que toutes les mises en forme et les commentaires.
- **Effacer les formats :** Seules les mises en forme sont supprimées dans la sélection.
- **Effacer le contenu :** Efface uniquement le contenu de la sélection (texte ou valeur), exactement comme la touche Suppr.
- **Effacer les commentaires :** Seuls les commentaires sont supprimés dans la sélection.

Virez-moi toutes ces cellules

Pour supprimer une sélection de cellules au lieu de seulement les vider de leur contenu, cliquez sur le triangle pointant vers le bas du bouton Supprimer du groupe Cellules de l'onglet Accueil, et sélectionnez Supprimer les cellules dans le menu qui apparaît. La boîte de dialogue Supprimer s'affiche, vous proposant différentes possibilités pour remplacer les cellules que vous allez supprimer :

- **Décaler les cellules vers la gauche :** C'est l'option par défaut. Les cellules situées à droite de celles qui ont été supprimées sont déplacées vers la gauche pour combler le vide produit.

- **Décaler les cellules vers le haut :** Les cellules situées sous celles qui ont été supprimées sont déplacées vers le haut.
- **Ligne entière :** Toutes les lignes de la sélection courante sont supprimées.
- **Colonne entière :** Toutes les colonnes de la sélection courante sont supprimées.

TRUC

Si vous savez que vous voulez déplacer les cellules restantes vers la gauche en supprimant les cellules de la sélection, vous pouvez cliquer simplement sur le bouton Supprimer du groupe Cellules de l'onglet Accueil. Il en résulte exactement le même effet que de sélectionner la première des trois options ci-dessus dans la boîte de dialogue Supprimer.

Si vous savez à l'avance que vous voudrez supprimer des lignes ou des colonnes entières de la feuille de calcul, vous pouvez les sélectionner en cliquant dans les en-têtes, puis en cliquant du bouton droit dans la sélection et en sélectionnant Supprimer dans le menu qui apparaît.

N'OUBLIEZ PAS

Pour supprimer des lignes ou des colonnes entières, il n'est pas nécessaire de sélectionner les lignes ou les colonnes elles-mêmes. Il suffit que des cellules leur appartenant soient sélectionnées. Après avoir sélectionné des cellules appartenant aux colonnes ou aux lignes à supprimer, cliquez sur le triangle pointant vers le bas du bouton Supprimer du groupe Cellules de l'onglet Accueil, et sélectionnez Supprimer des colonnes du tableau ou Supprimer des lignes du tableau dans le menu qui apparaît.

ATTENTION !

La suppression de lignes ou de colonnes entières est risquée, à moins que vous soyez certain qu'elles ne contiennent pas de valeurs à conserver. Rappelez-vous qu'en supprimant par exemple toute la ligne A, vous supprimez en réalité *toutes les informations de cette ligne dans les colonnes A à XFD*, alors que vous ne voyez que quelques-unes de ces colonnes. De même, si vous supprimez une colonne entière, vous supprimez *toutes les informations de cette colonne contenues dans les lignes 1 à 1 048 576.*

Faire de la place avec la commande Insérer

Pour ces cas inévitables où vous devrez glisser de nouvelles entrées dans une région déjà bien remplie de la feuille de calcul, vous aurez intérêt à insérer les nouvelles cellules plutôt que de vous lancer dans les délicats déplacements et réorganisations de plusieurs plages de cellules. Pour insérer une nouvelle ligne, sélectionnez les cellules – dont beaucoup sont d'ores et déjà occupées – près desquelles les nouvelles cellules doivent être placées, puis cliquez sur le triangle pointant vers le bas dans le bouton Insérer du groupe Cellules de l'onglet Accueil, et sélectionnez Insérer des cellules dans le menu qui apparaît. La boîte de dialogue Insertion de cellules s'affiche, vous proposant les options suivantes :

- **Décaler les cellules vers la droite :** Quand vous cliquez sur le bouton OK ou appuyez sur la touche Entrée, les cellules existantes sont décalées vers la droite afin de libérer de la place pour les cellules qui seront créées.
- **Décaler les cellules vers le bas :** C'est l'option par défaut. Elle demande à Excel de décaler les cellules vers le bas au moment où vous cliquez sur le bouton OK ou appuyez sur la touche Entrée.
- **Ligne entière** et **Colonne entière :** Insertion de lignes ou de colonnes entières. Il est inséré autant de lignes ou de colonnes qu'il y a de lignes ou de colonnes sélectionnées au moment de cliquer sur le bouton OK ou d'appuyer sur la touche Entrée.

Chapitre 5

Imprimer le chef-d'œuvre

Dans ce chapitre :

- Prévisualiser les pages avant l'impression.
- Imprimer rapidement à partir de la barre d'outils Accès rapide.
- Imprimer toutes les feuilles de calcul d'un classeur.
- N'imprimer que certaines cellules d'une feuille de calcul.
- Modifier l'orientation des pages.
- Imprimer la totalité d'une feuille de calcul sur une seule page.
- Modifier les marges d'un rapport.
- Ajouter un en-tête et un pied de page à un rapport.

Dans ce chapitre, vous découvrirez combien il est facile d'imprimer des rapports avec Excel 2007. Quelques règles simples vous permettront d'obtenir une présentation irréprochable des documents, dès la première fois que vous les envoyez à l'imprimante (et pas la deuxième ou la troisième).

Un coup d'œil à la page en mode Mise en page

Le nouveau mode d'affichage Mise en page d'Excel 2007 vous donne une visibilité immédiate sur la mise en page de votre feuille de calcul. Pour activer ce mode d'affichage, cliquez simplement sur le bouton Mode Mise en page dans la Barre d'état (c'est l'icône du milieu parmi les trois qui se trouvent juste à gauche du zoom). Vous pouvez aussi cliquer sur le bouton Mode Mise en page dans l'onglet Affichage du Ruban. Lorsque vous passez en mode Mise en page, comme le montre la Figure 5.1, Excel affiche une règle horizontale et une règle verticale, respectivement au-dessus et à gauche des lettres de colonne et des numéros de ligne. Dans la zone d'affichage de la feuille de calcul, vous voyez également apparaître les marges de la page, telles qu'elles seront sur le papier, avec les en-têtes et les pieds de page si vous en avez défini, et naturellement les sauts de page. Vous pouvez utiliser le zoom pour voir apparaître plusieurs pages à la fois sur votre écran.

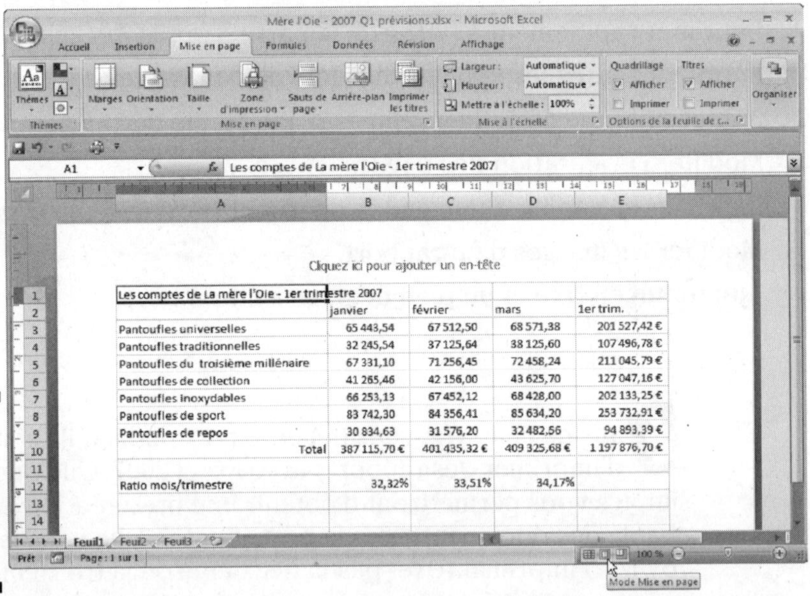

Figure 5.1 : Afficher une feuille de calcul en mode Mise en page.

Vous êtes libre de masquer ou d'afficher les règles dans le mode Mise en page. Pour cela, cliquez sur le bouton Afficher/Masquer dans l'onglet Affichage du Ruban, et cliquez sur la case Règle pour en ôter ou y mettre la coche.

Voir l'Aperçu avant impression

Pour afficher l'Aperçu avant impression, cliquez sur le Bouton Office, placez le pointeur sur le triangle pointant vers la droite qui accompagne l'option Imprimer, et sélectionnez Aperçu avant impression dans le sous-menu qui apparaît. Excel affiche l'Aperçu avant impression dans une fenêtre spéciale, dans laquelle le Ruban ne comporte que l'onglet Aperçu avant impression. Lorsque vous placez le pointeur de la souris sur la page, celui-ci prend la forme d'une loupe, signifiant que l'affichage s'agrandit si vous cliquez (il reprend sa taille initiale si vous cliquez à nouveau). La Figure 5.2 montre la première page d'un rapport de cinq pages dans l'Aperçu avant impression.

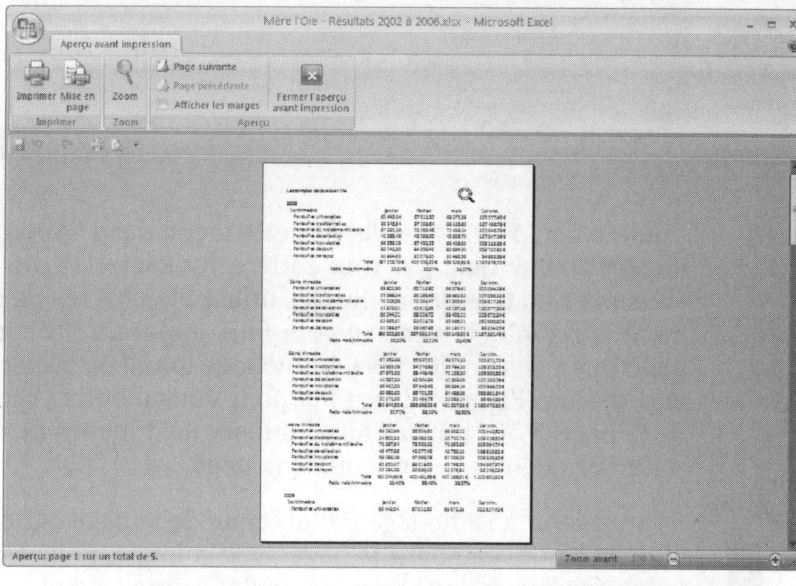

Figure 5.2 : La première page d'un rapport de cinq pages dans l'Aperçu avant impression.

Quand Excel affiche une page entière dans la fenêtre de l'Aperçu avant impression, le contenu en est à peine lisible parce qu'il est trop petit. Pour l'agrandir, cliquez simplement avec le pointeur en forme de loupe quand il est placé sur la page (le curseur de zoom dans la Barre d'état est inactif en mode Aperçu avant impression). La Figure 5.3 montre la même page que la Figure 5.2 dans l'Aperçu avant impression, simplement après avoir cliqué avec la loupe.

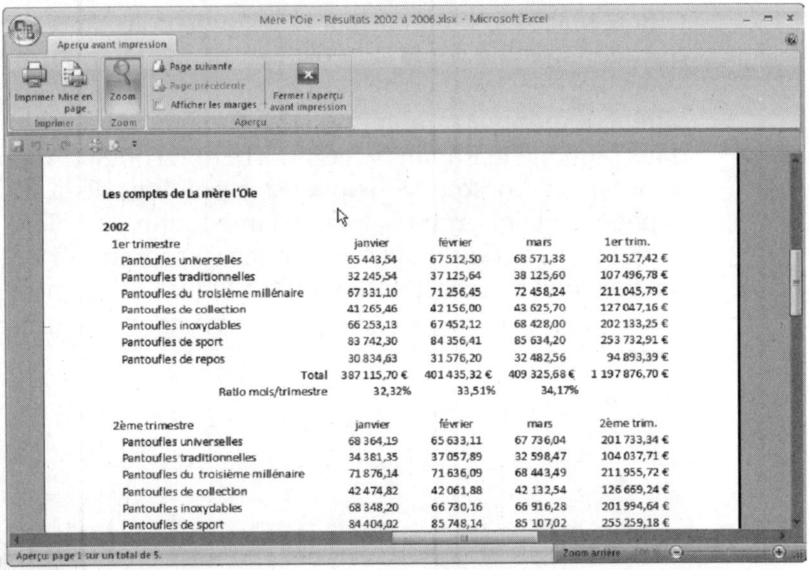

	janvier	février	mars	1er trim.
1er trimestre				
Pantoufles universelles	65 443,54	67 512,50	68 571,38	201 527,42 €
Pantoufles traditionnelles	32 245,54	37 125,64	38 125,60	107 496,78 €
Pantoufles du troisième millénaire	67 331,10	71 256,45	72 458,24	211 045,79 €
Pantoufles de collection	41 265,46	42 156,00	43 625,70	127 047,16 €
Pantoufles inoxydables	66 253,13	67 452,12	68 428,00	202 133,25 €
Pantoufles de sport	83 742,30	84 356,41	85 634,20	253 732,91 €
Pantoufles de repos	30 834,63	31 576,20	32 482,56	94 893,39 €
Total	387 115,70 €	401 435,32 €	409 325,68 €	1 197 876,70 €
Ratio mois/trimestre	32,32%	33,51%	34,17%	

2ème trimestre	janvier	février	mars	2ème trim.
Pantoufles universelles	68 364,19	65 633,11	67 736,04	201 733,34 €
Pantoufles traditionnelles	34 381,35	37 057,89	32 598,47	104 037,71 €
Pantoufles du troisième millénaire	71 876,14	71 636,09	68 443,49	211 955,72 €
Pantoufles de collection	42 474,82	42 061,88	42 132,54	126 669,24 €
Pantoufles inoxydables	68 348,20	66 730,16	66 916,28	201 994,64 €
Pantoufles de sport	84 404,02	85 748,14	85 107,02	255 259,18 €

Figure 5.3 : La même page que la figure précédente, après avoir cliqué avec la loupe pour l'agrandir.

Comme une page agrandie de cette façon dans l'Aperçu avant impression ne tient pas tout entière sur l'écran (à moins que vous ayez un très grand écran), utilisez les barres de défilement horizontal et vertical pour faire apparaître la zone de la page que vous voulez voir. L'affichage initial de l'Aperçu avant impression (Figure 5.2) est fait pour vous montrer l'ensemble de la page. Vous pouvez aussi utiliser les touches de curseur pour faire défiler le contenu de la page.

N'OUBLIEZ PAS

Pour revenir à l'affichage initial (celui de la page entière), cliquez à nouveau dans la page avec la loupe. Remarquez que le bouton Zoom dans l'unique onglet Aperçu avant impression du Ruban produit exactement le même effet que de cliquer dans la page avec la loupe.

Une fois que vous avez vu tout ce que vous aviez besoin de voir, l'onglet Aperçu avant impression met à votre disposition les boutons et cases suivants :

- **Imprimer**, dans le groupe Imprimer de l'onglet, affiche la boîte de dialogue Imprimer pour imprimer le document, tout en revenant à l'affichage antérieur de la feuille de calcul (voyez la section "Imprimer la feuille de calcul", plus loin dans ce chapitre).
- **Mise en page**, dans le groupe Imprimer de l'onglet, ouvre la boîte de dialogue Mise en page, dans laquelle vous pouvez modifier les paramètres de pagination en spécifiant la taille de papier, l'ordre des pages, l'orientation, les marges, l'en-tête et le pied de page (le texte qui se répète en haut ou en bas de chaque page). Pour en savoir plus sur les paramètres que vous permet de spécifier cette boîte de dialogue, reportez-vous à la section "Mettons en page la feuille de calcul", plus loin dans ce chapitre.
- **La case Afficher les marges**, dans le groupe Aperçu de l'onglet, affiche non seulement les repères des marges, mais aussi les repères de l'en-tête et du pied de page, ainsi que ceux des colonnes, qu'il vous suffit de faire glisser si vous voulez les modifier (voyez la section "Soigner les marges", plus loin dans ce chapitre).
- **Fermer l'Aperçu avant impression**, dans le groupe Aperçu de l'onglet, ferme l'Aperçu avant impression en vous faisant revenir à l'affichage antérieur de la feuille de calcul.

Imprimer la feuille de calcul

Aussi longtemps que vous allez utiliser les paramètres d'impression par défaut d'Excel pour imprimer votre feuille de calcul, l'impression dans Excel 2007 sera pour vous un jeu d'enfant. Pour commencer, ajoutez le bouton Impression rapide dans la barre d'outils Accès rapide : Cliquez sur le triangle pointant vers le bas à l'extrémité droite de celle-ci, et sélectionnez Impression rapide dans le menu qui apparaît.

Une fois que le bouton Impression rapide apparaît dans la barre d'outils Accès rapide, vous pouvez cliquer dessus pour imprimer directement la feuille de calcul affichée, y compris les images et les graphiques (mais sans les commentaires que vous avez pu ajouter aux cellules), sans passer par la boîte de dialogue Imprimer. Pour en savoir plus sur les commentaires dans les cellules, reportez-vous au Chapitre 6. Pour en savoir plus sur les images et les graphiques, reportez-vous au Chapitre 8.

Lorsque vous cliquez sur le bouton Impression rapide, Excel envoie directement la tâche d'impression correspondante dans la file d'attente de l'imprimante par défaut, qui est en quelque sorte le messager qui envoie les tâches d'impression à l'imprimante. Excel affiche alors (très fugitivement, à moins que vous ayez vraiment un très gros fichier) une boîte de dialogue Impression pour vous informer de la progression de l'envoi de cette tâche d'impression à la file d'attente de l'imprimante (en affichant un message du genre *Impression de la page 2/3 "Nom du fichier" en cours sur Nom de l'imprimante*). Une fois que cette boîte de dialogue a disparu, c'est-à-dire dans la plupart des cas avant que vous ayez eu le temps de lire ce message, vous pouvez vous remettre au travail dans Excel.

Au cas où vous voudriez annuler l'impression, la boîte de dialogue Impression contient un bouton Annuler. Si vous êtes Lucky Luke, cliquez sur ce bouton. Dans le cas contraire, vous devez faire comme tout le monde, c'est-à-dire ouvrir la boîte de dialogue de l'imprimante pour y annuler la tâche d'impression :

1. **Cliquez du bouton droit sur l'icône d'imprimante qui apparaît dans la Zone de notification de la Barre des tâches de Windows (juste à gauche de l'affichage de l'heure) lorsqu'une tâche d'impression se trouve dans la file d'attente, et sélectionnez le nom de l'imprimante utilisée pour l'impression de votre document dans le menu qui apparaît.**

2. **Cliquez du bouton droit sur la tâche que vous voulez annuler, et sélectionnez Annuler (ou équivalent) dans le menu qui apparaît.**

Selon les particularités de la boîte de dialogue de votre imprimante, vous pouvez aussi sélectionner la tâche d'impression dans la liste et sélectionner Annuler dans un menu ou en cliquant sur un bouton.

3. **Attendez que la tâche d'impression disparaisse de la liste, puis cliquez sur le bouton de fermeture de la boîte de dialogue et revenez à Excel.**

Imprimer la feuille de calcul à partir de la boîte de dialogue Imprimer

L'impression immédiate avec le bouton Impression rapide de la barre d'outils Accès rapide convient très bien tant que vous n'avez besoin que d'un exemplaire de votre document et que tous les autres paramètres d'impression par défaut vous conviennent. Si vous avez besoin de plusieurs exemplaires ou d'imprimer autre chose que toute la feuille de calcul affichée (par exemple, toutes les feuilles de calcul du classeur ou simplement les cellules sélectionnées), alors vous devez ouvrir la boîte de dialogue Imprimer, montrée par la Figure 5.4, pour y spécifier les paramètres correspondants.

Vous disposez de plusieurs manières d'ouvrir la boîte de dialogue Imprimer :

- Appuyer sur Ctrl+P.
- Cliquer sur Bouton Office/Imprimer.
- Appuyer sur Alt+FP, puis sur la touche Entrée.
- Appuyer sur Ctrl+Maj+F12.

Imprimer seulement certaines parties du classeur

La boîte de dialogue Imprimer comporte entre autres les sections Étendue et Impression, qui vous permettent de

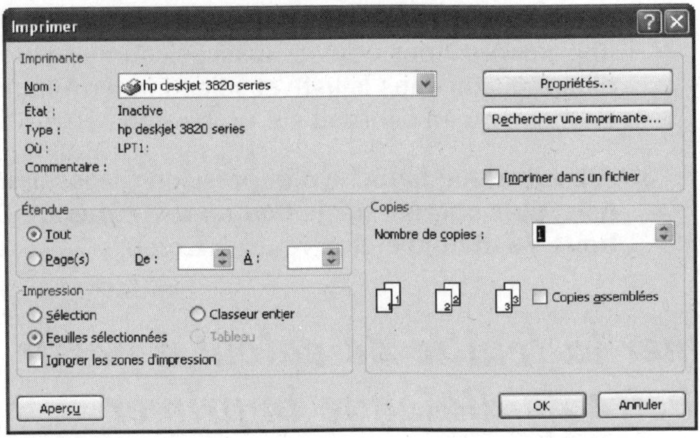

Figure 5.4 : La boîte de dialogue Imprimer vous permet de spécifier vos options d'impression.

spécifier ce que vous voulez imprimer du classeur, et la section Copies, dans laquelle vous pouvez spécifier le nombre d'exemplaires que vous voulez imprimer. Voici ce que contiennent ces sections, et comment les utiliser :

- **Tout :** Lorsque ce bouton (dans la section Étendue) est sélectionné, toutes les pages du document sont imprimées. Cette option est sélectionnée par défaut.
- **Page(s) :** Normalement, Excel imprime toutes les pages contenant des informations dans le classeur que vous imprimez. Toutefois, vous aurez parfois besoin d'imprimer uniquement une page ou quelques pages dans lesquelles vous avez fait des modifications. Pour imprimer seulement une page, entrez son numéro dans les champs De et À (vous pouvez aussi utiliser les boutons de ces champs). Pour imprimer une étendue de pages, entrez le numéro de la première dans le champ De et le numéro de la dernière dans le champ À. Excel désélectionne automatiquement l'option Tout et sélectionne l'option Page(s) aussitôt que vous entrez une valeur dans l'un ou l'autre de ces champs.
- **Sélection :** Sélectionnez cette option (dans la section Impression) pour qu'Excel n'imprime que les cellules sélectionnées dans le classeur.

- **Feuilles sélectionnées :** C'est l'option par défaut dans la section Impression. Excel imprime les feuilles de calcul sélectionnées dans le classeur. Normalement, c'est uniquement la feuille affichée. Pour imprimer plusieurs feuilles du classeur en utilisant cette option, c'est-à-dire pour sélectionner plusieurs feuilles du classeur, maintenez enfoncée la touche Ctrl tout en cliquant sur l'onglet de chacune d'elles. Pour sélectionner plusieurs feuilles consécutives, cliquez sur l'onglet de la première, puis maintenez enfoncée la touche Maj en cliquant sur l'onglet de la dernière.
- **Classeur entier :** Avec cette option, Excel imprime tout simplement toutes les pages contenant des données dans toutes les feuilles du classeur.
- **Tableau :** Sélectionnez cette option si vous voulez qu'Excel imprime uniquement les données mises en forme en tant que tableau (reportez-vous au Chapitre 3 pour en savoir plus à ce sujet). Notez que ce bouton est estompé (non disponible) si votre feuille de calcul ne contient aucun tableau.
- **Ignorer les zones d'impression :** Cochez cette case si vous voulez que les autres options de la section Impression (Sélection, Feuilles sélectionnées et Classeur entier) soient prises en compte pour l'impression, quelles que soient les zones d'impression que vous avez pu définir (pour en savoir plus au sujet des zones d'impression, reportez-vous à la section "Définir et annuler une zone d'impression", plus loin dans ce chapitre).
- **Nombre de copies :** Pour imprimer plusieurs exemplaires de votre rapport, entrez le nombre d'exemplaires voulus dans le champ Nombre de copies dans la section Copies de la boîte de dialogue Imprimer (vous pouvez aussi utiliser les boutons qui sont dans ce champ pour y faire apparaître le nombre voulu).
- **Copies assemblées :** Cochez cette case si vous voulez que les exemplaires de votre rapport soient triés à l'impression (ce que montre l'illustration schématique à

gauche de cette case selon qu'elle est ou non cochée). Lorsque cette case n'est pas cochée, vous aurez le nombre de fois spécifié la page 1, puis le même nombre de fois la page 2, et ainsi de suite.

Une fois que vous avez spécifié toutes vos options d'impression, vous pouvez cliquer sur OK (ou appuyer sur Entrée) pour lancer l'impression. Si vous avez plusieurs imprimantes accessibles depuis votre ordinateur (directement connectées à celui-ci ou accessibles par le réseau) et que vous voulez changer l'imprimante qui apparaît par défaut dans la liste déroulante de la section Imprimante de la boîte de dialogue Imprimer, cliquez sur cette liste déroulante pour l'afficher, et sélectionnez dans celle-ci l'imprimante voulue (avant de cliquer sur OK ou d'appuyer sur Entrée).

Définir et annuler une zone d'impression

Excel dispose d'une fonction appelée *zone d'impression*. Pour définir en tant que zone d'impression une étendue de cellules préalablement sélectionnées dans une feuille de calcul, cliquez sur Zone d'impression/Définir dans le groupe Mise en page de l'onglet Mise en page. Une fois définie une zone d'impression, celle-ci sera la seule à être imprimée chaque fois que vous lancerez l'impression de la feuille de calcul dans laquelle elle se trouve, à moins que vous ayez sélectionné l'option Sélection dans la section Impression de la boîte de dialogue Imprimer (seules les cellules sélectionnées seront alors imprimées) ou que vous ayez coché la case Ignorer les zones d'impression dans la boîte de dialogue Imprimer après avoir sélectionné l'option Feuilles sélectionnées ou l'option Classeur entier dans la section Impression de la boîte de dialogue Imprimer (c'est alors tout le contenu des feuilles sélectionnées ou tout le contenu du classeur qui sera imprimé).

Pour annuler une zone d'impression, et par conséquent revenir aux options par défaut de la boîte de dialogue Imprimer d'Excel (voyez à ce sujet la section précédente, "Imprimer seulement certaines parties du classeur"), cliquez simplement sur Zone d'impression/Annuler dans le groupe Mise en page de l'onglet Mise en page.

Mettons en page la feuille de calcul

La seule chose un peu compliquée dans l'impression d'une feuille de calcul est la détermination de la disposition des pages. Heureusement, les boutons de commande du groupe Mise en page de l'onglet Mise en page du Ruban vous offrent un contrôle presque total de la disposition de vos pages.

Les trois groupes de boutons de l'onglet Mise en page vous permettent de définir la disposition de vos pages exactement comme vous le voulez : le groupe Mise en page, le groupe Mise à l'échelle et le groupe Options de la feuille de calcul, que nous allons décrire dans les sections qui suivent.

TRUC

Pour visualiser l'effet des modifications que vous apportez aux paramètres de mise en page, cliquez sur le bouton Mise en page de la Barre d'état pour afficher la feuille de calcul en mode Mise en page. Vous pourrez ainsi vous rendre compte immédiatement de l'effet produit par votre utilisation des boutons de l'onglet Mise en page.

Utiliser les boutons du groupe Mise en page

Le groupe Mise en page de l'onglet Mise en page contient des boutons importants :

- **Marges :** Ce bouton permet de sélectionner l'une des trois configurations de marges prédéfinies, ainsi que d'ouvrir la boîte de dialogue Mise en page avec l'onglet Marges au premier plan pour définir des marges personnalisées. Pour en savoir plus sur les marges, reportez-vous à la section "Soigner les marges", plus loin dans ce chapitre.

- **Orientation :** Ce bouton permet de basculer entre le mode Portrait et le mode Paysage pour définir les pages de documents dans la feuille de calcul (voyez à ce sujet la section "Portrait ou paysage ?", plus loin dans ce chapitre).

- **Taille :** Ce bouton permet de sélectionner l'une des tailles de papier prédéfinies, ainsi que de faire apparaître la boîte de dialogue Mise en page avec l'onglet Pages au premier plan pour spécifier une taille de papier personnalisée et d'autres paramètres de page.

- **Zone d'impression :** Ce bouton permet de définir et d'annuler une zone d'impression (voyez à ce sujet la section "Définir et annuler une zone d'impression", plus haut dans ce chapitre).

- **Sauts de page :** Ce bouton permet d'insérer ou de supprimer des sauts de page (pour en savoir plus sur les sauts de page, reportez-vous à la section "Résoudre les problèmes de sauts de page", plus loin dans ce chapitre).

- **Arrière-plan :** Ce bouton ouvre la boîte de dialogue Feuille d'arrière-plan, dans laquelle vous pouvez sélectionner le fichier graphique d'une image ou d'une photo qui sera utilisée comme arrière-plan pour toutes les feuilles de calcul du classeur (notez que ce bouton devient Supprimer l'arrière-plan lorsqu'une image d'arrière-plan a déjà été sélectionnée).

- **Imprimer les titres :** Ce bouton ouvre la boîte de dialogue Mise en page avec l'onglet Feuille au premier plan, dans lequel vous pouvez définir des lignes de la feuille de calcul comme devant être imprimées en haut de chaque page, et des colonnes comme devant être imprimées à gauche de chaque page, en tant que titres pour le rapport. Pour en savoir plus à ce sujet, reportez-vous à la section "Définir les titres à imprimer", plus loin dans ce chapitre.

Soigner les marges

Lorsque vous créez un nouveau classeur, Excel lui applique les paramètres de marge par défaut, c'est-à-dire les marges Normales dans le menu affiché par le bouton Marges de l'onglet Mise en page (Haut et Bas : 1,91 cm ; Gauche et Droite : 1,78 cm ; En tête et Pied de page : à 0,76 cm du bord de la page).

En dehors des paramètres de marges Normales, Excel vous permet de sélectionner directement deux autres configurations de marges standard à partir du menu du bouton Marges de l'onglet Mise en page :

- **Larges** (Haut et Bas : 2,54 cm ; Gauche et Droite : 2,54 cm ; En tête et Pied de page : à 1,27 cm du bord de la page).
- **Étroites** (Haut et Bas : 1,91 cm ; Gauche et Droite : 0,64 cm ; En tête et Pied de page : à 0,76 cm du bord de la page).

Il vous arrivera souvent d'avoir un rapport qui occupe juste un peu plus que la surface d'une page à l'impression, de telle sorte qu'une ou deux colonnes ou un petit nombre de lignes se retrouvent sur une autre page. Avec un peu de chance, il vous suffira de sélectionner les marges standard Étroites pour que l'ensemble tienne sur une seule page.

Si ça ne suffit pas, vous pouvez essayer de définir des marges personnalisées, que ce soit dans l'onglet Marges de la boîte de dialogue Mise en page ou en faisant glisser avec la souris les repères des marges dans l'affichage Aperçu avant impression. Pour faire tenir plus de colonnes sur une page, réduisez les marges droite et gauche. Pour faire tenir plus de lignes, réduisez les marges du haut et du bas.

Pour ouvrir la boîte de dialogue Mise en page avec l'onglet Marges au premier plan (Figure 5.5), cliquez sur Marges personnalisées tout en bas du menu du bouton Marges de l'onglet Mise en page, et entrez les paramètres voulus dans les champs correspondants (vous pouvez aussi utiliser les boutons qui se trouvent dans ces champs pour augmenter ou réduire la valeur).

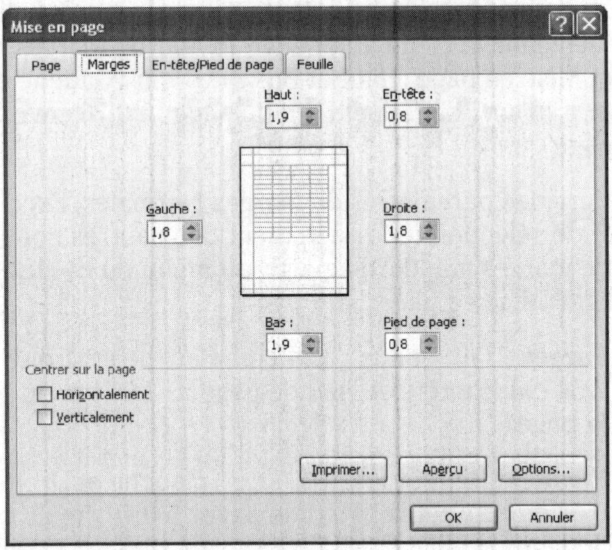

Figure 5.5 : Utilisez l'onglet Marges de la boîte de dialogue Mise en page pour définir des marges personnalisées.

TRUC

Si vous voulez que les données de la page soient automatiquement centrées sur la page à l'impression, cochez la case Horizontalement, ou la case Verticalement, dans la section Centrer sur la page de cet onglet, ou les deux. Les données seront alors centrées à l'impression entre les marges spécifiées.

Lorsque vous cochez la case Afficher les marges dans l'onglet Aperçu avant impression de l'affichage Aperçu avant impression pour pouvoir ajuster manuellement les marges, les repères des colonnes apparaissent également, ce qui vous permet d'ajuster également la largeur des colonnes (ce que montre la Figure 5.6). Pour modifier une marge, placez le pointeur de la souris sur le repère correspondant (le pointeur prend la forme d'une flèche à double pointe), et faites-le glisser dans la direction voulue. Lorsque vous relâchez le bouton de la souris, Excel affiche la page avec la nouvelle marge que vous venez de définir. Selon que vous réduisez ou que vous augmentez une marge, la page peut gagner ou perdre des lignes ou des colonnes. Utilisez la même méthode pour ajuster la largeur des colonnes : faites glisser les repères correspondants.

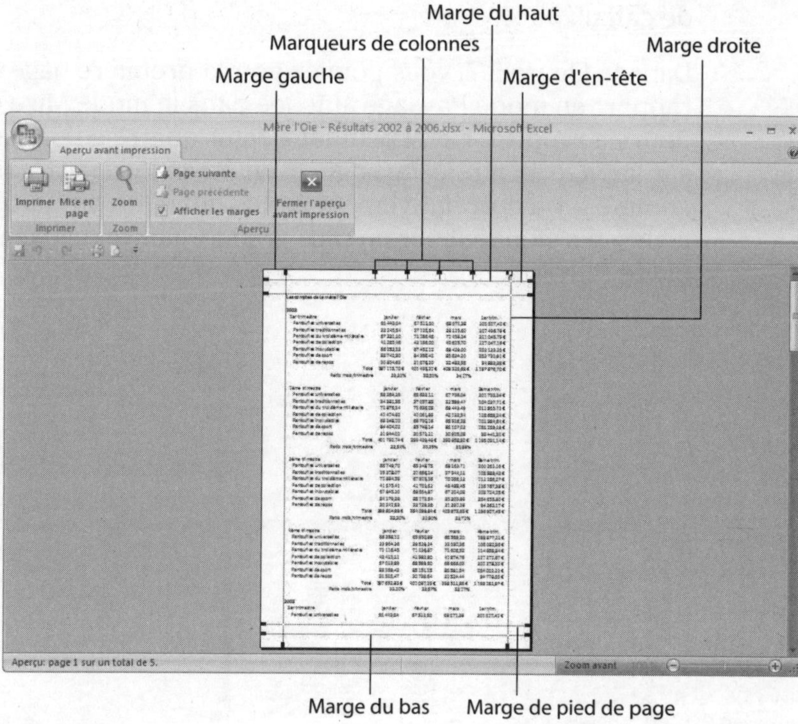

Figure 5.6 : Après avoir coché la case Afficher les marges, faites glisser les repères pour ajuster les marges.

Portrait ou paysage ?

Le menu du bouton Orientation du groupe Mise en page de l'onglet Mise en page contient les deux options suivantes :

- **Portrait :** C'est l'option par défaut, qui correspond à l'usage habituel d'une feuille de papier. La page est plus haute que large.
- **Paysage :** C'est l'inverse, quand on fait tourner la page de 90 degrés. La page est plus large que haute.

Comme il est courant qu'un tableau soit assez large et comme les tableaux sont l'usage principal des feuilles de calcul, l'orientation Paysage, qui permet de faire tenir un plus grand nombre de colonnes sur la feuille, vous sera souvent plus pratique que l'orientation Portrait pour imprimer vos feuilles de calcul.

Dans la Figure 5.7, vous pouvez voir la première page d'un rapport en mode Paysage affichée dans le mode Mise en page. Pour ce rapport, Excel peut faire tenir quatre colonnes de plus sur la page en mode Paysage qu'en mode Portrait. Mais comme il y a corrélativement moins de lignes sur une page, celles-ci s'étendent sur un plus grand nombre de pages qu'en mode Portrait.

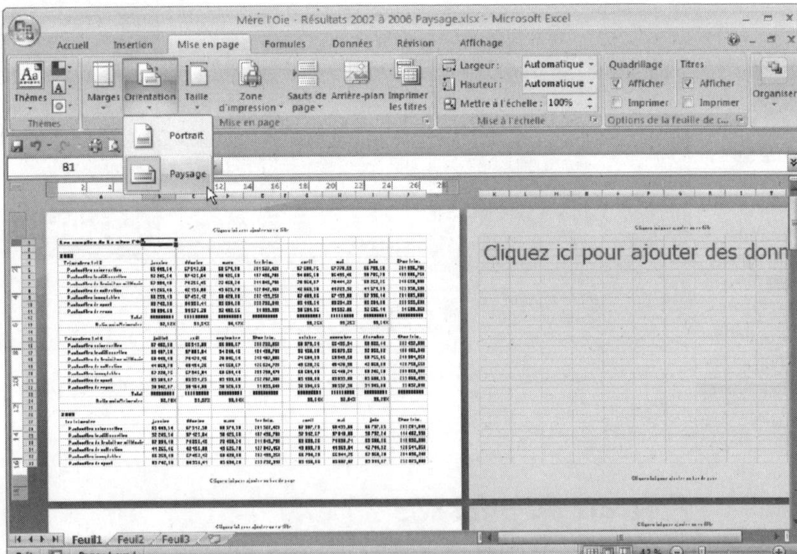

Figure 5.7 : Un rapport en mode Paysage affiché dans le mode Mise en page.

Définir les titres à imprimer

La fonction Imprimer les titres d'Excel vous permet de répéter sur chaque page d'un rapport l'impression de certaines lignes et/ou de certaines colonnes, ce qui est particulièrement utile pour les lignes et colonnes d'en-tête d'un tableau qui s'étend sur plusieurs pages.

N'OUBLIEZ PAS

Ne confondez pas les titres à imprimer avec l'en-tête et le pied de page d'un rapport (voyez à ce sujet la section "De l'en-tête au pied de page", plus loin dans ce chapitre). Bien que les uns comme les autres soient imprimés sur toutes les pages, l'en-tête et le pied de page sont imprimés respectivement dans la marge supérieure et la marge inférieure de la page, alors que les titres à imprimer le sont dans le corps du rapport.

Pour définir des lignes et des colonnes comme titres à imprimer pour un rapport, suivez ces étapes :

1. **Dans l'onglet Mise en page du Ruban, cliquez sur le bouton Imprimer les titres.**

   La boîte de dialogue Mise en page apparaît, avec l'onglet Feuille au premier plan (Figure 5.8).

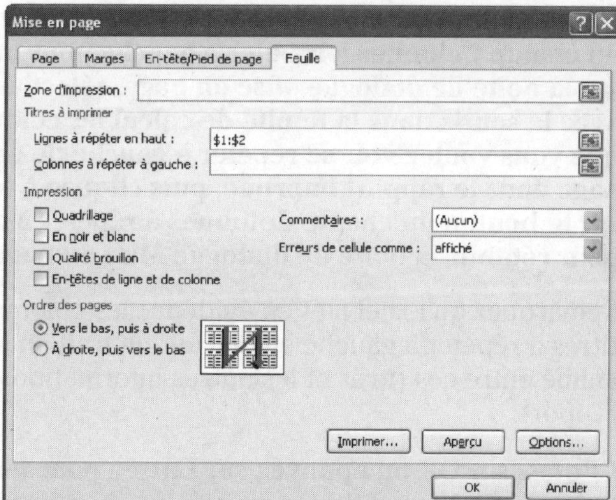

Figure 5.8 : Spécifiez dans l'onglet Feuille de la boîte de dialogue Mise en page les lignes et les colonnes à utiliser comme titres à imprimer.

Pour définir des lignes comme titres à imprimer, allez à l'Étape 2a. Pour définir des colonnes comme titres à imprimer, allez à l'Étape 2b.

2a. **Cliquez sur le bouton qui se trouve à l'extrémité droite du champ Lignes à répéter en haut pour minimiser la boîte de dialogue Mise en page, sélectionnez avec la souris dans la feuille de calcul les lignes que vous**

voulez voir se répéter en haut de chaque page dans le rapport imprimé, puis cliquez à nouveau sur le bouton du champ Lignes à répéter en haut pour rétablir la boîte de dialogue Mise en page.

Dans l'exemple de la Figure 5.8, j'ai cliqué sur le bouton de minimisation du champ Lignes à répéter en haut pour minimiser la boîte de dialogue Mise en page, et j'ai sélectionné les lignes 1 et 2 dans la feuille de calcul. Excel a donc affiché l'indication $1:$2 dans le champ Lignes à répéter en haut.

Remarquez qu'Excel met en évidence les lignes des titres à répéter en haut en plaçant un trait en pointillé animé entre ces titres et les autres informations du rapport.

2b. **Cliquez sur le bouton qui se trouve à l'extrémité droite du champ Colonnes à répéter à gauche pour minimiser la boîte de dialogue Mise en page, sélectionnez avec la souris dans la feuille de calcul les colonnes que vous voulez voir se répéter à gauche de chaque page dans le rapport imprimé, puis cliquez à nouveau sur le bouton du champ Colonnes à répéter à gauche pour rétablir la boîte de dialogue Mise en page.**

Remarquez qu'Excel met en évidence les colonnes des titres à répéter à gauche en plaçant un trait en pointillé animé entre ces titres et les autres informations du rapport.

3. **Cliquez sur OK ou appuyez sur Entrée pour fermer la boîte de dialogue Mise en page.**

Les traits en pointillé indiquant les limites des lignes et des colonnes à répéter disparaissent de la feuille de calcul.

Dans la Figure 5.8, les lignes 1 et 2 contiennent le titre de la feuille et les en-têtes de colonnes du rapport. Dans la Figure 5.9, la deuxième page de ce rapport est affichée dans le mode Mise en page. Les deux premières lignes que vous voyez sur cette page sont en fait les lignes 1 et 2 de la feuille (si vous en doutez, regardez les numéros des lignes).

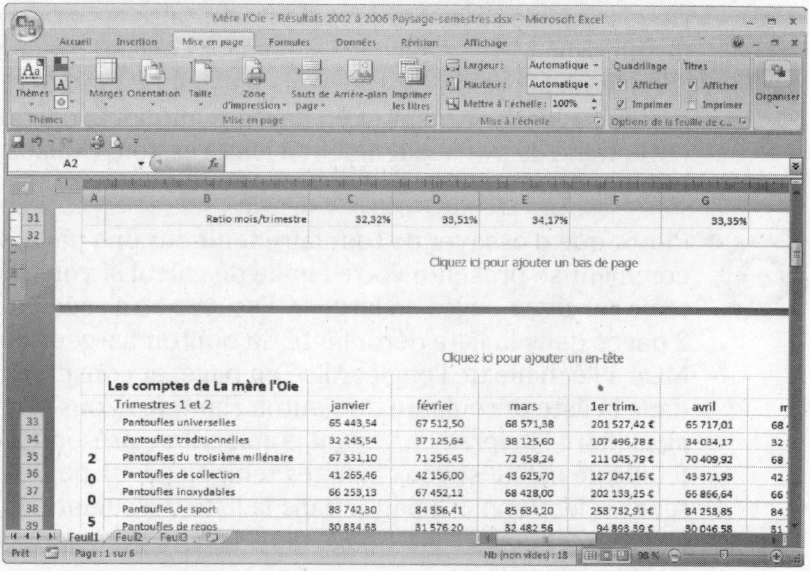

Figure 5.9 : La deuxième page d'un rapport dans l'Aperçu avant impression, avec deux lignes de titres à imprimer.

Pour désactiver les titres à imprimer d'un rapport lorsque vous n'en avez plus besoin, ouvrez la boîte de dialogue Mise en page avec l'onglet Feuille au premier plan, supprimez le contenu des champs Lignes à répéter en haut et Colonnes à répéter à gauche, puis cliquez sur OK ou appuyez sur Entrée.

Utiliser les boutons du groupe Mise à l'échelle

Si votre imprimante vous offre des options de mise à l'échelle, vous allez pouvoir en découvrir la commodité. En effet, vous pouvez toujours faire tenir une feuille de calcul sur une seule page en sélectionnant 1 page dans les listes déroulantes Largeur et Hauteur du groupe Mise à l'échelle de l'onglet Mise en page. Lorsque ces options sont sélectionnées, Excel ajuste automatiquement l'échelle de la zone à imprimer pour que l'ensemble tienne sur une page à l'impression.

Après avoir sélectionné ces options, si vous vous apercevez en affichant l'Aperçu avant impression que le résultat est trop petit pour être lisible, cliquez sur le bouton Mise en page dans l'onglet Aperçu avant impression pour faire apparaître la boîte de dialogue Mise en page avec l'onglet Page au premier plan, dans lequel l'option Ajuster vous permet de modifier le nombre de pages en largeur et en hauteur auquel Excel doit ajuster la taille de votre document à l'impression. Utilisez pour cela les deux champs de l'option Ajuster.

Plutôt que d'essayer de tout faire tenir sur une page, voyez comment se présente votre feuille de calcul si vous la faites tenir sur deux pages en largeur. Essayez ceci : sélectionnez 2 pages dans la liste déroulante du bouton Largeur du groupe Mise à l'échelle de l'onglet Mise en page, et conservez 1 page dans la liste déroulante du bouton Hauteur. Vous pouvez aussi faire l'inverse en voyant comment se présente votre feuille de calcul si vous la faites tenir sur deux pages en hauteur : sélectionnez 2 pages dans la liste déroulante du bouton Hauteur, et conservez 1 page dans la liste déroulante du bouton Largeur.

Après avoir essayé les options d'ajustement en largeur et en hauteur, vous conclurez peut-être que vous ne voulez pas de mise à l'échelle pour l'impression. Pour l'annuler, sélectionnez simplement Automatique dans les deux listes déroulantes Largeur et Hauteur du groupe Mise à l'échelle de l'onglet Mise en page. Vous voyez alors que le champ du bouton Mettre à l'échelle (juste au-dessous des deux précédents) est à nouveau disponible et affiche 100 %.

Les cases Imprimer dans le groupe Options de la feuille de calcul

Le groupe Options de la feuille de calcul contient deux cases très utiles, toutes deux nommées Imprimer (aucune des deux n'étant cochée par défaut) : la première dans la colonne Quadrillage, la seconde dans la colonne Titres.

- Pour imprimer votre rapport avec le quadrillage des lignes et des colonnes, cochez la case Imprimer dans la colonne Quadrillage.
- Pour imprimer votre rapport avec les numéros de lignes et les lettres de colonnes sur toutes ses pages, cochez la case Imprimer dans la colonne Titres.

TRUC

Si vous voulez que votre rapport imprimé soit aussi proche que possible de la manière dont il se présente à l'écran, cochez ces deux cases. Ces options sont particulièrement utiles lorsque vous avez besoin d'identifier les références des cellules sur la version imprimée (par exemple, pour les mettre à jour plus facilement dans la feuille).

De l'en-tête au pied de page

Les en-têtes et les pieds de page ne sont rien d'autre que du texte qui apparaît sur toutes les pages du rapport imprimé. L'en-tête est imprimé dans la marge supérieure, et le pied de page est imprimé dans la marge inférieure. Tous deux peuvent être centrés verticalement entre les marges droite et gauche, aussi bien qu'alignés à droite ou à gauche. Par défaut, Excel ne met ni en-tête ni pied de page dans un nouveau classeur.

TRUC

Utilisez l'en-tête et le pied de page dans un rapport pour identifier le document qui a servi à produire celui-ci, ainsi que pour afficher le numéro de chaque page, de même que l'heure et la date de l'impression.

C'est dans le mode d'affichage Mise en page que vous pouvez ajouter un en-tête et un pied de page. Pour passer en mode Mise en page, cliquez simplement sur le bouton Mode Mise en page dans la Barre d'état, ou cliquez sur le bouton Mode Mise en page dans l'onglet Affichage du Ruban.

Lorsque la feuille de calcul est affichée en mode Mise en page, placez le pointeur de la souris dans la zone de la marge supérieure où vous voyez la mention Cliquez ici pour ajouter un en-tête, ou dans la zone de la marge inférieure où vous voyez la mention Cliquez ici pour ajouter un bas de page (curieusement, c'est la mention "bas de page" qui apparaît au lieu de "pied de page", en tout cas dans la version bêta d'Excel 2007 utilisée pour réaliser ce livre).

N'OUBLIEZ PAS

Pour créer un en-tête ou un pied de page centré entre les marges droite et gauche de la page, cliquez dans la partie centrale de la zone d'en-tête ou de pied de page (elle apparaît en grisé lorsque vous placez le pointeur dessus). Le curseur d'insertion apparaît alors au centre de cette zone. Pour créer un en-tête ou un pied de page aligné à gauche ou à droite par rapport aux marges latérales de la page, cliquez dans le rectangle de droite ou de gauche qui s'affiche dans cette zone lorsque vous placez le pointeur dessus. Le curseur d'insertion apparaît alors à l'extrémité droite ou à l'extrémité gauche de la zone correspondante. Notez que vous pouvez utiliser ces trois zones à la fois pour l'en-tête comme pour le pied de page, et faire ainsi apparaître un élément d'information aligné à gauche, un deuxième centré et un troisième aligné à droite, si vous le souhaitez.

Une fois que vous avez placé le curseur d'insertion au centre, à gauche ou à droite de la zone d'en-tête ou de pied de page, Excel ajoute à l'extrémité du Ruban un onglet Création, surmonté de la mention Outils des en-têtes et pieds de page. Cet onglet comporte les groupes En-tête et pied de page, Éléments en-tête et pied de page, Navigation et Options (Figure 5.10).

Ajouter un en-tête ou un pied de page automatique

Les boutons En-tête et Pied de page de l'onglet Création des Outils des en-têtes et pieds de page vous permettent d'ajouter en un instant un en-tête et un pied de page en faisant votre choix parmi une liste automatiquement prédéfinie par Excel. Cliquez simplement sur l'un de ces deux boutons, et sélectionnez ce qui vous convient dans la liste qui apparaît.

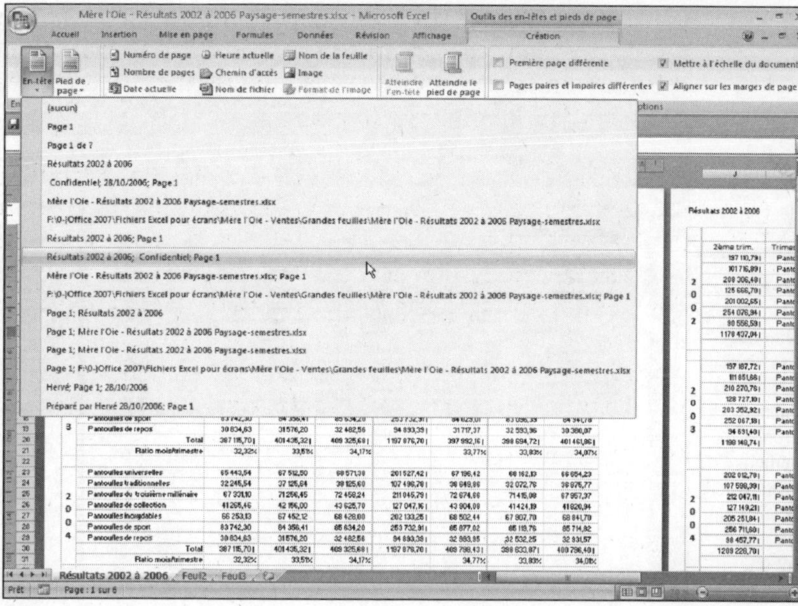

Figure 5.10 : Définir un nouvel en-tête en utilisant les boutons de l'onglet Création.

Par exemple, pour créer l'en-tête de la Figure 5.11, j'ai cliqué dans la zone centrale de l'en-tête puis sur le bouton En-tête dans l'onglet Création, et sélectionné :

```
Feuil1, Confidentiel, Page 1
```

dans la liste (après quoi, naturellement, j'ai donné à la feuille le nom que vous voyez dans la figure).

Pour créer le pied de page centré de la Figure 5.11, j'ai cliqué dans la zone centrale du pied de page puis sur le bouton Pied de page dans l'onglet Création, et sélectionné :

```
Page 1 de ?
```

dans la liste (ce qui affiche le numéro de la page du rapport et le nombre total de pages de celui-ci).

Vous pouvez voir le résultat de tout ceci dans la Figure 5.11, qui montre la première page du rapport dans le mode d'affichage Mise en page. Vous pouvez donc y voir l'en-tête et le pied de page tels qu'ils seront imprimés. Vous pouvez aussi

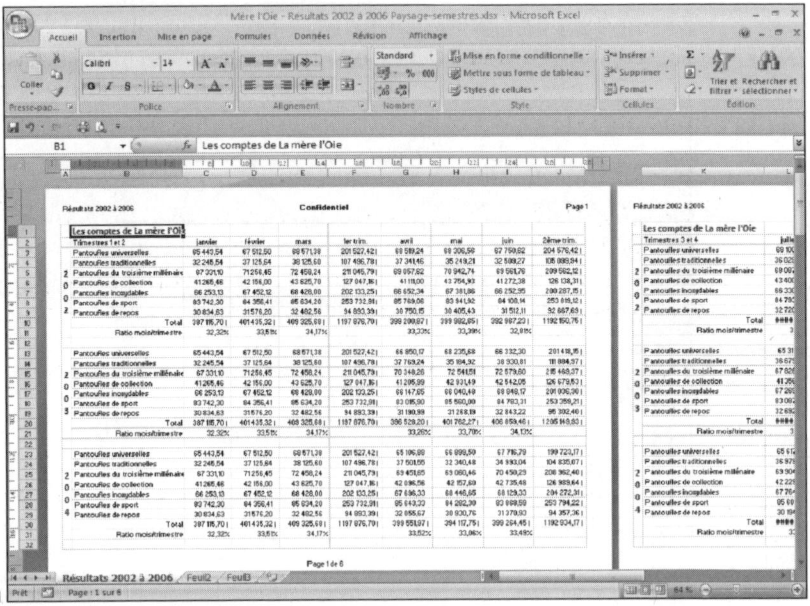

Figure 5.11 : Le mode d'affichage Mise en page vous montre comment seront imprimés l'en-tête et le pied de page de votre rapport.

voir le résultat de la sélection de "Page 1 de ?" pour le pied de page : sur la première page, vous voyez le pied de page centré `Page 1 de 6` ; alors que sur la deuxième page, vous verriez le pied de page centré `Page 2 de 6`.

TRUC

Si, après avoir sélectionné un en-tête ou un pied de page automatiquement proposé par Excel, vous décidez que vous ne voulez plus d'en-tête ou de pied de page dans votre rapport, vous pouvez facilement le supprimer : commencez par cliquer dans l'en-tête ou le pied de page pour faire apparaître les Outils d'en-tête et de Pied de page, puis cliquez sur le bouton En-tête ou le bouton Pied de page, et sélectionnez Aucun dans le menu qui apparaît.

Créer un en-tête ou un pied de page personnalisé

Dans la plupart des cas, vous trouverez ce qui vous convient dans la liste des en-têtes et pieds de page automatiquement proposés par Excel. Il vous arrivera toutefois de vouloir y mettre une information qu'Excel ne pouvait pas deviner, ou de vouloir présenter les informations d'une manière qui ne fait pas partie des en-têtes et pieds de page standard.

Vous pourrez alors utiliser les boutons de commande qui apparaissent dans le groupe Éléments en-tête et pied de page de l'onglet Création. Ces boutons vous permettent de combiner vos propres informations avec celles proposées par Excel pour les différentes sections de l'en-tête ou du pied de page personnalisé que vous voulez créer.

Ces boutons de commande sont les suivants :

- **Numéro de page :** Cliquez sur ce bouton pour insérer le code `&[Page]` qui affiche dans chaque page le numéro de la page.
- **Nombre de pages :** Cliquez sur ce bouton pour insérer le code `&[Pages]` qui affiche le nombre total de pages du document.
- **Date actuelle :** Cliquez sur ce bouton pour insérer le code `&[Date]` qui affiche la date actuelle.
- **Heure actuelle :** Cliquez sur ce bouton pour insérer le code `&[Heure]` qui affiche l'heure actuelle.
- **Chemin d'accès :** Cliquez sur ce bouton pour insérer le code `&[Chemin d'accès]&[Fichier]` qui affiche le chemin d'accès au fichier et le nom du classeur.
- **Nom de fichier :** Cliquez sur ce bouton pour insérer le code `&[Fichier]` qui affiche le nom du classeur (c'est-à-dire le nom du fichier du classeur).
- **Nom de la feuille :** Cliquez sur ce bouton pour insérer le code `&[Onglet]` qui affiche le nom de la feuille tel qu'il est défini sur son onglet.
- **Image :** Cliquez sur ce bouton pour ajouter une image dans l'en-tête ou le pied de page. La boîte de dialogue Insérer une image apparaît, vous permettant de sélectionner l'image à insérer. Une fois l'image sélectionnée,

le code &[Image] apparaît dans l'en-tête ou le pied de page.

- **Format de l'image :** Ce bouton n'est actif que si vous avez déjà inséré une image en cliquant sur le bouton Image (paragraphe précédent). Lorsque vous cliquez dessus, la boîte de dialogue Format de l'image apparaît, vous permettant de spécifier tous les paramètres de format avec lesquels l'image sera affichée dans l'en-tête ou le pied de page. Aucun code supplémentaire n'est ici ajouté dans l'en-tête ou le pied de page.

Pour utiliser ces boutons afin de créer un en-tête ou un pied de page personnalisé, suivez ces étapes :

1. **Passez en mode d'affichage Mise en page en cliquant sur le bouton Mode Mise en page dans la Barre d'état, ou sur le bouton Mode Mise en page dans l'onglet Affichage.**

   Dans le mode d'affichage Mise en page, vous voyez le texte Cliquez ici pour ajouter un en-tête dans la marge supérieure, et le texte Cliquez ici pour ajouter un bas de page dans la marge inférieure.

2. **Placez le pointeur de la souris sur l'un de ces deux textes pour créer un en-tête ou un pied de page, puis cliquez sur la zone de gauche, du centre ou de droite pour que celui-ci soit aligné à gauche, centré ou aligné à droite.**

   Le curseur d'insertion apparaît dans la zone dans laquelle vous avez cliqué, et l'onglet Création des Outils des en-têtes et pieds de page apparaît dans le Ruban.

   Pour afficher dans l'en-tête ou le pied de page l'une des informations automatiquement proposées par Excel (nom du classeur, nom de la feuille ou autre), sélectionnez l'information correspondante dans le menu du bouton En-tête ou du bouton Pied de page du groupe En-tête et pied de page.

Chacune de ces informations est représentée par un code qui commence par le caractère "&". Ces codes sont remplacés par l'information réelle dès que vous cliquez dans une autre zone de l'en-tête ou du pied de page, ou en dehors de ceux-ci dans la feuille elle-même.

3. **Si vous voulez ajouter un texte en plus de ces informations, il vous suffit de le saisir au clavier après avoir placé le curseur d'insertion à l'endroit voulu.**

   Lorsque vous combinez une information générée par Excel (indiquée par le code correspondant) avec votre propre texte dans un en-tête ou un pied de page, prenez soin d'insérer les espaces et la ponctuation nécessaires. Par exemple, si vous voulez faire apparaître `Page 1 de 4` dans un en-tête ou un pied de page personnalisé (c'est-à-dire en insérant vous-même "Page" et "de"), vous devez :

   1. Taper le mot **Page** et appuyer sur la barre d'espace.
   2. Cliquer sur le bouton Numéro de page dans l'onglet Création du Ruban, et appuyer à nouveau sur la barre d'espace.
   3. Taper le mot **de** et appuyer une troisième fois sur la barre d'espace.
   4. Cliquer sur le bouton Nombre de pages dans l'onglet Création du Ruban.

   Ce qui a pour effet de faire apparaître `Page &[Page] de &[Pages]` dans la zone d'en-tête ou de pied de page où se trouve le curseur d'insertion.

4. **Si vous voulez modifier la police ou n'importe quel attribut de police dans votre en-tête ou pied de page personnalisé, sélectionnez les codes et le texte correspondant, cliquez sur l'onglet Accueil, puis utilisez les boutons appropriés dans le groupe Police pour appliquer au texte sélectionné les attributs voulus.**

   Naturellement, en dehors de la police elle-même, vous pouvez sélectionner tous les attributs de police que vous voulez, exactement comme pour le contenu des cellules.

5. **Une fois que vous avez terminé de définir les codes et le texte de votre en-tête ou pied de page personnalisé, cliquez à un endroit quelconque dans la zone de la feuille de calcul pour désélectionner la zone d'en-tête ou de pied de page.**

   Excel remplace alors les codes que vous avez insérés dans l'en-tête ou le pied de page par les informations réelles, et fait disparaître du Ruban les Outils des en-têtes et pieds de page.

La Figure 5.12 montre un en-tête personnalisé dans l'affichage Mise en page. Celui-ci combine le nom de la feuille, mon propre texte ("Diffusion extrêmement restreinte"), puis la date et l'heure actuelles, respectivement placés dans les trois sections de l'en-tête : alignée à gauche, centrée et alignée à droite. Notez la taille de police différente et la mise en forme en gras pour le texte de la section centrale.

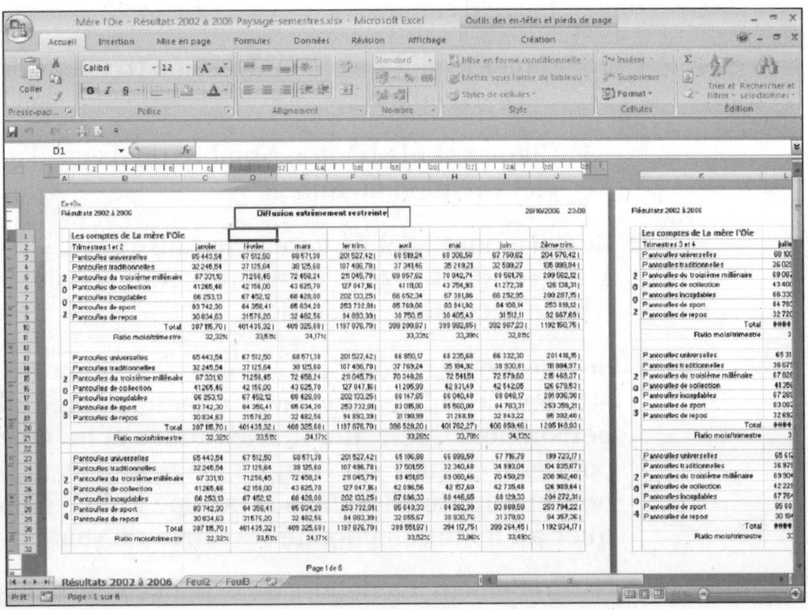

Figure 5.12 : Un en-tête personnalisé dans l'affichage Mise en page.

Créer un en-tête ou un pied de page n'apparaissant qu'une fois

Pour la première fois dans l'histoire d'Excel, vous pouvez définir pour la première page un en-tête et un pied de page qui soient différents de ceux des autres pages. Pour cela, dans l'onglet Création des Outils des en-têtes et pieds de page, cliquez sur le bouton Options et cochez la case Première page différente dans les options supplémentaires qui apparaissent.

Après avoir coché cette case, vous pouvez définir un en-tête et/ou un pied de page qui n'apparaîtront que sur la première page. Notez que lorsque cette case est cochée, la mention Premier en-tête de page ou Premier pied de page apparaît lorsque vous cliquez dans l'en-tête ou dans le pied de page pour le définir. Pour définir un en-tête ou un pied de page pour les pages suivantes, affichez la deuxième page, cliquez dans la zone d'en-tête ou de pied de page et faites comme nous l'avons vu dans les sections "Ajouter un en-tête ou un pied de page automatique" et "Créer un en-tête ou un pied de page personnalisé", plus haut dans ce chapitre.

Utilisez cette possibilité lorsque votre rapport commence par une page de titre qui ne doit comporter ni en-tête ni pied de page. Par exemple, supposez que vous ayez un rapport dans lequel vous avez besoin de faire apparaître le numéro de la page et le nombre total de pages en bas de chaque page sauf la page de couverture. Cochez la case Première page différente dans les options de l'onglet Création, puis définissez sur la deuxième page un pied de page qui affiche le numéro de la page et le nombre total de pages (Page 1 de ?), sans cliquer dans la zone de pied de page sur la première page.

Excel va alors afficher ce que vous lui avez demandé sur toutes les pages de votre rapport, sauf la première. Ainsi, si votre rapport fait au total six pages (page de couverture comprise), vous verrez Page 2 de 6 sur la deuxième page, Page 3 de 6 sur la troisième, et ainsi de suite, mais aucun pied de page sur la page de couverture.

Un en-tête et un pied de page différents pour les pages paires et impaires

Si vous avez l'intention d'imprimer votre rapport en recto verso, vous pourrez trouver utile de définir un en-tête et un pied de page pour les pages paires et un autre en-tête et un autre pied de page pour les pages impaires. Cette disposition vous permet, par exemple, d'aligner les informations à droite pour les pages impaires, et à gauche pour les pages paires, ce qui est plus pratique quand on feuillette le document.

Pour créer des en-têtes et des pieds de page alternés entre les pages paires et impaires, cochez la case Pages paires et impaires différentes dans les options du bouton Options de l'onglet Création.

Après cela, cliquez dans la zone d'en-tête ou de pied de page sur la première page du rapport (ou la deuxième si vous avez aussi coché la case Première page différente). La mention En-tête de page impaire ou En-tête de page paire apparaît maintenant lorsque vous cliquez dans cette zone (ce qui aide à ne pas se tromper de côté). Vous pouvez maintenant créer votre en-tête ou votre pied de page pour les pages paires ou pour les pages impaires, en procédant comme nous l'avons vu dans les sections "Ajouter un en-tête ou un pied de page automatique" et "Créer un en-tête ou un pied de page personnalisé", plus haut dans ce chapitre.

Troisième partie

S'organiser et rester organisé

"À moins qu'il y ait une cellule corrompue dans votre feuille de calcul d'analyse de l'importance du volume du coffre, ça devrait avoir un succès fou l'année prochaine."

Dans cette partie...

Dans le monde de l'entreprise qui est le nôtre, chacun sait combien il est nécessaire d'être organisé ; et combien il est difficile de le rester. Maintenir la cohérence de vos feuilles de calcul n'est pas moins important que de les avoir créées, et c'est parfois moins ardu.

Dans cette partie, vous apprendrez à vous y retrouver dans les données que vous avez entrées dans vos classeurs. Non seulement vous découvrirez dans le Chapitre 6 comment suivre l'évolution des informations contenues dans une feuille de calcul, mais encore, dans le Chapitre 7, comment jongler avec les données entre différentes feuilles de calcul et même entre classeurs.

Chapitre 6

Maintenir l'ordre dans la feuille de calcul

Dans ce chapitre :

- Zoomer en avant et en arrière.
- Fractionner la fenêtre d'un classeur en deux ou quatre volets.
- Figer les lignes ou les colonnes des titres.
- Attacher un commentaire à une cellule.
- Nommer des cellules.
- Rechercher et remplacer des données.
- Chercher des informations en ligne depuis le Volet Office Rechercher

Bien qu'Excel propose différents moyens de naviguer dans l'immensité d'une feuille de calcul, il faut bien reconnaître que le système de coordonnées du genre A1, B2..., quoique logique, est assez obscur pour le commun des mortels. J'entends par là que dire "Allez à la cellule IV88" n'est de loin pas aussi limpide que de dire "Allez à l'intersection du boulevard Saint-Michel et du boulevard Saint-Germain". Associer dans son esprit le tableau d'amortissement de l'année 1988 avec la plage de cellules AC50:AN75 n'a rien d'évident.

Dans ce chapitre, vous découvrirez quelques techniques efficaces pour garantir la maintenance de vos informations. Vous apprendrez comment attirer l'attention sur une partie d'une feuille de calcul en zoomant dedans, ou comment diviser la fenêtre d'un document en plusieurs volets montrant simultanément diverses parties d'une même feuille, et aussi comment afficher en permanence certaines lignes et colonnes.

Coup de zoom sur les cellules

La Figure 6.1 montre l'agrandissement d'une feuille de calcul à 200 %, soit le double de l'affichage normal. Pour appliquer ce rapport d'agrandissement à une feuille, faites glisser vers la droite le curseur de zoom jusqu'à ce que l'indicateur numérique affiche 200 % (juste à gauche du curseur). Vous pouvez aussi cliquer sur le bouton Zoom dans l'onglet Affichage, et sélectionner 200 % dans la boîte de dialogue Zoom qui apparaît. Une chose est sûre, c'est que vous n'aurez pas à mettre de lunettes pour lire le contenu des cellules ! Le seul problème avec un tel agrandissement est que vous ne voyez plus beaucoup de cellules à l'écran.

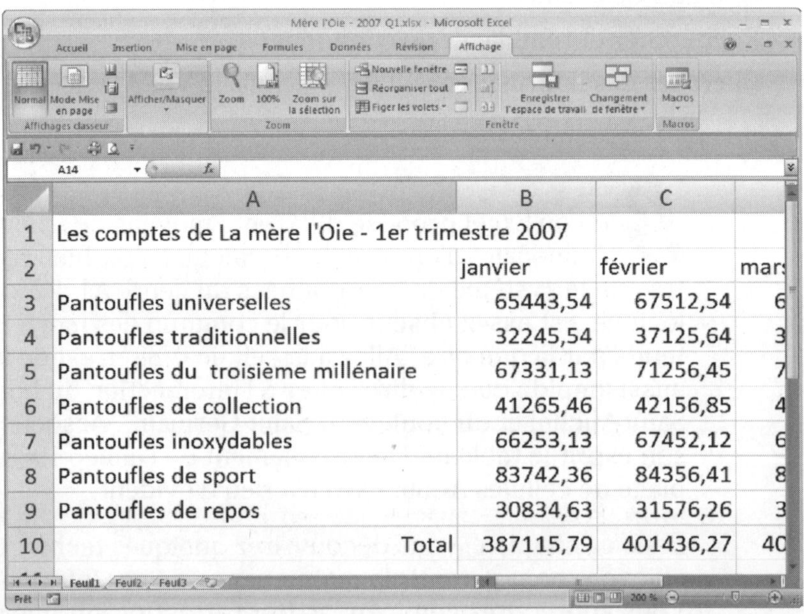

Figure 6.1 : Zoom à 200 % dans une feuille de calcul.

La Figure 6.2 montre la même feuille de calcul mais avec une réduction à 25 %, soit le quart de la taille normale. Pour obtenir cette valeur de zoom, faites glisser vers la gauche le curseur de zoom jusqu'à ce que l'indicateur numérique affiche 25 % (naturellement, vous pouvez là aussi ouvrir la boîte de dialogue Zoom pour y sélectionner 25 %).

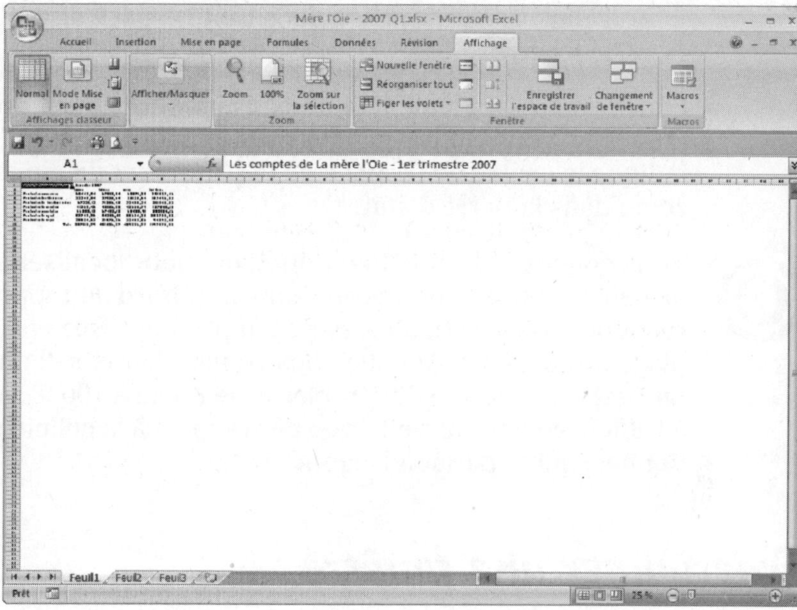

Figure 6.2 : La même feuille de calcul avec le zoom à 25 %.

Avec une réduction à 25 %, la seule chose qui est sûre, c'est que plus rien n'est lisible ! Remarquez que cet affichage permet d'avoir une vue d'ensemble de la feuille de calcul.

La boîte de dialogue Zoom (Affichage/Zoom) vous offre le choix de cinq facteurs d'agrandissement (200, 100 [l'affichage normal], 75, 50 et 25 %). Si ces valeurs ne vous conviennent pas, vous avez deux autres possibilités :

- Pour utiliser des facteurs d'agrandissement plus élevés ou plus réduits que ceux proposés (par exemple 400 % ou 10 %), ou intermédiaires (par exemple 150 % ou 85 %), sélectionnez le bouton Personnalisé dans la boîte de dialogue Zoom, entrez le pourcentage voulu dans le champ qui accompagne cette option, et cliquez sur OK ou appuyez sur Entrée.

- Si vous ne savez pas quel pourcentage il faut appliquer pour cadrer une plage de cellules donnée, sélectionnez cette plage et cliquez sur le bouton Zoom sur la sélection dans l'onglet Affichage. Excel adapte automatiquement le facteur d'agrandissement pour afficher les cellules sélectionnées dans tout l'espace disponible de la fenêtre.

Pour revenir rapidement au taux d'agrandissement normal (100 %), il vous suffit de cliquer sur le petit trait vertical qui indique le centre de l'espace de déplacement du curseur de zoom dans la Barre d'état.

TRUC

Vous pouvez utiliser la fonction Zoom pour localiser une plage de cellules et l'afficher. Sélectionnez d'abord un rapport de réduction assez fort, 50 % par exemple. Localisez ensuite la plage de cellules à laquelle vous voulez aller et sélectionnez une des cellules. Ensuite, remettez le Zoom à 100 % : le retour à l'affichage normal s'effectue par rapport à la cellule sélectionnée, qui apparaît à l'écran.

Fractionner une fenêtre

Bien que le zoom facilite l'accès aux données dispersées dans une feuille de calcul, il ne permet en rien d'afficher deux endroits éloignés d'une feuille afin d'en comparer le contenu (du moins pas avec un rapport d'affichage normal). Pour contourner ce problème, vous pouvez diviser la fenêtre d'un document en deux volets distincts et faire défiler librement la feuille dans chacun d'eux.

Il est facile de fractionner une fenêtre. Regardez la Figure 6.3 qui montre les résultas commerciaux de la société La mère l'Oie de 2002 à 2006 après que la fenêtre a été fractionnée horizontalement en deux volets. Celui du bas commence à la ligne 72, car j'en ai fait défiler le contenu vers le haut pour qu'il affiche les résultats de l'année 2005. Chaque volet possède sa propre barre de défilement vertical, ce qui permet de les manipuler indépendamment l'un de l'autre.

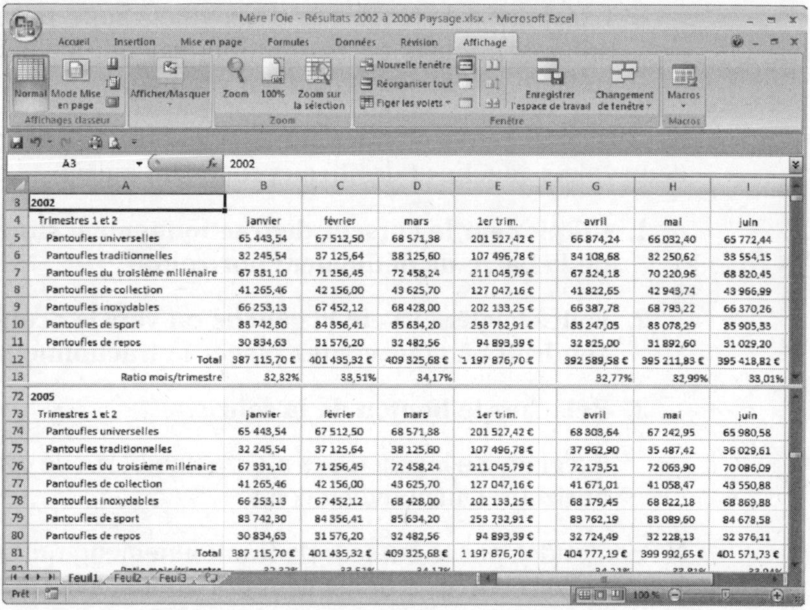

Figure 6.3 : Avec le fractionnement, deux volets peuvent afficher simultanément deux portions éloignées du même document.

Pour fractionner une feuille de calcul en deux volets supérieur et inférieur, vous devez faire glisser le *curseur de fractionnement* (situé juste au-dessus de la barre de défilement vertical), pour obtenir deux volets de la taille que vous voulez. Suivez ces étapes :

1. **Cliquez sur le curseur de fractionnement horizontal et maintenez enfoncé le bouton de la souris.**

   Le pointeur de la souris se transforme en une double barre à deux flèches, semblable à celle utilisée pour réafficher des lignes masquées.

2. **Faites glisser vers le bas jusqu'à ce que la barre de fractionnement se trouve à l'emplacement voulu.**

   Une barre de fractionnement grise se déplace. Elle montre l'endroit où se produira le fractionnement.

3. **Relâchez le bouton de la souris.**

Excel divise la fenêtre en deux volets superposés, séparés par la barre de fractionnement. Une barre de défilement est ajoutée au nouveau volet.

Il est aussi possible de fractionner la fenêtre du document en deux volets gauche et droite en procédant ainsi :

1. **Cliquez sur le curseur de fractionnement situé à droite de la barre de défilement horizontal.**

2. **Faites-le glisser vers la gauche ou vers la droite jusqu'à l'endroit où vous voulez placer le fractionnement.**

3. **Relâchez le bouton de la souris.**

   Excel divise la fenêtre et ajoute une barre de défilement horizontal au nouveau volet.

Ne confondez pas le curseur de fractionnement, qui se trouve à droite de la barre de défilement horizontal, avec le curseur d'onglet qui, lui, se trouve à gauche de la barre. Ce dernier sert à découvrir un plus grand nombre d'onglets, lorsque tous ne peuvent être affichés.

Notez qu'il est possible de supprimer le volet supplémentaire d'une fenêtre de classeur, en double-cliquant n'importe où sur la barre de fractionnement plutôt que de la ramener à son emplacement initial.

Au lieu de faire glisser les curseurs de fractionnement, vous pouvez cliquer sur le bouton Fractionner dans le groupe Fenêtre de l'onglet Affichage (il se trouve juste à droite du bouton Nouvelle Fenêtre). Excel utilise la position du curseur de cellule pour déterminer l'endroit où placer les barres de fractionnement. La barre de fractionnement vertical est placée sur le bord gauche du curseur de cellule, et la barre de fractionnement horizontal sur son bord supérieur.

Si vous voulez fractionner votre fenêtre uniquement en deux volets horizontaux (séparés par une barre de fractionnement horizontal), procédez ainsi : placez le curseur de cellule dans la première colonne de la feuille, sur la cellule dont le bord supérieur correspond à l'endroit où vous voulez placer la barre de fractionnement. Si vous voulez fractionner votre fenêtre uniquement en deux volets verticaux (séparés par une barre de fractionnement vertical), procédez ainsi : placez le curseur de cellule dans la première ligne de la feuille, sur la cellule dont le bord gauche correspond à l'endroit où vous voulez placer la barre de fractionnement.

Si vous placez le curseur de cellule sur une cellule quelconque dans la partie de la feuille affichée dans la fenêtre, lorsque vous cliquez sur le bouton Fractionner dans l'onglet Affichage, Excel divise la fenêtre en quatre volets, avec la barre de fractionnement vertical touchant le bord gauche de la cellule sélectionnée, et la barre de fractionnement horizontal touchant le bord supérieur de celle-ci. C'est ce que montre la Figure 6.4 : j'ai sélectionné la cellule B14 et cliqué sur le bouton Fractionner dans l'onglet Affichage. Les barres de fractionnement sont donc respectivement entre les lignes 13 et 14 et entre les colonnes A et B.

Lorsque le curseur de cellule est en A1, le bouton Fractionner de l'onglet Affichage divise la fenêtre en quatre volets égaux, quel que soit le rapport du zoom.

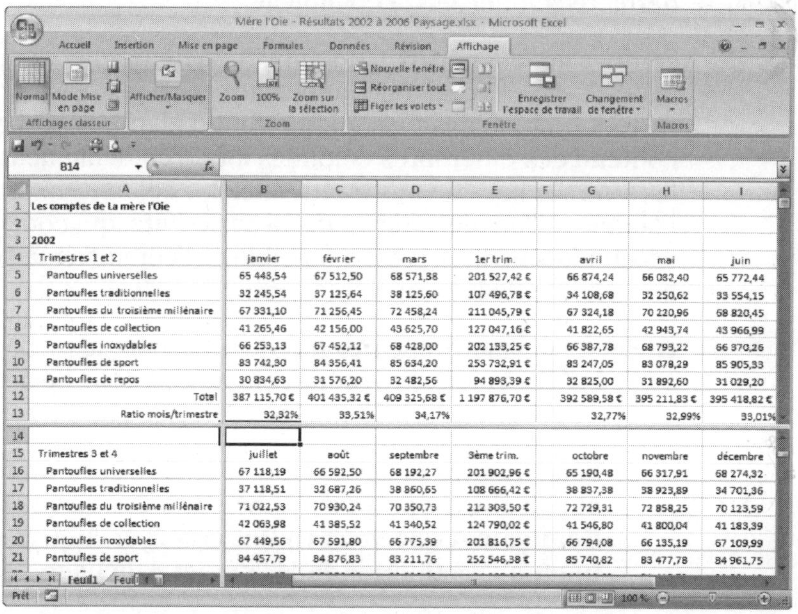

Figure 6.4 : Fractionnement d'une fenêtre de classeur en quatre volets après avoir placé le curseur de cellule dans la cellule B14.

Excel

Lorsque la fenêtre est fractionnée, il vous suffit de cliquer sur n'importe quelle cellule à l'intérieur d'un des volets pour que celui-ci soit le volet actif. Pour faire disparaître le fractionnement d'une fenêtre fractionner, cliquez simplement sur le bouton Fractionner dans l'onglet Affichage.

Figer les volets

Les volets sont parfaits pour visualiser simultanément plusieurs parties éloignées d'une feuille de calcul. Mais ils peuvent aussi servir à figer des titres, en haut de la feuille ou à gauche, de sorte que les données peuvent défiler tandis que les titres restent en place. Les volets figés sont particulièrement utiles pour les tableaux dont les données s'étendent loin au-delà des lignes et des colonnes affichées à l'écran.

La Figure 6.5 montre un tel tableau. La feuille de calcul contenant les résultats des ventes de la société La mère l'Oie contient trop de lignes et de colonnes pour les afficher toutes à la fois, à moins de zoomer à un rapport prohibitivement faible. A titre indicatif, cette feuille de calcul comporte 51 lignes, et sa dernière colonne est la colonne R.

En divisant la fenêtre du document en deux volets entre les lignes 2 et 3 et en les figeant ensuite, les deux premières lignes restent toujours visibles, permettant d'identifier facilement le contenu des différentes colonnes lors d'un défilement de la liste vers le bas. Si vous fractionnez les colonnes à droite de la colonne B, l'année et les noms des produits, qui constituent les en-têtes de ligne, restent visibles à l'écran même si vous faites défiler le tableau vers la gauche.

La Figure 6.5 montre le résultat de ce fractionnement après avoir figé les volets. Procédez comme suit pour figer des volets (après avoir fractionné la fenêtre en quatre volets) :

1. **Sélectionnez la cellule qui se trouve juste au-dessous et à droite du point d'intersection des barres de fractionnement que vous voulez créer, et cliquez sur le bouton Fractionner dans l'onglet Affichage.**

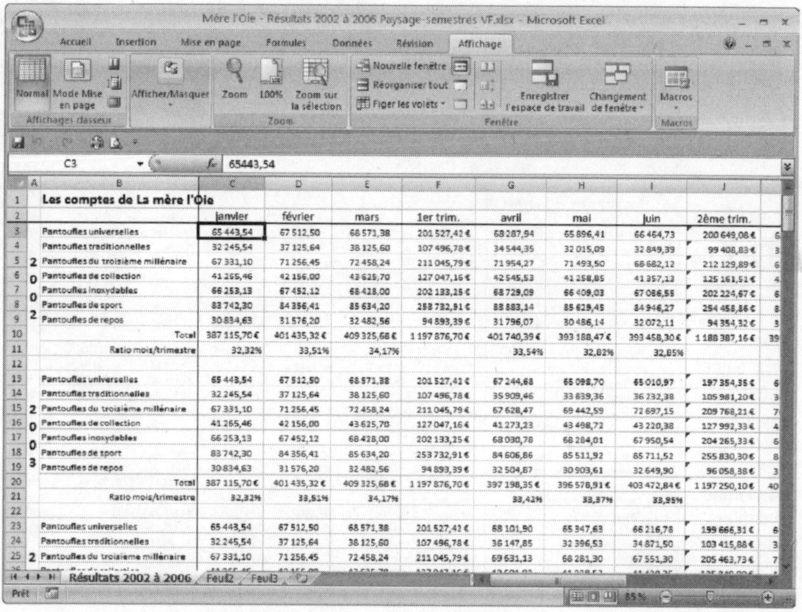

Figure 6.5 : Les volets figés immobilisent les deux premières lignes et les deux premières colonnes, qui contiennent les en-têtes des colonnes et des lignes.

2. **Dans le groupe Fenêtre de l'onglet Affichage, cliquez sur le bouton Figer les volets, et sélectionnez Figer les volets dans le menu qui apparaît.**

   Dans notre exemple, nous avons sélectionné la cellule C3.

Quand Excel fige les volets, les barres de fractionnement se transforment en traits fins.

Voyez dans la Figure 6.6 ce qui se produit lors d'un défilement de la feuille de calcul, lorsque les volets sont figés. Dans cet exemple, j'ai fait défiler le contenu du tableau vers le bas pour afficher les deuxième et troisième trimestres des années 2004 et 2005 ; comme les deux premières lignes (qui contiennent les en-têtes de colonne) ont été figées, ces en-têtes n'ont pas bougé et restent visibles. Dans le cas contraire, ils auraient disparu de l'affichage en même temps que le premier trimestre et l'année 2002.

Regardez dans la Figure 6.7 pour voir ce qui se passe lorsque le défilement de la feuille de calcul s'effectue vers la gauche :

Excel

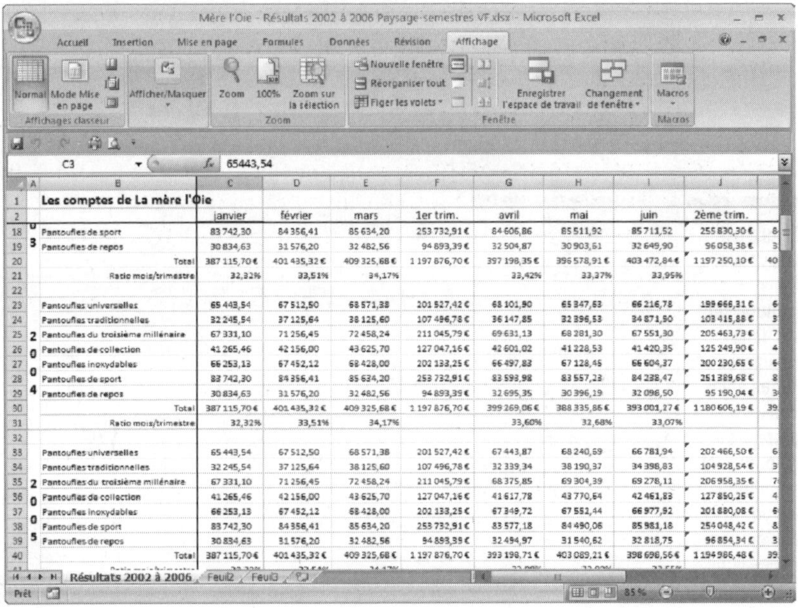

Figure 6.6 : Quand les volets sont figés, les en-têtes de ligne restent parfaitement cohérents avec le contenu du tableau lorsqu'on le fait défiler verticalement.

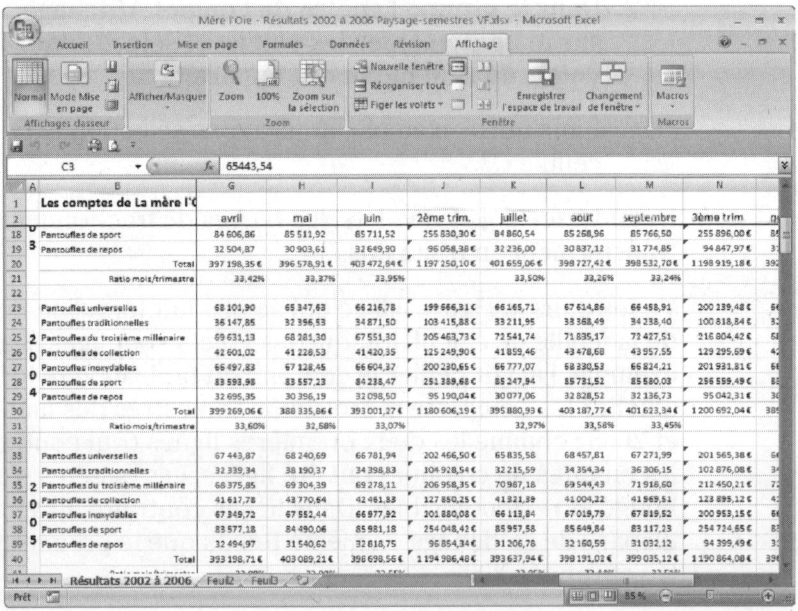

Figure 6.7 : Quand les volets sont figés, les en-têtes de colonne restent parfaitement cohérents avec le contenu du tableau lorsqu'on le fait défiler horizontalement.

elle a été déplacée pour faire apparaître les deuxième et troisième trimestres. Comme les volets sont figés, les deux premières colonnes n'ont pas bougé, ce qui permet d'avoir toujours les en-têtes de ligne à l'affichage.

TRUC

Pour figer uniquement la première ligne ou la première colonne de la feuille de calcul, quel que soit l'emplacement du curseur de cellule dans la feuille de calcul, cliquez sur Figer les volets dans l'onglet Affichage, et sélectionnez Figer la ligne supérieure ou Figer la première colonne dans le menu qui apparaît.

Pour que les volets d'une feuille de calcul ne soient plus figés, cliquez sur Figer les volets dans l'onglet Affichage, et sélectionnez Libérer les volets dans le menu qui apparaît. Les traits fins sont remplacés par d'épaisses barres, indiquant que les volets ne sont plus figés.

Les notes électroniques

Dans Excel, des commentaires peuvent être ajoutés à des cellules. Les *commentaires* sont des sortes de petites notes qui ressemblent aux Post-it autocollants. Elles permettent d'insérer des pense-bêtes pour rappeler, par exemple, que telle ou telle valeur n'est qu'une estimation, ou qu'il faut vérifier une valeur avant d'imprimer la feuille, voire une date d'anniversaire dont l'oubli ne serait pas du tout apprécié.

TRUC

En plus de rappeler une tâche à effectuer, un commentaire peut être utilisé comme repère visuel pour signaler un emplacement dans une vaste feuille de calcul, et le retrouver facilement la prochaine fois que vous l'ouvrirez.

Ajouter un commentaire à une cellule

Procédez comme suit pour ajouter un commentaire à une cellule :

1. **Sélectionnez la cellule qui doit recevoir le commentaire.**

2. **Dans le groupe Commentaires de l'onglet Révision, cliquez sur le bouton Nouveau commentaire.**

   Une nouvelle zone de texte apparaît, semblable à celle visible Figure 6.8. Elle contient le nom de l'utilisateur de l'onglet Standard de la boîte de dialogue Options Excel. La barre d'insertion clignote au début de la ligne qui suit le nom.

3. **Tapez le texte du commentaire.**

4. **Cliquez hors de la zone de texte.**

   Excel signale que la cellule comporte un commentaire en plaçant un petit triangle rouge dans le coin supérieur droit.

5. **Pour afficher un commentaire, il suffit de placer le pointeur en forme d'épaisse croix blanche au-dessus de la cellule correspondante.**

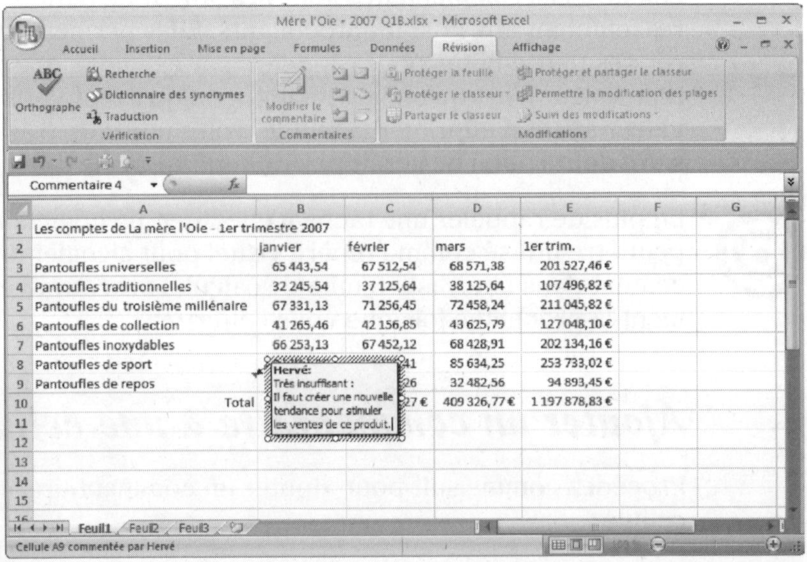

Figure 6.8 : Ajout d'un commentaire à une cellule.

Réviser les commentaires

Lorsqu'un classeur contient un grand nombre de commentaires, vous ne voudrez sans doute pas promener le pointeur de la souris au-dessus de chacun d'eux pour les lire tour à tour. Il est beaucoup plus commode de cliquer sur le bouton Afficher tous les commentaires dans le groupe Commentaires de l'onglet Révision (Figure 6.9). Excel affiche alors tous les commentaires des cellules visibles dans la fenêtre (et continue à afficher les autres commentaires si vous faites défiler le contenu de la fenêtre, ou même si vous sélectionnez une autre feuille du classeur).

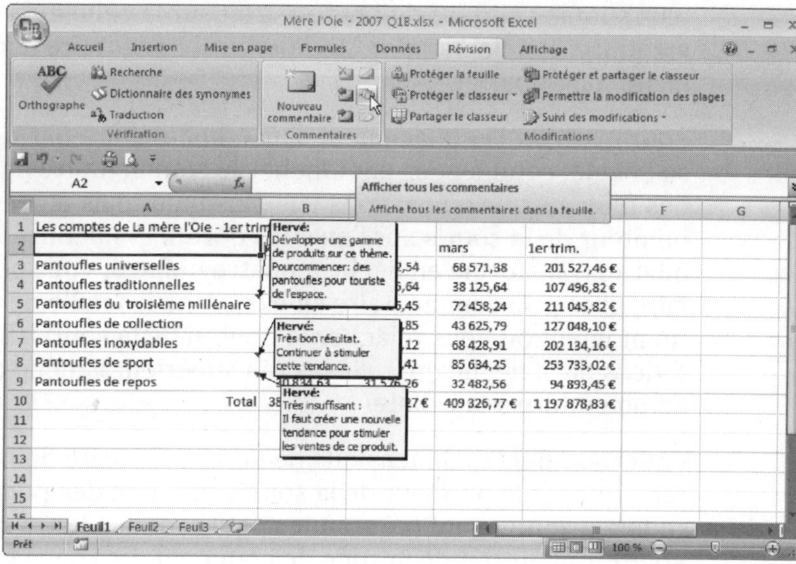

Figure 6.9 : Le bouton Afficher tous les commentaires permet d'afficher simultanément tous les commentaires des cellules visibles dans la fenêtre.

Lorsque c'est l'onglet Révision du Ruban qui est au premier plan, il est possible de passer d'un commentaire à un autre en cliquant sur les boutons Suivant et Précédent dans le groupe Commentaires de cet onglet. Dès que vous atteignez le dernier commentaire d'un classeur, une boîte d'alerte demande s'il faut poursuivre la révision des commentaires depuis le début (ce que vous pouvez accepter en cliquant sur OK). Lorsque vous avez affiché tous les commentaires, il vous suffit pour les masquer après les avoir tous révisés de cliquer à nouveau sur le bouton Afficher tous les commentaires.

Modifier les commentaires

Pour modifier un commentaire, vous devez commencer par l'afficher et y placer le curseur d'insertion. Pour l'afficher, vous disposez des différents moyens que nous venons de voir (le plus simple étant de cliquer sur la cellule correspondante, puis sur le bouton Afficher/masquer le commentaire dans l'onglet Révision), après quoi il vous suffit de cliquer dedans pour y placer le curseur d'insertion. Mais il existe un moyen plus simple : cliquez du bouton droit sur la cellule du commentaire, et sélectionnez Modifier le commentaire dans le menu qui apparaît.

Pour modifier l'emplacement d'un commentaire par rapport à sa cellule, commencez par afficher le commentaire par l'un des moyens que nous avons vus plus haut, puis amenez le pointeur de la souris sur l'une des bordures hachurées. Lorsqu'il se transforme en flèche à quatre pointes, vous pouvez faire glisser le commentaire ailleurs dans la feuille de calcul. Au moment où vous relâchez le bouton de la souris, Excel redessine la flèche qui relie le coin supérieur gauche du commentaire à la cellule.

Pour modifier les dimensions de la zone de texte du commentaire, placez le pointeur de la souris sur l'une des poignées de redimensionnement (ce sont les petits ronds blancs que vous voyez tout autour de la zone de commentaire) de manière qu'il prenne la forme d'une flèche à double pointe, et tirez-la dans la direction appropriée, vers l'extérieur du commentaire pour augmenter sa surface, vers l'intérieur pour la réduire. Dès que vous relâchez le bouton de la souris, Excel redessine la zone de texte du commentaire à la taille ainsi définie. Les retours à la ligne du texte qui s'y trouve sont pris en charge par Excel.

Pour changer la police du texte d'un commentaire, commencez par afficher celui-ci par l'un des moyens qui sont décrits plus haut, et sélectionnez le texte dont vous voulez changer la police. Cliquez ensuite du bouton droit sur le commentaire, et sélectionnez Format de commentaire dans le menu qui apparaît (vous pouvez aussi appuyer sur Ctrl+Maj+1 ; le 1 du clavier principal, comme pour ouvrir la boîte de dialogue Format de cellule). La boîte de dialogue Format de commentaire (qui n'est qu'une variante de la boîte de dialogue Format de cellule) apparaît, comportant l'unique onglet Police. Vous pouvez y sélectionner non seulement la police et sa taille pour le texte sélectionné dans le commentaire, mais aussi tous les attributs de mise en forme que vous pouvez appliquer au contenu d'une cellule.

Pour supprimer un commentaire, sélectionnez la cellule qui le contient et cliquez sur le bouton Effacer le commentaire dans le groupe Commentaires de l'onglet Révision. Excel supprime le commentaire ainsi que l'indicateur rouge dans le coin de la cellule.

Vous pouvez aussi supprimer tous les commentaires : cliquez sur le bouton Effacer (la gomme) du groupe Édition de l'onglet Accueil, et sélectionnez Effacer les commentaires dans le menu qui apparaît.

Imprimer les commentaires

Lorsque vous imprimez une feuille de calcul, les commentaires peuvent l'être en même temps que les données sélectionnées. Pour cela, cliquez sur le bouton lanceur de boîte de dialogue dans le groupe Options de la feuille de calcul de l'onglet Mise en page pour ouvrir la boîte de dialogue Mise en page avec l'onglet Feuille au premier plan. Dans cet onglet, sélectionnez À la fin de la feuille ou Tel que sur la feuille dans la liste déroulante Commentaires.

Les cellules nommées

En attribuant des noms évocateurs aux cellules et aux plages, vous faciliterez considérablement l'accès aux informations importantes de la feuille de calcul. Plutôt que d'essayer d'associer des informations à des coordonnées abstraites, vous leur donnerez un nom. En nommant une plage, vous nommerez du même coup une sélection de cellules que vous pourrez imprimer ou importer dans d'autres logiciels Office comme Word ou Access. En outre, ce qui est très commode, vous pourrez utiliser les noms de cellules avec la commande Atteindre.

Ah ! Si j'avais un nom...

Lorsque vous attribuez un nom à des cellules ou à des plages, vous devez respecter les règles suivantes :

- **Les noms de plages de cellules doivent commencer par une lettre, jamais par un chiffre.**

  Par exemple, au lieu de 01Profits, utilisez Profits01.

- **Un nom ne peut pas contenir d'espaces.**

  Au lieu de l'espace, utilisez le caractère de soulignement (celui de la touche 8 du clavier alphanumérique, en minuscule) pour séparer des mots. Exemple : au lieu de Profit 01, utilisez Profit_01 (*NdT* : les caractères accentués et la cédille sont utilisables).

- **Des coordonnées de cellule ne peuvent jamais être utilisées comme noms.**

  Une cellule ne peut pas être nommée T1, car cette formulation est celle d'une référence de cellule valide. Utilisez plutôt T1_ventes, par exemple.

Pour nommer une cellule ou une plage de cellules, suivez ces étapes :

1. **Sélectionnez la cellule ou la plage à nommer.**
2. **Cliquez sur l'adresse de la cellule courante qui apparaît dans la Zone Nom, à l'extrémité gauche de la Barre de formule.**

Excel sélectionne l'adresse de la cellule dans la Zone Nom.

3. **Tapez le nom que vous voulez donner à la cellule ou à la plage sélectionnée.**

   Veillez à bien respecter les règles de nom que nous venons de stipuler.

4. **Appuyez sur Entrée.**

Pour sélectionner une cellule ou une plage nommée, cliquez sur son nom dans la liste déroulante de la Zone Nom (pour faire apparaître cette liste, cliquez sur le triangle pointant vers le bas à l'extrémité droite de la Zone Nom).

Notez que vous pouvez aussi, dans l'onglet Accueil, cliquer sur le bouton Rechercher et sélectionner, sélectionner Atteindre dans le menu qui apparaît, activer la plage de cellules nommée que vous voulez atteindre dans la boîte de dialogue Atteindre (Figure 6.10), et enfin cliquer sur OK. Pour faire apparaître la boîte de dialogue Atteindre, vous pouvez aussi appuyer sur la touche F5.

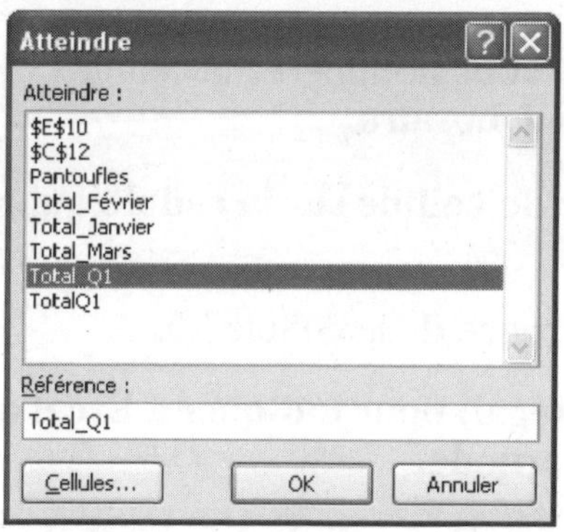

Figure 6.10 : Sélection d'une cellule ou d'une plage de la feuille de calcul.

Nommez cette formule !

Les noms de cellules sont non seulement commodes pour identifier et localiser des cellules et des plages dans une feuille de calcul, mais ils sont aussi très utiles pour manipuler des formules. Supposons que la cellule K3 contienne une formule simple qui calcule ce qui vous est dû en multipliant vos heures de travail pour un client (dans la cellule I3) par votre rémunération horaire (dans la cellule J3). Vous taperez normalement cette formule dans la cellule K3 sous la forme :

```
=I3*J3
```

Mais si vous attribuez le nom *Heures* à la cellule I3 et le nom *Tarif_horaire* à la cellule J3, la formule se présentera dans la cellule K3 sous la forme :

```
=Heures*Tarif_horaire
```

Il va de soi que pour tout le monde cette formulation est bien plus compréhensible que =I3*J3.

Pour entrer une formule contenant des noms de cellules plutôt que des références de cellules, vous procéderez comme suit :

1. **Nommez les cellules comme nous venons de l'indiquer.**

   Pour cet exemple, vous nommerez la cellule I3 **Heures** et la cellule J3 **Tarif_horaire**.

2. **Placez le curseur de cellule sur la cellule qui recevra la formule.**

   Il s'agit en l'occurrence de la cellule K3.

3. **Tapez le signe = (égal) pour indiquer à Excel que ce qui suit est une formule.**

4. **Sélectionnez la première cellule à laquelle la formule se réfère en cliquant dessus (ou en déplaçant le curseur de cellule jusqu'à son emplacement).**

   Dans cet exemple, vous sélectionnez Heures en sélectionnant la cellule I3.

5. **Tapez l'opérateur arithmétique à utiliser dans la formule.**

   Il s'agit ici de l'opérateur de multiplication * (astérisque). Reportez-vous au Chapitre 2 pour connaître les autres opérateurs arithmétiques d'Excel.

6. **Sélectionnez la deuxième cellule à laquelle la formule se réfère. Procédez comme à l'Etape 4.**

   Il s'agit de la cellule Tarif_horaire, soit la cellule J3.

7. **Cliquez sur le bouton Entrer dans la Barre de formule ou appuyez sur la touche Entrée pour terminer la formule.**

   Excel affiche la formule de la cellule K3, soit =Heures*Tarif_horaire.

Vous ne pouvez pas utiliser la poignée de recopie pour copier une formule qui utilise des noms de cellules vers d'autres cellules qui effectuent la même fonction (voir Chapitre 4). Lorsque vous copiez une formule originale contenant des noms au lieu d'adresses, Excel la copie sans ajuster les références de cellules selon les nouvelles lignes et colonnes. Reportez-vous à la section "Les constantes nommées", plus loin dans ce chapitre, pour découvrir comment utiliser les entêtes des lignes et des colonnes pour identifier les références de cellules dans les recopies, ainsi que dans la formule originale d'où les copies ont été générées.

Les constantes nommées

Certaines formules utilisent des valeurs constantes (par exemple une taxe au taux de 5,5 % ou un rabais de 10 %). Si vous ne voulez pas les entrer dans des cellules afin de les utiliser ensuite dans des formules, vous pouvez créer des plages de noms contenant ces valeurs, que vous utiliserez dans vos formules.

Par exemple, pour créer une constante nommée *Taux_TVA* de 5,5 %, vous procéderez ainsi :

1. **Dans le groupe Noms définis de l'onglet Formules du Ruban, cliquez sur le bouton Définir un nom.**
2. **Dans la boîte de dialogue Nouveau nom qui apparaît, tapez le nom (**Taux_TVA**, dans notre exemple) dans le champ Noms.**
3. **Si vous voulez que cette constante nommée soit définie uniquement pour une feuille du classeur et non pour le classeur entier, sélectionnez le nom de la feuille dans la liste déroulante Zone.**

   Par défaut, c'est l'option Classeur qui est sélectionnée dans cette liste, ce qui signifie que cette constante nommée pourra être utilisée dans toutes les feuilles du classeur. Ce n'est que dans le cas particulier où vous voulez au contraire qu'elle ne soit utilisable que dans une feuille et pas dans les autres que vous devez vous préoccuper de la sélectionner ici.

4. **Cliquez dans le champ Fait référence à. Remplacez l'adresse qui s'y trouve par la valeur 5,5 % (avec ou sans espace, Excel comprend).**
5. **Cliquez sur OK pour fermer la boîte de dialogue Nouveau nom.**

Après avoir assigné une constante à un nom en utilisant cette méthode, vous pouvez l'utiliser dans les formules que vous créez dans la feuille de calcul en adoptant l'une de ces deux procédures :

- Taper dans la formule le nom auquel vous avez assigné la constante à la place de la valeur requise.
- Insérer le nom dans la formule en cliquant, dans l'onglet Formules, sur le bouton Utiliser dans la formule et en sélectionnant le nom de la constante voulue dans la liste qui apparaît.

TRUC

Quand vous copiez une formule qui utilise un nom contenant une constante, la valeur reste inchangée dans toutes les recopies de la formule obtenues avec la poignée de recopie automatique. Autrement dit, dans une formule, le nom se comporte comme une adresse de cellule absolue (reportez-vous au Chapitre 4 pour en savoir plus sur les recopies de formules).

Retenez aussi que, lors d'une mise à jour d'une constante en modifiant sa valeur dans la boîte de dialogue Modifier le nom, ce changement se répercute dans toutes les formules qui utilisent ce nom (et qui sont automatiquement recalculées). Pour faire apparaître la boîte de dialogue Modifier le nom, cliquez sur le bouton Gestionnaire de noms dans l'onglet Formule, cliquez sur le nom de la constante à modifier dans la liste de noms de la boîte de dialogue Gestionnaire de noms qui apparaît, et cliquez sur le bouton Modifier dans celle-ci (vous pouvez aussi double-cliquer sur le nom dans cette boîte de dialogue).

Qui cherche trouve

Si vous n'arrivez vraiment pas à localiser une information spécifique, vous pouvez demander à la fonction Rechercher d'Excel de la trouver pour vous. Dans l'onglet Accueil, cliquez sur le bouton Rechercher et sélectionner, et sélectionnez Rechercher dans le menu qui apparaît.

Dans le champ Rechercher (de l'onglet Rechercher) de la boîte de dialogue Rechercher et remplacer qui apparaît, entrez le texte ou la valeur que vous recherchez, et cliquez sur le bouton Suivant ou appuyez sur Entrée pour lancer la recherche. Si vous voulez spécifier des critères de recherche supplémentaires, cliquez sur le bouton Options dans cette boîte de dialogue pour faire apparaître les options correspondantes (comme le montre la Figure 6.11).

Lorsque vous recherchez une entrée de texte avec la fonction Rechercher et remplacer, demandez-vous toujours si ce texte ou ce chiffre est seul dans sa cellule ou s'il est une partie d'un

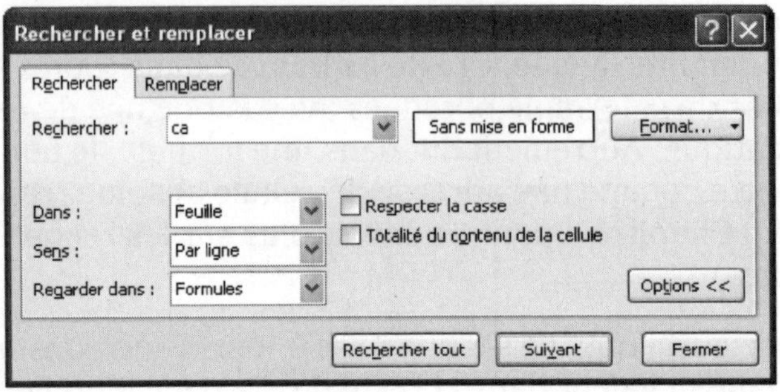

Figure 6.11 : Utilisez les commandes de la boîte de dialogue Rechercher et remplacer pour localiser une entrée.

terme ou d'une valeur. Par exemple, si vous lancez une recherche sur les caractères **CA** et n'avez pas coché la case Totalité du contenu de la cellule (voir Figure 6.11), Excel trouvera les occurrences de CA dans Canada, sarbacane, Rebecca, dans le code postal américain CA (pour la Californie), et ainsi de suite.

Si vous cochez la case Totalité du contenu de la cellule, Excel ne retournera que les occurrences où le mot CA est seul dans la cellule.

Lorsque vous effectuez une recherche sur du texte, vous pouvez spécifier si Excel doit différencier ou non les majuscules et les minuscules. Par défaut, Excel ne tient pas compte de la casse des caractères. Pour qu'il fasse la différence, vous devez cocher la case Respecter la casse (visible après avoir cliqué sur le bouton Options de la boîte de dialogue Rechercher et remplacer).

Si les textes ou les valeurs recherchées ont reçu une mise en forme particulière, vous pouvez demander à Excel d'en tenir compte.

Procédez comme suit pour qu'Excel recherche une mise en forme particulière dans la feuille de calcul :

1. **Cliquez sur le bouton déroulant à droite du bouton Format, dans la boîte de dialogue Rechercher et remplacer, et choisissez l'option Choisir le format à partir de la cellule.**

La boîte de dialogue Rechercher et remplacer disparaît temporairement. Excel ajoute une pipette au pointeur de souris normal.

2. **Cliquez avec le pointeur dans la cellule contenant la mise en forme à respecter.**

   La boîte de dialogue Rechercher et remplacer réapparaît après avoir prélevé la mise en forme.

Procédez comme suit pour sélectionner la mise en forme à respecter en utilisant la boîte de dialogue Rechercher le format (qui est identique à la boîte de dialogue Format de la cellule) :

1. **Cliquez sur le bouton Format ou cliquez sur le bouton de son menu déroulant et choisissez l'option Format.**
2. **Dans la boîte de dialogue Rechercher le format qui apparaît, sélectionnez dans les différents onglets les options de mise en forme à respecter (elles sont décrites dans le Chapitre 3), puis cliquez sur OK.**

Quand vous utilisez l'une de ces deux méthodes de recherche d'une mise en forme, le bouton Sans mise en forme, situé entre la zone de texte Rechercher et le bouton Format, se transforme en aperçu (ce mot y figure au centre) qui montre toutes les options de mise en forme prélevées dans une cellule ou définies dans la boîte de dialogue Rechercher le format.

Si vous recherchez des valeurs dans la feuille de calcul, faites bien attention aux différences entre les formules et les valeurs. Par exemple, si une cellule contient la valeur 3 582 €et si vous tapez **3582** dans le champ Rechercher suivi de l'appui sur Entrée, Excel affiche une boîte d'alerte contenant le message suivant :

```
Microsoft Office Excel ne trouve pas les données que vous recherchez.
```

Un examen attentif révélera sans aucun doute que la valeur qui apparaît dans la cellule est en réalité calculée par une formule telle que :

```
=I24*J24
```

En fait, le nombre 3582 ne figure nulle part en tant que tel. Pour qu'Excel puisse localiser n'importe quel type de valeur 3582 dans la feuille de calcul, vous devez remplacer l'option Formules, dans la liste déroulante du champ Regarder dans, par l'option Valeurs.

Pour restreindre la recherche uniquement à du texte ou à des valeurs contenues dans des commentaires, choisissez l'option Commentaires dans la liste déroulante Regarder dans.

Si vous ne connaissez pas l'orthographe exacte d'un mot ou la valeur précise que vous recherchez, vous pouvez recourir aux *caractères de substitution* ; ils remplacent un ou plusieurs caractères. Utilisez le point d'interrogation (?) à la place d'un seul caractère inconnu, et l'astérisque (*) à la place d'un ou plusieurs caractères inconnus. Supposons que vous ayez entré ce qui suit dans le champ Rechercher, avec l'option Regarder dans Valeurs :

```
7*4
```

Dans cette formulation, qui n'est pas une multiplication (le signe = est absent), l'astérisque compte pour n'importe quel chiffre, qu'il y en ait un seul ou plusieurs. De ce fait, Excel s'arrête à toutes les cellules contenant des valeurs comme *74 704* (l'astérisque se substitue au zéro), *7 5234* (l'astérisque se substitue à la chaîne de caractères 523), et trouve même une occurrence comme *67856 Strasbourg cedex 04*.

Si vous effectuez une recherche dans laquelle l'astérisque est l'opérateur de multiplication et non un caractère de substitution, faites précéder la recherche par un tilde (~), comme ci-dessous :

```
~*4
```

Cet arrangement permet de trouver dans la feuille de calcul toutes les formules comportant une multiplication par quatre.

L'entrée qui suit recherche toutes les occurrences de *Jan, Janvier.* (*NdT* : le point d'interrogation est un caractère de substitution qui remplace un seul caractère, à cet emplacement précis, et non plusieurs caractères comme le fait l'astérisque.)

```
J?n*
```

Normalement, Excel n'effectue la recherche que dans la feuille de calcul courante. Pour qu'elle s'effectue dans toutes les feuilles du classeur, vous devez sélectionner l'option Classeur (dans la liste déroulante Dans).

Quand Excel a trouvé une occurrence du texte ou de la valeur dans une cellule, il sélectionne cette cellule tout en laissant la boîte de dialogue Rechercher et remplacer visible à l'écran (vous pouvez la déplacer si elle occulte les cellules qui vous intéressent). Pour rechercher la prochaine occurrence du texte ou de la valeur, cliquez sur le bouton Suivant ou appuyez sur Entrée.

Nul n'est irremplaçable

Si vous effectuez une recherche pour remplacer une entrée par une autre, vous pouvez automatiser cette opération grâce à l'onglet Remplacer de la boîte de dialogue Rechercher et remplacer. Si, dans l'onglet Accueil, vous sélectionnez Remplacer au lieu de Rechercher dans le menu du bouton Rechercher et sélectionner, ou si vous appuyez sur Ctrl+H, Excel ouvre la boîte de dialogue Rechercher et remplacer directement sous l'onglet Remplacer. Tapez le texte ou la valeur à remplacer dans le champ Rechercher, puis entrez le texte ou la valeur à lui substituer dans le champ Remplacer par.

Quand vous entrez un texte de remplacement, tapez-le exactement tel qu'il doit apparaître dans la cellule. Autrement dit, si vous voulez remplacer toutes les occurrences de *Jan* par *Janvier*, tapez dans la zone de texte Remplacer par :

```
Janvier
```

Veillez à bien mettre le J en majuscule dans le champ Remplacer par. En revanche, comme la recherche de texte ne tient pas compte des majuscules et des minuscules (à condition de n'avoir pas coché la case Respecter la casse, qui n'apparaît qu'après avoir cliqué sur le bouton Options pour déployer les commandes supplémentaires de la boîte de dialogue), vous pouvez très bien entrer ceci dans le champ Rechercher :

```
jan
```

Après avoir spécifié ce qu'il faut remplacer et par quoi, comme dans la Figure 6.12, vous pouvez demander à Excel d'effectuer les remplacements au cas par cas ou globalement. Pour procéder à tous les remplacements en une seule opération, cliquez sur le bouton Remplacer tout.

Figure 6.12 : Les options de l'onglet Remplacer servent à substituer des textes ou des valeurs.

ATTENTION !

Soyez très prudent quand vous effectuez un rechercher/remplacer global, car lancée inconsidérément cette commande peut engendrer une énorme pagaille en remplaçant des parties de titres, de formules ou d'autres éléments que vous n'aviez pas du tout l'intention de modifier. Cela dit, respectez toujours cette règle d'or :

N'entreprenez jamais un rechercher/remplacer sur une feuille sans l'avoir préalablement enregistrée.

Avant de commencer, assurez-vous aussi que la case Totalité du contenu de la cellule est cochée (elle n'est visible qu'après avoir cliqué sur le bouton Options). Si elle n'était pas cochée alors que vous comptez remplacer le contenu entier des cellules, et non une partie, vous risqueriez de vous retrouver avec bon nombre de remplacements indésirables.

Si vous avez néanmoins fait une fausse manœuvre et semé la pagaille, cliquez sur le bouton Annuler dans la barre d'outils Accès rapide ou appuyez sur Ctrl+Z.

Pour voir chaque occurrence avant de la remplacer, cliquez sur le bouton Suivant ou appuyez sur Entrée. Excel sélectionne la prochaine cellule dont le contenu correspond à ce qui a été entré dans la zone de texte Rechercher ; pour procéder au remplacement, cliquez sur le bouton Remplacer. Pour sauter l'occurrence, cliquez sur le bouton Suivant afin de poursuivre la recherche. Lorsque les opérations sont terminées, cliquez sur le bouton Fermer pour quitter la boîte de dialogue Rechercher et remplacer.

Vos recherches n'ont plus de limites

Pour ouvrir le volet Rechercher (voir Figure 6.13), cliquez sur le bouton Recherche dans le groupe Vérification de l'onglet Révision. La première fois que vous ouvrez le volet Rechercher, il ne contient que le strict minimum dans la liste déroulante des références de recherche (juste au-dessous du champ Rechercher). Pour commencer, cliquez sur le lien Options de recherche, tout en bas du volet Rechercher, pour faire apparaître la boîte de dialogue Options de recherche, dans laquelle vous pourrez sélectionner les ouvrages de référence et les sites de recherche que vous voulez pouvoir utiliser.

Ensuite, saisissez le mot ou la phrase recherchée dans la zone de texte Rechercher, située en haut, puis choisissez dans la liste déroulante juste en dessous les sources de références que vous souhaitez voir consultées. Voici le choix dont vous disposez la première fois que vous ouvrez le volet Office Rechercher :

- **Tous les ouvrages de référence**, pour rechercher le mot ou la phrase dans tous les ouvrages de référence en ligne.

Figure 6.13 : Rechercher des informations en ligne.

- **Dictionnaire des synonymes : Anglais (Royaume-Uni).**
- **Dictionnaire des synonymes : Français (France).**
- **Traduction.**

Pour lancer la recherche en ligne, cliquez sur le bouton Démarrer la recherche, situé à droite de la zone de texte Rechercher. Excel vous connecte aux ressources sélectionnées et affiche les résultats au-dessous. La Figure 6.13 montre les résultats d'une recherche effectuée par MSN Search France après avoir entré "mouton célèbre" dans le champ Rechercher. Comme vous voyez, on y trouve des liens vers des sites Web, sur lesquels vous pouvez cliquer pour y accéder.

Avoir l'esprit calculateur

Pour activer le recalcul manuel d'un classeur, cliquez sur le bouton Options de calcul dans l'onglet Formules, et sélectionnez l'option Manuel dans le menu qui apparaît. Lorsqu'il est en mode de recalcul manuel, Excel affiche le message :

```
Calculer
```

dans la Barre d'état chaque fois que vous faites une modification dans la feuille de calcul affectant d'une manière ou d'une autre les données utilisées par les formules. Donc, chaque fois que vous voyez ce message `Calculer` dans la Barre d'état, c'est que les calculs ont besoin d'être mis à jour parce que certaines choses ont changé dans leurs données. En particulier, recalculez toujours un classeur si vous voyez apparaître ce message dans la Barre d'état avant de l'imprimer, faute de quoi les résultats des calculs (au moins une partie d'entre eux) seraient faux.

Pour recalculer des formules sur ordre, appuyez sur la touche de fonction F9 ou sur Ctrl+= (égal), ou cliquez sur le bouton Calculer maintenant (celui qui représente une calculatrice), dans le groupe Calcul de l'onglet Formules.

Excel recalcule alors les formules dans toutes les feuilles du classeur. Si vous n'avez modifié que la feuille courante et ne désirez pas attendre qu'Excel recalcule toutes les autres feuilles, vous pouvez restreindre le recalcul à la feuille courante en appuyant sur Maj+F9 (au lieu de F9) ou en cliquant sur le bouton Calculer la feuille, juste au-dessous du bouton Calculer maintenant.

TRUC

Si votre feuille de calcul contient des tables de données qui représentent des scénarios pour des analyses de simulation (pour en savoir plus à ce sujet, reportez-vous au Chapitre 8), vous pouvez demander à Excel de recalculer toute votre feuille de calcul à l'exception de ces tables. Pour cela, cliquez sur le bouton Options de calcul dans l'onglet Formules, et sélectionnez Automatique sauf dans les tables de données dans le menu qui apparaît.

N'OUBLIEZ PAS

Pour activer à nouveau le recalcul entièrement automatique, cliquez sur le bouton Options de calcul dans l'onglet Formules, et sélectionnez Automatique dans le menu qui apparaît.

Chapitre 7

Gérer des feuilles de calcul multiples

Dans ce chapitre :

- Aller d'une feuille à une autre dans un classeur.
- Ajouter ou supprimer des feuilles dans un classeur.
- Sélectionner des feuilles pour des modifications groupées.
- Nommer judicieusement les onglets des feuilles.
- Réorganiser les feuilles d'un classeur.
- Afficher des parties de différentes feuilles.
- Comparer deux feuilles en côte à côte.
- Copier ou déplacer des feuilles d'un classeur à un autre.
- Créer des formules qui agissent sur plusieurs feuilles de calcul.

Quand vous débutez dans l'utilisation d'un tableur, vous avez bien assez à faire avec une seule feuille de calcul (et un classeur d'Excel en contient trois dès sa création), si bien que la seule idée de travailler simultanément avec plusieurs feuilles vous rebute. Mais avec un peu de pratique, vous découvrirez que travailler sur plusieurs feuilles n'est pas beaucoup plus compliqué qu'avec une seule.

Jongler avec les feuilles de calcul

Vous devez certes apprendre *comment* travailler avec plusieurs feuilles de calcul à la fois, mais il est tout aussi important, sinon plus, de savoir *pourquoi* se lancer dans de telles opérations. Le cas de figure le plus courant est celui où vous vous retrouvez face à un certain nombre de feuilles de calcul, le contenu de chacune pouvant se référer aux autres, et appartenant donc logiquement au même classeur. Prenons par exemple le cas de la société La mère l'Oie, qui commercialise ses produits par l'intermédiaire de plusieurs distributeurs. Pour garder une trace des ventes annuelles de tous ces distributeurs, vous pourriez créer un classeur contenant une feuille de calcul pour chacun d'eux.

Passer d'une feuille à une autre

Chaque classeur que vous créez contient trois feuilles de calcul nommées *Feuil1*, *Feuil2* et *Feuil3*. Ces noms apparaissent sur des onglets, en bas à gauche de la fenêtre du classeur. Pour passer d'une feuille à une autre, il suffit de cliquer sur l'onglet de la feuille de calcul que vous désirez voir. Excel la place sur le dessus de l'empilement ; son contenu est alors visible dans la fenêtre du classeur. Il est facile de savoir quelle feuille est affichée car, sur son onglet, son nom apparaît en gras, et l'onglet semble placé au-dessus des autres et faire partie de la feuille.

Le seul problème, quant au choix d'un onglet en cliquant dessus, se produit lorsque les feuilles de calcul sont si nombreuses dans le classeur (nous verrons plus loin comment en ajouter) que tous les onglets ne sont pas visibles simultanément, en particulier celui que vous recherchez. Pour résoudre ce problème, Excel propose une série de boutons (voir Figure 7.1) qui permettent de faire défiler les onglets des feuilles de calcul.

- Cliquez sur le bouton Onglet suivant (celui avec le triangle pointant vers la droite) pour décaler les onglets d'un cran vers la gauche. Maintenez la touche Maj enfoncée pendant le clic pour faire défiler plusieurs onglets à la fois.

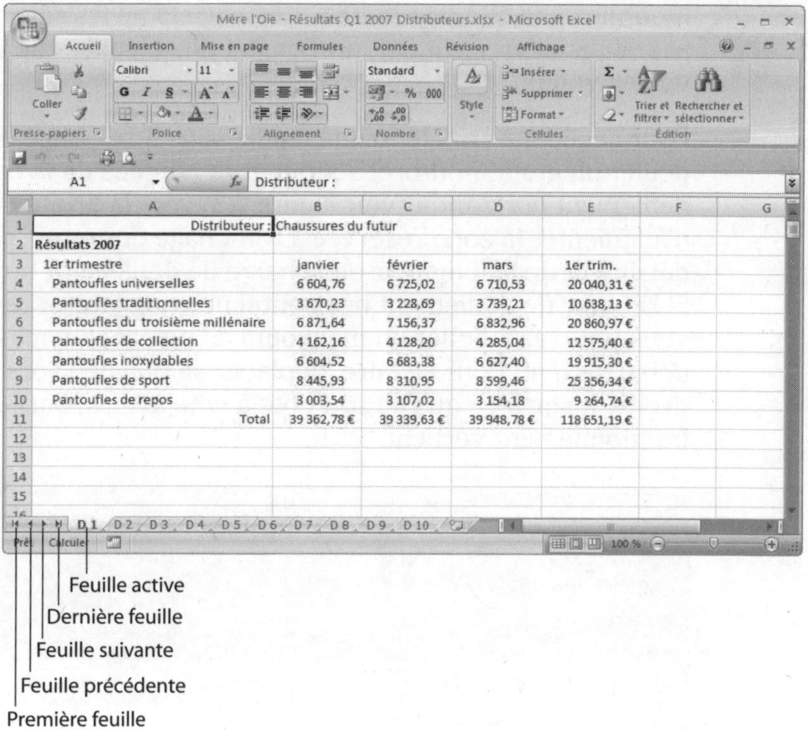

Figure 7.1 : Des boutons de défilement permettent d'accéder à tous les onglets d'un classeur.

- Cliquez sur le bouton Onglet précédent (celui avec le triangle pointant vers la gauche) pour décaler les onglets d'un cran vers la droite. Maintenez la touche Maj enfoncée pendant le clic pour faire défiler plusieurs onglets à la fois.
- Cliquez sur le bouton Dernier onglet (celui avec le triangle pointant vers la droite contre une barre verticale) pour décaler les onglets vers la gauche de façon que le dernier soit visible.
- Cliquez sur le bouton Premier onglet (celui avec le triangle pointant vers la gauche contre une barre verticale) pour décaler les onglets vers la droite de façon que le premier soit visible.

N'oubliez pas que faire défiler des onglets ne les sélectionne pas. Vous devrez cliquer sur l'onglet de la feuille que vous voulez voir.

Pour accéder à l'onglet d'une feuille sans être obligé d'en faire défiler un grand nombre, actionnez la poignée de la barre de défilement horizontal (voir Figure 7.2) vers la droite afin d'augmenter la zone réservée à l'affichage des onglets (au détriment de la longueur de la barre de défilement horizontal). Si la barre de défilement horizontal ne vous intéresse pas, vous pourrez afficher un maximum d'onglets en vous en débarrassant. Pour ce faire, déplacez sa poignée vers la droite, jusqu'à ce qu'elle soit côte à côte avec la barre de fractionnement vertical.

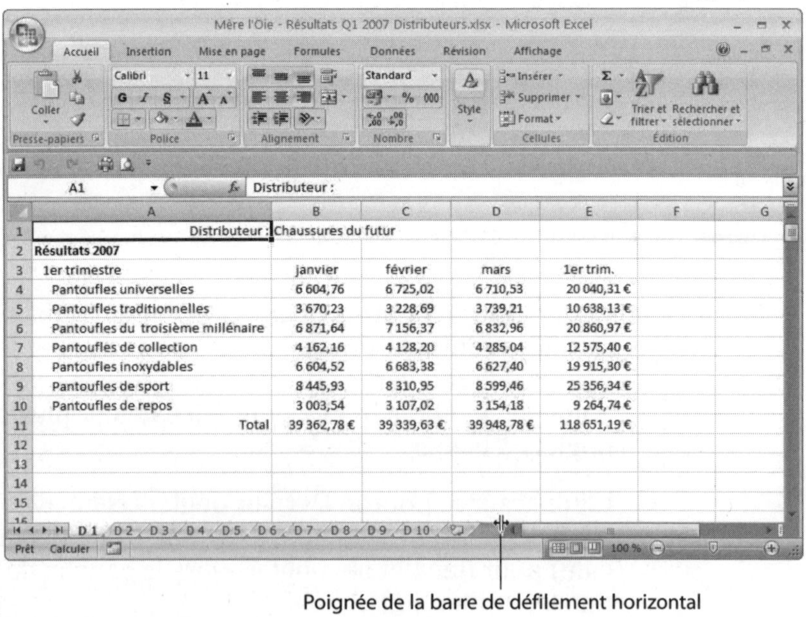

Figure 7.2 : Déplacez la poignée de réglage de l'espace des onglets pour afficher un plus grand nombre d'onglets.

Pour rétablir la barre de défilement à sa taille normale, tirez la barre de fractionnement d'onglet vers la gauche ou, ce qui est plus rapide et efficace, double-cliquez dessus.

TRUC

Accéder à une feuille avec le clavier

Vous pouvez vous dispenser de cliquer sur les petits boutons de la barre d'onglets et aller de feuille en feuille avec les touches du clavier. Pour passer à la suivante, appuyez sur Ctrl+PageBas. Pour passer à la précédente, appuyez sur Ctrl+PageHaut. Ces raccourcis sont d'autant plus utiles qu'ils fonctionnent même si les onglets ne sont pas visibles dans la barre de défilement.

Les modifications simultanées

Chaque fois que vous cliquez sur un onglet de feuille de calcul, vous sélectionnez la feuille et la rendez active, ce qui permet d'en modifier les cellules. Il vous arrivera toutefois de vouloir sélectionner plusieurs feuilles à la fois pour les modifier simultanément. Quand plusieurs feuilles sont sélectionnées, toute modification apportée à la feuille courante, comme la saisie d'une information dans une cellule ou une suppression de données, s'effectue ipso facto sur les mêmes cellules de toutes les feuilles sélectionnées.

En d'autres termes, supposons que vous deviez créer trois feuilles dans un nouveau classeur qui contiennent chacune les noms des douze mois de l'année, en commençant par la ligne 3 de la colonne B. Avant de taper **janvier** en B3, puis d'utiliser la poignée de recopie automatique comme nous l'avons décrit dans le Chapitre 2 pour générer automatiquement les onze autres mois, vous sélectionnerez les trois feuilles de calcul *Feuil1*, *Feuil2* et *Feuil3*. En procédant ainsi, Excel insère les noms des mois de l'année dans les trois feuilles à la fois lors de la saisie. Rapide et efficace, n'est-ce pas ?

De même, supposons que vous vouliez vous débarrasser, dans un autre classeur, des feuilles Feuil2 et Feuil3. Au lieu de cliquer sur l'onglet Feuil2 et de sélectionner Supprimer une feuille dans le menu du bouton Supprimer de l'onglet Accueil, puis de cliquer sur l'onglet Feuil3 et de répéter cette manipulation, sélectionnez les deux feuilles à éliminer, puis sélectionnez Supprimer une feuille dans le menu du bouton Supprimer de l'onglet Accueil.

Pour sélectionner plusieurs feuilles de calcul à la fois, vous disposez de plusieurs choix :

- Pour sélectionner un groupe de feuilles de calcul dont les onglets se suivent, cliquez sur le premier onglet puis faites-les défiler jusqu'à ce que le dernier onglet à sélectionner apparaisse. Maintenez enfoncée la touche Maj, et cliquez sur le dernier onglet. Tous les onglets à partir du premier clic sont sélectionnés. C'est la bonne vieille méthode du Maj-clic.
- Pour sélectionner des feuilles éparses, cliquez sur l'onglet de la première d'entre elles puis, touche Ctrl enfoncée, cliquez sur les autres onglets des feuilles à sélectionner.
- Pour sélectionner toutes les feuilles d'un classeur, cliquez avec le bouton droit de la souris sur l'onglet de la feuille à activer puis, dans le menu qui apparaît, choisissez Sélectionner toutes les feuilles.

Excel indique les feuilles sélectionnées en mettant les onglets en blanc (mais le nom de la feuille active est en gras) et en affichant, dans la barre de titre d'Excel, la mention [Groupe de travail] après le nom du fichier.

TRUC

Pour désélectionner un groupe de feuilles une fois que vous avez fini de les modifier, il suffit de cliquer sur un onglet non sélectionné, c'est-à-dire un onglet gris. Il est aussi possible de désélectionner toutes les feuilles sauf la feuille active en cliquant sur cette dernière avec le bouton droit de la souris et en choisissant, dans le menu contextuel, la commande Dissocier les feuilles.

Ajouter des feuilles de calcul à un classeur

Pour certains d'entre vous, les trois feuilles de calcul qu'Excel octroie par défaut sont plus que suffisantes, mais pas pour d'autres. C'est le cas lorsqu'une entreprise possède une dizaine de filiales ou si vous calculez fréquemment des budgets pour une vingtaine de services, ou si vous devez gérer les notes de frais d'une quarantaine de représentants.

TRUC

Il est très facile d'ajouter des feuilles de calcul à un classeur, ou d'en supprimer. Excel en accepte jusqu'à 255. Cliquez simplement sur le bouton Insérer une feuille de calcul, qui apparaît juste à droite du dernier onglet de feuille de calcul.

Pour insérer plusieurs feuilles de calcul d'un seul coup dans un classeur, sélectionnez d'abord un groupe comportant autant d'onglets que de feuilles que vous désirez ajouter, en commençant à l'emplacement où elles devront être ajoutées. Puis, dans le groupe Cellules de l'onglet Accueil, cliquez sur le triangle pointant vers le bas du bouton Insérer, et sélectionnez Insérer une feuille dans le menu qui apparaît.

Pour supprimer une feuille de calcul d'un classeur, suivez ces étapes :

1. **Cliquez sur l'onglet de la feuille de calcul à supprimer.**
2. **Dans le groupe Cellules de l'onglet Accueil, cliquez sur le triangle pointant vers le bas du bouton Supprimer, et sélectionnez Supprimer une feuille dans le menu qui apparaît.**

   Si la feuille que vous supprimez contient des données, Excel affiche un message d'alerte qui prévient que vous êtes sur le point de supprimer définitivement la feuille de calcul sélectionnée.

3. **Si vous voulez vraiment supprimer la feuille, cliquez sur OK ou appuyez sur Entrée.**

ATTENTION !

Rappelez-vous toujours que la suppression d'une feuille de calcul est l'un des cas où vous ne pourrez pas recourir à la fonction Annuler pour revenir en arrière.

Pour supprimer plusieurs feuilles de calcul d'un classeur, sélectionnez-les puis, dans le groupe Cellules de l'onglet Accueil, cliquez sur le triangle pointant vers le bas du bouton Supprimer, et sélectionnez Supprimer une feuille dans le menu qui apparaît. Après avoir vérifié qu'aucune feuille à supprimer n'a été oubliée, cliquez sur OK ou appuyez sur Entrée, après l'apparition de la boîte d'alerte.

Si vous êtes amené à créer très souvent des classeurs comportant plus ou moins que les trois feuilles créées par défaut, vous pouvez changer le nombre de feuilles de calcul qu'Excel crée par défaut dans chaque nouveau classeur. Vous pourrez ainsi obtenir des classeurs prêts à l'usage sans avoir à ajouter ou à supprimer des feuilles. Pour cela, cliquez sur Bouton Office/Options Excel, dans l'onglet Standard de la boîte de dialogue Options Excel, entrez le nombre voulu dans le champ Inclure ces feuilles de la section Lors de la création de classeurs, puis cliquez sur OK.

D'autres noms pour les feuilles

Les noms qu'Excel attribue par défaut aux feuilles de calcul, *Feuil1*, *Feuil2*, *Feuil3*..., ne brillent pas par leur originalité et n'évoquent en rien ce que contiennent ces feuilles. Il est fort heureusement facile de renommer l'onglet d'une feuille de calcul d'une manière un peu plus évocatrice. Ce nom peut comporter jusqu'à 31 caractères.

Procédez comme suit pour renommer un onglet de feuille de calcul :

1. **Double-cliquez sur l'onglet de la feuille ou cliquez dessus avec le bouton droit de la souris et, dans le menu contextuel, choisissez l'option Renommer.**

   Le nom actuel de la feuille de calcul est sélectionné.

2. **Remplacez le nom actuel de la feuille de calcul en tapant le nouveau nom.**

3. **Appuyez sur la touche Entrée.**

TRUC

L'onglet de feuille affiche maintenant son nouveau nom.

Des noms brefs et concis

Bien qu'Excel accepte jusqu'à 31 caractères pour les noms des onglets (y compris les espaces), il est recommandé de choisir des noms aussi courts que possible pour les deux raisons suivantes :

- La première est que, plus le nom est long, plus l'onglet l'est aussi. Et plus les onglets sont longs, moins vous pouvez en faire apparaître. Et moins vous voyez d'onglets, plus vous avez à les faire défiler pour accéder à celui que vous voulez.
- La seconde est que si vous devez créer des formules qui vont chercher des données dans d'autres feuilles de calcul (nous verrons comment dans la section "Pour récapituler...", plus loin dans ce chapitre), vous devrez taper le nom des feuilles dans la formule, car Excel s'en sert pour référencer les cellules. C'est le seul moyen qu'il possède pour différencier la cellule C1 de la feuille de calcul Feuil1 de cette même cellule C2 dans Feuil2. Or, si les noms de feuilles sont longs, la formule la plus simple remplira la Barre de formule, même si elle se réfère seulement à une ou deux autres feuilles de calcul.

Bref, respectez la règle générale qui stipule que plus un nom de feuille est court, mieux c'est, et n'oubliez pas que deux feuilles de calcul du même classeur ne peuvent pas porter le même nom.

Des onglets en couleurs

Excel permet d'affecter différentes couleurs aux onglets des feuilles de calcul, par exemple du rouge pour signaler des feuilles de calcul nécessitant une vérification immédiate ou du bleu pour les feuilles déjà vérifiées.

Pour colorier un onglet de feuille, cliquez dessus avec le bouton droit de la souris, sélectionnez l'option Couleur d'onglet dans le menu qui apparaît, puis sélectionnez la couleur voulue dans la palette qui s'affiche. Le nom de la feuille de calcul active apparaît d'abord souligné dans la couleur choisie. Mais dès que vous sélectionnez un autre onglet, celui qui a été coloré apparaît dans la couleur choisie ; si celle-ci est sombre, le texte de l'onglet est affiché en blanc afin d'améliorer sa lisibilité.

Pour ôter la couleur d'un onglet, procédez comme pour la mise en couleur mais en sélectionnant Aucune couleur dans la palette.

Modifier l'ordre des feuilles de calcul

Il vous arrivera de vouloir modifier l'ordre dans lequel les feuilles de calcul se succèdent dans le classeur. Il suffit pour cela de faire glisser l'onglet de la feuille que vous désirez déplacer. Pendant ce déplacement, le pointeur se transforme en icône en forme de feuille qui accompagne la flèche, et un repère indique l'emplacement où sera déposé l'onglet (voir Figures 7.3 et 7.4) lorsque vous relâcherez le bouton de la souris.

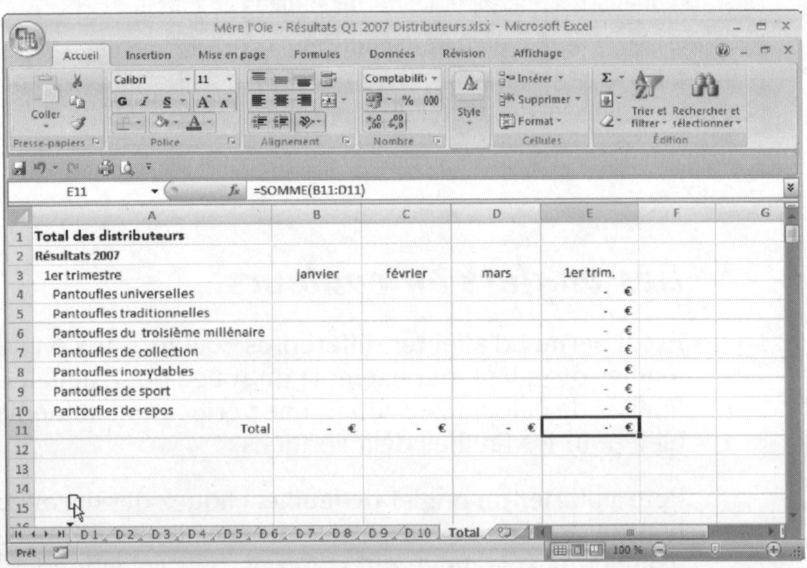

Figure 7.3 : Déplacement de l'onglet Total vers le début de l'espace des onglets.

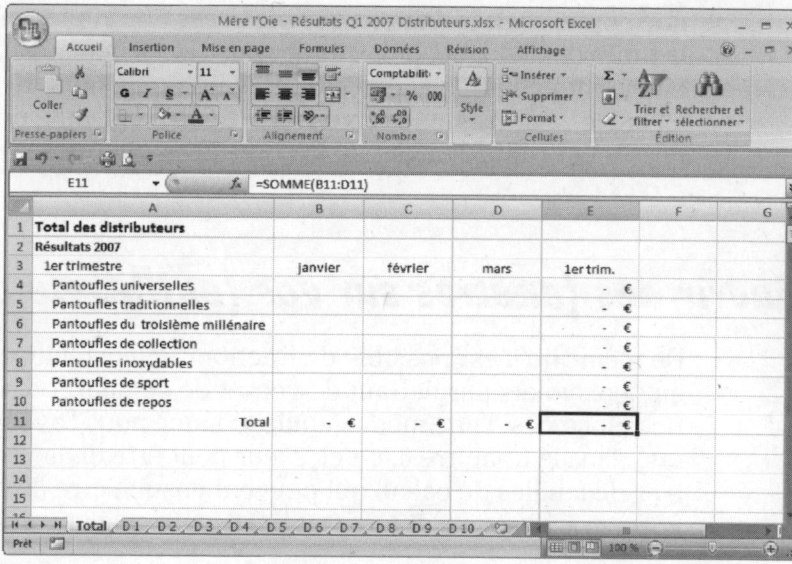

Figure 7.4 : La feuille de calcul Total se trouve maintenant en tête du classeur.

Si vous maintenez la touche Ctrl enfoncée tout en déplaçant un onglet, Excel insère une copie de la feuille de calcul à l'emplacement où vous relâchez le bouton de la souris. Pendant cette manipulation, le pointeur est accompagné d'un signe + (plus). La copie possède le même nom que la feuille originale suivi de la mention (2).

Par exemple, si vous copiez la Feuil5, la nouvelle feuille de calcul sera nommée *Feuil5 (2)*. L'onglet peut bien sûr être renommé pour afficher un nom un peu moins ésotérique (cette manipulation est décrite dans la section "D'autres noms pour les feuilles", un peu plus haut dans ce chapitre).

Vous pouvez aussi déplacer ou copier des feuilles de calcul dans le classeur en sélectionnant la feuille à déplacer ou à copier et en choisissant, dans le menu contextuel, l'option Déplacer ou copier. Dans la boîte de dialogue Déplacer ou copier, cliquez sur le nom de la feuille avant laquelle la feuille active doit être déplacée ou copiée.

Pour déplacer la feuille active juste avant la feuille que vous venez de sélectionner dans la boîte de dialogue Déplacer ou copier, cliquez simplement sur le bouton OK. Pour effectuer une copie, cochez d'abord la case Créer une copie, en bas de la boîte de dialogue, puis cliquez sur OK. Si une copie a été faite, et non un déplacement, Excel ajoute un numéro d'ordre à l'onglet. Par exemple, si vous avez copié la feuille de calcul Pertes et Profits, l'onglet de la copie aura pour nom *Pertes et Profits (2)*.

Ouvrir des fenêtres sur vos feuilles de calcul

De même qu'il est possible de fractionner une feuille de calcul en deux volets permettant de voir et de comparer deux parties éloignées d'une même feuille, comme nous l'avons expliqué dans le Chapitre 6, un classeur peut être divisé en fenêtres de feuilles de calcul qui peuvent ensuite être disposées à votre gré pour voir différentes parties de chacune des feuilles.

Pour ouvrir des feuilles de calcul dans différentes fenêtres, vous devez créer de nouvelles fenêtres de classeur qui s'ajouteront à celle qu'Excel ouvre automatiquement dès que vous accédez à un classeur. Vous sélectionnerez ensuite la feuille de calcul à afficher dans la nouvelle fenêtre. Ces opérations s'accomplissent de la manière suivante :

1. **Dans le groupe Fenêtre de l'onglet Affichage, cliquez sur le bouton Nouvelle fenêtre pour créer une deuxième fenêtre du même classeur, puis cliquez sur l'onglet que vous voulez afficher dans cette deuxième fenêtre (reconnaissable à la mention :2 ajoutée par Excel au nom du classeur dans la barre de titre de la fenêtre).**

2. **Cliquez à nouveau sur le bouton Nouvelle fenêtre pour créer une troisième fenêtre, puis cliquez sur l'onglet que vous voulez afficher dans cette troisième fenêtre (reconnaissable à la mention :3 ajoutée par Excel au nom du classeur dans la barre de titre de la fenêtre).**

3. **Continuez ainsi comme à l'étape précédente pour créer une nouvelle fenêtre, en sélectionnant à chaque**

fois dans la nouvelle fenêtre l'onglet de la feuille de calcul qui devra y être affichée pour être comparée avec les autres.

4. **Dans le groupe Fenêtre de l'onglet Affichage, cliquez sur le bouton Réorganiser tout, puis sélectionnez l'option de réorganisation que vous voulez dans la boîte de dialogue Réorganiser (décrite ci-dessous) qui apparaît.**

La boîte de dialogue Réorganiser contient les options suivantes :

- **Mosaïque :** Excel dispose les fenêtres côte à côte à l'écran, dans l'ordre où vous les avez ouvertes. La Figure 7.5 montre un arrangement à quatre fenêtres.

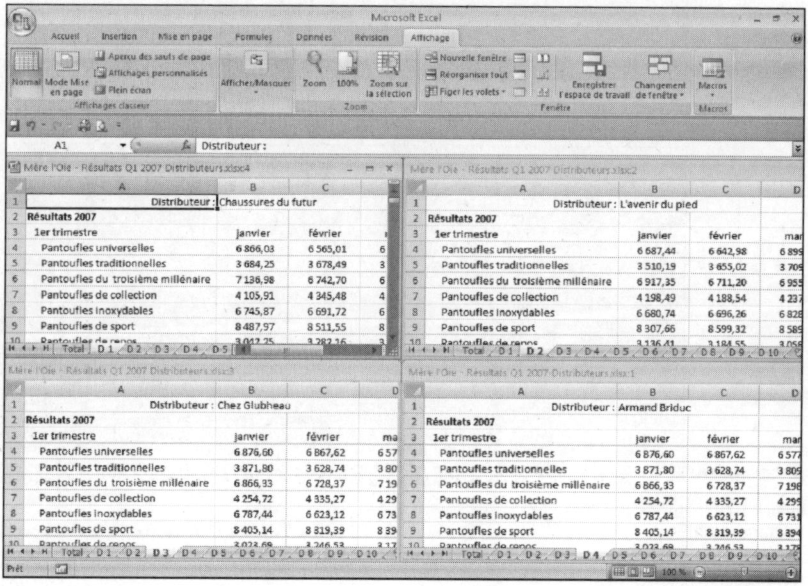

Figure 7.5 : Disposition de quatre fenêtres de feuilles de calcul avec l'option Mosaïque.

- **Horizontal :** Excel redimensionne les fenêtres à une même taille et les superpose, comme le montre la Figure 7.6.

- **Vertical :** Excel redimensionne les fenêtres à une même taille et les juxtapose, comme le montre la Figure 7.7.

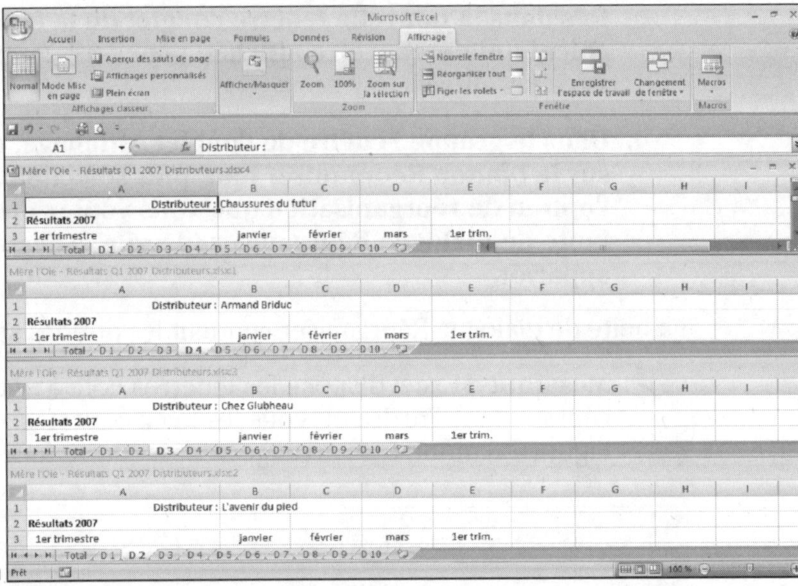

Figure 7.6 : Superposition de quatre fenêtres de feuilles de calcul avec l'option Horizontal.

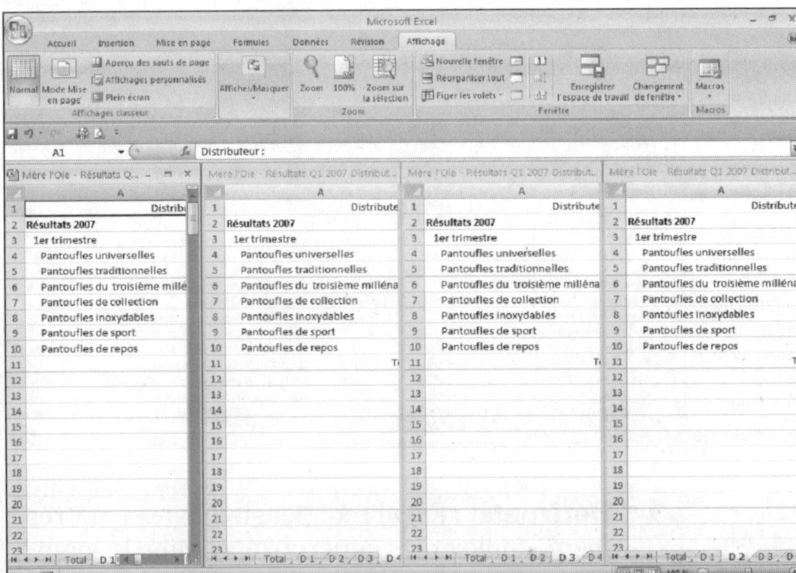

Figure 7.7 : Juxtaposition de quatre fenêtres de feuilles de calcul avec l'option Vertical.

- **Cascade :** Excel redimensionne les fenêtres et les empile en léger décalage les unes par rapport aux autres, comme l'illustre la Figure 7.8.

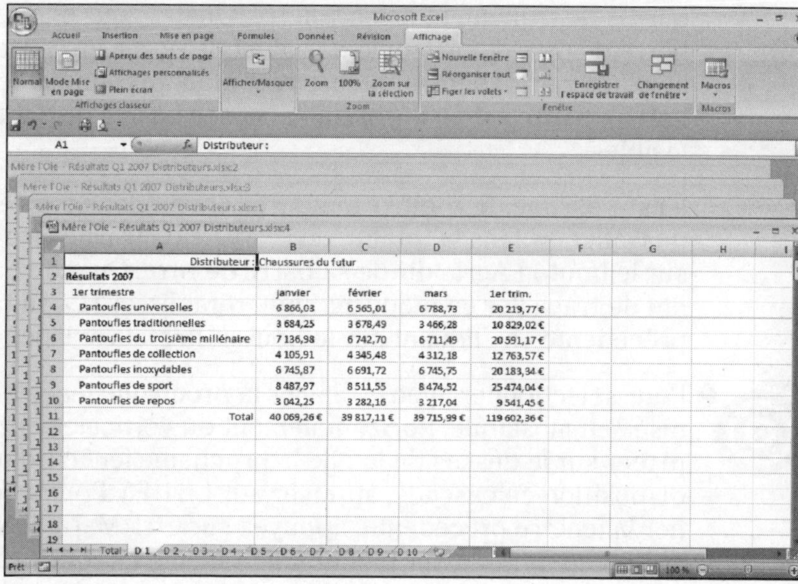

Figure 7.8 : Empilement de feuilles de calcul obtenu avec l'option Cascade.

- **Fenêtres du classeur actif :** Lorsque cette case est cochée, Excel ne montre que les fenêtres qui ont été ouvertes dans le classeur courant. Sinon, il affiche toutes les fenêtres de tous les classeurs ouverts. Eh oui, tout comme il est possible d'ouvrir plusieurs fenêtres d'un même classeur, il est aussi possible d'ouvrir plusieurs classeurs à la fois, à condition toutefois que l'ordinateur dispose de suffisamment de mémoire vive, et que vous ne soyez pas saturé par autant d'informations à gérer.

N'OUBLIEZ PAS

Après avoir choisi une disposition, activez la fenêtre de la feuille de calcul que vous désirez utiliser (si elle ne l'est pas déjà) en cliquant dedans. Dans le cas d'une disposition en cascade, vous devrez cliquer dans la barre de titre ou sur le bouton approprié dans la Barre des tâches de Windows XP ou Vista.

Quand vous cliquez sur une fenêtre de feuille de calcul qui a été disposée en mosaïque, verticalement ou horizontalement, Excel indique que cette feuille est sélectionnée en mettant sa barre de titre en surbrillance et en faisant apparaître les barres de défilement de sa fenêtre. Quand vous cliquez sur la barre de titre d'une feuille de calcul disposée en cascade, elle se place spontanément au premier plan de l'empilement. Sa barre de titre est en surbrillance et ses barres de défilement visibles.

Il est possible de zoomer temporairement dans une fenêtre et de l'afficher dans la totalité de l'espace de travail en cliquant sur le bouton Agrandir de sa barre de titre. Quand vous avez fini de travailler en mode agrandi, rétablissez-la à sa taille précédente en cliquant sur le bouton Restaurer la fenêtre.

TRUC

Pour sélectionner avec le clavier la prochaine fenêtre réorganisée en mosaïque, horizontalement ou verticalement, ou placer sur le dessus de la pile la prochaine fenêtre d'une disposition en cascade, appuyez sur Ctrl+F6. Pour sélectionner la fenêtre précédente, appuyez sur Ctrl+Maj+F6. Notez que ces raccourcis clavier fonctionnent même lorsque ces fenêtres ont été agrandies dans l'espace de travail d'Excel.

Si vous fermez l'une des fenêtres réorganisées en cliquant sur le bouton Fermer dans la barre de titre (celui avec un X) ou en appuyant sur Ctrl+W, Excel ne redimensionne pas les autres fenêtres pour combler le vide. De même, si vous créez maintenant une nouvelle fenêtre en cliquant sur le bouton Nouvelle fenêtre de l'onglet Affichage, Excel ne réorganise pas la disposition pour l'intégrer. Il se contente de la placer par-dessus les autres.

Pour combler le vide laissé par la fermeture d'une fenêtre, ou pour en intégrer une nouvelle, cliquez sur le bouton Réorganiser tout dans l'onglet Affichage pour ouvrir la boîte de dialogue Réorganiser, puis cliquez sur OK ou appuyez sur Entrée (le dernier bouton radio utilisé est toujours sélectionné ; si vous voulez changer de disposition, vous devrez choisir une autre option de réorganisation).

N'essayez pas de fermer une fenêtre en cliquant sur Bouton Office/Fermer, car cette commande ferme tout le classeur, et par là même toutes les fenêtres qu'il contient.

Lorsque vous enregistrez le classeur, Excel enregistre l'arrangement courant des fenêtres avec le fichier, en même temps que toutes les autres modifications. Pour ne pas enregistrer la réorganisation, fermez toutes les fenêtres sauf une (en cliquant tout simplement sur leur bouton de fermeture dans leur coin supérieur droit, mais vous pouvez aussi les sélectionner et appuyer ensuite sur Ctrl+W), puis cliquez sur le bouton Agrandir de la dernière fenêtre. Sélectionnez ensuite l'onglet sur lequel le classeur devra s'ouvrir la prochaine fois que vous le chargerez, puis enregistrez le fichier.

Comparer deux feuilles de calcul en côte à côte

Vous pouvez utiliser la commande Afficher côte à côte de l'onglet Affichage (c'est le bouton du haut parmi les trois qui se trouvent juste à gauche du bouton Enregistrer l'espace de travail, dans le groupe Fenêtre de cet onglet) pour comparer en côte à côte deux fenêtres préalablement ouvertes. Lorsque vous cliquez sur ce bouton, Excel superpose automatiquement les deux fenêtres (comme si vous aviez sélectionné l'option Horizontal dans la boîte de dialogue Réorganiser), comme le montre la Figure 7.9.

Si plus de deux fenêtres sont ouvertes lorsque vous cliquez sur le bouton Afficher côte à côte, Excel ouvre la boîte de dialogue Comparer en côte à côte dans laquelle vous pouvez sélectionner la fenêtre qui sera comparée à la fenêtre active. Dès que vous cliquez sur OK, Excel affiche la fenêtre active côte à côte avec celle que vous venez de sélectionner.

Juste au-dessous du bouton Afficher côte à côte, dans le groupe Fenêtres de l'onglet Affichage, vous disposez de deux commandes utiles pour comparer deux fenêtres en côte à côte :

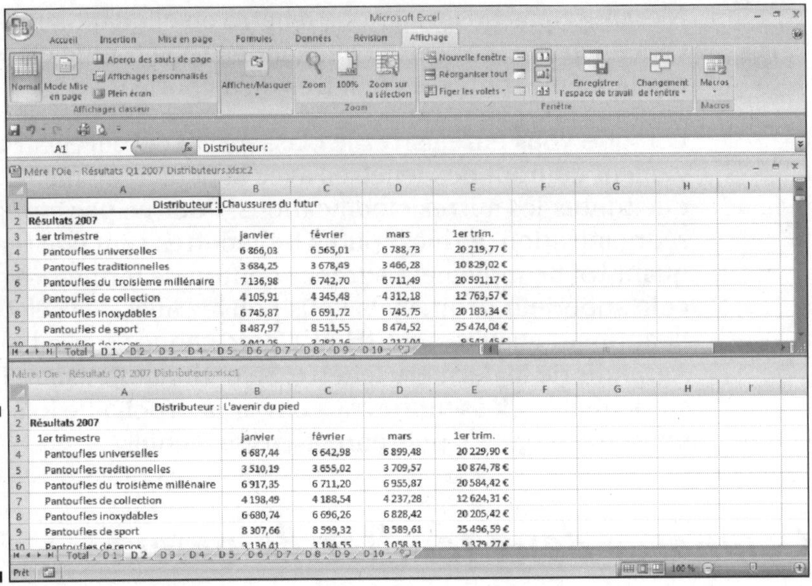

Figure 7.9 : Comparez deux feuilles de calcul en côte à côte.

- **Défilement synchrone :** Lorsque ce bouton est actif (c'est-à-dire lorsqu'il apparaît sur fond orange, ce qui est le cas par défaut), dès que vous actionnez dans une fenêtre la barre de défilement horizontal ou vertical de la fenêtre active, le mouvement est répercuté dans l'autre fenêtre. Pour être en mesure de faire défiler uniquement la fenêtre active, cliquez sur le bouton Défilement synchrone (s'il est actif) pour le désactiver.
- **Rétablir la position de la fenêtre :** Après un redimensionnement manuel de la fenêtre active, cliquez sur ce bouton afin de restaurer la disposition des deux fenêtres, propice à une comparaison en côte à côte.

Transférer des feuilles de calcul d'un classeur à un autre

Dans certains cas, vous devrez déplacer ou copier une feuille de calcul dans un autre classeur. Voici la procédure à suivre :

1. **Ouvrez le classeur contenant la ou les feuilles de calcul à transférer ainsi que le classeur de destination.**

   Cliquez sur Bouton Office/Ouvrir ou appuyez sur Ctrl+O pour ouvrir les deux classeurs.

2. **Sélectionnez le classeur contenant la ou les feuilles de calcul à déplacer ou à copier.**

   Pour sélectionner le classeur, cliquez sur son bouton dans la Barre des tâches de Windows.

3. **Sélectionnez la ou les feuilles à déplacer ou à copier.**

   Pour sélectionner une seule feuille de calcul, cliquez sur son onglet. Pour sélectionner un groupe de feuilles adjacentes, cliquez sur le premier onglet puis, touche Maj enfoncée, cliquez sur le dernier onglet. Pour sélectionner des feuilles éparses, cliquez sur un premier onglet puis, touche Ctrl enfoncée, cliquez sur les onglets des autres feuilles.

4. **Cliquez du bouton droit sur l'onglet ou l'un des onglets sélectionnés, et sélectionnez Déplacer ou copier dans le menu qui apparaît.**

   Excel ouvre la boîte de dialogue Déplacer ou copier, visible Figure 7.10, dans laquelle vous préciserez s'il faut déplacer ou copier la ou les feuilles sélectionnées, et à quel endroit.

5. **Dans la liste déroulante Dans le classeur, sélectionnez le nom du classeur dans lequel vous désirez déplacer ou copier la ou les feuilles de calcul.**

   Si vous voulez déplacer ou copier les feuilles sélectionnées dans un nouveau classeur au lieu d'un classeur existant, choisissez l'option Nouveau classeur, tout en haut de la liste déroulante.

6. **Dans la liste Avant la feuille, sélectionnez le nom de la feuille de calcul, dans le classeur de destination, avant laquelle les feuilles déplacées ou copiées doivent être**

placées. Si vous voulez les placer à la fin, choisissez l'option En dernier.

7. **Si vous voulez copier et non déplacer les feuilles sélectionnées, cochez la case Créer une copie.**

8. **Cliquez sur OK ou appuyez sur Entrée pour terminer l'opération de déplacement ou de copie.**

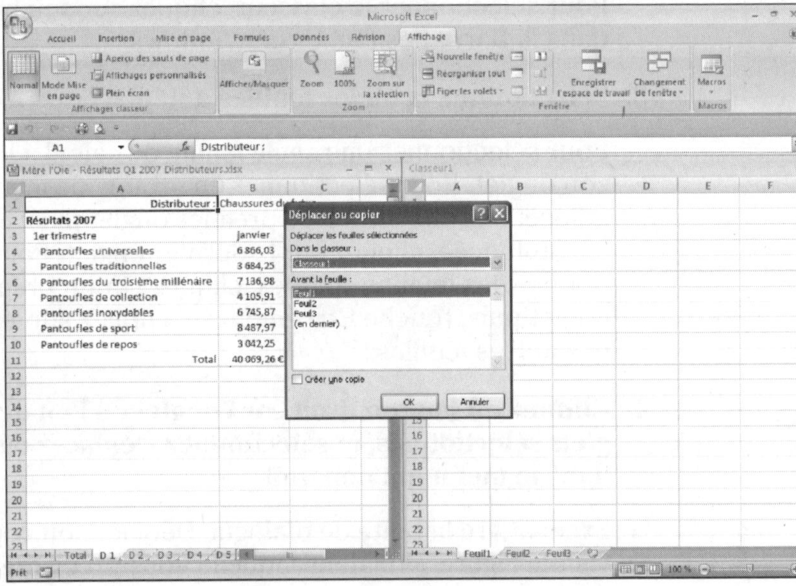

Figure 7.10 : Cette boîte de dialogue vous permet de copier ou de déplacer des feuilles de calcul du classeur en cours vers un autre classeur.

Si vous préférez une méthode plus directe, vous pouvez déplacer ou copier des feuilles entre des classeurs ouverts en faisant glisser les onglets sélectionnés de l'un à l'autre. Notez que cette technique fonctionne aussi bien avec une seule feuille qu'avec plusieurs à la fois.

TRUC

Pour faire glisser une feuille de calcul d'un classeur vers un autre, les deux classeurs doivent être ouverts. Cliquez sur le bouton Réorganiser tout dans l'onglet Affichage, puis choisissez une disposition (en mosaïque, horizontale ou verticale). Avant de fermer la boîte de dialogue Réorganiser, assurez-vous que la case Fenêtres du classeur *n'est pas* cochée.

Après avoir réorganisé les fenêtres du classeur, faites glisser l'onglet de feuille d'un classeur vers un autre. Pour copier une feuille plutôt que de la déplacer, maintenez la touche Ctrl enfoncée pendant la manipulation. Pour placer la feuille où bon vous semble dans le classeur de destination, cliquez sur le petit triangle noir de l'onglet et faites-le glisser jusqu'à l'emplacement où vous voulez déposer la feuille. Relâchez alors le bouton de la souris.

Cette opération par glisser-déposer est justement l'une de celles qui sont irréversibles, car impossibles à annuler. Cela signifie que si vous avez déplacé par erreur une feuille de calcul dans le mauvais classeur, vous devrez effectuer la procédure inverse pour la ramener là où elle était.

Les Figures 7.11 et 7.12 illustrent combien il est facile de déplacer ou de copier une feuille de calcul d'un classeur à un autre par un simple glisser-déposer.

La Figure 7.11 montre deux fenêtres de classeur côte à côte : Mère l'Oie - Résultats Q1 2007 Distributeurs à gauche, et un nouveau classeur (Classeur1) à droite (ces deux classeurs sont affichés avec une réorganisation verticale). Pour copier la feuille D1 (celle du premier distributeur) du classeur Mère l'Oie - Résultats Q1 2007 Distributeurs vers le nouveau classeur Classeur1, il suffit de sélectionner son onglet puis, touche Ctrl enfoncée, de le faire glisser jusqu'à son nouvel emplacement, juste avant l'onglet Feuil1 du classeur de destination (Classeur1).

Regardez maintenant la Figure 7.12 pour voir les classeurs juste après avoir relâché le bouton de la souris. Comme vous le constatez, Excel a inséré une copie de la feuille D1 du classeur Mère l'Oie - Résultats Q1 2007 Distributeurs dans le nouveau classeur Classeur1, avant l'onglet Feuil1, comme nous l'avions indiqué en plaçant à cet endroit le petit triangle noir.

Pour récapituler...

Le meilleur moyen de vous montrer comment créer une feuille récapitulative est de vous décrire les différentes étapes de

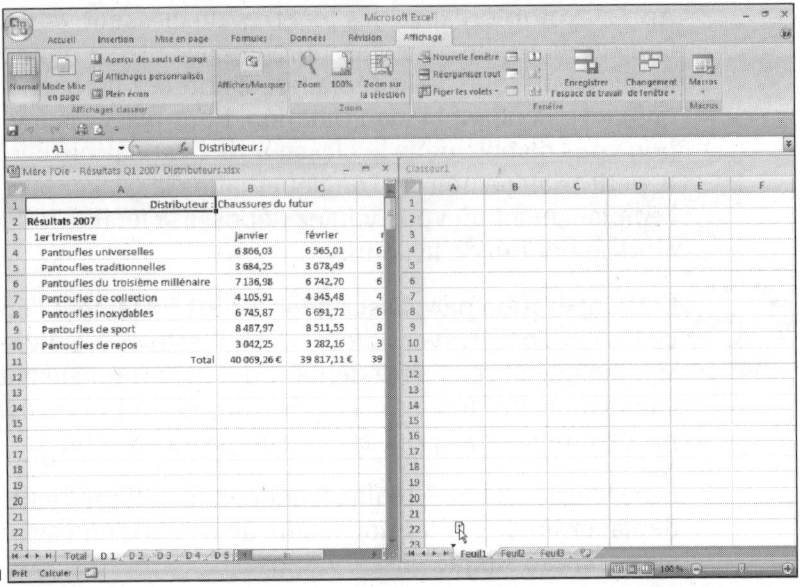

Figure 7.11 : Déplacement d'une feuille de calcul d'un classeur à un autre.

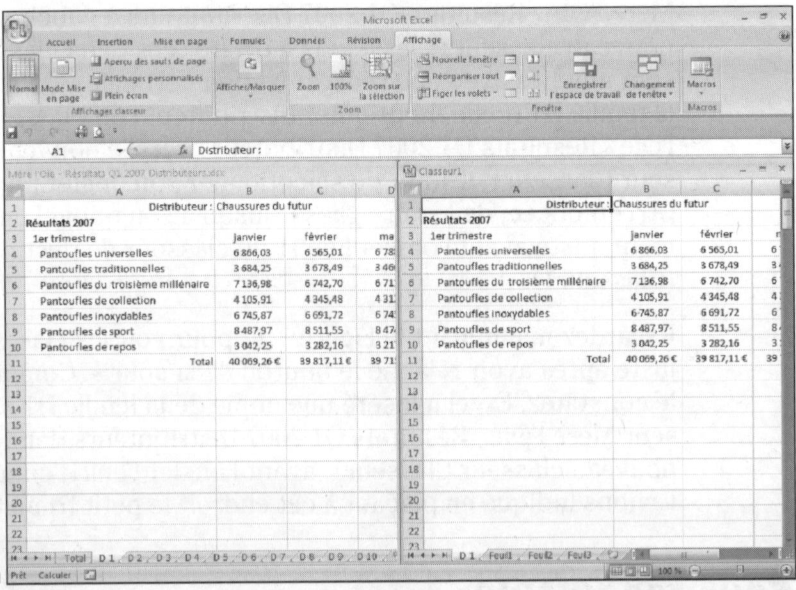

Figure 7.12 : La feuille de calcul D1 a été copiée du classeur de gauche dans le classeur de droite.

création de la feuille Total du classeur des résultats des ventes des distributeurs de la société La mère l'Oie, que nous avons déjà utilisé comme exemple dans tout ce chapitre. Cette feuille a pour but de récapituler les résultats de tous ces distributeurs, en faisant le total de ceux-ci.

Comme nous disposons déjà dans le classeur Mère l'Oie - Résultats Q1 2007 Distributeurs des résultats de tous ces distributeurs, la création de la feuille récapitulative sera très rapide :

1. **Dans ce classeur, une nouvelle feuille de calcul Feuil1 est insérée avant toutes les autres, puis renommée Total.**

   Pour savoir comment insérer une nouvelle feuille, reportez-vous à la section "Ajouter des feuilles de calcul à un classeur", dans ce chapitre. Pour savoir comment renommer une feuille, reportez-vous à la section "D'autres noms pour les feuilles".

2. **Le titre Total des distributeurs a été entré dans la cellule A1 de cette nouvelle feuille.**

   Il suffit de sélectionner cette cellule et de taper le texte.

3. **Tout le tableau de la feuille D 1 (Figure 7.1) à partir de la ligne 2 a été copié et collé au même emplacement dans la feuille Total, et les données des cellules B4 à D 10 ont été supprimées.**

   Pour cela, il suffit de sélectionner dans la feuille D 1 la plage de cellules A2:E11 et d'appuyer sur Ctrl+C, puis de cliquer sur l'onglet Total, de sélectionner dans celui-ci la cellule A2, et d'appuyer sur la touche Entrée. Enfin, pour effacer les données (sans toucher aux cellules dans lesquelles se trouvent les formules qui en font le total), il suffit de sélectionner la plage B4:D10 et d'appuyer sur la touche Suppr. Notez que les valeurs calculées par les formules qui font les totaux ne disparaissent pas aussitôt, mais seulement lorsque vous enregistrez la feuille (Ctrl+S).

Vous êtes maintenant prêt à créer la formule maître SOMME qui totalise les résultats des dix distributeurs, en commençant pour cela par le résultat de janvier pour le premier produit, c'est-à-dire par la cellule B4 de la feuille Total :

1. **Cliquez sur la cellule B4 puis sur le bouton Somme dans le groupe Édition de l'onglet Accueil.**

   Excel fait apparaître `=SOMME()` dans la cellule ; le point d'insertion se trouve entre les deux parenthèses.

2. **Cliquez sur l'onglet D 1 puis sur la cellule B4 pour sélectionner le résultat de janvier pour le premier produit de la liste pour ce premier distributeur.**

   Après avoir sélectionné cette cellule, la formule devient `=SOMME('D 1'!B4)`. Attention ! Pour le constater, ne cliquez pas à nouveau sur l'onglet Total. À partir du moment où vous avez cliqué sur le bouton Somme, cliquer sur l'onglet d'une feuille ou sur une cellule, c'est référencer celle-ci dans la formule. Regardez simplement ce qui se passe dans la Barre de formule, c'est elle qui affiche l'évolution de la formule au fur et à mesure que vous sélectionnez des onglets et des cellules dans ceux-ci.

3. **Tapez maintenant un signe plus (+) pour ajouter un nouvel argument, puis cliquez sur l'onglet D 2, et dans cette feuille à nouveau sur la cellule B4 pour l'introduire à son tour dans la formule de somme.**

   La Barre de formule affiche maintenant `=SOMME('D 1'!B4+'D 2'!B4)`.

4. **Continuez ainsi avec tous les autres distributeurs, sans oublier de taper un signe plus après avoir sélectionné chaque cellule B4 pour passer à la feuille suivante.**

   A la fin de cette procédure, la Barre de formule contient l'impressionnante formule SOMME visible Figure 7.13.

5. **Après avoir terminé d'écrire la formule SOMME dans la cellule B4, cliquez sur le bouton Entrer ou appuyez sur la touche Entrée.**

La somme de toutes les valeurs des cellules B4 des onglets D 1 à D 10 apparaît dans la cellule B4 de l'onglet Total, comme le montre la Figure 7.13.

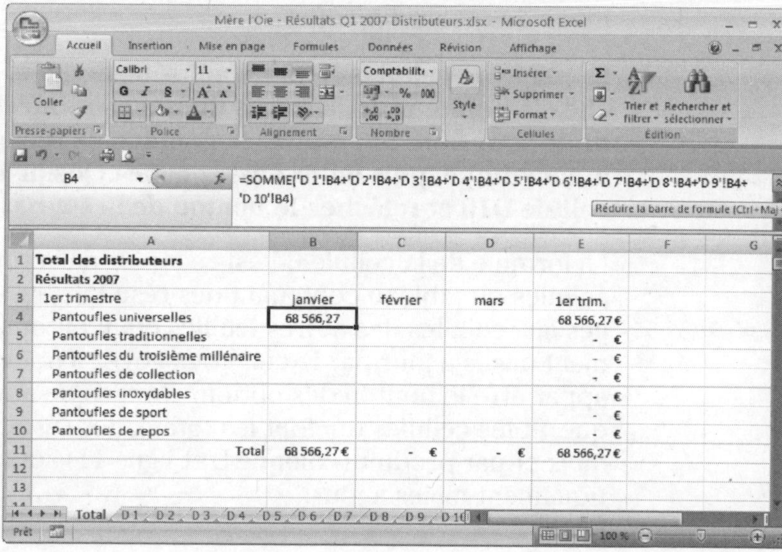

Figure 7.13 : La feuille de calcul telle qu'elle apparaît après la récupération par la fonction SOMME des résultats des dix distributeurs.

Il ne nous reste plus qu'à utiliser la recopie automatique pour copier la formule maître de la cellule B4 dans toutes les autres cellules, jusqu'au mois de mars et au dernier produit de la liste, c'est-à-dire jusqu'à la cellule D 10, en procédant ainsi :

1. **La cellule B4 étant sélectionnée, approchez le pointeur de la souris de son coin inférieur droit pour faire apparaître la poignée de recopie automatique, puis faites glisser celle-ci jusqu'à la cellule D4 et relâchez le bouton de la souris.**

   La formule de la cellule B4 est recopiée dans les cellules C4 et D4, les références aux cellules des autres feuilles étant automatiquement mises à jour par Excel. Pour vous en assurer, il vous suffit de cliquer sur la cellule C4 ou la cellule D4 et de voir ce qu'affiche la Barre de formule. Remarquez aussi que vous voyez apparaître le bouton des options de recopie automatique, dont vous n'avez pas besoin ici (si vous voulez faire disparaître ce bouton, il vous suffit de modifier une cellule quelconque). Parmi les cellules qui font les totaux des résultats par produit, celles qui sont concernées sont mises à jour automatiquement (à moins que vous ne soyez en mode de recalcul manuel).

2. **La plage de cellules B4:D4 étant sélectionnée, approchez le pointeur de la souris de son coin inférieur droit pour faire apparaître la poignée de recopie automatique, puis faites glisser celle-ci jusqu'à la cellule D10 et relâchez le bouton de la souris.**

   La formule de la cellule B4 est recopiée dans toutes les cellules du tableau contenant des résultats, les références aux cellules des autres feuilles étant automatiquement mises à jour par Excel. Vous voyez à nouveau apparaître le bouton des options de recopie automatique, et les cellules qui font les totaux des résultats par mois et par produit (colonne E et ligne 11) sont automatiquement mises à jour.

Quatrième partie

Plongeon dans l'analyse de données

"J'ai commencé à lancer des scénarios 'Que se passerait-il si…', du genre : 'Que se passerait-il si j'en avais marre de ce travail minable et si je détournais un peu d'argent de l'entreprise vers un compte offshore ?' "

Dans cette partie...

Savoir comment entrer de vastes quantités de données dans une feuille de calcul, c'est bien. C'est même très bien. Mais ce n'est pas encore suffisant. Vous devez aussi apprendre à analyser ces informations pour en dégager les tendances afin de pouvoir profiter des opportunités et éviter les écueils inhérents à votre activité.

Cette quatrième partie contient deux chapitres conçus pour vous aider dans ce travail. Dans le Chapitre 8, vous découvrirez les outils de base qu'Excel vous propose pour analyser vos feuilles de données. Grâce à eux, vous serez mieux à même de prédire les modifications à opérer pour atteindre vos objectifs, ou simplement pour éviter des résultats non voulus. Dans le Chapitre 9, je vous présenterai le plus bel outil d'Excel dans ce domaine : les tableaux croisés dynamiques et les graphiques qui vont avec. Vous y verrez comment utiliser ces outils extraordinaires avec vos données afin de dégager facilement tendances et perspectives (aussi bien celles qui font miroiter des étoiles dans vos yeux que les autres, celles qui peuvent potentiellement vous conduire au désastre...).

Chapitre 8

Mais que se passerait-il si... ?

Dans ce chapitre :

- Analyser des scénarios qui dépendent d'une ou deux variables.
- Rechercher une valeur cible.

Excel 2007 met à votre disposition une gamme plutôt étendue d'outils d'analyse (certains sont bien sûr plus compliqués, ou plus indispensables, que d'autres). Dans ce chapitre, je vais vous présenter trois méthodes à la fois simples et directes :

- Les **tables de données** vous permettent de juger de l'impact qu'aura sur vos résultats le changement d'une ou deux variables (par exemple, vous pourrez voir ce qui restera de vos revenus nets si vous tombez dans une tranche d'imposition de 25 %, de 35 %, et ainsi de suite).
- Les **valeurs cibles** vous aident à déterminer ce qui doit se produire pour atteindre un objectif prédéterminé. Exemple : combien mon éditeur doit-il vendre d'exemplaires d'*Excel 2007 pour les Nuls* si je veux finir de payer mon appartement tout de suite ?

Jouer avec les tables de données et les hypothèses

Les tables de données vous permettent d'entrer une série de valeurs possibles qu'Excel va ensuite connecter à une même formule. Excel supporte deux types de tables de données : les tables à une seule variable, qui évaluent une formule en affectant une série de valeurs à un paramètre donné ; et les tables à deux variables, qui opèrent sur le même principe, mais cette fois en testant deux paramètres à la fois.

Les deux méthodes font appel à la même boîte de dialogue. Vous la trouverez sous l'onglet Données du Ruban. Dans le groupe Outils de données, choisissez l'icône Analyse de scénarios, puis Table de données. Le formulaire Table de données propose deux champs : Cellule d'entrée en ligne et Cellule d'entrée en colonne.

Lorsque vous créez une table basée sur une seule variable, vous désignez dans la feuille de calcul une cellule qui va, selon le cas, servir d'entrée en ligne (si la série des valeurs possibles est saisie horizontalement, dans une succession de colonnes sur la même ligne) *ou* d'entrée en colonne (si la série des valeurs possibles est disposée verticalement, dans une succession de lignes appartenant à une même colonne).

Lorsque vous créez une table à deux variables, vous devez désigner deux cellules (logique !). L'une définira l'entrée en ligne (les valeurs possibles sont disposées horizontalement dans des cases adjacentes), l'autre l'entrée en colonne (les valeurs possibles sont disposées verticalement). Vous suivez toujours ? Alors passons à la pratique.

Créer une table de données à une variable

La Figure 8.1 vous propose une feuille servant à évaluer les ventes 2008 à partir des résultats de l'année précédente. L'estimation apparaît dans la cellule B5. Elle est calculée en prenant le résultat des ventes pour 2007 et en lui appliquant le taux de croissance espéré pour 2008. B5 va donc contenir la formule classique :

```
=B2 + (B2*B3)
```

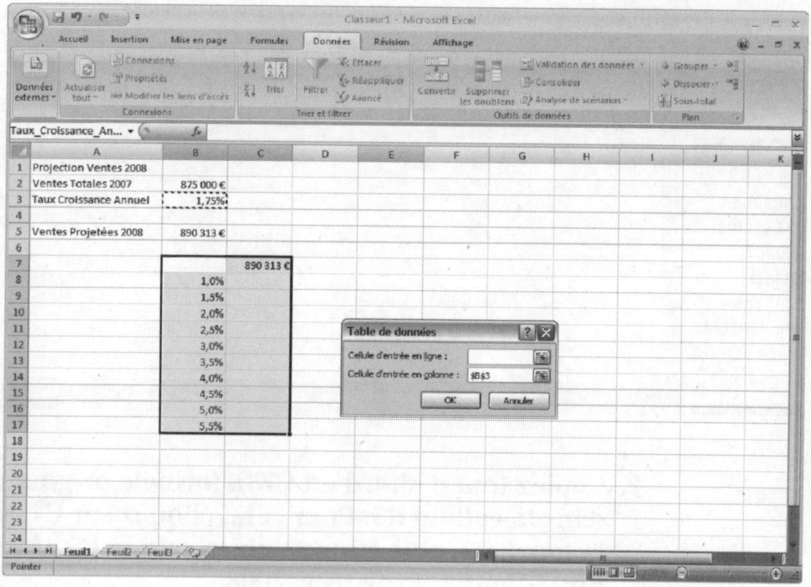

Figure 8.1 : Projection des ventes avec une colonne de taux de croissance possibles pour une table de données à une seule variable.

Personnellement, j'ai commencé par sélectionner la plage A2:B5. J'ai ensuite ouvert l'onglet Formules du Ruban, puis cliqué sur la commande Créer à partir de la sélection. J'ai alors accepté la proposition par défaut : Colonne de gauche. Ma formule utilise donc les intitulés présents sur la gauche des valeurs, ce qui donne :

```
=Ventes_Totales_2007 + (Ventes_Totales_2007*Taux_Croissance_Annuel=
```

Comme vous pouvez le constater, j'ai saisi une colonne de taux de croissance possibles (et réalistes) allant de 1 % à 5,5 %. Ces valeurs se trouvent dans la plage B8:B17. Il faut maintenant relier chacun de ces taux à la formule de calcul pour les ventes 2008. Pour cela, nous allons définir une table de données. Le résultat à obtenir est illustré sur la Figure 8.2.

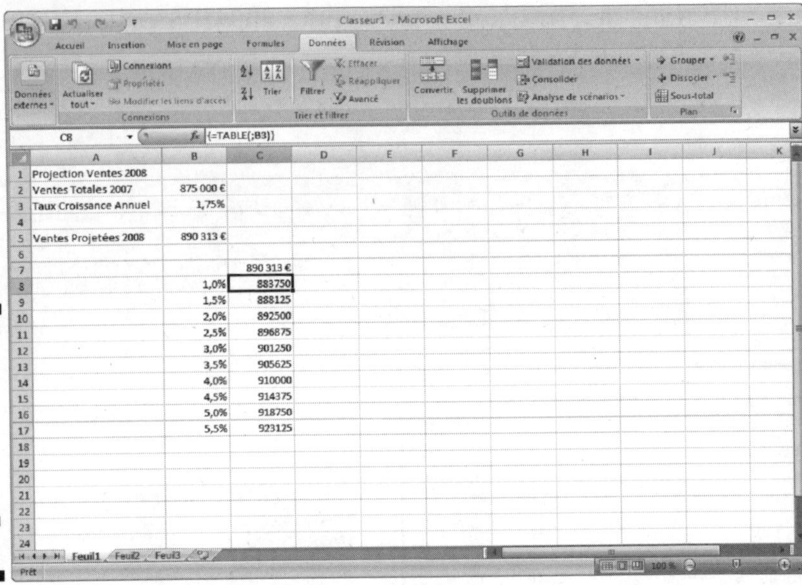

Figure 8.2 : Projection des ventes une fois la table de données à une variable créée dans la plage C8:C17.

1. **Copiez tout d'abord en C7 la formule originale entrée dans la cellule B5. Pour cela, cliquez sur C7, tapez sur la touche =, puis cliquez sur la cellule B5 afin d'obtenir : =Ventes_Projetées_2008.**

   Cette copie de la formule de base est maintenant l'en-tête de colonne de la table de données. Elle va servir à insérer dans le calcul la série de taux définie en B8:B17.

2. **Sélectionnez la plage B7:C17.**

   Notez bien que la sélection inclut à la fois la formule qui vient d'être copiée et l'ensemble des taux dont nous avons besoin pour les calculs.

3. **À partir Ruban, cliquez successivement sur Données, Analyse de scénarios et Table de données.**

   Excel ouvre la boîte de dialogue Table de données.

4. **Cliquez dans le champ de saisie Cellule d'entrée en colonne. Cliquez ensuite sur la cellule B3, autrement**

dit celle qui contient le taux de croissance annuel défini à l'origine.

Excel va insérer dans la boîte de dialogue l'adresse absolue de cette cellule, soit $B$3.

5. **Cliquez sur OK pour refermer la boîte de dialogue.**

   Dès que vous avez refermé la boîte de dialogue, Excel crée la table de données de la plage C8:C17 en insérant dans chacune de ses cellules une formule qui utilise sa fonction `TABLE`. Chaque copie de cette formule se sert du taux de croissance qui se trouve dans sa colonne de gauche pour évaluer un montant de ventes possible.

6. **Sélectionnez la cellule C6 puis ouvrez l'onglet Accueil. Dans le groupe Presse-papiers, cliquez sur l'outil Reproduire la mise en forme. Sélectionnez maintenant la plage C8:C17. La mise en forme de la cellule C6 est appliquée à la totalité de cette plage.**

   De cette manière, toute notre table de données affichera les estimations sous forme de valeur monétaire en euros.

Deux points importants que vous devez retenir à propos de cet exemple :

- Si vous modifiez l'un des taux de croissance de la plage B8:B17, Excel actualise immédiatement la valeur correspondante dans la table de données. Dans le cas de tables importantes, il est plutôt souhaitable que cette mise à jour soit effectuée uniquement lorsque vous appuyez sur la touche F9 (Calculer maintenant) ou sur la combinaison Maj+F9 (Calculer la feuille). Pour cela, activez l'onglet Formules. Dans le groupe Calcul, choisissez la commande Options de calcul. Cochez alors le mode Automatique sauf dans les tables de données.
- Si vous tentez de supprimer une des formules `TABLE` de la plage C8:C17, Excel vous envoie un avertissement

vous informant qu'il est impossible de modifier une partie d'une table de données. Si vous voulez vraiment supprimer ou effacer quelque chose, il vous faudra sélectionner d'abord la totalité de la table, soit la plage C8:C17 dans notre exemple.

Créer une table de données à deux variables

Comment créer maintenant une table de données à deux variables ? Tout simplement en remplissant cette fois les deux champs de saisie dans la boîte de dialogue. Il vous faut une cellule d'entrée en ligne (les valeurs possibles sont placées dans des colonnes successives sur la première rangée de la table) et une cellule d'entrée en colonne (les valeurs possibles pour la seconde variable sont superposées dans la première colonne de la table). Il ne vous manque plus que la formule à évaluer. Elle doit se trouver à l'intersection de la ligne d'entête et de la première colonne de la table.

La Figure 8.3 illustre ce type de situation. Dans cette nouvelle version de notre évaluation des ventes, nous allons utiliser deux variables pour calculer le résultat escompté en 2008. Il y a d'abord un taux de croissance qui est un pourcentage d'augmentation appliqué aux ventes de l'année précédente. Cette valeur se trouve en B3 (la cellule est appelée Taux_Croissance_Annuel). Jusque-là, rien de neuf. La seconde variable est un pourcentage de frais calculé à partir des ventes de l'année 2007. Il est enregistré dans la cellule B4 (appelée ici Dépenses_Ventes).

La formule originale de la cellule B5 devient un peu plus complexe :

```
=Ventes_Totales_2007+(Ventes_Totales_2007*Taux_Croissance_Annuel)
                    -(Ventes_Totales_2007*Dépenses_Ventes)
```

Pour définir la table de données à deux variables, j'ai ajouté une ligne représentant un pourcentage de dépenses possibles

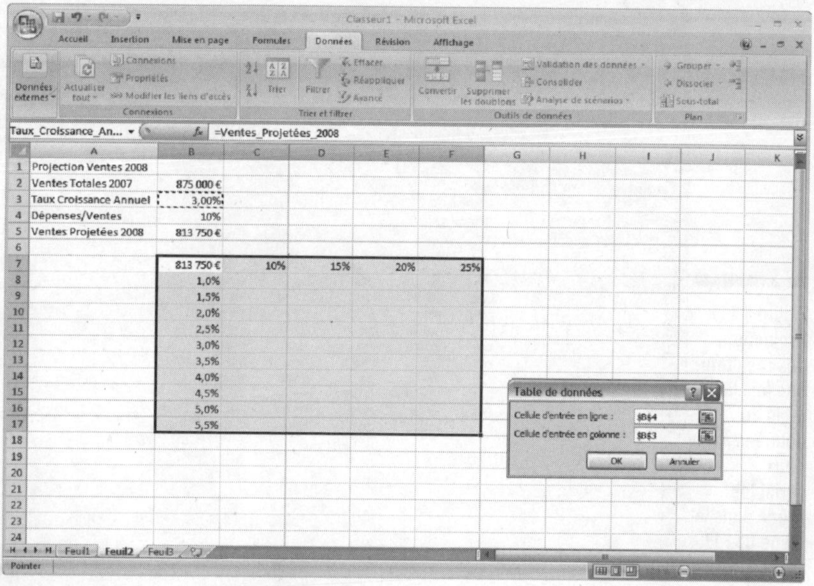

Figure 8.3 : Projection des ventes avec une série de croissances et de pourcentages de dépenses possibles servant à créer une table de données avec deux variables.

dans la rangée C7:F7. Elle est associée à une série de taux de croissance en B8:B17. J'ai ensuite recopié la cellule Ventes_Projetées_2008 (en B7) vers la cellule B7, autrement dit à l'intersection des valeurs de la ligne 7 et de la colonne B. La formule placée dans B7 est donc la suivante :

```
=Ventes_Projetées_2008
```

Quelques étapes vont suffire à créer la table de données à deux variables illustrée sur la Figure 8.4 :

1. **Sélectionnez la plage B7:F17.**

   Cette plage inclut la copie de la formule originale, ainsi que toutes les cellules correspondant aux pourcentages de dépenses et aux taux de croissance.

2. **Cliquez dans le ruban sur l'onglet Données, puis sur le bouton Analyse de scénarios, et enfin sur Table de données.**

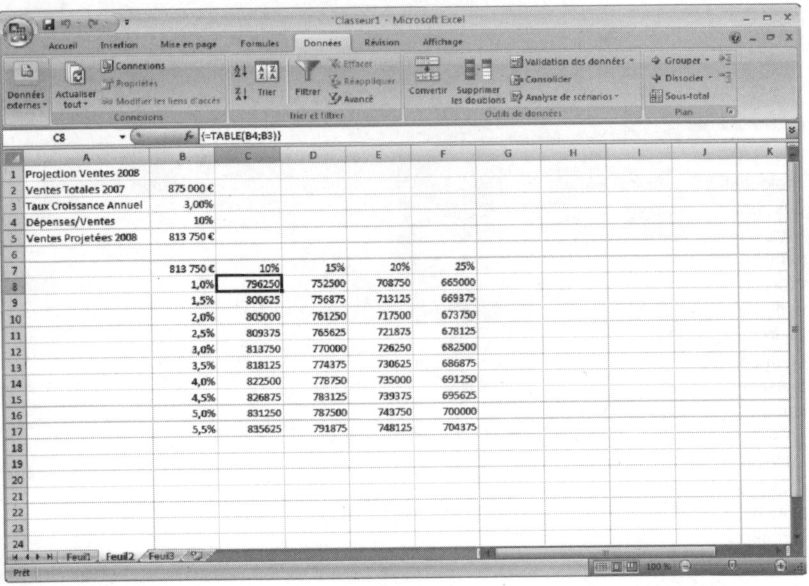

Figure 8.4 : Projection des résultats une fois la table de données à deux variables créée dans la plage C8:F17.

Excel ouvre la boîte de dialogue Table de données. Le point d'insertion est placé dans le champ Cellule d'entrée en ligne.

3. **Cliquez sur la cellule B4 pour entrer l'adresse absolue de la source. L'expression $B$4 apparaît dans le champ.**

4. **Activez le champ Cellule d'entrée en colonne. Cliquez cette fois sur la cellule B3 pour afficher son adresse absolue ($B$3) dans la boîte de dialogue.**

5. **Cliquez sur OK pour refermer la boîte de dialogue Table de données.**

   Excel remplit les cellules vides de la table de données avec une formule TABLE qui utilise comme entrée de ligne B4 et comme entrée de colonne B3.

6. **Cliquez sur la cellule B7, puis sur l'icône Reproduire la mise en forme du groupe Presse-papiers de l'onglet Accueil. Faites glisser le curseur sur la plage de cellules**

C8:F17 afin de copier le format monétaire sans partie décimale vers l'ensemble de la table.

Il peut arriver que le contenu de certaines cellules soit trop long pour s'afficher dans l'espace disponible. Dans ce cas, Excel signale le problème par une suite de caractères dièse (#). La plage C8:C17 étant toujours sélectionnée, l'étape qui suit rétablit la situation.

7. **Dans le groupe Cellules de l'onglet Accueil, cliquez sur la commande Format. Choisissez dans le menu déroulant qui apparaît l'option Ajuster la largeur de colonne.**

Chercher la cible

Lorsque vous vous posez une question du style "Que se passerait-il si...", il se peut très bien que vous ayez en tête un certain objectif. Par exemple : quel taux d'augmentation de mon chiffre d'affaires dois-je atteindre ? Ou encore : si je veux gagner telle somme, quel doit être le volume des ventes ? C'est précisément pour répondre à ce genre d'interrogation qu'Excel met à votre disposition une fonctionnalité appelée *Valeur cible*.

La commande Valeur cible se trouve dans le menu Analyse de scénarios (sous l'onglet Données du Ruban). Pour l'utiliser, vous devez sélectionner la cellule qui contient la formule devant retourner le résultat escompté (dans la boîte de dialogue Valeur cible, c'est la *cellule à définir*), puis indiquer la valeur à atteindre, et enfin spécifier l'emplacement du paramètre qu'Excel doit faire varier pour répondre à vos souhaits (dans le champ Cellule à modifier de la boîte de dialogue).

Les Figures 8.5 et 8.6 illustrent la manière dont vous pouvez vous servir de la fonction Valeur cible dans une feuille contenant des projections de ventes pour l'année 2008. Votre but : déterminer le montant des ventes nécessaires pour que le solde après achats des produits et autres dépenses atteigne pour le premier trimestre de l'année une valeur de 300 000 euros.

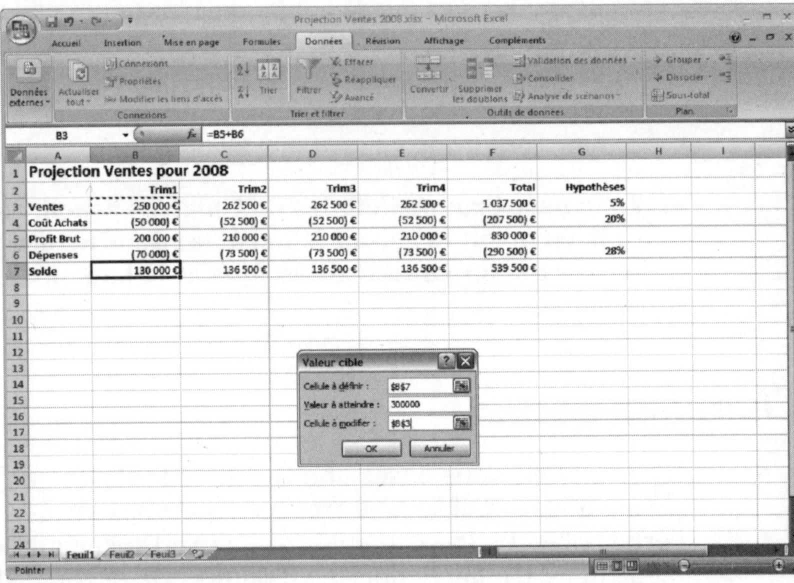

Figure 8.5 : Utilisez la valeur cible pour déterminer le volume de ventes permettant d'atteindre un certain solde net.

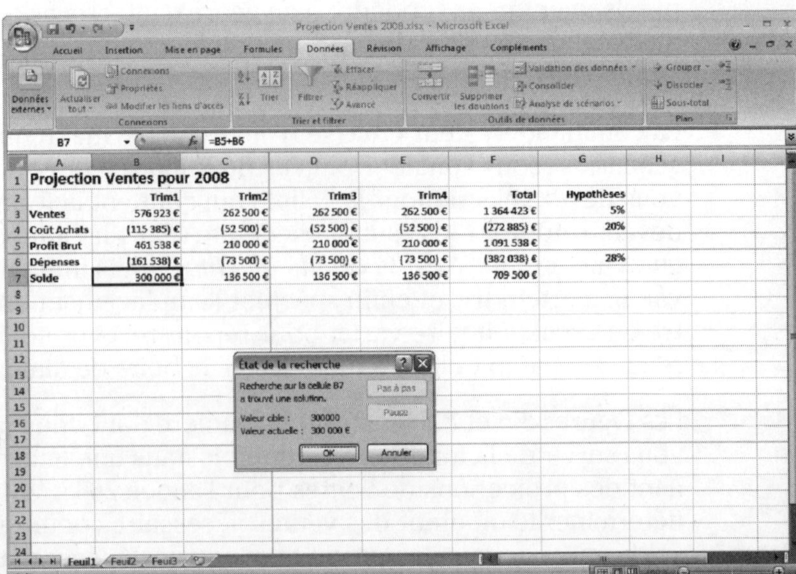

Figure 8.6 : La valeur cible est atteinte.

Pour déterminer l'augmentation des ventes dont vous avez besoin pour que le solde net soit de 300 000 euros, commencez par sélectionner la cellule B7. C'est elle qui contient la formule magique (le résultat auquel vous souhaitez arriver). Activez alors l'onglet Données, cliquez dans le Ruban sur le bouton Analyse de scénarios, puis sur Valeur cible.

Cette action ouvre la boîte de dialogue Valeur cible (reportez-vous à la Figure 8.5). Du fait que B7 est la cellule active, vous trouvez déjà sa référence dans le champ Cellule à définir. Activez ensuite le champ Valeur à atteindre. Saisissez votre objectif, soit **300000**. Activez maintenant le champ Cellule à modifier. Cliquez alors sur la cellule B3 de la feuille (celle qui contient les ventes du premier trimestre). Son adresse absolue ($B$3) apparaît dans la boîte de dialogue.

La Figure 8.6 vous montre ce qui se passe une fois que vous avez cliqué sur OK. Excel a recalculé la valeur du paramètre B3 jusqu'à ce que le solde B7 atteigne le montant désiré. Vous pouvez constater qu'il vous faudra passer de 250 000 à 576 923 euros pour que la cellule B7 affiche les 300 000 euros attendus.

N'OUBLIEZ PAS

La boîte de dialogue Etat de la recherche vous informe qu'Excel a trouvé une solution à votre équation, et la cellule à modifier est égale à la valeur à atteindre. Si ce n'est pas le cas, les boutons Pas à pas et Pause de la boîte de dialogue deviennent actifs. Ils serviront à demander à Excel d'effectuer une succession d'itérations afin d'obtenir la meilleure approximation possible, et éventuellement à éliminer l'écart entre valeur courante et valeur cible.

Si vous voulez conserver les nouvelles données fournies par la fonction Valeur cible, il vous suffit de cliquer sur le bouton OK de la boîte de dialogue Etat de la recherche. Pour revenir aux anciennes valeurs, cliquez simplement sur Annuler.

Chapitre 9

Jouer avec les tableaux croisés

Dans ce chapitre :

- Comprendre les tableaux croisés.
- Créer un nouveau tableau croisé.
- Formater un tableau croisé.
- Trier et filtrer les données d'un tableau croisé.

Les *tableaux croisés dynamiques* (autrefois appelés *tables pivot*) constituent une espèce particulière de tableaux de synthèse tout à fait spécifique à Microsoft Excel. Ils sont particulièrement utiles pour synthétiser des valeurs prises dans une liste de données (ou provenant d'une base de données), car ils font leurs tours de magie sans que vous ayez à créer des formules pour effectuer ces opérations. Ils vous permettent aussi d'examiner et d'analyser facilement et rapidement les relations inhérentes à leurs sources de données (qu'il s'agisse de séries de valeurs traitées directement sous Excel ou de tables lues dans des bases de données externes gérées à l'aide d'un programme autonome tel que Microsoft Access).

Tableaux croisés dynamiques : la synthèse ultime

Les tableaux croisés dynamiques sont extrêmement versatiles, car ils vous permettent de synthétiser des données en utilisant une belle variété de fonctions (même si la totalisation avec SOMME est celle qui reste la plus courante). Lorsque vous définissez un tableau croisé dynamique (ce que nous allons faire dans la prochaine section), vous avez plusieurs décisions à prendre : quelle sera la fonction de regroupement, quelles seront les colonnes (ou les champs) auxquelles cette fonction s'appliquera, et quelles seront les colonnes (ou champs) avec lesquelles ces calculs seront (justement) croisés.

Produire un tableau croisé dynamique

Créer un tableau croisé dynamique sous Excel n'a jamais été aussi facile qu'avec la version 2007 : vous ouvrez la feuille de calcul contenant la liste des données (voyez aussi à ce sujet le Chapitre 11) que vous voulez synthétiser, vous placez le curseur quelque part dans cette liste, et vous cliquez sur le bouton de commande Tableau croisé dynamique (il se trouve sous l'onglet Insertion du Ruban). Les amis du clavier se serviront de la combinaison de touches Alt+NVT.

Excel ouvre alors la boîte de dialogue Créer un tableau croisé dynamique. Dans le même temps, il sélectionne toutes les données de la liste où se trouve le curseur (la plage est alors entourée par la fameuse rangée de fourmis). En cas de besoin, vous pouvez redéfinir cette sélection dans le champ Tableau/Plage de la rubrique Sélectionner un tableau ou une plage (voir la Figure 9.1).

Si la source de votre tableau croisé est une table provenant d'une base de données externe (créée par exemple avec Microsoft Access), vous devrez choisir l'option justement intitulée Utiliser une source de données externe. Cliquez ensuite sur le bouton Choisir la connexion. Sélectionnez alors une connexion dans la boîte de dialogue Connexions existantes (voyez le Chapitre 11 pour plus d'informations sur les liens avec des fichiers externes et l'importation de données via une requête).

Une fois la source et la destination précisées dans la boîte de dialogue Créer un tableau croisé dynamique, il ne vous reste

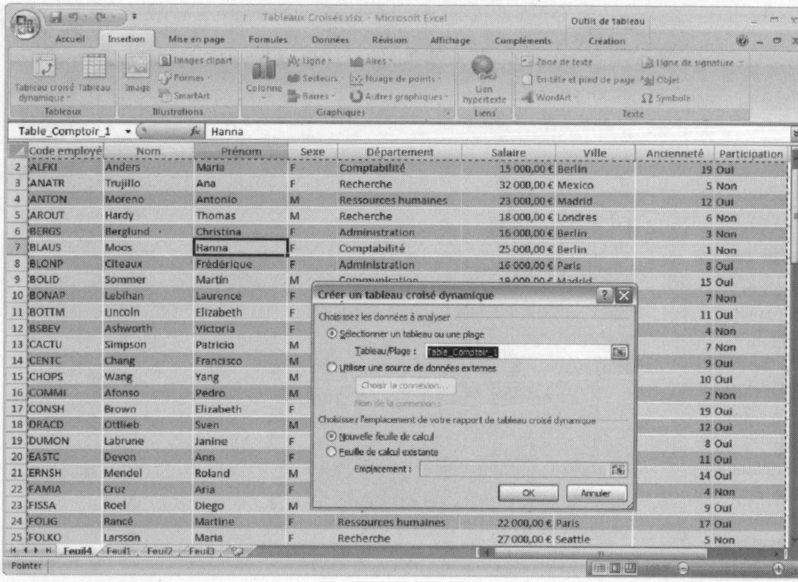

Figure 9.1 : Indiquez dans la boîte de dialogue Créer un tableau croisé dynamique la source des données et l'emplacement du tableau.

plus qu'à cliquer sur son bouton OK. Excel va créer une grille vierge pour le nouveau tableau et afficher sur la droite de la fenêtre un volet appelé Liste de champs de tableau croisé dynamique (voir la Figure 9.2).

Le volet est divisé en deux parties. En haut, vous retrouvez la liste de tous les champs provenant de la source de données sélectionnée pour la création du tableau. Chaque ligne est précédée d'une case à cocher vide (c'est pourquoi le tableau est encore vierge pour l'instant). En bas, quatre zones permettent de faire glisser des noms de champs sur les éléments proposés : filtre, étiquette de colonne ou de ligne, valeur.

Pour terminer le travail, il ne vous reste plus qu'à assigner les champs de la liste du haut aux diverses parties du tableau. Pour cela, il suffit de faire glisser un nom de champ sur l'un des quatre cadres situés en bas du volet :

- **Filtre du rapport :** Cette zone contient des champs qui vous permettent de regrouper les données du tableau croisé en leur appliquant un filtre. Supposons par exemple que vous vouliez étudier l'évolution des ventes

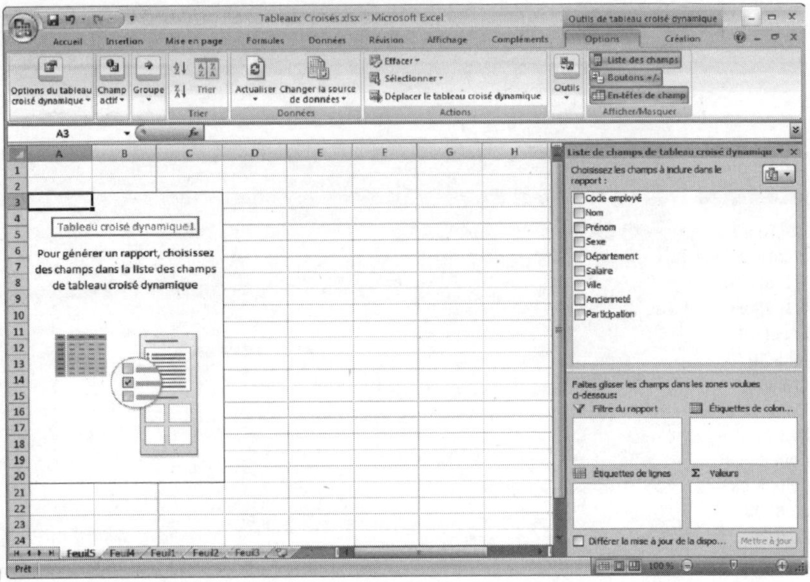

Figure 9.2 : Le nouveau tableau affiche une grille vierge et le volet Liste de champs de tableau croisé dynamique.

sur plusieurs années. En faisant glisser un champ Année sur la fenêtre Filtre du rapport, vous pourrez afficher les valeurs année par année ou pour toute la période représentée par votre liste de données.

- **Etiquettes de colonnes :** Cette zone contient les champs qui déterminent la disposition des données dans les colonnes du tableau croisé.
- **Etiquettes de lignes :** Cette zone contient les champs qui déterminent la disposition des données dans les lignes du tableau croisé.
- **Valeurs :** Cette zone contient les champs qui déterminent les données représentées dans les cellules du tableau, autrement dit celles qui sont sommées (par défaut) dans sa dernière colonne.

Pour mieux comprendre le jeu qui se déroule entre ces zones et le tableau croisé, observez l'exemple de la Figure 9.3.

Pour ce tableau, j'ai fait glisser le champ Sexe (qui contient F pour *féminin* ou M pour *masculin*) vers la case Filtre du rapport.

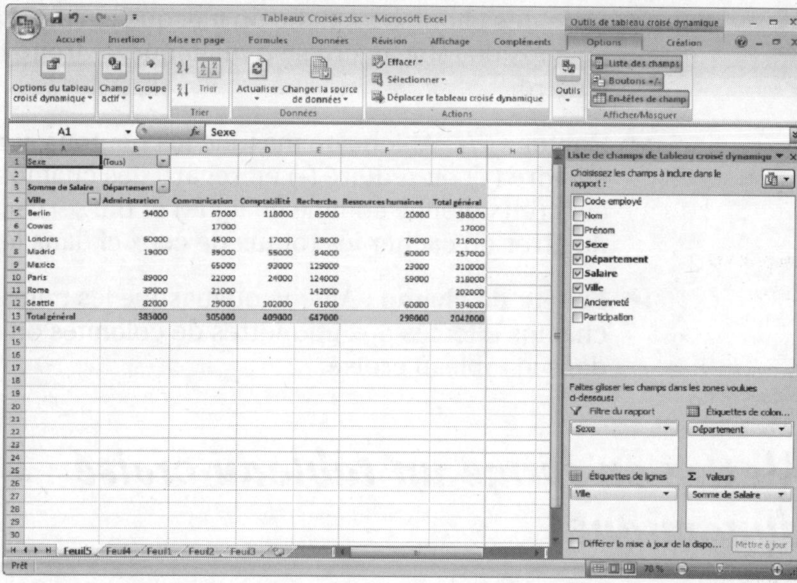

Figure 9.3 : Le tableau croisé dynamique une fois les champs de la liste des employés ajoutés dans les quatre groupes.

Il sera ainsi possible de différencier la situation des femmes et des hommes dans la société. J'ai également ajouté le champ Département à la colonne Etiquettes de colonnes. Les colonnes décriront donc les services de la société. Les étiquettes des lignes sont basées sur le champ Ville. Enfin, les valeurs utilisées dans les cellules du tableau sont les salaires des employés. En résumé, ce tableau va afficher la somme des salaires des employé(e)s classés par département (en colonne) et par ville (en ligne). Excel ajoute automatiquement un total général dans chaque sens.

Dès que vous créez un tableau croisé dynamique (ou que vous activez une cellule dans un tableau existant), Excel sélectionne l'onglet Options dans le Ruban (il ajoute automatiquement un onglet contextuel intitulé Options de tableau croisé dynamique, avec deux séries de commandes : Options et Création). Parmi les nombreux groupes de cet onglet, vous trouverez sur la droite plusieurs commandes très utiles (dans le groupe Afficher/Masquer) :

- **Liste des champs :** Affiche ou masque le volet Liste de champs du tableau croisé dynamique, à droite de la fenêtre.
- **Boutons +/- :** Affiche ou masque les boutons servant à étendre (+) ou réduire (-) en regard des champs particuliers (en colonne comme en ligne) et qui servent à montrer ou cacher les totaux de ceux-ci dans le tableau.
- **En-tête de champ :** Affiche ou masque les noms des champs affectés aux étiquettes de colonnes ou de lignes dans le tableau croisé.

Mettre en forme un tableau croisé dynamique

Avec Excel 2007, il est aussi rapide et facile de mettre en forme un tableau croisé dynamique que n'importe quelle autre liste de données. Tout ce que vous avez à faire est de cliquer dans une des cellules du tableau afin d'afficher l'onglet Outils de tableau croisé dynamique dans le Ruban. Activez alors l'onglet Création.

L'onglet Création propose trois groupes de commandes :

- **Disposition :** Il vous permet d'ajouter des sous-totaux ou des totaux généraux, ainsi que de modifier l'agencement global du tableau.
- **Options de style de tableau croisé dynamique :** Avec ce groupe, vous pouvez affiner l'aspect de votre tableau en utilisant la galerie de styles affichée à sa droite.
- **Styles de tableau croisé dynamique :** Ce groupe propose la liste des styles que vous pouvez appliquer au tableau actif. Cliquez simplement sur la vignette voulue.

La Figure 9.4 illustre cette démarche. J'ai fait défiler la galerie des styles et sélectionné la proposition Moyen 10. Ce style applique une teinte rose clair au fond des cellules qui définissent le sexe des employés, et une couleur plus foncée aux en-têtes des colonnes ainsi qu'à la liste des départements (en fait, cette couleur est si foncée qu'Excel y affiche automatiquement le texte en blanc).

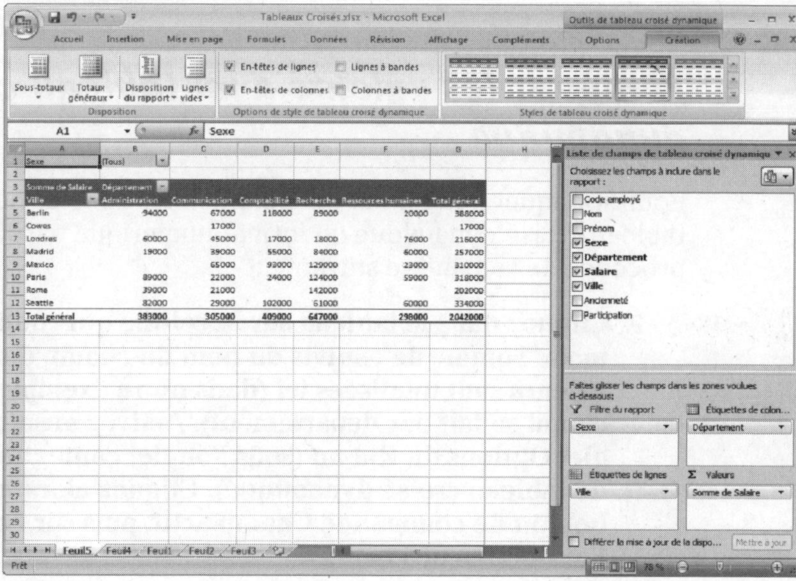

Figure 9.4 : Le nouveau tableau croisé dynamique est formaté avec la présentation Moyen 10 choisie dans la liste des styles.

Personnaliser le style du tableau croisé dynamique

N'OUBLIEZ PAS

Une fois que vous avez appliqué l'un des styles prédéfinis (dans l'un des modes Clair, Moyen ou Foncé), l'aperçu dynamique vous permet de juger immédiatement de ce que donnerait une autre variante : placez simplement le pointeur de la souris au-dessus d'une vignette dans la galerie, et la mise en forme correspondante apparaît immédiatement dans le tableau !

Une fois appliqué un style prédéfini, il est possible de l'affiner en vous servant des cases à cocher du groupe Options de style de tableau croisé dynamique. Vous pouvez par exemple ajouter des "lignes à bandes" afin de séparer par un trait les lignes d'un tableau qui n'emploie pas déjà des couleurs alternées, et ce afin de lui ajouter davantage de contraste (le but étant bien entendu d'en améliorer la lisibilité). Cliquez simplement sur l'option correspondante. Il existe une option équivalente pour les colonnes. Si le résultat n'est pas satisfaisant, décochez la case, et c'est tout.

Formater les valeurs d'un tableau croisé dynamique

Pour appliquer aux totaux qui peuplent les cellules de votre tableau croisé dynamique un format numérique particulier, procédez de la manière suivante :

1. **Cliquez dans le tableau sur la cellule qui contient les mots "Somme de", suivis du nom du champ dont les valeurs sont totalisées ici (dans notre exemple, le cumul se fait par département). Activez ensuite l'onglet Options du Ruban (sous l'onglet contextuel Outils de tableau croisé dynamique). Cliquez alors sur le bouton de commande Champ actif, puis sur l'option Paramètres de champs.**

   Excel ouvre la boîte de dialogue Paramètres des champs de valeur.

2. **Cliquez dans la boîte de dialogue sur le bouton Format de nombre.**

   L'onglet Nombre de la boîte de dialogue Format de cellule apparaît.

3. **Choisissez le format numérique que vous voulez appliquer à vos totaux dans liste Catégorie de l'onglet Nombre.**

4. **(Facultatif) Si vous le souhaitez, éditez à votre convenance les options du format numérique sélectionné (nombre de décimales, symbole monétaire éventuel, mode d'affichage des valeurs négatives, et ainsi de suite).**

5. **Cliquez deux fois sur OK pour valider les deux boîtes de dialogue.**

La nouvelle mise en forme est immédiatement appliquée à l'ensemble du tableau.

Trier et filtrer les données du tableau croisé dynamique

Lorsque vous créez un nouveau tableau croisé dynamique, Excel ajoute automatiquement des flèches dans les cellules correspondant aux champs du filtre et des étiquettes (colonnes et lignes). Ces boutons de filtrage (nous y reviendrons dans le Chapitre 11) vous permettent de restreindre l'étendue des entrées en retirant certaines données, ou encore de trier les éléments en ligne et/ou en colonne.

Si vous avez ajouté au tableau plusieurs champs dans les cases Etiquettes, Excel ajoute également des boutons de réduction (-) qui servent à masquer temporairement le sous-total correspondant à un champ secondaire particulier. Lorsque vous avez ainsi réduit des informations, le bouton devient un "+" (expansion) sur lequel il suffit de cliquer pour afficher à nouveau les sous-totaux.

Filtrer le rapport

Les boutons les plus importants dans un tableau croisé dynamique sont probablement ceux qui sont ajoutés au(x) champ(s) Filtre du rapport. En choisissant l'une des options attachées à l'un de ces boutons de filtrage, seul le jeu de données vérifiant ce critère apparaîtra dans le tableau.

Notre exemple utilise comme filtre du rapport le champ Sexe. Nous pouvons donc facilement distinguer les masses salariales des femmes et des hommes à l'intérieur du tableau croisé dynamique. Voyons comment :

- Cliquez sur le bouton de filtrage dans la cellule qui suit l'intitulé Sexe (en haut et à gauche de la feuille). Dans la liste qui apparaît, cliquez sur la ligne F, puis sur OK. Seuls les salaires des employées (femmes) apparaîtront dans le tableau.
- Cliquez sur le bouton de filtrage dans la cellule qui suit l'intitulé Sexe. Dans la liste qui apparaît, cliquez sur la ligne M, puis sur OK. Seuls les salaires des employés (hommes) apparaîtront dans le tableau.
- Cliquez sur le bouton de filtrage dans la cellule qui suit l'intitulé Sexe. Cliquez maintenant sur la ligne (Tous), puis sur OK. Le tableau reprend maintenant l'ensemble du personnel.

Filtrer des lignes et des colonnes

Les boutons de filtrage associés aux étiquettes des colonnes et des lignes vous permettent d'appliquer des filtres à des groupes particuliers, voire parfois à des entrées individuelles de la source de données.

Pour filtrer les éléments présents dans les lignes ou les colonnes, cliquez sur la flèche qui suit l'étiquette correspondante (Département ou Ville dans notre exemple). Dans la fenêtre qui apparaît, cliquez sur l'option (Sélectionner tout). Cela revient à décocher toutes les valeurs présentes dans ce champ. Il vous suffit ensuite de cocher une ou plusieurs entrées pour n'afficher dans le tableau que les totaux qui leur correspondent.

Comme précédemment, Excel remplace le bouton fléché de la colonne ou de la ligne que vous avez filtrée par une icône d'entonnoir. Il vous prévient ainsi que seules certaines valeurs sont totalisées dans le tableau. Pour revenir à une vue globale de la situation, cliquez à nouveau sur le bouton de filtrage puis sur l'option (Sélectionner tout). Validez.

La Figure 9.5 montre notre tableau croisé dynamique une fois filtrés les champs Sexe et Département de manière à n'afficher que les informations qui répondent au critère suivant : femmes travaillant dans l'un des services Administration, Comptabilité et Ressources humaines.

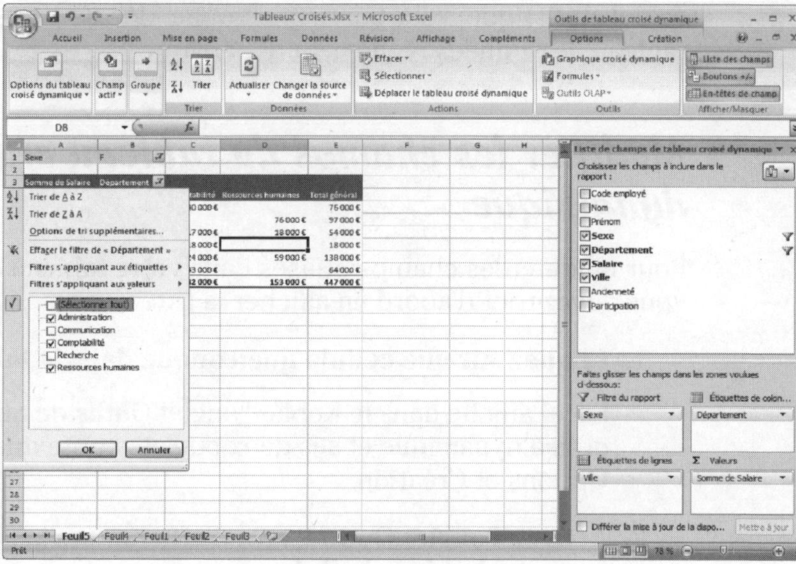

Figure 9.5 : Le tableau croisé dynamique après filtrage des champs Sexe et Département.

Trier le tableau croisé dynamique

Vous pouvez réorganiser instantanément le contenu d'un tableau croisé dynamique en le triant selon une ou plusieurs colonnes et/ou lignes. Pour modifier l'ordre de présentation des données, cliquez sur le bouton de filtrage correspondant au champ à trier. Choisissez en haut de la liste le mode croissant ou décroissant voulu.

Modifier un tableau croisé dynamique

Les tableaux croisés sont bien plus dynamiques que les tableaux de données classiques, car ils sont très simples à manipuler et éditer. Changer les champs que vous voulez regrouper ou totaliser est aussi facile à faire que de les ajouter lors de la création du tableau. De surcroît, vous pouvez instantanément restructurer le tableau croisé en faisant glisser ses champs actuels vers un autre emplacement. Si l'on ajoute à cela la possibilité de sélectionner une nouvelle fonction de calcul statistique, vous aurez une bonne idée de ce qu'est un tableau de données réellement dynamique !

Modifier les champs du tableau croisé dynamique

Pour modifier les champs utilisés dans votre tableau croisé, vous devez tout d'abord en afficher la liste :

1. **Cliquez sur une cellule quelconque dans le tableau.**

   Excel affiche dans le Ruban l'onglet Outils de tableau croisé dynamique et ses deux onglets contextuels : Options et Création.

2. **Activez l'onglet Option, afin d'afficher ses groupes de commandes dans le Ruban.**

3. **Cliquez sur le bouton Liste des champs dans le groupe Afficher/Masquer.**

   Excel affiche le volet Liste de champs de tableau croisé dynamique. Il montre les champs actuellement utilisés ainsi que les zones auxquelles ils sont affectés.

Vous pouvez maintenant procéder aux modifications que vous souhaitez apporter au tableau :

- Pour supprimer un champ, faites glisser son nom en dehors de sa zone de dépôt (Filtre du rapport, Etiquettes de colonnes ou de lignes, Valeurs), c'est-à-dire sur la feuille ou sur la liste des champs. Relâchez le bouton de la souris lorsque le pointeur affiche une croix. Vous pouvez aussi désactiver la case correspondante dans la liste *Choisissez les champs à inclure dans le rapport*.

- Pour déplacer un champ existant à l'intérieur du tableau, faites glisser son nom d'une zone de dépôt à une autre (Filtre du rapport, Etiquettes de colonnes ou de lignes, Valeurs).
- Pour ajouter un champ au tableau, faites glisser son nom de la liste *Choisissez les champs...* vers la zone de dépôt voulue (Filtre du rapport, Etiquettes de colonnes ou de lignes, Valeurs). Si vous souhaitez simplement insérer un nom de champ dans la liste des étiquettes de lignes, il vous suffit de cocher sa case dans la liste du haut.

Faire pivoter les champs de la table

Si les tableaux croisés s'appelaient autrefois tables pivot, ce n'est pas pour rien. Vous pouvez en effet restructurer votre tableau en faisant tourner les lignes et les colonnes... Supposons que le champ Département soit disposé en colonnes et les villes regroupées sur les lignes (c'est jusqu'à présent le cas pour notre exemple). Supposons ensuite qu'au lieu d'une organisation par département puis par ville vous vouliez juger de l'inverse, soit les départements en ligne et les villes en colonne.

Aucun problème. Faites simplement glisser le champ Département du cadre Etiquettes de colonnes vers la zone Etiquettes de lignes. Recommencez l'opération, cette fois en faisant glisser le champ Ville du cadre Etiquettes de lignes vers la zone Etiquettes de colonnes.

Et voilà ! Excel réorganise automatiquement les salaires totaux de manière que les lignes du tableau affichent le total général par service, les colonnes montrant maintenant le total général par ville.

TRUC

Il est aussi possible de commuter les lignes et les colonnes en faisant glisser leurs étiquettes directement sur le tableau croisé lui-même. Cependant, l'emploi de cette technique réclame une petite gymnastique préalable. Dans l'onglet

Options des Outils de tableau croisé dynamique, cliquez sur le bouton Options du tableau croisé dynamique (il se trouve tout à fait à gauche du Ruban). Dans le menu qui s'affiche, choisissez Options. La boîte de dialogue Options du tableau croisé dynamique apparaît. Activez l'onglet Affichage, puis cochez la ligne qui indique *Disposition classique du tableau croisé dynamique*. Validez.

Modifier la fonction de calcul du tableau

Par défaut, Excel utilise cette bonne vieille fonction `SOMME` pour créer les sous-totaux et les totaux généraux des valeurs numériques traitées dans le tableau.

Cependant, certains tableaux croisés nécessitent l'emploi d'une autre opération de calcul (une moyenne, un dénombrement, et ainsi de suite). Pour changer de fonction, cliquez sur l'étiquette Somme du *champ*, dans le cadre Valeurs du volet de droite. Dans le menu déroulant qui s'affiche, choisissez l'option Paramètres des champs de valeurs. Elle active la boîte de dialogue illustrée Figure 9.6.

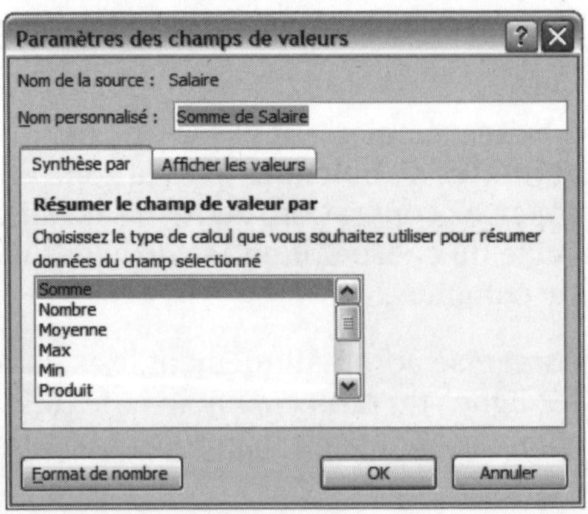

Figure 9.6 : Sélectionner une nouvelle fonction de synthèse.

Vous pouvez maintenant choisir un type de calcul dans la liste des fonctions de synthèse qui vous sont proposées :

- **Nombre :** Dénombre la quantité d'enregistrements pour une catégorie particulière (notez qu'il s'agit de la fonction par défaut si vous utilisez des champs de texte comme contenu pour votre tableau croisé).
- **Moyenne :** Calcule la moyenne arithmétique des valeurs des champs pour la catégorie et le filtre courants.
- **Max :** Calcule la plus grande des valeurs des champs pour la catégorie et le filtre courants.
- **Min :** Calcule la plus petite des valeurs des champs pour la catégorie et le filtre courants.
- **Produit :** Calcule le produit des valeurs des champs pour la catégorie et le filtre courants. Toutes les entrées non numériques sont ignorées.
- **Chiffres :** Affiche le nombre de valeurs numériques pour la catégorie et le filtre courants. Toutes les entrées non numériques sont ignorées.
- **Ecartype :** Affiche la déviation standard des valeurs des champs pour la catégorie et le filtre courants.
- **Ecartypep :** Affiche la déviation standard pour la population correspondant aux champs pour la catégorie et le filtre courants.
- **Var :** Affiche la variance des valeurs des champs pour la catégorie et le filtre courants.
- **Varp :** Affiche la variance pour la population correspondant aux champs pour la catégorie et le filtre courants.

Une fois la nouvelle fonction sélectionnée, cliquez sur le bouton OK. Excel l'applique instantanément aux données présentes dans les cellules du tableau croisé dynamique.

Cinquième partie

Y a-t-il une vie après le tableur ?

Dans cette partie...

Les feuilles de calcul sont le pain et le beurre d'Excel 2007. Pour beaucoup de gens, la création, la modification et l'impression des feuilles de calcul sont la raison d'être et la finalité d'Excel. Que pourrait-on lui demander de plus ? Ce n'est pas parce qu'il mouline remarquablement bien les chiffres qu'il se limite à cette unique application. Et ce n'est pas parce que travailler avec un tableur consiste essentiellement à entrer des chiffres que vous ne serez pas appelé, un jour ou l'autre, à effectuer d'autres tâches comme dessiner des graphiques ou gérer une liste de données, voire publier les données d'une feuille de calcul sur le Web, ou encore – qui sait ? – créer vos propres macros.

Cette partie vous propose d'aller plus loin avec le tableur, de découvrir des tâches aussi attrayantes que la création de graphiques, l'ajout d'images, la création, et le tri et le filtrage de listes de données. Après avoir appris à créer un graphique dans le Chapitre 10, vous travaillerez avec des listes de données dans le Chapitre 11.

Chapitre 10

L'art subtil des graphiques

Dans ce chapitre :

- Créer des graphiques bien présentés en quelques clics.
- Personnaliser un graphique à l'aide des outils d'Excel 2007.
- Ajouter une zone de texte et des flèches à un graphique.

Comme le disait Confucius, "une image vaut mille mots" (ou, dans notre cas, mille chiffres). Dans un tableur, les graphiques augmentent non seulement l'intérêt pour des chiffres dont la lecture serait autrement fort ennuyeuse, mais ils mettent aussi en évidence des anomalies qui passeraient inaperçues si l'on ne regardait que des séries de valeurs.

Créer des graphiques d'aspect professionnel

Eh bien, nous y voilà ! Il est vrai qu'Excel automatise la quasi-totalité du processus de création des graphiques. Mais vous ne pouvez vous dispenser de savoir ce qui différencie un axe *x* d'un axe *y*, ne serait-ce qu'au cas où Excel n'orienterait pas le graphique comme prévu. Afin de rafraîchir votre mémoire et de faire plaisir à votre vieux prof de maths, sachez que l'axe *x* est horizontal, et usuellement situé en bas du graphique, alors que l'axe *y* est vertical et ordinairement situé à gauche du graphique.

Créer un nouveau graphique

Excel simplifie autant que faire se peut le processus de création d'un nouveau graphique dans une feuille de calcul :

1. **Cliquez sur une des cellules de la table de données à représenter graphiquement. Si vous voulez ne prendre en compte qu'une partie de la table, sélectionnez uniquement la plage de données qui vous intéresse (sans oublier les en-têtes).**

   Si vous constatez qu'Excel sélectionne trop (ou trop peu) de données dans la table, vous pourrez toujours par la suite utiliser le bouton Sélectionner des données sous l'onglet Création (nous y reviendrons plus loin dans ce chapitre). Corrigez alors la plage à représenter dans la boîte de dialogue Sélectionner la source de données.

2. **Dans l'onglet Insertion du Ruban, cliquez dans le groupe Graphiques sur le bouton qui correspond au type de diagramme que vous voulez réaliser : Colonne, Ligne, Secteurs, Barres, Aires, Nuages de points ou Autres graphiques (Stock, Surface, Anneaux, Bulles ou encore Radar).**

   Excel va afficher une liste déroulante dans laquelle des vignettes illustrent chaque style disponible pour le type de graphique sélectionné.

3. **Cliquez sur la vignette qui correspond à ce que vous voulez obtenir.**

Dès que vous cliquez sur l'une des vignettes proposées dans la galerie de styles, Excel crée un diagramme flottant (ou incorporé) sur la même feuille de calcul que les données qu'il représente graphiquement.

La Figure 10.1 montre un très classique histogramme en deux dimensions. Je l'ai obtenu en suivant la procédure qui vient d'être indiquée. Comme mon but est de représenter graphiquement les ventes du premier trimestre de l'année 2008 (sans les totaux), j'ai d'abord sélectionné la plage A2:D11. J'ai ensuite cliqué sur Insertion, puis Colonne, et enfin sur Histogramme 2D groupé (le premier choix proposé dans la galerie).

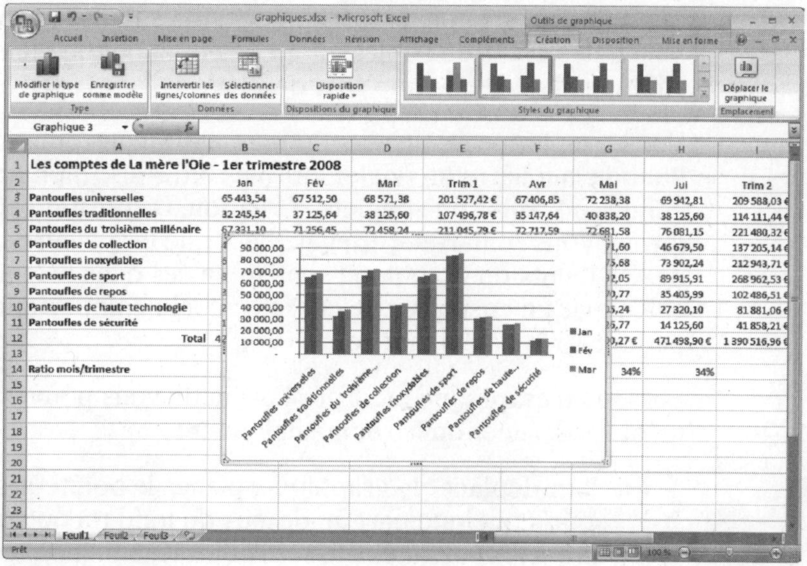

Figure 10.1 : Un histogramme 2D groupé vient d'être créé dans la feuille de calcul.

TRUC

Graphiques instantanés

Si vous n'avez même pas le temps de parcourir les boutons du Ruban, contentez-vous de placer le curseur dans une cellule de la table de données, ou de sélectionner la bonne plage. Appuyez ensuite sur F11. Excel va créer directement un graphique dans une feuille (Graph1) placée tout au début du classeur. Par défaut, il va lui attribuer le même type et le même style que sur la Figure 10.1. Vous pourrez ensuite personnaliser le résultat à votre convenance (voyez la suite de ce chapitre).

Déplacer et redimensionner un graphique incorporé dans une feuille

Un graphique qui vient tout juste d'être créé peut facilement être déplacé ou redimensionné, car il est encore sélectionné.

Vous pouvez toujours savoir si un objet (qu'il s'agisse d'un diagramme ou encore d'un autre graphisme) est sélectionné, car, dans ce cas, il est entouré d'un cadre pourvu de *poignées* (il s'agit d'un groupe de trois points situés dans les coins et au milieu des côtés de l'objet). Pour sélectionner un élément, il suffit de cliquer quelque part dessus.

Votre graphique étant sélectionné (actif), vous pouvez voir en haut de la fenêtre un onglet intitulé Outils de graphique. Il comprend trois sous-onglets : Création, Disposition et Mise en forme. Vous remarquerez également que les valeurs sources des éléments du graphique sont signalées dans la feuille de calcul par un ensemble de cadres colorés comportant de petits carrés dans leurs coins.

Lorsqu'un graphique incorporé est actif; vous pouvez facilement le déplacer ou le redimensionner :

- Pour déplacer le graphique, placez le pointeur de la souris quelque part au-dessus du fond (là où apparaît une croix) et faites glisser l'objet vers un nouvel emplacement.
- Pour redimensionner le graphique (par exemple parce qu'il semble déformé), placez le pointeur de la souris au-dessus de l'une de ses poignées (il doit alors afficher une flèche à deux têtes). Cliquez et faites glisser afin d'agrandir ou rétrécir le graphique. Le résultat dépend bien sûr de la poignée active et du sens de votre mouvement.

TRUC

Si vous appuyez en même temps sur la touche Majuscule, les proportions du graphique sont conservées. En appuyant sur la touche Ctrl, le changement d'échelle s'opère autour du centre du graphique. Avec la touche Alt, vous le forcez à s'ajuster aux cellules environnantes. L'effet de ces trois touches est cumulatif.

Une fois le graphique bien en place et bien dimensionné, il vous suffit de cliquer sur une cellule quelconque de la feuille pour annuler sa sélection. A cet instant, l'onglet contextuel Outils de graphique disparaît du Ruban.

N'OUBLIEZ PAS

Pour sélectionner à nouveau votre graphique, cliquez n'importe où sur sa surface. L'onglet contextuel Outils de graphique et toutes ses options réapparaît.

Déplacer un graphique incorporé vers sa propre feuille

Par défaut, Excel incorpore un nouveau graphique sur la même feuille que les données représentées (à moins d'appuyer sur la touche F11). Mais il est souvent plus facile de travailler avec un graphique autonome, c'est-à-dire placé dans sa propre feuille. Voyons comment obtenir ce résultat :

1. **Cliquez sur le bouton Déplacer le graphique, à droite de l'onglet Création des outils graphiques. La boîte de dialogue Déplacer le graphique apparaît.**

   Si le Ruban n'affiche pas la bonne série de commandes, cliquez quelque part sur le fond du graphique pour le sélectionner et faire apparaître les onglets correspondants.

2. **Cliquez sur l'option Nouvelle feuille de la boîte de dialogue Déplacer le graphique.**

3. **(Facultatif) Changez dans le champ Nouvelle feuille le nom générique (Graph2) en un intitulé plus compréhensible.**

4. **Cliquez sur OK pour refermer la boîte de dialogue et afficher le graphique dans sa propre feuille.**

TRUC

Lorsque vous avez fini de personnaliser un graphique placé dans une feuille spécifique, vous pouvez décider de le renvoyer vers la série de données qu'il représente. Dans ce cas, cliquez à nouveau sur le bouton Déplacer le graphique. Activez cette fois l'option Objet dans. Sélectionnez alors le nom de la feuille de destination dans la liste déroulante associée. Validez.

Personnaliser le type et le style du graphique

Vous pouvez utiliser les boutons de l'onglet Création (sous l'onglet contextuel Outils de graphique) pour personnaliser à l'envie l'aspect de votre nouveau graphique. Cet onglet contient plusieurs groupes de commandes :

- **Type :** La commande Modifier le type de graphique affiche une boîte de dialogue qui propose tous les types disponibles sous Excel. Le bouton Enregistrer comme modèle permet de sauvegarder dans un fichier tous les paramètres définissant le style du graphique. De cette manière, vous aurez par la suite la possibilité de reproduire directement l'aspect que vous avez donné à un graphique afin par exemple d'uniformiser vos présentations.
- **Données :** Le bouton Intervertir les lignes/colonnes échange immédiatement les données utilisées dans le graphique pour représenter respectivement les séries (légendes) et les catégories (axe *x*). Avec la commande Sélectionner les données, vous pouvez non seulement redéfinir totalement les séries et les catégories, mais aussi les intervertir ou encore spécifier une autre plage de données.
- **Dispositions du graphique :** Cliquez sur le bouton Disposition rapide pour afficher une galerie de mises en forme prédéfinies pour le type de graphique actuel. Cliquez simplement sur une vignette pour appliquer aussitôt cette mise en forme.
- **Styles du graphique :** Ce groupe affiche une liste de styles de présentation pour le type de graphique actif. Vous disposez sur la droite de la galerie de deux flèches de défilement, ainsi que d'un bouton Autres qui donne accès à l'ensemble des styles. Comme d'habitude, il suffit de cliquer sur une vignette pour appliquer immédiatement les réglages auxquels elle est associée.

Vous remarquerez que ni la disposition rapide ni les styles n'utilisent la fonction d'aperçu rapide (sans doute pour cause de charge de travail trop lourde). Vous devrez donc cliquer sur une vignette pour juger du résultat. Et donc ensuite sur le bouton Annuler si la modification ne vous convient pas.

Partant du graphique illustré sur la Figure 10.2, j'ai choisi dans la liste Disposition rapide la vignette Mise en forme 9, puis la vignette Style 42 dans la galerie Styles du graphique. La première ajoute notamment des titres génériques au graphique, tandis que la seconde lui donne un aspect très contrasté. Le résultat est illustré Figure 10.2.

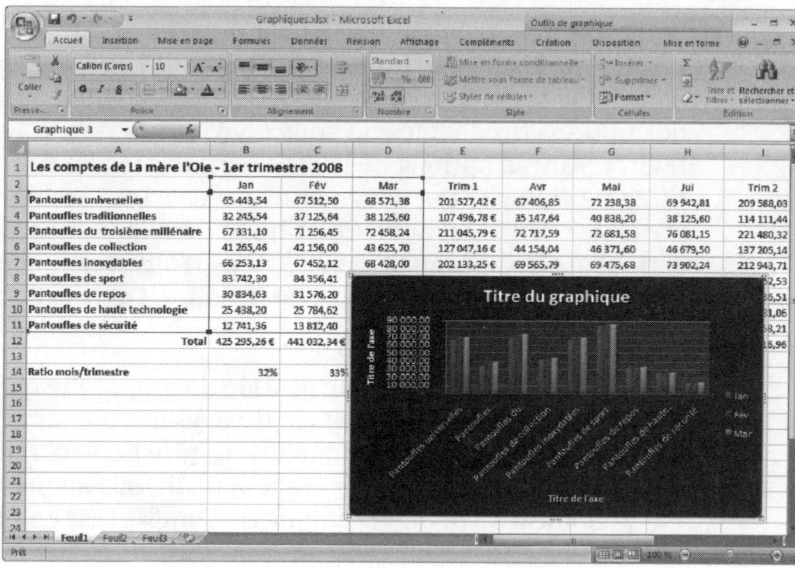

Figure 10.2 : Un histogramme groupé après personnalisation du style et de la mise en forme.

Personnaliser les éléments du graphique avec l'onglet Disposition

Les boutons de commandes de l'onglet Disposition (dans les outils du graphique) simplifient la personnalisation des éléments qui constituent votre graphique. Vous pouvez notamment :

- Repositionner des objets individuels, y compris la légende et les axes *x* et *y*, de même que les étiquettes de données. Il est aussi possible d'inclure ces données sous forme de tableau dans le graphique lui-même.
- Ajouter, supprimer et déplacer les divers titres, dont ceux qui sont associés aux axes.
- Modifier l'affichage de l'arrière-plan, y compris la zone de traçage pour les représentations 2D (c'est-à-dire la représentation graphique proprement dite) ou encore les parois, le plancher et la vue pour les graphiques en 3D.

Pour éditer un élément particulier à partir de l'onglet Disposition, cliquez sur le bouton voulu, puis sur l'option à appliquer dans le ou les menus déroulants correspondants. Si aucune des options prédéfinies ne vous convient, servez-vous du bouton Autres options de la liste déroulante afin d'ouvrir une boîte de dialogue qui vous donne accès à tous les réglages possibles de l'objet actif. Cette boîte de dialogue propose une série d'options parmi lesquelles vous trouverez Remplissage, Couleur de la bordure, Styles de bordure, Ombre, Format 3D ou encore Alignement.

Supposons par exemple que le style de graphique que vous avez choisi ne comporte pas de titre. Vous souhaitez en ajouter un (ou encore personnaliser voire déplacer un titre existant). Votre diagramme étant actif, il vous suffit de cliquer sur le bouton Titre du graphique de l'onglet Disposition pour afficher les options suivantes :

- **Aucun :** Supprimer le titre courant dans le graphique.
- **Titre de graphique superposé centré :** Ajoute ou repositionne le titre de manière qu'il apparaisse en haut et au centre de la zone de traçage.
- **Au-dessus du graphique :** Ajoute ou repositionne le titre de manière qu'il soit centré au-dessus de la zone de traçage.

- **Autres options de titre :** Ouvre la boîte de dialogue Mettre en forme le titre du graphique. Vous pouvez alors personnaliser totalement l'apparence de votre titre en vous servant des options Remplissage, Couleur de la bordure, Styles de bordure, Ombre, Format 3D et Alignement.

Le groupe Propriétés, à droite du Ruban Disposition, contient simplement un champ dans lequel vous trouvez le nom qu'Excel attribue par défaut à votre graphique (Graphique 1, Graphique 2, et ainsi de suite). Vous pouvez le remplacer par un intitulé plus descriptif. Si votre feuille ou votre classeur contient plusieurs graphiques, il semble évident que donner des noms explicites aux graphiques facilitera aussi bien leur compréhension que leur sélection.

Ajouter des étiquettes aux séries de données

Les étiquettes de données affichent les valeurs des données tracées dans le graphique (sur notre exemple, il s'agirait des chiffres de vente). Pour ajouter ces valeurs au graphique actif, cliquez sur le bouton Etiquettes de données du groupe Etiquettes. Choisissez ensuite l'une des ces options dans le menu déroulant :

- **Aucun :** Supprime l'affichage des étiquettes de données.
- **Centrer :** Place les étiquettes au centre de chaque *point* de donnée.
- **Bord intérieur :** Place les étiquettes près de l'extrémité de chaque point de donnée et à l'intérieur de celui-ci.
- **Intérieur base :** Place les étiquettes en bas de chaque point de donnée.
- **Bord extérieur :** Place les étiquettes près de l'extrémité de chaque point de donnée, et à l'extérieur de celui-ci.
- **Autres options d'étiquettes de données :** Ouvre la boîte de dialogue Format des étiquettes de données. Vous pouvez alors personnaliser totalement l'apparence des

étiquettes en vous servant des options Nombre, Remplissage, Couleur de la bordure, Styles de bordure, Ombre, Format 3D et Alignement.

Les étiquettes sont intéressantes pour afficher des valeurs absolues, et non pas simplement relatives, dans un graphique. Cependant, elles risquent de brouiller le message si elles prennent trop de place. Dans ce cas, sachez vous en passer en choisissant dans le menu l'option Aucun.

Ajouter une table de données

A la place d'étiquettes qui risquent de surcharger le graphique, il peut être intéressant d'insérer en bas de celui-ci une table qui montre la valeur de toutes les données que vous tracez. Pour obtenir ce résultat, il vous suffit de cliquer sur le bouton Table de données et d'appliquer une des options proposées par Excel :

- **Afficher la table de données :** Demande à Excel de dessiner la table de données en bas du graphique.
- **Afficher la table de données avec les symboles de légendes :** Comme ci-dessus, mais en ajoutant à gauche du nom des séries un petit carré (le même que dans la légende) rappelant la couleur utilisée dans le graphique.
- **Autres options d'étiquettes de données :** Ouvre la boîte de dialogue Format de table de données. Vous pouvez alors personnaliser totalement l'apparence de la table en vous servant des options Remplissage, Couleur de la bordure, Styles de bordure, Ombre, Format 3D et Alignement.

La Figure 10.3 reprend notre exemple de graphique en illustrant ce qu'il peut produire si l'on y insère une table de données. En regardant bien, vous constaterez la présence des symboles de légendes.

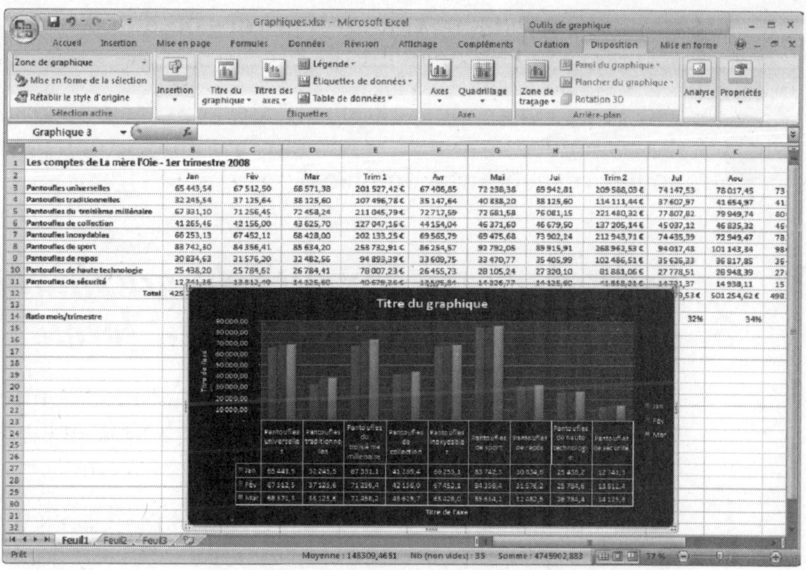

Figure 10.3 : Histogramme incorporé dans une feuille, avec table de données et symboles de légendes.

Editer les titres d'un graphique

Lorsque Excel ajoute des titres à un nouveau graphique, il leur donne un nom générique comme Titre du graphique ou Titre de l'axe (aussi bien pour les abscisses que pour les ordonnées). Pour remplacer ces intitulés peu parlants, cliquez à l'intérieur du graphique sur le titre voulu. Vous pouvez également, à partir de l'onglet contextuel Outils de graphique, choisir l'onglet Mise en forme, puis sélectionner dans la liste déroulante qui se trouve à la gauche du Ruban (dans le groupe Sélection active) l'un des objets Titre du graphique, Titre de l'axe horizontal (Catégorie) ou encore Titre de l'axe vertical (Valeur). Comme pour tout autre élément, Excel vous signale qu'un titre est sélectionné en l'entourant d'un cadre pourvu de poignées de redimensionnement.

Une fois le titre activé, vous n'avez plus qu'à cliquer dedans et à l'éditer comme vous le feriez pour une cellule quelconque. Il est aussi possible de remplacer totalement le texte en faisant un triple clic. Pour insérer une nouvelle ligne dans le titre, cliquez simplement à l'endroit où le saut doit intervenir, puis appuyez sur la touche Entrée.

Une fois le titre édité, cliquez n'importe où sur le graphique pour annuler la sélection (ou sur la feuille de calcul si vous voulez revenir à vos données).

Formater les éléments du graphique à partir de l'onglet Mise en forme

L'onglet Mise en forme des outils de graphique contient de nombreux boutons de commandes destinés à faciliter le formatage des éléments sélectionnés.

Excel vous propose plusieurs méthodes pour sélectionner des éléments individuels dans le graphique :

- Cliquez directement sur un objet (l'info-bulle qui apparaît à côté du pointeur de la souris vous renseigne sur sa nature : n'hésitez pas à vous en servir !).
- Sélectionnez le nom de l'objet dans la liste déroulante qui se trouve en haut du groupe Sélection active, à gauche du Ruban.

Une fois un objet activé, vous pouvez passer à l'élément précédent ou suivant du graphique en appuyant sur les touches Haut et Bas (groupe d'éléments suivant/précédent) ou bien sur Gauche et Droite (élément précédent/suivant à l'intérieur d'un groupe).

Vous pouvez reconnaître l'élément sélectionné à la présence des poignées qui l'entourent. De plus, son nom apparaît dans la liste qui se trouve en haut et à gauche du Ruban, sous l'onglet Mise en forme.

Une fois un élément du graphique activé, vous disposez de diverses options de mise en forme. Vous pouvez ainsi :

- Sélectionner le bouton de commande approprié dans le groupe Styles de formes, ou encore cliquer dans le groupe Sélection active sur le bouton Mise en forme de la sélection. Cette méthode ouvre la boîte de dialogue Mise en forme associée au type de l'objet. Elle regroupe tous les réglages possibles. Choisissez vos options de mise en forme et validez.

- Déplacer l'élément dans le graphique en plaçant le pointeur de la souris dans le cadre correspondant. Lorsque l'icône à quatre branches apparaît, cliquez et faites glisser vers la destination voulue. Certains objets peuvent aussi être redimensionnés ou réorientés en faisant glisser leurs poignées.

- Effacer l'élément courant en appuyant sur la touche Suppr.

N'OUBLIEZ PAS

Tous les objets du graphique possèdent un menu contextuel. Si vous savez ce que vous voulez faire à l'instant où vous activez un élément, servez-vous du bouton droit de la souris pour, à la fois, sélectionner l'objet et ouvrir son menu contextuel. En procédant ainsi, vous gagnez donc un clic (c'est peu de chose, mais cela peut compter à la fin d'une rude journée de travail).

Formater les titres

Utilisez l'aperçu dynamique pour juger de l'impact dans le graphique de telle police, ou de telle taille de caractères, avant d'appliquer un formatage. Activez l'onglet Accueil, et servez-vous des listes Police ou Taille de police et placez le pointeur de la souris au-dessus d'une proposition (cela fonctionne également avec la couleur du texte ou du fond).

Si vous avez besoin d'une personnalisation plus poussée pour vos titres, faites appel aux boutons de commandes de l'onglet Mise en forme (sous Outils du graphique). Pour formater globalement le champ de texte qui contient le titre, cliquez sur l'un des boutons suivants dans le groupe Styles de formes :

- **Style de forme :** Vous trouvez ici une galerie de vignettes qui proposent des styles prédéfinis s'appliquant à la fois au texte et à son cadre.

- **Remplissage de forme :** Permet de choisir dans une liste déroulante une nouvelle couleur pour le cadre du titre.
- **Contour de forme :** Choisissez ici une nouvelle couleur pour le contour du cadre de texte.
- **Effets sur la forme :** Cette liste permet d'appliquer un effet au cadre du titre (Ombre, Réflexion, Lumière, Bordure arrondie, et ainsi de suite).

Pour formater uniquement le texte, vous disposez des boutons du groupe Styles WordArt :

- **Styles rapides :** Les vignettes de cette liste déroulante décorent le texte à partir d'un modèle WordArt prédéfini.
- **Remplissage du texte :** Affiche une liste de couleurs et de motifs de remplissage qui s'appliqueront à l'intérieur des caractères du texte WordArt.
- **Contour du texte :** Affiche une liste de couleurs et de styles de trait qui s'appliqueront au contour des caractères du texte WordArt.
- **Effets du texte :** Choisissez dans cette liste un effet (ombrage, réflexion ou encore lumière) qui finira de donner à votre titre un aspect dynamique et professionnel.

Pour appliquer la mise en forme illustrée Figure 10.4, j'ai choisi le style de forme Contour coloré – Accent 6, puis appliqué un des styles rapides WordArt (en l'occurrence, Dégradé – Accent 1) et enfin ajouté une ombre extérieure.

Formater l'axe des catégories (x) et l'axe des valeurs (y)

Lorsqu'il doit représenter un grand nombre de données, Excel fait un minimum d'efforts pour mettre en forme les valeurs qui apparaissent sur l'axe *y* (ou sur l'axe *x* pour certains types de

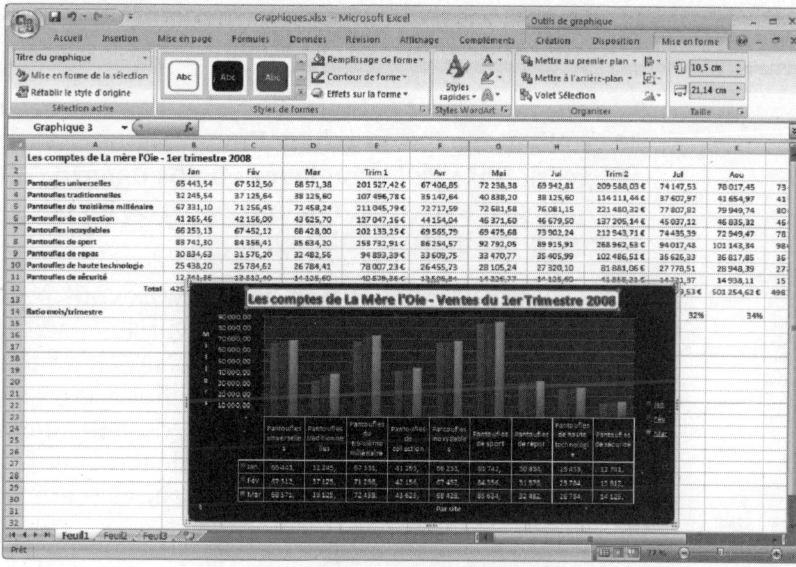

Figure 10.4 : L'histogramme après mise en forme du titre principal.

graphiques comme les histogrammes empilés 3D ou les nuages de points).

Si la présentation par défaut des axes ne vous convient pas, vous pouvez facilement l'adapter à vos souhaits :

1. **Cliquez directement dans le graphique sur l'axe *x* (ou sur l'axe *y*). Vous pouvez également vous servir de la liste déroulante située en haut et à gauche du groupe Sélection active de l'onglet Mise en forme (dans les Outils du graphique). Choisissez alors l'une des options Axe Horizontal (Catégories) ou Axe Vertical (Valeurs).**

   Excel active l'objet choisi et fait apparaître ses poignées.

2. **Toujours dans le groupe Sélection active, cliquez maintenant sur le bouton Mise en forme de la sélection.**

   Excel affiche la boîte de dialogue Mettre en forme le titre de l'axe. Elle contient les options suivantes : Options d'axe, Nombre, Remplissage, Couleur du trait, Style de trait, Ombre, Format 3D, Alignement.

3. **Pour modifier l'échelle d'un axe, l'apparence de ses graduations et son mode d'intersection avec l'autre axe, définissez les réglages voulus dans la rubrique Options d'axe (c'est elle qui apparaît lors de l'ouverture de la boîte de dialogue).**

   Vous disposez ici de nombreux choix vous permettant de fixer la plage des valeurs, d'inverser le sens de celles-ci, d'appliquer une échelle logarithmique, d'afficher des unités (par centaines, milliers, millions, etc.) et de diviser les valeurs par ces unités, de repositionner les graduations sur l'axe, ou encore de modifier le point d'intersection entre l'axe des abscisses (catégories) et l'axe des ordonnées (valeurs).

4. **L'onglet Nombre vous permet de définir le style d'affichage des valeurs numériques sur l'ensemble de l'axe. Il vous suffit de sélectionner une catégorie dans la liste de gauche, puis de préciser les options associées à ce format.**

   Pour afficher par exemple les nombres avec un espace entre unités et milliers et sans partie décimale, choisissez la catégorie Nombre, cochez la case Utiliser le séparateur de milliers, et entrez **0** dans le champ Décimales.

5. **Pour changer la disposition et l'orientation des étiquettes sur l'axe sélectionné, activez l'onglet Alignement, puis indiquez la mise en forme voulue à l'aide des listes Alignement vertical et Orientation du texte.**

   Cliquez sur Fermer ou appuyez sur Entrée pour valider vos choix et refermer la boîte de dialogue (ou bien sur Echap pour annuler les modifications).

Les autres options de la boîte de dialogue concernent l'aspect des étiquettes. Elles sont identiques à ce qu'Excel vous propose pour les titres.

Si vous voulez personnaliser la police ou d'autres attributs de texte pour l'axe actif, vous disposez comme à l'habitude des boutons de l'onglet Accueil.

Lorsque vous choisissez de nouvelles options pour l'axe sélectionné, Excel vous montre sur le graphique ce qu'elles vont donner. Cependant, les modifications ne deviendront définitives qu'au moment où vous allez cliquer sur le bouton Fermer.

Plus loin avec les graphiques

Les diagrammes ne sont pas les seuls objets graphiques que vous pouvez ajouter à vos feuilles de calcul. Excel vous permet en fait d'utiliser bien d'autres objets visuels : zones de texte, cliparts, images importées (qu'il s'agisse de photographies numériques, de documents scannés ou encore de sources chargées directement depuis l'Internet).

Des messages plus efficaces avec les zones de texte

Comme leur nom le laisse entendre, les *zones de texte* sont des cadres dans lesquels vous pouvez ajouter des explications afin (par exemple) d'éclairer certains détails de vos graphiques. Elles sont un peu comme les commentaires qu'il est possible d'ajouter aux cellules d'une feuille (comme l'explique le Chapitre 6), à ceci près que ces zones sont visibles en permanence et qu'elles peuvent être associées à une flèche pointant vers l'élément que vous voulez souligner.

Partant toujours du même exemple (les ventes de La Mère l'Oie pour le premier trimestre 2008), j'ai ajouté une zone de texte accompagnée d'une flèche qui pointe vers les excellents résultats obtenus ce trimestre pour les ventes de pantoufles de sport (ce sont mes préférées, car elles me donnent l'impression de courir le marathon quand je suis devant mon ordinateur). Le résultat est illustré Figure 10.5.

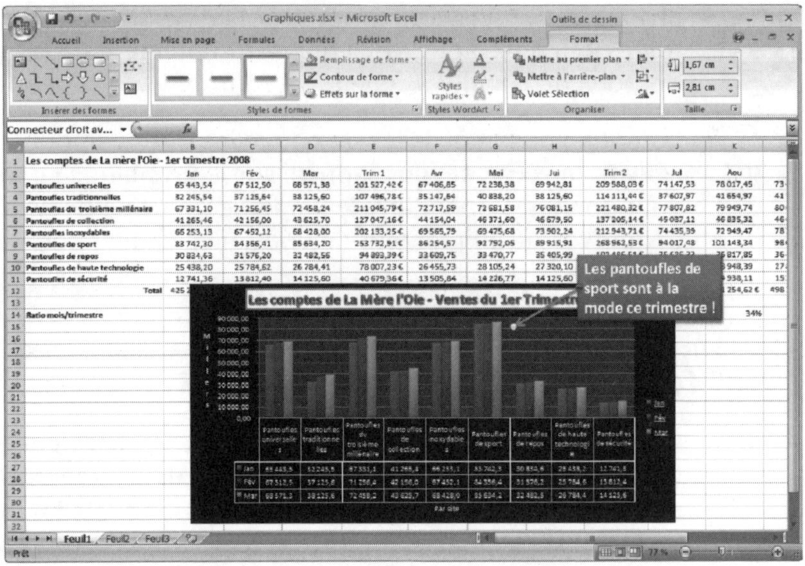

Figure 10.5 : Les ventes de pantoufles de sport sont mises en évidence grâce à une zone de texte.

Ajouter et mettre en forme une zone de texte

Voyons comment ajouter une zone de texte comme celle de la Figure 10.5. Si le graphique est déjà sélectionné, cliquez sur le bouton Insertion sous l'onglet Disposition des outils du graphique, puis choisissez l'option Zone de texte. Sinon, servez-vous du bouton portant le même nom sous l'onglet Insertion (dans le groupe Texte du Ruban).

Le pointeur de la souris va prendre la forme d'une ligne verticale barrée vers le bas d'un petit trait horizontal. Cliquez à l'emplacement qui va définir le premier coin de la zone de texte. Faites ensuite glisser le pointeur pour tracer le cadre. Lorsque vous relâchez la souris, Excel dessine un rectangle entouré de poignées qui délimite la forme et la taille de la zone.

A cet instant, le point d'insertion est automatiquement positionné au début du texte, c'est-à-dire en haut et à gauche de la zone. Saisissez alors l'annotation à insérer dans le cadre. Le texte est renvoyé à la ligne chaque fois que vous atteignez la marge droite. Vous pouvez aussi appuyer sur Entrée pour forcer un saut de ligne. Une fois votre texte saisi, cliquez en dehors de la zone pour la désélectionner.

Pour éditer une zone de texte, commencez par cliquer dessus afin de la sélectionner. Vous pouvez ensuite :

- Faire glisser son cadre pour déplacer la zone de texte.
- La redimensionner en faisant glisser la poignée appropriée (éventuellement en combinaison avec les touches Maj, Ctrl ou Alt pour conserver les proportions, la position du centre ou l'accrochage aux cellules).
- La pivoter vers la droite ou vers la gauche en faisant glisser sa poignée de rotation (c'est le petit cercle vert qui se trouve en haut).
- Modifier sa mise en forme et son apparence en faisant appel aux multiples boutons dédiés à cet usage (notamment dans le groupe Styles de formes du sous-onglet Format des outils de dessin, ou encore à partir de l'onglet Accueil pour formater tout ou partie du texte de la zone).
- La supprimer en cliquant sur son périmètre et en appuyant sur la touche Suppr (vérifiez d'abord que les tirets qui délimitent le contour deviennent des traits pleins, et que le point d'insertion n'apparaît pas dans le texte).

Ajouter une flèche à une zone de texte

Pour mettre en évidence un point particulier, il peut être utile d'associer à la zone de texte une flèche qui pointera directement vers l'objet que vous voulez mettre en valeur. Voici comment procéder :

1. **Cliquez sur la zone de texte à laquelle une flèche doit être attachée.**

Les poignées apparaissent sur les bords de la zone, et l'onglet Format des outils de dessin vient s'afficher dans le Ruban.

2. **Dans le groupe Insérer des formes, à gauche du Ruban, cliquez sur l'icône qui représente une flèche.**

   Ce pictogramme se trouve en troisième position sur la première ligne de la galerie des formes (en la déroulant, vous découvrirez la multiplicité des objets qu'Excel met à votre disposition). Une fois que vous avez sélectionné le bon bouton, il s'affiche en surbrillance dans la palette des formes. Dans le même temps, le pointeur de la souris devient une petite croix.

3. **Déplacez le pointeur sur la zone de texte. Vous remarquerez en passant que les poignées situées au milieu des côtés du cadre s'affichent en rouge (les poignées permettent un accrochage précis de la flèche). Cliquez là où vous voulez placer le point de départ de la flèche, puis faites glisser jusqu'à la position où va se trouver la pointe de flèche. Relâchez alors le bouton de la souris.**

4. **Dès que vous relâchez le bouton de la souris, Excel dessine deux points, un à la base de la flèche (sur la zone de texte) et l'autre du côté de la pointe. Dans le même temps, le contenu du groupe Styles de formes change pour afficher une galerie de styles de lignes.**

   Cliquez sur le bouton Autres, dans le coin inférieur droit de la galerie des styles de formes. En passant le pointeur de la souris au-dessus des vignettes, vous pouvez juger dynamiquement de l'effet du style sur la flèche.

5. **Cliquez sur la vignette du style que vous voulez appliquer à la nouvelle flèche.**

Excel redessine la flèche en utilisant le style que vous venez de définir. L'objet reste sélectionné (avec des poignées qui apparaissent à chaque extrémité). Vous pouvez alors éditer votre flèche à loisir :

- Déplacer-la en faisant glisser son contour (ou en appuyant sur les touches de direction du clavier).
- Modifiez sa longueur en faisant glisser la poignée qui se trouve du côté de la pointe.
- Changez la forme de la pointe ou l'épaisseur de la hampe en choisissant une option à votre convenance dans les listes déroulantes Contour de forme et Effets sur la forme de l'onglet Format. Vous pouvez aussi cliquer sur la flèche avec le bouton droit de la souris pour ouvrir son menu contextuel. Choisissez alors la commande Format de la forme (Ctrl+1 donne directement le même résultat). Dans la boîte de dialogue qui apparaît, choisissez les réglages les mieux adaptés à vos besoins dans les rubriques Remplissage, Couleur du trait, Style de trait, Ombre, Format 3D et Rotation 3D.
- Effacez la flèche en appuyant sur la touche Suppr.

Insérer des fichiers graphiques

Si vous voulez insérer une illustration (par exemple une photographie numérique) enregistrée dans un fichier graphique présent sur votre disque dur, sur un périphérique de stockage attaché à votre ordinateur ou bien sur votre réseau, cliquez sur le bouton Image de l'onglet Insertion du Ruban (cela va sans doute plus vite que le raccourci Alt+ANA1...).

La boîte de dialogue Insérer une image s'ouvre. Elle fonctionne exactement comme n'importe quelle autre fenêtre d'ouverture de fichier. Sélectionnez alors une unité, puis un dossier et enfin un fichier. Cliquez ensuite sur le bouton Insérer.

TRUC

Si vous souhaitez importer une image réalisée dans un autre programme graphique, mais qui n'est pas enregistrée dans son propre fichier, il vous suffit de la copier vers le Presse-papiers dans l'application source (appuyez sur Ctrl+C). Revenez à votre feuille de calcul, placez le curseur là où le document doit apparaître, puis collez le contenu du Presse-papiers (appuyez sur Ctrl+V ou cliquez sur le bouton Coller, à gauche de la barre d'accueil dans le Ruban).

Editer les cliparts et les images importées

Lorsqu'un clipart (ou une image importée depuis un fichier graphique) est actif (autrement dit sélectionné), vous disposez de plusieurs options d'édition :

- Faites glisser le cadre de l'image pour repositionner celle-ci sur la feuille.
- Redimensionnez l'image en faisant glisser ses poignées (n'oubliez pas qu'il est possible de conserver les proportions, de fixer le centre ou de forcer l'ajustement aux cellules en utilisant simultanément les touches Maj, Ctrl et/ou Alt).
- Faites tourner l'image en faisant glisser sa poignée de rotation (le cercle vert placé au-dessus du cadre) vers la droite ou vers la gauche.
- Effacez l'image en appuyant sur la touche Suppr.

Chapitre 11

Excel et les listes de données

Dans ce chapitre :

- Créer une liste de données dans Excel.
- Entrer et éditer des enregistrements dans la liste de données.
- Trier les enregistrements de la liste de données.
- Filtrer les enregistrements de la liste de données.

Toutes les tables et tous les tableaux discutés dans le reste de ce livre concernaient essentiellement des calculs pratiques et importants (comme totaliser des ventes mensuelles ou trimestrielles). Mais vous pouvez aussi créer d'autres types de tables dans vos feuilles de calcul Excel. Il s'agit de *listes de données* (que l'on appelle *bases de données* dans d'autres lieux). L'objet d'une liste de données n'est pas spécialement le calcul de nouvelles valeurs, mais plutôt l'enregistrement et le traitement cohérents de quantités importantes d'informations structurées.

Créer une liste de données

Créer une liste de données n'a rien de bien extraordinaire. Il s'agit d'une table tout à fait classique, à ceci près qu'elle n'a besoin que d'en-têtes de colonnes (et donc pas besoin d'étiquettes de lignes). Voici comment construire une nouvelle liste de données :

1. **Cliquez dans la cellule qui va constituer le point de départ de la liste. Entrez sur la même ligne vos en-têtes de colonnes (dans le langage des bases de données, on parle aussi de colonnes, ou encore de *noms de champs*). Ces en-têtes vont identifier les différents types d'éléments que vous voulez gérer dans votre liste (par exemple Nom, Prénom, Adresse, Ville, et ainsi de suite). Ces intitulés doivent aller de gauche à droite en occupant autant de cellules adjacentes qu'il est nécessaire.**

   Une fois ce travail préparatoire achevé, vous êtes prêt à commencer la saisie des données.

2. **Entrez les valeurs appropriées à chaque colonne sur la ligne qui suit immédiatement les en-têtes.**

   Le contenu de cette ligne constitue le premier enregistrement de la liste de données.

3. **Cliquez sur le bouton Mettre sous forme de tableau, dans le groupe Style de l'onglet contextuel Accueil. Choisissez un style dans la galerie qui vous est proposée. Cliquez sur la vignette correspondante.**

   Excel délimite automatiquement la nouvelle liste de données (en-têtes et premier enregistrement). Dans le même temps, la boîte de dialogue Mettre sous forme de tableau apparaît. Elle affiche la plage actuellement sélectionnée dans le champ *Où se trouvent les données de votre tableau ?*

4. **Cochez si nécessaire la case *Mon tableau comporte des en-têtes* (normalement, elle devrait déjà êtes activée).**

5. **Cliquez sur le bouton OK pour refermer la boîte de dialogue.**

Excel formate votre nouvelle liste de données suivant le style que vous avez choisi, et ajoute à chaque cellule de la ligne d'en-tête un bouton de filtrage (une flèche pointant vers le bas). C'est ce qu'illustre la Figure 11.1.

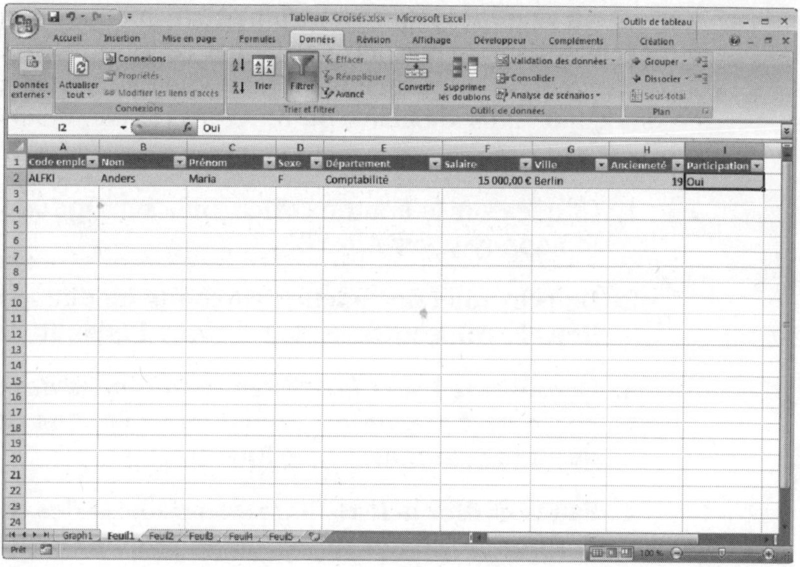

Figure 11.1 : Création d'une liste de données à partir d'une ligne d'en-têtes et d'un premier enregistrement.

Ajouter des enregistrements à une liste de données

Vous avez saisi les en-têtes et le premier enregistrement. Vous avez choisi un style et transformé votre feuille en liste de données (ou tableau). Vous êtes maintenant prêt à entrer la suite des enregistrements dans les lignes successives de la liste. La manière la plus directe de procéder consiste à appuyer sur la touche de tabulation lorsqu'une ligne se termine, c'est-à-dire quand la cellule active se trouve en bout de ligne, sur le dernier champ. Dans ce cas, Excel ajoute automatiquement une ligne au tableau (en y reproduisant les éventuelles formules de calcul), et active la première colonne de nouvel enregistrement.

Ajouter le bouton Formulaire à la barre d'accès rapide

Au lieu d'entrer directement les données dans une liste, vous pouvez faire appel au formulaire de saisie que vous propose

Excel. Le seul problème est qu'il n'existe aucune commande dans le Ruban qui permette d'afficher ce formulaire. Vous ne pouvez y accéder qu'en ajoutant un nouveau bouton de commande dans la barre d'outils Accès rapide. Voici comment procéder :

1. **Cliquez sur le bouton Office, puis sur Options Excel (ou appuyez sur Alt+FI).**
2. **Dans le volet de gauche de la boîte de dialogue Options Excel, choisissez la rubrique Personnaliser.**
3. **Déroulez la liste *Choisir les commandes dans les catégories suivantes*. Sélectionnez l'option Commandes non présentes sur le Ruban.**
4. **Faites défiler la liste (impressionnante) des commandes non présentes sur le Ruban jusqu'à ce qu'apparaisse le mot Formulaire. Cliquez dessus, puis sur le bouton Ajouter.**
5. **Cliquez sur OK pour refermer la boîte de dialogue et revenir à la feuille de calcul qui contient la liste de données.**

Excel insère le bouton Formulaire à l'extrémité de la barre d'outils Accès rapide.

Ajouter des enregistrements en utilisant le formulaire de données

Lorsque vous cliquez pour la première fois sur le bouton Formulaire dans la barre d'outils Accès rapide, Excel analyse la ligne qui comporte les noms des champs (les en-têtes) ainsi que le contenu du premier enregistrement, et fabrique un formulaire de saisie reprenant ces informations. Assurez-vous au préalable que la cellule active se trouve bien dans le tableau.

Ce formulaire liste les noms de champs de haut en bas dans la partie gauche de la fenêtre, et les entrées correspondantes du premier enregistrement dans autant de champs de saisie. C'est ce qu'illustre la Figure 11.2.

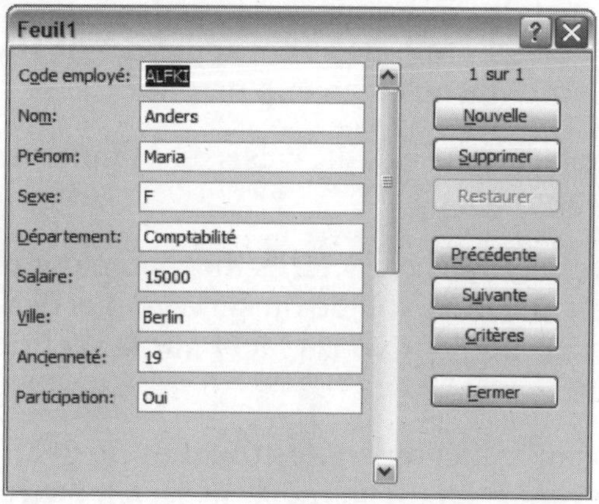

Figure 11.2 : Cliquez sur le bouton Nouvelle pour entrer l'enregistrement suivant dans la liste.

Si un des champs est calculé, sa valeur sera affichée dans le formulaire, mais aucune saisie ne sera possible.

La partie droite de la fenêtre comprend une série de boutons. Ils vous servent à insérer, supprimer ou encore retrouver un enregistrement. Juste au-dessus du bouton Nouvelle, vous pouvez voir le numéro de l'enregistrement courant suivi du nombre total d'enregistrements de la liste (soit 1/1 lorsque vous venez de créer le tableau).

La saisie de nouveaux enregistrements est on ne peut plus simple. Lorsque vous cliquez sur le bouton Nouvelle, Excel affiche un formulaire vierge (ce qui est signalé par la mention Nouvel enregistrement, en haut et à droite de la boîte de dialogue). Il vous suffit de remplir les champs.

Une fois rempli le premier champ, appuyez sur la touche de tabulation pour passer au suivant.

Attention ! Si vous appuyez sur la touche Entrée, vous allez tout simplement insérer le nouvel enregistrement incomplet dans la liste de données. Ce qui n'est certainement pas ce que vous souhaitez faire.

Continuez à entrer les informations voulues en appuyant à chaque fois sur la touche Tab.

- Si vous constatez que vous venez de faire une erreur et voulez la corriger tout de suite, appuyez sur Maj+Tab pour remonter jusqu'au champ erroné.
- Pour remplacer une entrée, saisissez simplement le nouveau contenu.
- Pour éditer certains caractères du champ courant, cliquez à la position voulue ou servez-vous des flèches gauche et droite pour vous placer sur la section à éditer.

N'appuyez pas sans réfléchir sur les touches de défilement vers le haut ou vers le bas : elles servent en fait à circuler entre les enregistrements !

- Si une donnée doit être reproduite dans une série d'enregistrements, pensez à la sélectionner en entier et à la copier. Cela vous évitera par exemple de saisir des centaines de fois **Hauts-de-Seine** si vous avez de nombreux clients dans ce département...
- Si avez à entrer des dates, utilisez un format reconnu par Excel. Exemple : **25/12/07**.
- Pour les codes postaux, formatez au préalable le champ correspondant en lui appliquant le style de nombre spécial Code postal. Cela vous évitera de perdre l'éventuel zéro de gauche (comme dans **01234**).
- Pour forcer la prise en compte de zéros d'en-têtes dans d'autres types de nombres, faites débuter le champ par une apostrophe. Ce signe demande à Excel de traiter la valeur numérique comme s'il s'agissait d'un texte. L'apostrophe elle-même ne sera pas affichée (sauf dans la Barre de formules).

Lorsque vous avez fini de remplir un enregistrement, appuyez sur la touche Entrée, sur la touche de défilement vers le bas, ou bien cliquez sur le bouton Nouvelle. Excel insère le nouvel enregistrement dans la liste de données et affiche un nouveau formulaire vierge (voir la Figure 11.3). Continuez la saisie.

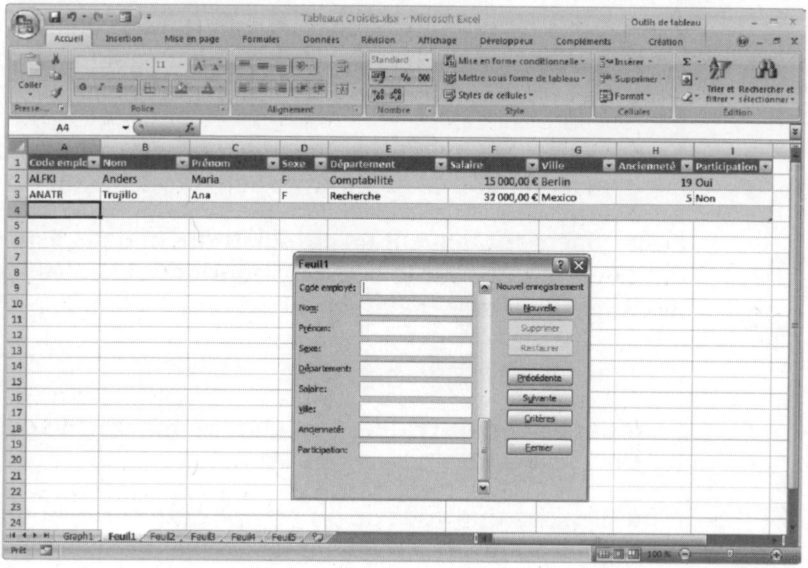

Figure 11.3 : Excel insère le nouvel enregistrement en fin de liste et affiche un formulaire vierge.

Lorsque vous avez terminé l'insertion d'enregistrements dans la liste de données, appuyez sur la touche Echap ou cliquez sur le bouton Fermer de la boîte de dialogue, ce qui referme le formulaire.

Editer des enregistrements à l'aide du formulaire

Une fois vos enregistrements créés, vous pouvez à tout moment revenir au formulaire pour effectuer des opérations de maintenance. Un traitement courant consiste à rechercher une certaine ligne, puis à mettre à jour tel ou tel champ (ou encore pour la supprimer de la table).

- Localisez l'enregistrement que vous voulez éditer en vous servant du formulaire (voyez ci-dessous les sections "Se déplacer dans les enregistrements à l'aide du formulaire" et "Trouver des enregistrements à l'aide du formulaire").

- Pour éditer un champ de l'enregistrement courant, sélectionnez-le en vous servant des touches Tab et Maj+Tab. Saisissez alors un nouveau contenu.

  Vous pouvez également cliquer dans le champ, ou utiliser les flèches de déplacement gauche et droite, pour y effectuer une correction partielle.

- Pour effacer complètement le contenu d'un champ, sélectionnez-le et appuyez sur la touche Suppr.

Pour effacer totalement un enregistrement de la liste de données, cliquez sur le bouton Supprimer. Excel affiche le message d'avertissement suivant :

```
L'enregistrement affiché sera supprimé définitivement
```

Pour confirmer votre décision, cliquez sur OK. Si vous regrettez déjà votre acte, cliquez sur Annuler.

ATTENTION !

N'oubliez pas que vous ne pouvez *pas* utiliser le bouton Restaurer pour rétablir un enregistrement effacé avec Supprimer ! En fait, ce bouton ne fait que rétablir un champ que vous avez modifié. Excel ne plaisante pas lorsqu'il vous avertit qu'il va supprimer *définitivement* l'enregistrement. A titre de précaution, vous devriez *toujours* enregistrer une copie de sauvegarde du fichier sur lequel vous travaillez *avant* de commencer à supprimer des données périmées.

Se déplacer dans les enregistrements à l'aide du formulaire

Dans le formulaire, vous pouvez vous servir de la barre de défilement qui se trouve à droite des champs pour circuler entre les enregistrements de la liste de données jusqu'à ce que vous trouviez celui que vous voulez éditer ou supprimer. Vous disposez également de diverses touches d'action pour accéder aux lignes de la table. Résumons tout cela :

- **Pour accéder à l'enregistrement suivant :** Appuyez sur la flèche de déplacement vers le bas ou appuyez sur Entrée, ou cliquez sur le bouton fléché qui se trouve en bas de la barre de défilement.
- **Pour accéder à l'enregistrement précédent :** Appuyez sur la flèche de déplacement vers le haut ou appuyez sur Maj+Entrée, ou cliquez sur le bouton fléché qui se trouve en haut de la barre de défilement.
- **Pour avancer de dix enregistrements à la fois :** Appuyez sur la touche Page Bas.
- **Pour reculer de dix enregistrements à la fois :** Appuyez sur la touche Page Haut.
- **Pour accéder au premier enregistrement de la liste :** Appuyez sur la combinaison Ctrl+flèche de déplacement vers le haut ou sur Ctrl+Page Haut, ou faites remonter la barre de défilement jusqu'en haut.
- **Pour accéder au dernier enregistrement de la liste :** Appuyez sur la combinaison Ctrl+flèche de déplacement vers le bas ou sur Ctrl+Page Bas, ou faites descendre la barre de défilement jusqu'en bas.

Trouver des enregistrements à l'aide du formulaire

Dans une liste de données réellement longue, essayer de retrouver une ligne particulière en se déplaçant d'un enregistrement à la fois (ou même de dix en dix enregistrements) peut prendre toute la journée. Au lieu de perdre votre temps à travailler manuellement (et de gâcher le talent des brillants esprits qui ont créé votre ordinateur), faites appel au bouton Critères du formulaire pour automatiser ce genre de tâche.

Lorsque vous cliquez sur Critères, Excel vide tous les champs du formulaire. Pour vous éviter toute confusion, il remplace aussi le numéro d'enregistrement par le mot Critères. A partir de là, vous pouvez entrer dans un ou plusieurs champs ce que vous recherchez.

Supposons par exemple que vous ayez besoin de retrouver l'ancienneté d'une employée. Vous n'avez pas son matricule sous la main et son nom vous échappe. Tout ce dont vous vous souvenez, c'est qu'elle s'appelle Marie quelque chose, et qu'elle travaille à l'agence de Paris.

Pour retrouver cet enregistrement, vous pouvez déjà vous servir des renseignements dont vous disposez afin de localiser les personnes qui travaillent à `Paris` et dont le prénom commence par `Marie`. Activez la feuille qui contient vos données, ouvrez le formulaire, cliquez sur le bouton Critères et tapez dans le champ Prénom :

```
Marie*
```

Saisissez ensuite le nom de la localité dans le champ Ville (comme sur la Figure 11.4) :

```
Paris
```

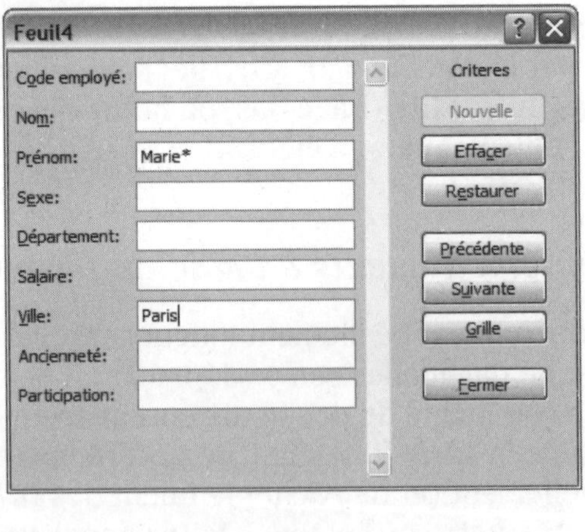

Figure 11.4 : Définissez un critère de recherche dans le formulaire pour retrouver un enregistrement spécifique.

Lorsque vous entrez un critère de recherche dans un champ du formulaire, vous pouvez vous servir des caractères de substitution suivants : * (n'importe quelle série de caractères) et ? (un caractère unique quelconque).

Cliquez maintenant sur le bouton Suivante. Excel affiche dans le formulaire le premier enregistrement qui vérifie votre critère (en l'occurrence, la première Marie qui travaille Paris). S'il ne s'agit pas de la bonne ligne, continuez à cliquer sur Suivante (ou sur Précédente si vous êtes allé trop loin) jusqu'à ce que le formulaire affiche l'enregistrement voulu (voir la Figure 11.5). Editez le contenu des champs. Lorsque vous avez terminé, cliquez sur le bouton Fermer. L'enregistrement est aussitôt mis à jour.

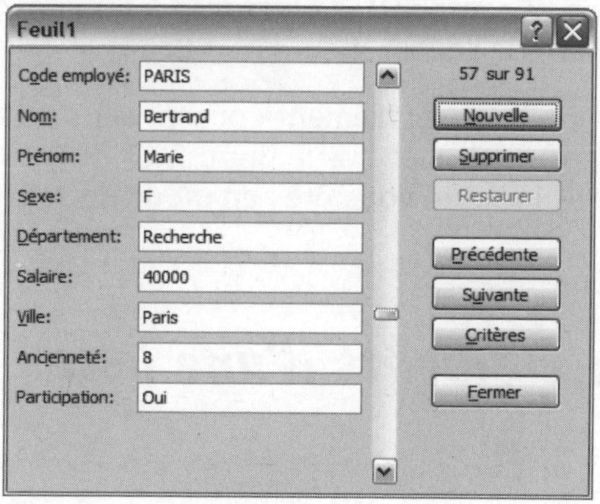

Figure 11.5 : Marie de Paris se cachait tout au fond de la base de données.

Quand vous utilisez le bouton Critères du formulaire pour localiser des enregistrements, vous pouvez inclure différents opérateurs de comparaison afin de préciser votre requête :

Opérateur	**Signification**
=	Egal à
>	Plus grand que
>=	Supérieur ou égal à
<	Plus petit que
<=	Inférieur ou égal à
<>	Différent de

Pour n'afficher par exemple que les enregistrements pour lesquels le salaire de l'employé est supérieur à 22 000 euros, entrez **>=22000** dans le champ Salaire, puis cliquez sur le bouton Suivante.

Lorsque votre critère correspond à toute une série d'enregistrements, vous devrez vraisemblablement cliquer à plusieurs reprises sur les boutons Suivante et Précédente pour retrouver celui que vous voulez éditer. Si aucune ligne ne répond à votre demande, ces boutons se contenteront d'émettre un signal sonore pour signifier leur refus.

Pour modifier une requête, cliquez à nouveau sur le bouton Critères, puis sur Effacer. Entrez alors tout à fait normalement un nouveau critère de recherche.

Pour basculer vers l'enregistrement courant sans utiliser le critère de recherche, cliquez sur le bouton Grille (celui qui remplace Critères lorsque vous êtes en mode de saisie d'une requête).

Trier les enregistrements d'une liste de données

Chaque liste de données possède un certain ordre préférentiel servant à afficher ou gérer les données d'une manière cohérente. Cet ordre préférentiel peut être celui des noms de famille, des sociétés, des codes individuels, des services ou des agences que possède l'entreprise, et ainsi de suite.

Lorsque vous procédez à la saisie initiale d'une série d'enregistrements, vous le faites sans aucun doute en respectant un certain classement (généralement, celui qui vous a été communiqué par une instance supérieure réputée compétente). Par contre, cet ordre n'est plus respecté quand vous ajoutez de nouveaux enregistrements à la liste. Dans ce cas, Excel se contente d'insérer une ligne supplémentaire à la fin du tableau.

Supposons que la liste de données a été saisie à l'origine dans l'ordre alphabétique des noms de sociétés clientes de votre entreprise (d'*Abécédaire & Co* jusqu'à *Zigomar et Fils*). Vous voulez maintenant insérer un nouveau client : *Pasta Palace*.

Excel va placer le nouvel enregistrement tout en bas de la liste (juste après *Zigomar & Fils*) au lieu de l'insérer au bon endroit quelque part entre *Onésime Ltd* et *Qualitatis SA*.

Et ce n'est pas le seul problème que vous rencontrez avec l'ordre initial de saisie. Même si le contenu de la liste de données reste globalement stable, l'ordre préférentiel n'est jamais que celui dont vous vous servez *la plupart du temps*. Que se passe-t-il alors si vous avez besoin de classer temporairement les enregistrements selon une hiérarchie différente ?

Prenons un exemple. Le plus souvent, vos clients sont classés en fonction du code unique qui leur est associé. En revanche, pour consulter l'état des comptes d'un client spécifique, il peut être plus facile de ranger la liste par nom. Si vous avez un publipostage à effectuer, il est évident que le travail sera simplifié si les adresses sont classées dans l'ordre des codes postaux. Pour créer un graphique des ventes par zone géographique, un tri par département et éventuellement par ville, puis par nom sera de la plus haute utilité. Et ainsi de suite.

Pour demander à Excel de classer correctement les enregistrements d'une liste de données, vous devez lui spécifier le ou les champs définissant votre critère de tri (ce que les aficionados de bases de données appellent une *clé*). Il faut aussi préciser le sens dans lequel ce tri doit être effectué :

- **Ordre ascendant :** Les textes sont placés dans l'ordre alphabétique croissant, les nombres du plus petit au plus grand, et les dates de la plus ancienne à la plus récente.

- **Ordre descendant :** Les textes sont placés dans l'ordre alphabétique décroissant, les nombres du plus grand au plus petit, et les dates de la plus récente à la plus ancienne.

Trier les enregistrements sur un seul champ

Si vous voulez ordonner votre tableau selon un unique critère (par exemple le champ Code ou Nom, ou encore Ville), il vous suffit de cliquer sur le bouton de filtrage qui se trouve dans l'en-tête du champ. Choisissez alors une des options suivantes dans le menu qui s'affiche :

- **Trier de A à Z** ou **Trier de Z à A** (pour un champ de texte).
- **Trier du plus petit au plus grand** ou **Trier du plus grand au plus petit** (pour un champ numérique).
- **Trier du plus ancien au plus récent** ou **Trier du plus récent au plus ancien** (pour un champ de dates).

Excel va réorganiser la totalité de la liste en accord avec le nouvel ordre défini dans le champ sélectionné. Si vous vous apercevez que vous avez commis une erreur, il vous suffit de cliquer sur le bouton Annuler de la barre d'outils Accès rapide, ou encore d'appuyer sur Ctrl+Z. Vous revenez alors au classement précédent.

TRUC

Excel signale qu'un champ est utilisé dans un tri en plaçant un symbole particulier dans son bouton de filtrage : une flèche dirigée vers le haut indique un tri ascendant (et bien sûr une flèche dirigée vers le bas un tri descendant).

Trier les enregistrements sur plusieurs champs

Si un champ contient plusieurs doublons à l'intérieur desquels vous avez besoin d'un classement plus précis des données, la méthode précédente ne suffit plus (Excel se contentant par défaut de placer les enregistrements répondant au même critère dans l'ordre de leur saisie).

Un cas simple et très courant est celui d'un tri dans l'ordre des noms. Supposons que votre base de données contient plusieurs personnes dénommées Dupont, Martin ou bien Zigomar (tous les membres de cette famille nombreuse sont vos clients). Si vous vous contentez du seul champ Nom pour trier votre liste, les Dupont, les Martin et les Zigomar vous seront livrés en vrac, c'est-à-dire tels que chacun a été saisi à l'origine dans le tableau. Pour obtenir un classement plus efficace, il conviendrait de choisir comme second critère le prénom. De cette manière, Gérard Dupont se trouverait avant Pierre Dupont, Adèle Martin avant Zoé Martin, et Vladimir Zigomar après Ladislas Zigomar.

Voici comment réaliser un tri portant sur plusieurs champs :

1. **Placez le curseur dans une des cellules de la liste de données.**

2. **Sous l'onglet contextuel Accueil, cliquez sur le bouton Trier et filtrer. Dans le menu qui apparaît, choisissez la commande Tri personnalisé (Alt+Y1Y6T). Si l'onglet Données est activé, cliquez simplement sur Trier (Alt+Y2S).**

   Excel sélectionne tous les enregistrements de la table (en excluant la ligne des en-têtes). Il ouvre la boîte de dialogue illustrée Figure 11.6.

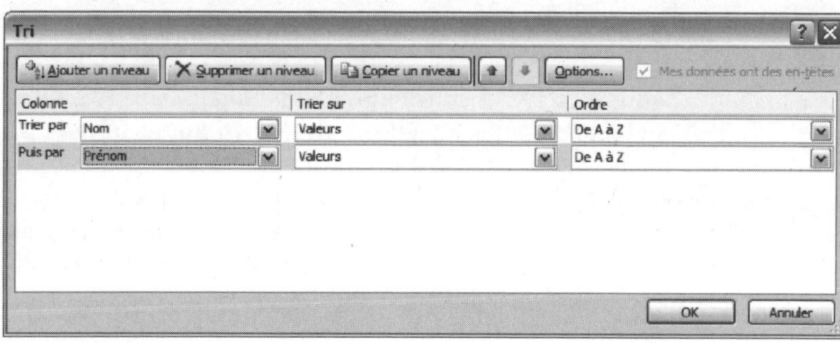

Figure 11.6 : Définir un tri personnalisé par nom et par prénom.

3. **Dans la liste déroulante Trier par, choisissez le champ principal sur lequel vous voulez que les enregistrements soient classés.**

Pour inverser le sens par défaut, servez-vous des options de la liste Ordre (de Z à A, du plus grand au plus petit, ou encore du plus récent au plus ancien).

4. **(Facultatif) Si le champ contient des doublons et que vous voulez spécifier la manière dont ces duplicatas seront ordonnés, cliquez sur le bouton Ajouter un niveau afin de définir un critère secondaire. Sélectionnez comme ci-dessus le champ voulu dans la liste Puis par. Déterminez également l'ordre ascendant ou descendant du tri.**

5. **(Facultatif) Si nécessaire, répétez l'étape précédente autant de fois qu'il le faut.**

6. **Cliquez sur OK ou appuyez sur Entrée.**

Excel referme la boîte de dialogue. Il trie alors les enregistrements de la liste de données selon la hiérarchie

TRUC

Le tri, les listes de données et les autres

La commande Trier n'est pas uniquement dédiée aux listes de données. Vous pouvez l'utiliser pour ordonner des valeurs financières, des étiquettes textuelles, et ainsi de suite. Toute feuille de calcul contenant des données dont la structure est (si possible) identifiable peut être concernée. Il vous suffit de sélectionner la plage de cellules à trier, et uniquement cette plage. Ouvrez alors la boîte de dialogue Tri à partir de la commande Trier de l'onglet contextuel Données, ou du bouton Trier et filtrer de l'onglet Accueil.

Vous noterez aussi qu'Excel active automatiquement dans la boîte de dialogue Tri la case Mes données ont des en-têtes. En d'autres termes, il exclut la première ligne de la sélection en considérant qu'il s'agit de noms de champs et non de données à trier. Si ce n'est pas le cas (vous avez par exemple simplement sélectionné un tableau de nombres), n'oubliez pas de cliquer sur cette case pour en retirer la coche avant de valider la boîte de dialogue.

Si vous souhaitez classer non plus les enregistrements (les lignes), mais les colonnes de votre sélection, cliquez sur le bouton Options de la boîte de dialogue Tri. Dans la fenêtre qui s'affiche, choisissez le mode De la gauche vers la droite. Indiquez alors le numéro de la ou des lignes servant à trier les données.

des critères que vous venez de définir. Si vous constatez que le résultat n'est pas celui que vous escomptiez (vous avez fait une erreur quelque part...), il vous suffit d'annuler immédiatement le tri (par Ctrl+Z ou en cliquant sur le bouton Annuler de la barre d'outils Accès rapide). La liste revient à son état précédent.

Sur l'exemple de la Figure 11.6, j'ai sélectionné le nom comme champ principal (Trier par), et le prénom comme champ secondaire (Puis par). Autrement dit, les noms en double seront rangés dans l'ordre des prénoms. Le sens choisi pour ces deux colonnes est celui de l'ordre alphabétique ascendant. La Figure 11.7 illustre le résultat obtenu. On peut y remarquer que Maria Anders et Theresa Anders apparaissent bien dans l'ordre alphabétique usuel Nom/Prénom.

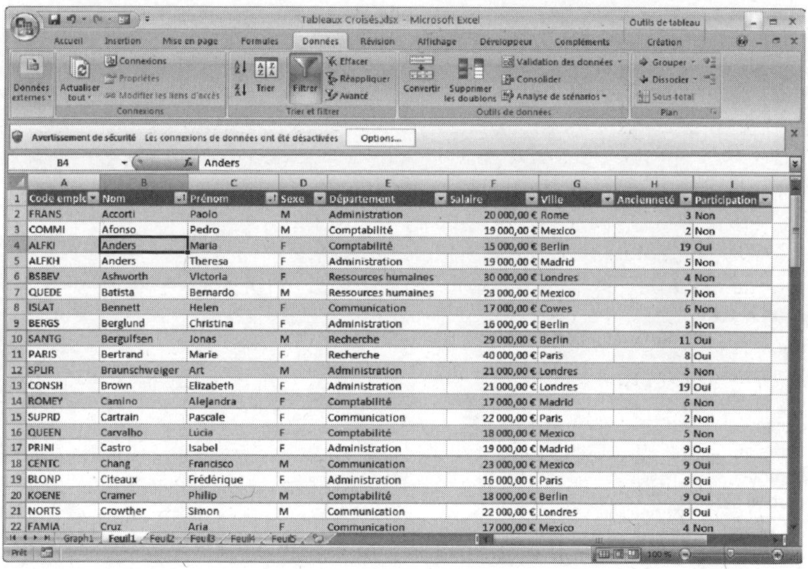

Figure 11.7 : La liste des employés est classée dans l'ordre des noms, puis des prénoms.

Filtrer les enregistrements d'une liste de données

La fonction de filtrage d'Excel permet de masquer en un tournemain tout ce qui ne vous intéresse pas dans une liste de données. Pour limiter l'affichage aux seules lignes qui contiennent une valeur particulière, cliquez sur le bouton de filtre situé à droite d'un en-tête de champ. Toutes les entrées de cette colonne apparaissent dans un menu. Sélectionnez celle(s) que vous voulez utiliser comme filtre en décochant les valeurs à exclure. Excel va afficher uniquement les enregistrements correspondants et masquer temporairement tous les autres.

Sur la Figure 11.8, par exemple, j'ai filtré la liste des employés afin de ne montrer que ceux qui travaillent à Paris ou à Rome. Pour cela, j'ai cliqué sur Sélectionner tout afin de supprimer son marquage (ce qui a pour effet de désactiver toutes les valeurs qui suivent). J'ai ensuite cliqué sur les lignes Paris et Rome pour les réactiver.

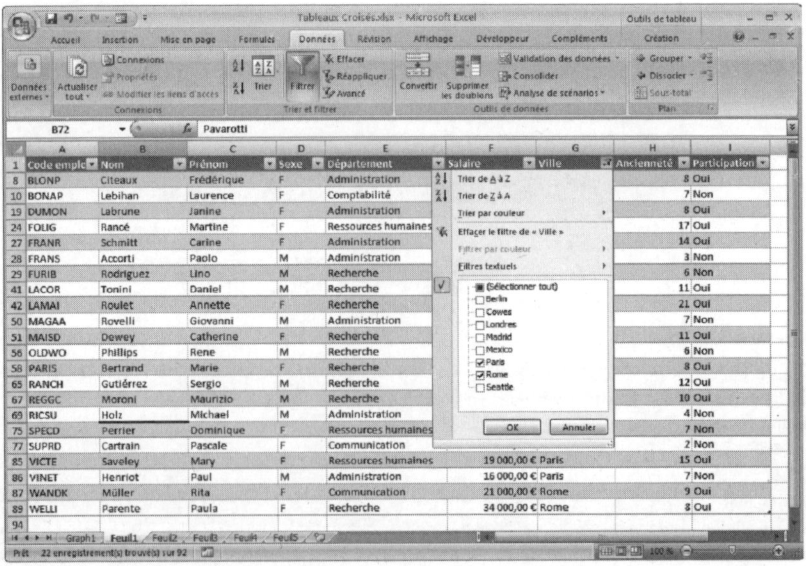

Figure 11.8 : La base de données des employés après un filtrage portant sur les villes.

TRUC

Une fois vos données filtrées, il peut être intéressant de les recopier pour leur appliquer un traitement spécifique. Sélectionnez vos enregistrements et envoyez-les vers le Presse-papiers en choisissant la commande Copier sous l'onglet Accueil (ou en appuyant sur Ctrl+C). Cliquez ensuite dans la cellule de destination (celle qui va correspondre au coin supérieur gauche du tableau), puis collez le contenu du Presse-papiers (par Ctrl+V ou via la commande Coller de l'onglet Accueil). La copie peut s'effectuer vers la droite de la feuille (pour ne pas interférer avec votre liste de données) ou mieux vers une autre feuille. Quand vous avez terminé, affichez à nouveau tous les enregistrements de la liste en cochant dans le menu Filtrer l'option Sélectionner tout. Vous n'avez plus qu'à reprendre votre travail, par exemple pour réaliser un autre filtrage.

Si le résultat du filtrage d'un champ fournit plus d'enregistrements que vous n'en avez réellement besoin, vous pouvez affiner la démarche en sélectionnant un second critère dans un autre champ. Supposons par exemple que votre liste de clients comporte une colonne *Région*. Vous appliquez un filtre pour isoler les clients de la région PACA. Comme vos affaires marchent très bien dans le Sud-Est, vous vous retrouvez avec plusieurs centaines de références. Pour réduire le nombre d'enregistrements à une quotité plus gérable, vous pouvez par exemple définir comme critère supplémentaire un nom de ville, disons Marseille. Lorsque vous avez fini le traitement de vos clients marseillais, revenez au menu de filtre du champ Ville et passez à une autre localité, disons Nice. Et ainsi de suite.

Pour retrouver la liste de données tout entière, cliquez dans la ligne d'en-tête sur un des boutons de filtre (lorsqu'un champ est filtré, son bouton affiche le dessin d'un entonnoir). Cliquez sur l'option Sélectionner tout, puis sur OK.

Si les boutons insérés par Excel dans chaque cellule de la ligne d'en-tête vous gênent, sachez qu'il est possible de les masquer en cliquant sur le bouton Filtrer de l'onglet Données (Alt+Y2T). Cliquez encore une fois, et ils réapparaissent.

Filtres numériques prédéfinis

Excel contient un filtre numérique prédéfini appelé 10 premiers. Vous pouvez utiliser cette option sur un champ numérique afin de créer votre propre *Top 10* (ou éventuellement Bottom 10...). Pour cela, suivez ces étapes :

1. **Cliquez sur le bouton de filtre d'un champ numérique. Dans le menu qui s'affichage, choisissez l'option Filtres numériques, puis *10 premiers* dans son sous-menu.**

   Excel ouvre la boîte de dialogue Les 10 premiers. Par défaut, ce sont les dix valeurs les plus élevées qui sont proposées. Vous pouvez ajuster ces paramètres avant de filtrer la liste de données.

2. **Si vous voulez ne retenir que les valeurs les plus petites, choisissez l'option Bas dans la première liste déroulante.**

3. **Vous préférez peut-être le Top 50 ? Entrez la quantité de valeurs à filtrer dans la zone du milieu, ou servez-vous des flèches de défilement pour choisir un nombre.**

4. **La dernière liste permet de faire un choix entre valeurs proprement dites et pourcentages (les plus élevés ou les plus bas).**

5. **Cliquez sur OK quand vous avez terminé. Excel va filtrer la liste pour n'afficher que les lignes qui correspondent à votre critère.**

Sur la Figure 11.9, vous voyez la liste des employés après filtrage des salaires en conservant les options par défaut. Ana Trujillo sera heureuse d'apprendre que c'est elle la mieux payée !

Pour supprimer un filtrage numérique, ouvrez à nouveau le menu Filtrer et cliquez sur Sélectionner tout.

Filtres de dates prédéfinis

Pour filtrer le contenu d'un champ qui contient des dates, Excel propose une impressionnante série d'options chronologiques prédéfinies : Aujourd'hui, Demain comme Hier, ou encore la semaine, le mois, le trimestre ou bien l'année qui

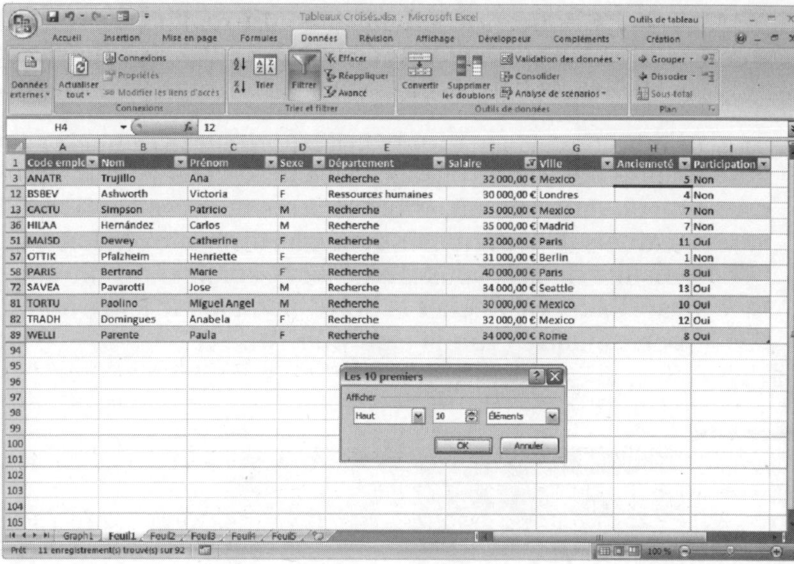

Figure 11.9 : Filtrage numérique portant sur les dix salaires les plus élevés.

précède, en cours ou qui suit. Vous disposez également des filtres Année à ce jour et Toutes les dates de cette période. Avec cette dernière option, vous avez la possibilité de sélectionner aussi bien l'un des douze mois de l'année que l'un des quatre trimestres.

Pour appliquer l'un de ces critères, cliquez sur le bouton de filtre du champ qui contient les dates, choisissez Filtres chronologiques, et faites votre marché dans la liste des options. Revenez à la table de données complète en cliquant sur Sélectionner tout.

Créer des filtres personnalisés

Vous pouvez non seulement limiter l'affichage des données aux enregistrements dont *certains* champs contiennent *certaines* valeurs spécifiques (comme *PACA* dans un champ Région et *Marseille* dans un champ Ville), mais aussi créer des filtres personnalisés permettant de réaliser des filtrages moins restreints. Il est par exemple parfaitement possible de n'afficher que les Martin, Mauduit, Mouton et plus généralement tous les noms qui commencent par *M*, ou encore de se limiter à une plage de valeurs (disons, les salaires compris entre 22 000 et 27 000 euros).

Pour créer votre propre critère, cliquez comme à l'habitude sur le bouton de filtrage associé au champ voulu. Dans le menu qui apparaît, choisissez selon le cas l'option Filtres textuels, Filtres numériques ou Filtres chronologiques. Cliquez ensuite dans le sous-menu sur la commande Filtre personnalisé. Excel va afficher la boîte de dialogue Filtre automatique personnalisé (voir la Figure 11.10).

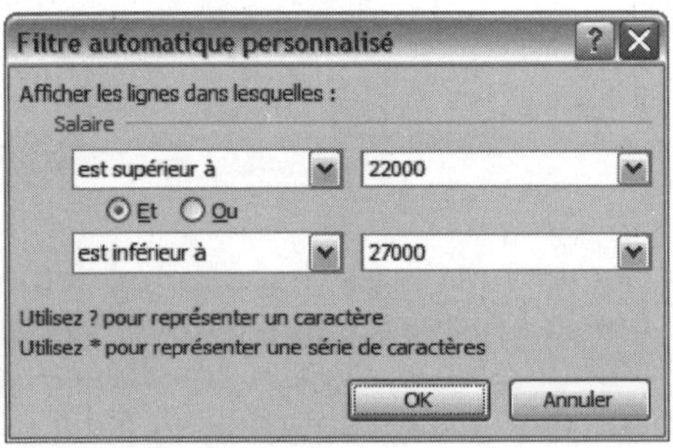

Figure 11.10 : Définissez un filtre personnalisé pour n'afficher par exemple que les salaires compris entre deux valeurs données.

Les sous-menus Filtres textuels, Filtres numériques et Filtres chronologiques proposent des raccourcis vers cette boîte de dialogue via des options appelées Est égal à, Est différent de, Commence par, Supérieur à, Entre, et ainsi de suite.

Dans cette boîte de dialogue, vous commencez par définir dans la première liste déroulante l'opérateur à utiliser. Dans la seconde liste, vous sélectionnez, éditer et/ou saisissez la valeur à laquelle va s'appliquer l'opérateur. Les différentes possibilités dont vous disposez sont décrites dans le Tableau 11.1.

Si vous voulez simplement filtrer les enregistrements dans lesquels un champ particulier contient, ne contient pas, est égal à ou différent de, plus petit ou plus grand que, il vous suffit de cliquer sur OK. Excel applique immédiatement le filtre à la liste de données. Mais vous pouvez aussi utiliser la boîte de dialogue Filtre automatique personnalisé pour n'afficher que les enregistrements qui vérifient l'un, l'autre ou deux critères, ou encore pour lesquels une certaine valeur appartient à un certain intervalle.

Tableau 11.1 : Les différentes possibilités offertes par la boîte de dialogue Filtre automatique personnalisé.

Opérateur	Exemple	Enregistrements localisés
Est égal à	Salaire est égal à 22000	Les employés qui gagnent exactement 22 000 euros.
Est différent de	Ville est différent de Paris	Tous les employés, sauf ceux qui travaillent à Paris.
Est supérieur à	Ancienneté supérieure à 9	Les employés qui ont strictement plus de neuf ans (et donc au moins dix ans) d'ancienneté.
Est supérieur ou égal à	Ancienneté supérieure ou égale à 9	Les employés qui ont au moins neuf ans d'ancienneté.
Est inférieur à	Ancienneté inférieure à 9	Les employés qui ont strictement moins de neuf ans d'ancienneté.
Est inférieur ou égal à	Ancienneté inférieure ou égale à 9	Les employés qui ont au plus neuf ans d'ancienneté.
Commence par	Nom commence par D	Tous les employés dont le nom commence par la lettre *D*.
Ne commence pas par	Nom ne commence pas par D	Tous les employés, sauf ceux dont le nom commence par la lettre *D*.
Se termine par	Nom se termine par er	Tous les employés dont le nom se termine par la syllabe *er*.
Ne se termine pas par	Nom ne se termine pas par er	Tous les employés, sauf ceux dont le nom se termine par la syllabe *er*.
Contient	Nom contient er	Tous les employés dont le nom contient la syllabe *er*.
Ne contient pas	Nom ne contient pas er	Tous les employés, sauf ceux dont le nom contient la syllabe *er*.

Pour définir un intervalle, choisissez comme premier opérateur *est supérieur à* ou *est supérieur ou égal à*. Entrez ou sélectionnez dans le champ de saisie correspondant la limite inférieure de votre intervalle. Vérifiez que l'option *Et* est bien activée au milieu de la fenêtre. Définissez ensuite le second opérateur dans la liste du bas : *est inférieur à* ou *est inférieur ou égal à*. Entrez ou sélectionnez en regard de cet opérateur la limite supérieure de l'intervalle.

Sur les Figures 11.10 et 11.11, vous pouvez observer comment j'ai filtré les salaires de la liste des employés pour n'afficher que ceux qui gagnent strictement entre 22 000 et 27 000 euros. Cette plage a été définie en choisissant tout d'abord l'opérateur *est supérieur à*, suivi de la valeur *22000*. Avec le connecteur logique *Et* activé, j'ai ensuite sélectionné l'opérateur *est inférieur à* et la valeur *27000*. La Figure 11.11 illustre le résultat produit par ce filtre personnalisé.

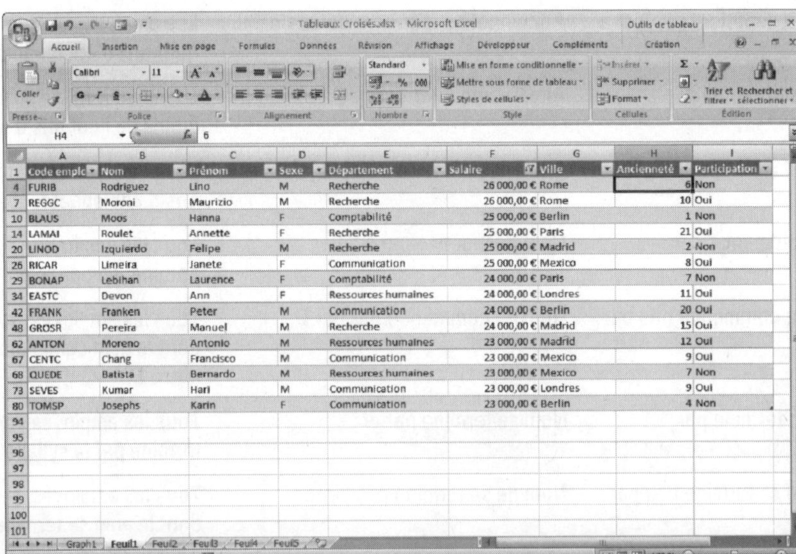

Figure 11.11 : La table des employés après application d'un filtre personnalisé pour les salaires.

Pour définir une condition Ou (soit l'un, soit l'autre), vous devez normalement choisir entre les opérateurs *est égal à* ou *est différent de*, puis entrer la première valeur. Cliquez ensuite sur Ou, spécifiez le second opérateur, saisissez la seconde valeur et validez.

Supposons par exemple que vous vouliez afficher tous les employés travaillant soit dans le service comptabilité, soit aux ressources humaines. Dans la boîte de dialogue Filtre automatique personnalisé, vous sélectionnez comme premier opérateur "est égal à", puis vous choisissez Comptabilité dans la liste déroulante de droite. Vous cliquez ensuite sur l'option Ou. Vous sélectionnez à nouveau "est égal à" dans la deuxième liste d'opérateurs, puis Ressources humaines comme seconde entrée. Il ne vous reste plus qu'à cliquer sur OK.

Les Dix Commandements

"Incroyable ! Des polices Word ! Mais comment as-tu entré ces coussins dans l'imprimante ?!"

Dans cette partie...

Vous voici enfin arrivé à la partie amusante de ce livre, faite d'astuces et de conseils. Vous trouverez dans cette partie dix trucs sympas à faire avec Word 2007 et le Top 10 des nouvelles fonctionnalités d'Excel 2007.

Dix trucs sympa avec Word 2007

Dans ce chapitre :

- Enregistrer automatiquement.
- Utiliser des raccourcis clavier.
- Créer des fractions.
- Insérer des signets.
- Vérifier la sécurité du document.
- Créer une lettrine.
- Explorer le document.
- Créer et imprimer des enveloppes.
- Trier des paragraphes.
- Masquer votre texte.

Décider de ce qui est ou pas un truc sympa est une question purement subjective. Je suis sûr que les gens qui avaient jusqu'ici l'habitude de numéroter leurs pages manuellement trouvent que la commande Numéros de page est un truc sympa. Personnellement, je trouve que la correction automatique est un truc extrêmement sympa, mais il y en a d'autres.

Ce chapitre présente certaines des fonctions les plus pratiques et les plus sympathiques de Word. Certaines sont très simples, d'autres nécessitent un peu plus d'efforts pour être comprises.

Enregistrer automatiquement votre document

Lorsque l'option d'enregistrement automatique est validée, votre document est automatiquement enregistré sur le disque à intervalles réguliers, sans que vous ayez besoin pour cela d'appuyer sur Ctrl+S. En cas d'incident (plantage système, coupure secteur ou autre), même si vous n'avez pas pensé à enregistrer régulièrement votre document, vous le retrouverez dans l'état de la dernière sauvegarde automatique.

Pour activer l'enregistrement automatique, cliquez sur le bouton Office, puis sur Options Word. Dans le volet gauche, cliquez sur Enregistrement. Cochez la case Enregistrer les informations de récupération automatique, puis entrez l'intervalle entre deux enregistrements automatiques dans le champ qui suit. Par exemple, 10 pour que Word enregistre votre document toutes les dix minutes. Si vous ne voulez pas risquer de perdre dix minutes de travail, choisissez un intervalle inférieur. Cliquez sur OK pour revenir à votre document.

L'enregistrement automatique n'est pas une garantie absolue contre tous les incidents, mais c'est une sécurité très appréciable.

- Le meilleur moyen de se mettre à l'abri de la perte de vos modifications est d'enregistrer très régulièrement votre document. Ayez le réflexe Ctrl+S que diable !

Utiliser des raccourcis clavier

Windows et ses programmes vivent dans le monde merveilleux des interfaces graphiques. Donc, pour intervenir dans Word, votre premier réflexe est de sauter sur la souris. Il serait cependant dommage d'oublier le clavier. Il est capable de faire les mêmes choses que la souris, à quelques exceptions près.

Chaque onglet du ruban a son raccourci d'activation. Pour le voir, appuyez sur la touche Alt ou F10. Un petit bouton contenant une lettre s'affiche sous les onglets. Appuyez sur la lettre indiquée pour accéder au contenu de l'onglet.

Une fois que vous êtes dans l'onglet, d'autres lettres apparaissent à la base des groupes et des commandes. Parfois il n'y en a qu'une, parfois deux. Pour activer une commande, il suffit d'appuyer sur les lettres affichées.

Par exemple, pour changer l'orientation de votre page, c'est-à-dire passer du mode Portrait au mode Paysage, appuyez sur Alt, P, O. Cette succession de touche affiche le menu Orientation. Choisissez l'option Paysage en appuyant sur la touche directionnelle Bas (Flèche dirigée vers la bas).

Après avoir appuyé sur Alt ou F10, le clavier ne contrôle plus qu'une seule chose : le ruban. Pour revenir en mode de saisie du texte, appuyez sur Échap.

Créer des fractions

La boîte de dialogue Caractères spéciaux contient de nombreux symboles représentant des fractions d'usage courant que vous pouvez insérer dans vos documents (voyez la section précédente). Et si vous avez activé la fonction Correction automatique, Word convertit automatiquement pour vous ces fractions en caractères spéciaux lorsque vous les tapez. Pour obtenir le même résultat sans les caractères spéciaux, vous devez utiliser les commandes Exposant et Indice. Voici comment procéder :

1. **Appuyez sur Ctrl+Maj+= (le signe égal).**

   C'est le raccourci clavier de la commande Exposant.

2. **Tapez le numérateur (la partie supérieure de la fraction).**

   Par exemple, 4 pour $^{4}/_{5}$.

3. **Appuyez sur Ctrl+Maj+= pour quitter le mode Exposant.**

4. **Tapez la barre oblique /.**
5. **Appuyez sur Ctrl+= pour passer en mode Indice.**
6. **Tapez le dénominateur (la partie inférieure de la fraction).**

   Par exemple, 5 pour $^{4}/_{5}$.
7. **Appuyez sur Ctrl+= pour quitter le mode Indice.**

Voilà votre fraction.

Insérer des signets

Word permet d'insérer des signets dans votre document. Ils vous aident à marquer des emplacements que vous pourrez très rapidement atteindre via la fonction Signet de l'onglet Atteindre situé dans la boîte de dialogue Rechercher.

Voici comment insérer un signet dans un document :

1. **Placez le point d'insertion où vous désirez insérer un signet.**
2. **Cliquez sur l'onglet Insertion.**
3. **Dans le groupe Liens, cliquez sur Signet.**

   La boîte de dialogue Signet apparaît.
4. **Donnez un nom au signet.**

   Faites preuve de logique ! Le nom doit évoquer les raisons pour lesquelles vous avez placé un signet. Attention, car ce nom ne doit pas comporter d'espaces. Si vous avez besoin d'espacer les mots qui le composent, utiliser le signe de soulignement.
5. **Appuyez sur Entrée, ou cliquez sur le bouton Ajouter.**

   Rien ne se passe à l'écran. Pourtant, le signet est bien là, dans votre document.

Bien entendu, un signet ne sert à rien si vous ne pouvez pas l'atteindre. C'est ce que permet justement la bien nommée commande Atteindre.

Pour atteindre un signet, appuyez sur la touche F5. Cela ouvre l'onglet Atteindre de la boîte de dialogue Rechercher et remplacer. Dans la liste Atteindre, cliquez sur Signet. Ensuite, dans la liste Nom du signet, choisissez le signet à atteindre et cliquez sur le bouton... Atteindre (Ouf !). Le point d'insertion se positionne à l'endroit précis du signet. Fermez la boîte de dialogue Rechercher et remplacer.

Vérifier la sécurité de votre document

Ces dernières années, les médias se sont fait fort de raconter qu'un document Word ne contiendrait pas uniquement le texte que vous saisissez, mais également des informations personnelles. Beaucoup d'utilisateurs considèrent cela comme un viol de leur vie privée. Je suis d'accord avec eux !

Pour protéger votre document contre des yeux indiscrets, vous pouvez l'inspecter. Voici la procédure :

1. **Enregistrez votre document sur le disque dur.**

   Effectuez cette opération juste avant de lancer l'inspection du document, c'est-à-dire quand vous êtes certain que vous ne reviendrez pas sur ce qui est tapé.

2. **Dans le bouton Office, cliquez sur Préparer/Inspecter le document.**

   La fenêtre Inspecteur de document apparaît. Il liste ce qui lui parait suspicieux.

3. **Cliquez sur le bouton Inspecter.**

   Tout élément suspect est alors identifié dans la boîte de dialogue sous forme d'un point d'exclamation. Pour corriger les problèmes, il suffit de cliquer sur le bouton Supprimer tout affiché à droite de l'élément suspecté.

4. **Cliquez sur Réinspecter.**

   Recommencez l'étape 3 si des éléments ont de nouveau été identifiés comme suspects.

5. **Cliquez sur le bouton Fermer.**

Créer une lettrine

Une *lettrine* est un caractère qui commence un article, un rapport, un chapitre, ou un roman et qui s'étend sur plusieurs lignes.

Voici comment ajouter une lettrine :

1. **Sélectionnez le premier caractère du premier mot de votre texte.**

2. **Cliquez sur l'onglet Insertion.**

3. **Dans le groupe Texte, déroulez le menu Lettrine.**

   La première option est Aucun, c'est-à-dire qu'aucune lettrine n'est insérée. La seconde option est Dans le texte, et la troisième Dans la marge. Pour appliquer une lettrine, il suffit de cliquer sur un de ces styles.

   Options de lettrine ouvre la boîte de dialogue Lettrine. Elle permet de choisir la police, et d'ajuster sa hauteur et sa distance par rapport au texte.

Pour annuler une lettrine, choisissez Lettrine/Aucun.

Les lettrines, comme beaucoup d'éléments fantaisistes, sont plus faciles à apprécier en mode Page.

Explorer le document

L'explorateur de document permet d'afficher une sorte de plan du document basé sur les titres et les en-têtes. Cliquez sur l'onglet Affichage, et cochez l'option Explorateur de documents.

Un volet s'ouvre sur la droite. Il liste les titres et sous-titres du document.

Je trouve cet explorateur très utile pour obtenir une vue d'ensemble de la structure d'un document. Si vous cliquez sur un titre, Word affiche le contenu correspondant dans la fenêtre du document. Il est donc très facile et très rapide de parcourir le document d'un titre à l'autre.

Pour fermer l'Explorateur de documents et faire en sorte qu'il ne s'ouvre pas chaque fois que vous affichez un document, décochez l'option éponyme dans l'onglet Affichage.

Créer et imprimer des enveloppes

La méthode la plus simple pour imprimer une enveloppe avec chaque lettre que vous écrivez et d'y attacher ladite enveloppe à la fin du document. Une fois votre lettre tapée, cliquez sur l'onglet Publipostage, puis sur le bouton Créer/Enveloppes. Quand votre document a déjà une adresse, par exemple en en-tête de lettre, Word remplit magiquement, avec ces éléments le champ Destinataire. Sinon, saisissez l'adresse. Cliquez sur Ajouter au document, et le tour est joué.

Désormais, la première page de votre document est une enveloppe. Dès que vous êtes prêt à imprimer la lettre, sachez que l'enveloppe sera imprimée en premier. Tout ce que vous avez à faire est d'insérer une enveloppe dans l'imprimante.

- La majorité des imprimantes demande l'insertion manuelle de l'enveloppe. Exécutez-vous ! Il se peut que vous soyez obligé d'appuyer sur un bouton de l'imprimante pour lancer l'impression de l'enveloppe.
- Vérifiez la bonne insertion de l'enveloppe. Il serait dommage que l'adresse s'inscrive sur son verso plutôt que sur son recto.
- Si vous oubliez systématiquement dans quel sens insérer l'enveloppe dans l'imprimante, créez-vous un petit dessin que vous collerez sur son couvercle.

Trier des paragraphes

Dès que vous aurez compris comment fonctionne le tri dans Word, je suis certain que vous trouverez de multiples occasions de vous en servir. Vous l'emploierez notamment pour trier une liste par ordre alphabétique croissant ou décroissant. Ainsi, sur un principe identique, vous triez des paragraphes, des lignes et des colonnes de tableau.

Avant de trier, enregistrez votre document.

Le tri n'est pas chose complexe. Commencez par saisir, ligne par ligne, les éléments à trier comme :

```
Arthur
Richard
Martin
Pat
Isaac
Tanya
```

Dans le groupe Paragraphe de l'onglet Accueil, cliquez sur le bouton Trier. Vous accédez à une boîte de dialogue dans laquelle vous définissez l'ordre du tri, en l'occurrence Paragraphes, Texte, Croissant. Cliquez sur OK.

Masquer votre texte

Le style *masqué* est l'un des plus étrange qui soit. Vous le percevez comme tel jusqu'au moment où vous en comprenez l'utilité. Ainsi, plutôt que de couper un élément du document, masquez-le de manière à le récupérer ultérieurement.

Pour masquer un texte, vous devez le sélectionner. Ensuite, ouvrez la boîte de dialogue Police (par un clic sur le bouton situé dans le coin inférieur droit du groupe Police de l'onglet Accueil), et cochez l'option Masqué. Validez par un clic sur OK.

Le texte masqué est invisible dans votre document. Vous avez l'impression que le texte n'a jamais été écrit. Pourtant, il est possible de le faire réapparaître :

1. **Dans le bouton Office, cliquez sur Options Word.**
2. **Activez la catégorie Affichage.**
3. **Dans la section de droite, cochez Texte masqué.**

Dès cet instant, le texte masqué apparaît dans votre document sous la forme d'un texte souligné de pointillés.

Le texte masqué ne s'imprime pas. Toutefois, vous pouvez en demander l'impression à Word. Répétez les mêmes étapes que pour afficher le texte masqué. À l'étape 3, dans la section Options d'impression de la boîte de dialogue Options Word, cochez la case Imprimer le texte masqué.

Le Top 10 des nouvelles fonctions d'Excel 2007

Si vous voulez savoir très vite ce qu'il y a de neuf et de sympathique dans Excel 2007, ne cherchez pas plus loin ! Voici ma liste officielle des dix nouvelles fonctionnalités. Un simple coup d'œil sur cette liste suffira sans aucun doute à vous en convaincre : dans tout cela, le maître mot est bel et bien *graphique*, *graphique*, *graphique* !

Au cas où la brève description de chacune de ces fonctions ne vous suffirait pas, vous trouverez une référence croisée qui renvoie aux chapitres où ces fonctions sont expliquées plus en détail.

10. **Mise en forme conditionnelle :** C'est vrai. Je sais que, d'un point de vue strictement technique, la mise en forme conditionnelle existe depuis des années dans Excel. Mais le passé est déjà oublié et l'avenir s'ouvre devant vous. Vous avez la possibilité assez classique de définir une mise en forme lorsque les cellules vérifient certaines conditions. Mais, en supplément, il est maintenant possible d'appliquer instantanément à un groupe de cellules l'un des multiples choix proposés par les options Barres de données, Nuances de couleurs et Jeux d'icônes. Cliquez simplement sur Accueil, puis Style (dans le Ruban) et enfin sur Mise en forme conditionnelle. Vous n'avez plus qu'à choisir vos nouveaux jouets ! Lorsque vous appliquez un style Barres de

données à une plage, la longueur de chaque barre représente la valeur de la cellule courante comparée aux autres. Si vous choisissez Nuances de couleurs, c'est la teinte du fond qui figure cette échelle relative. Et si vous sélectionnez Jeux d'icônes, ce sont des symboles qui matérialisent ces rapports mutuels. Voyez le Chapitre 3 pour plus de détails sur l'application de mises en forme conditionnelles à vos feuilles de calcul.

9. **Styles de cellules :** Entre les six pauvres styles de cellules offerts dans les versions précédentes d'Excel et la bonne quarantaine de styles colorés, prêts à l'emploi, dont vous disposez dans Excel 2007, il y a un monde ! Avec Excel 2007, vous avez vraiment du style ! De surcroît, le mode d'aperçu dynamique vous permet de prévisualiser la mise en forme de vos données avant même de l'appliquer. Il vous suffit pour cela de choisir un thème dans le Ruban associé à l'onglet Mise en page. Vous faites glisser le pointeur de la souris sur un style, et le résultat s'affiche immédiatement dans la fenêtre (voyez un peu plus loin le point numéro 3). Elle est pas belle, la vie ? Reportez-vous au Chapitre 3 pour plus d'informations sur les styles prédéfinis et la création de mises en forme personnalisées.

8. **Formatage et édition depuis l'onglet Accueil :** L'onglet Accueil du nouveau Ruban d'Excel (voyez plus loin le point numéro 2) vous apporte sur un plateau doré toutes les fonctionnalités courantes de mise en forme et d'édition. Il est bien fini le temps où vous deviez jouer du bouton droit de la souris, plisser les yeux pour repérer le bon bouton dans une barre d'outils ou encore la bonne option dans un menu déroulant partiellement déployé. Avec Excel 2007, il vous suffit de trouver le groupe qui contient la commande voulue et de cliquer sur le bouton qui convient. Quoi de plus facile ? Le Chapitre 3 vous dit tout ce que vous avez besoin de savoir sur les groupes Police, Alignement, Nombre ou encore Style de l'onglet Accueil. Le Chapitre 4 traite des groupes Presse-papiers, Cellules et Edition de ce même onglet.

7. **Des graphiques directement depuis l'onglet Insertion :** Aussi loin que remonte ma mémoire (disons qu'elle va jusqu'à la version 4, et c'était en 1993), les graphiques ont été de bons compagnons d'Excel. Mais avec Excel 2007, ils prennent enfin leur envol, si ce n'est leur autonomie. C'en est terminé du traditionnel assistant. Vous pouvez maintenant accéder directement à tous les principaux types de graphiques depuis l'onglet Insertion du Ruban. Sélectionnez simplement vos données, cliquez sur le bouton Diagrammes du Ruban et choisissez le style de votre graphique. Et avec l'aide des nombreuses options des onglets Créer, Disposition et Mise en forme, vous allez rapidement obtenir un diagramme totalement professionnel qui sera tout prêt à être imprimé ou projeté. Reportez-vous au Chapitre 10 pour en apprendre plus sur la création de graphiques avec Excel 2007.

6. **Mettre sous forme de tableau :** Cette toute nouvelle fonctionnalité est une vraie petite fée. En formatant un tableau de données avec l'un des nombreux styles offerts dans la liste déroulante de même nom, vous vous assurez que toutes les nouvelles entrées insérées plus tard dans ce tableau auront la même mise en forme que les éléments correspondants. Mieux, ces nouvelles entrées seront automatiquement considérées comme faisant partie du tableau lorsqu'il faudra discuter de formatage, de tri ou de filtrage. D'ailleurs, les tris et les filtres sont rendus vraiment faciles grâce à l'ajout automatique de boutons dans les cellules de la ligne d'entête. Voyez le Chapitre 3 pour ce qui concerne le formatage d'une plage sous forme de tableau, et le Chapitre 11 pour plus d'informations sur les opérations de tri et de filtrage.

5. **Le curseur de Zoom :** Mais comment avons-nous réussi à vivre sans le nouveau curseur de Zoom qui est désormais, et pour l'éternité, à portée de souris, là-bas, sur la droite de la Barre d'état ? Au lieu de devoir sélectionner un facteur d'agrandissement pour la feuille de calcul dans le menu déroulant de quelque obscur outil (en fait,

vous pouvez le retrouver, si vous en avez véritablement envie, sous l'onglet Affichage), il vous suffit de faire glisser le curseur vers la gauche ou vers la droite pour changer le grossissement de l'affichage en un clin d'œil (en fait, c'est encore plus rapide). Reportez-vous au Chapitre 5 pour plus d'informations sur ce sympathique outil. N'hésitez pas à vous servir tant que vous le voulez : vos yeux vous diront merci.

4. **Aperçu de la mise en page :** L'aperçu de la mise en page, c'est exactement ce que le docteur vous a prescrit quand il a vu vos états. Lorsque vous activez ce mode en cliquant sur le bouton qui se trouve à gauche du curseur de zoom, Excel ne se contente pas, comme dans les précédentes versions, d'afficher les sauts de page sous la forme de lignes en pointillé (d'accord, il est quand même possible de le faire avec le bouton d'à côté), il montre aussi les marges, y compris les en-têtes et les pieds de page (que vous pouvez définir et éditer directement tant que cette vue est active). Et, cerise sur le gâteau, vous disposez aussi, comme dans un traitement de texte, d'une règle horizontale et d'une règle verticale en plus des intitulés de lignes et de colonnes. Si vous couplez tout cela avec le curseur de Zoom (voyez le point numéro 5 ci-dessus) et l'aperçu des sauts de page, vous finirez par aimer préparer des rapports tout prêts à être imprimés. Pour en savoir plus sur ces sujets, reportez-vous au Chapitre 5.

3. **Galeries de styles :** Excel 2007 déborde de galeries de styles très variées, qui permettent en un tournemain d'appliquer des formatages sophistiqués (et souvent pleins de couleurs) à vos tableaux, vos listes de données, vos diagrammes ainsi qu'aux graphismes divers et variés susceptibles de peupler vos feuilles de calcul. Couplées avec l'aperçu dynamique (voyez le point numéro 1), ces galeries de styles constituent un vif encouragement (et une contribution décisive) à créer des classeurs mieux présentés, plus colorés et plus intéressants.

2. **Le Ruban :** Le Ruban est au cœur de la nouvelle interface utilisateur d'Excel 2007. Il est basé sur un noyau d'onglets standard auquel d'autres onglets, dits contextuels, sont ajoutés selon les besoins spécifiques de formatage et d'édition (comme les tableaux, les diagrammes, les tableaux croisés dynamiques, les objets graphiques, et ainsi de suite). Le Ruban rassemble pratiquement toutes les commandes dont vous pouvez avoir besoin pour effectuer des tâches particulières sous Excel. Voyez le Chapitre 1 pour une découverte du Ruban.

1. **L'aperçu dynamique :** Jamais nous ne remercierons assez les inventeurs de cet aperçu *live* qui rend tellement plus facile la mise en forme des feuilles de calcul. Il fonctionne avec les galeries de styles (voyez le point numéro 3) ainsi qu'avec les listes Police, Taille de police ou encore Couleur (vous les trouvez dans le groupe Police de l'onglet Accueil). Il vous permet de voir à quoi ressembleront les cellules de votre sélection courante si vous leur appliquez une mise en forme particulière. Tout ce que vous avez à faire est de promener votre souris au-dessus des vignettes du menu ou de la galerie. Le style correspondant à la position de votre pointeur est instantanément affecté à la plage de cellules. Et un bonheur ne venant jamais seul, certaines de ces listes sont accompagnées de boutons de défilement qui affichent de nouvelles rangées de vignettes sans obscurcir davantage votre sélection (comme ce serait le cas si vous deviez cliquer sur un bouton Plus ou quelque chose de ce genre). Lorsque vous avez repéré le formatage qui va à vos données comme une chaussure à son pied, vous n'avez plus qu'à cliquer sur la vignette pour l'appliquer immédiatement à la plage de cellules.

Index Word

F

G

H

I

J

L

M

N

O

P

R

S

W

Index Excel

A

B

C

D

G

H

I

L

M

N

O

P

R

S

T

U

V

W

X

Z